Eberhard Schorsch und Nikolaus Becker
Angst, Lust, Zerstörung

Diese klassische Studie über Sexualmörder untersucht sexuelle Gewalt unter klinischen und sozialpsychologischen Aspekten. Äußerungen von sadistischer und destruktiver Gewalt sind Phänomene, die in einer schwer zu fassenden Weise gegenwärtig und in einem unheimlichen Sinn vertraut sind. Eine versteckte Tendenz zum Sadismus, eine Bereitschaft, unter gegebenen Umständen sadistisch zu reagieren, ist bei nicht wenigen in der Gesellschaft vorhanden. Je unverstellter, direkter und offener Herrschaft/Unterworfensein, Allmacht/Ohnmacht, Repression/Submission die bestimmenden Kategorien sind, desto unverhohlener tritt sadistische Gewalt in Erscheinung und wird zu etwas Alltäglichem. Das latente Potential von Sadismus und Destruktivität, mit dem wir ständig in der Gesellschaft leben müssen, kann unter bestimmten Umständen durchbrechen: im Krieg, im Faschismus, überall dort, wo gefoltert wird. Vor diesem sozialpsychologischen Hintergrund ist das seltene Phänomen »Sexualmord« zu sehen, auf das die Öffentlichkeit mit heftigen, urtümlichen Affekten und sadistischen Racheimpulsen reagiert und von dem sie zugleich fasziniert ist. Weitab von allem Sensationellen geht es in diesem Buch darum, anhand der Analyse des Schicksals von 16 Sexualmördern die psychodynamische Entwicklung nachzuzeichnen und so etwas wie ein psychologisches Verständnis dieser Phänomene aufzuzeigen. Diejenigen, die in der Öffentlichkeit als »Unmenschen« und »Bestien« tituliert werden, erscheinen als Menschen, die an massiven Störungen in Entwicklungsprozessen gescheitert sind, die wir alle auch durchlaufen haben. Ein solches Verständnis macht es wiederum begreiflicher, warum diese Menschen von anderen als Bedrohung erlebt werden und warum kollektive Abwehr- und Gegenreaktionen einsetzen. Der gängige Ausdruck »Lustmord«, der eine besonders dämonische Form von Lust suggeriert, erweist sich als irreführend. Denn es geht dabei nicht um Steigerung von Lust, vielmehr stehen solche Taten am Ende eines langen, verzweifelten Kampfes gegen eine archaische, neurotisch- oder pervers-destruktive Dynamik und signalisieren den Zusammenbruch der psychischen Struktur. Neben den ausführlichen Fallstudien werden in diesem Buch die Probleme der forensischen Beurteilung und vor allem Ansätze zu psychotherapeutischem Vorgehen diskutiert. Die Autoren vermitteln ein tiefes Verständnis für die Täter im Interesse eines humaneren Umgehens mit ihnen. Denn die Humanität einer Gesellschaft läßt sich daran ablesen, wie sie mit ihren Gescheiterten umgeht, wieweit sie auf Sündenböcke verzichten, wieweit sie von Rache absehen kann.

Band 78
Reihe »Beiträge zur Sexualforschung«
Organ der Deutschen Gesellschaft für Sexualforschung
Herausgegeben von Martin Dannecker, Gunter Schmidt und Volkmar Sigusch

Eberhard Schorsch und
Nikolaus Becker

Angst, Lust, Zerstörung

Sadismus als soziales und kriminelles Handeln
Zur Psychodynamik sexueller Tötungen

Psychosozial-Verlag

Die Deutsche Bibliothek - CIP-Einheitsaufnahme

Schorsch, Eberhard:
Angst, Lust, Zerstörung : Sadismus als soziales und kriminelles Handeln ; zur Psychodynamik sexueller Tötungen / Eberhard Schorsch und Nikolaus Becker. - Gießen : Psychosozial-Verl., 2000
(Reihe „Beiträge zur Sexualforschung" ; Bd. 78)
ISBN 3-89806-048-9

© 2000 Psychosozial-Verlag
Goethestr. 29, D-35390 Gießen,
Tel.: 0641/77819, Fax: 0641/77742
e-mail: info@psychosozial-verlag.de
www.psychosozial-verlag.de
Neuausgabe der 1. Auflage des
Rowohlt Verlages, Reinbek bei Hamburg 1977
Alle Rechte, insbesondere das des auszugsweisen Abdrucks
und das der photomechanischen Wiedergabe, vorbehalten.
Umschlagabbildung: Otto Dix, »Die sieben Todsünden«, 1933
© VG Bild-Kunst, Bonn 2000
Umschlaggestaltung: Till Wirth nach Entwürfen
des Ateliers Warminski, Büdingen
ISBN 3-89806-048-9

Inhalt

Verzeichnis der Fallgeschichten 7
Zur Erläuterung einiger Fachbegriffe 9

1 Die Gesellschaft und die Ausgeschlossenen 13

2 Allgemeine Aspekte des Sadismus 39
2.1 Erscheinungsformen des Sadismus 41
2.1.1 Sadismus als gesellschaftliches Phänomen 42
2.1.2 Die sexuelle Minderheit 50
2.2 Die psychodynamische Theorie des Sadomasochismus 58

3 Forensische Fallgeschichten und ihre Interpretation 81
3.1 Sadismus als sexuelle Deviation 83
3.1.1 Die Tötung des Kindes in sich 83
3.1.2 Die Tötung des Weiblichen in sich 102
3.1.3 Flucht in die magische Phantasie 121
3.1.4 Allmacht und Tötungsrausch 139

3.2 Sadismus als impulsive Aktion 154
3.2.1 Mord an den Müttern 154
3.2.2 Der Fetisch als der böse Verfolger 174
3.2.3 Zerstörung und Wut eines »kleinen Jungen« 195

3.3 Theoretische Schlußfolgerungen:
Sadismus als sexuelle Deviation und Sadismus
als impulsive Aktion 218

3.4 Spezielle Opferwahl 240
3.4.1 Sexuell motivierte Tötungen von Kindern 240
3.4.2 Sexuell motivierte Tötungen alter Frauen 254
3.4.3 Prostituiertentötung 272

4	Die Konsequenzen	287
4.1	Die forensische Beurteilung der Schuldfähigkeit	289
4.2	Therapeutische Probleme	297

Literaturverzeichnis   308

Nachwort von Nikolaus Becker   313

Die Autoren   317

Register   319

Verzeichnis der Fallgeschichten

Fallgeschichte 1
Heinz G. hat ein 11jähriges Mädchen ertränkt. 83

Fallgeschichte 2
Der US-Soldat Kenneth R. hat in Süddeutschland ein 18jähriges Mädchen erwürgt. 102

Fallgeschichte 3
Thomas P. hat eine 33jährige Frau in einem Wald erstochen. 115

Fallgeschichte 4
Manfred W. hat drei junge Mädchen getötet. 121

Fallgeschichte 5
Der US-Sergeant Donald G. hat ein 17jähriges Mädchen erdrosselt. 138

Fallgeschichte 6
Gerhard B. hat ein junges Mädchen und drei ältere Frauen getötet. 154

Fallgeschichte 7
Hans-Joachim D. versuchte, eine Prostituierte zu erwürgen und bringt vier Tage später eine Frau in einem D-Zug mit Messerstichen um. 174

Fallgeschichte 8
Bernd S. überfiel innerhalb von zwei Wochen insgesamt sieben Mädchen und Frauen, ein Mädchen ersticht er. 193

Fallgeschichte 9
Josef L. hat unter anderen Aggressions- und Tötungshandlungen einen 12jährigen Jungen erschlagen, ein Liebespaar im Auto erschossen und einen 4jährigen Jungen erschlagen. 195

Fallgeschichte 10
Gerd K. hat zwei 12jährige Jungen getötet. 213

Fallgeschichte 11
Heinz Sch. hat einen 3jährigen Jungen erstochen und sein Blut
getrunken. 242

Fallgeschichte 12
Der Seemann Alfred B. hat eine 53jährige Frau mit seiner
Krawatte erdrosselt. 255

Fallgeschichte 13
Heinz S. hat eine 79jährige Frau zu vergewaltigen versucht
und sie getötet. 266

Fallgeschichte 14
Ein 28jähriger Mann, einziger Sohn einer verführerischen Mutter, sucht zwanghaft ältere, heruntergekommene Prostituierte
auf. 273

Fallgeschichte 15
Harald A. hat im Laufe eines Jahres zwei Prostituierte
getötet. 276

Fallgeschichte 16
Ernst G., ein 44jähriger Diplom-Kaufmann, hat im Laufe von
3 Jahren in 12 Fällen Prostituierte gewaltsam attackiert und
mit Schlägen zum unentgeltlichen Geschlechtsverkehr und zur
Fellatio gezwungen. 282

Glossar

Abwehrmechanismen
: Formen der Abwehr des Ich gegen Triebwünsche. Die Abwehr verhindert, daß Triebwünsche bewußt werden und Angst erzeugen.

Abspaltung
: Abwehrmechanismus des Ich, wobei Teile des Trieb- und Gefühlslebens einer Person nicht integriert, sondern abgetrennt sind.

Agieren
: Handeln aus unbewußten Motiven.

Ambivalenz
: Zwiespältigkeit der Gefühle: Nebeneinander oder unmittelbare Folge von Angezogensein und Abgestoßensein, von Liebe und Haß.

Besetzung
: Gefühlsmäßige Ausrichtung auf eine Idee oder das Bild einer Person, wobei je nach Qualität dieser Ausrichtung libidinöse und aggressive Besetzung unterschieden wird.

Borderline-Persönlichkeit
: Diagnostischer Terminus für bestimmte Form von Persönlichkeitsstörungen, die auf der Grenzlinie (borderline) von Neurose und Psychose liegen.

Fixierung
: Festgehaltensein der psychosexuellen Entwicklung in einer bestimmten Phase des Reifungsprozesses.

Größenselbst
: Grandioses Selbst; irreale Vorstellungen von eigener Größe und Macht, die es dem Kind ermöglichen, sein Selbstwertgefühl trotz kindlicher Abhängigkeit und Kleinheit aufrechtzuerhalten.

Identifizierung	Prozeß, in dem das Kind sich mit den Eltern gleichsetzt. Primäre Identifikation gleichbedeutend mit Introjektion. Dieser Prozeß des Gleichsetzens geschieht durch Verschmelzung, Einswerden. Das Kind taucht in die elterliche Bezugsperson ein. Sekundäre Identifizierung oder selektive Identifizierung: Das Gleichsetzen erfolgt durch Übernahme und Erprobung von elterlichen Verhaltensweisen, Ausdrucksformen, Reaktionen, Bewertungen etc.
Ich	Gesamtheit der Ich-Leistungen wie Wahrnehmung, Triebkontrolle, Realitätsprüfung etc.
Identität	Bewußtsein der Übereinstimmung mit sich selbst, unabhängig von der jeweiligen aktuellen Situation.
Introjektion	Abwehrmechanismus des Ich; siehe primäre Identifikation.
Libido libidinös	Seelische Energie als Ausdruck des Sexualtriebs; bezeichnet eine lebensbejahende aufbauende Kraft im Gegensatz zur zerstörerischen Kraft der Aggression.
Narzißmus	Eigenliebe, emotionale Ausrichtung auf sich selbst. Infantile Form der Regulierung des Selbstwertgefühls, wobei der andere und die äußere Realität an Interesse verlieren.
Objekt	Reale oder vorgestellte Bezugsperson, die u. a. für die Befriedigung von Triebwünschen, Bedürfnissen notwendig ist.

Objektrepräsentanz	Innere Abbildung, seelische Gestalt einer Person, die auf Grund vielfältiger Eindrücke, Bilder und Erfahrungen innerlich errichtet wurde und von dem Selbst unterschieden ist.
Projektion	Abwehrmechanismus des Ich; durch Projektion werden eigene Triebwünsche derart abgewehrt, daß sie in andere hinaus verlagert und dort bekämpft und angeklagt werden.
Psychodynamik	Form der Betrachtung menschlichen Verhaltens, in der die seelischen Phänomene dynamisch als Ergebnis von gegensätzlichen Kräften, Motiven verstanden werden. Deshalb beachtet die Psychodynamik die Bewegungen dieser Kräfte und beleuchtet Prozesse, Entwicklungen, Widerstände, Fortschritte und Regressionen.
Selbst	Die ganze Person in der Realität, eingeschlossen der Körper und die psychische Struktur.
Selbstrepräsentanz	Die komplexe Vorstellung, die eine Person von sich selbst hat, einschließlich unbewußter Anteile. Sie ist der Niederschlag der vielfältigen Erfahrungen im Umgang mit anderen, Ergebnis vielfältiger Identifizierungen und Entfaltungen.
Symbiose	Der Zustand der Zwei-Einheit von Mutter und Kind (Dyade) im 1. Lebensjahr; Verschmelzung.

Separation	Trennung; Wahrnehmung des Kindes, daß die Mutter ein eigenständiges, von ihm unabhängiges Objekt ist, durch die der Prozeß der Ablösung einsetzt.
Verdrängung	Abwehrmechanismus des Ich; eine Art aktiven Vergessens von ängstigenden Inhalten des Bewußtseins.

1 Die Gesellschaft und die Ausgeschlossenen

Kollektive Reaktionen von Abwehr und Gegenangriff

Dieses Buch handelt von Menschen, die Menschen getötet haben. Daß sie getötet haben, hängt mit ihren Trieben, mit ihrer Sexualität zusammen. Solche Ereignisse sind sehr selten, und wenn sie geschehen, rufen sie Entsetzen und Empörung hervor. Ginge es allein und isoliert um diese wenigen, dann wäre das Thema nur von einem sehr speziellen Interesse.

Es gibt indessen Anzeichen dafür, daß solche schrecklichen Ereignisse, werden sie bekannt, nicht nur als Sensationen aufregen, sondern etwas anrühren, das unausgesprochen da ist, eine Unruhe erzeugen, die unheimlich ist, einen gesinterten Bodensatz in Bewegung bringen und Archaisch-Triebhaftes ansprechen, das die geordnete Klarheit und Sicherheit des Lebensgefühls eintrübt. Wie anders ließen sich die heftigen kollektiven Reaktionen erklären denn als Abwehr und Gegenangriff auf etwas, das als Bedrohung empfunden wird – und dieses in doppelter Hinsicht: Bedroht erscheint die Sicherheit und Ordnung des Zusammenlebens; bedrohlicher noch ist die Äußerung einer zerstörerischen Lust und, wie es scheint, einer ungezähmten Triebhaftigkeit, die zu zähmen und einzudämmen von jedem jederzeit gefordert wird.

Die kollektiven emotionalen Reaktionen sind stereotyp und wiederholen sich bei gegebenem Anlaß mit großer Verläßlichkeit: Gefährliche «Triebtäter», die «Lustmörder», erwecken bestimmte Assoziationen in uns. Für sie haben wir eine Palette von grellen Attributen, einen Satz von plakativen Etiketten bereit, die darauf abzielen, diesen Menschen die Qualität Menschlichkeit überhaupt abzusprechen: Wir nennen sie Ungeheuer, Bestien, Unmenschen; sie werden als gefühllos, brutal und tierisch bezeichnet.

Eine aufgeklärtere und liberalere Reaktion ist die, diese Menschen in einem verschwommenen Sinne als «krank» zu bezeichnen. Damit aber wird die Abwehr nur auf eine andere Ebene verlagert. Auch das Etikett «krank» dient dazu, sich von diesen Menschen abzugrenzen, Gemeinsamkeiten mit ihnen zu negieren, sie aus der Gemeinschaft auszuschließen und damit loszuwerden.

Aber dieses Abschieben, Ausgrenzen und Losseinwollen ist nur die eine Seite. Die andere Seite ist die, daß wir bei aller Empörung ein verstärktes Interesse an ihnen haben und daß diese «Unmenschen» bzw. die durch sie ausgelösten Emotionen und Abwehrreaktionen in gewisser Hinsicht eine Funktion haben. Sexualmorde üben eine eigenartige und starke Faszination aus. Die Namen eines Haarmann, eines Kürten oder eines Jürgen Bartsch sind bekannte Begriffe, jedermann geläufig und gegenwärtig, während z. B. ein Leutnant Calley, der die Bewohner eines Dorfes in Vietnam liquidierte, oder eines Rudolf Höss, Kommandant von Auschwitz, weitgehend in Vergessenheit geraten sind.

Die Geschichten und Greueltaten der «großen Massen- und Lustmörder» finden immer wieder soviel Anklang, daß sie für die Boulevardpresse verläßliche Evergreens in Zeiten der Flaute sind. Solche Berichte füllen offenbar eine Lücke und decken einen Bedarf. Ihre sozialpsychologische Funktion wird an den elementaren, urtümlichen und ungebremsten Reaktionen einer breiten Bevölkerung auf sexuelle Gewalttaten sichtbar: Es tauchen archaische Affekte von Rache und Vergeltung auf. Nicht genug damit, daß der Ruf nach der Todesstrafe wieder laut wird. Darüber hinaus werden qualvolle Todesarten und Martern gefordert, z. B. das Abschneiden von Körpergliedern, das Zerreißen in Volks- und Lynchjustiz. Solche Reaktionen tragen offensichtlich selbst ein sadistisches Gepräge – und zwar eingekleidet in Forderungen eines kollektiven «sadistischen» Über-Ich, das nach dem Talionsprinzip nach Vergeltung in der Weise ruft, daß dem Täter das Gleiche oder noch Schlimmeres zugefügt wird, als was er dem Opfer getan hat.

Das rationale Interesse der Gesellschaft, sich vor diesen Menschen zu schützen, hat zugleich einen irrationalen Aspekt. Die Taten eines Sadisten wecken sadistische Phantasien, denen bei einer solchen Gelegenheit freier Lauf gelassen werden kann und die im übrigen nicht eingestanden werden. Verpönte Triebregungen verschaffen sich bei solchen Gelegenheiten ein Ventil, weil sie nicht im Dienste der eigenen Lust zu stehen scheinen, sondern im Dienste von Strafe und Vergeltung zur Wiederherstellung der Ordnung und zur Befriedigung des kollektiven Gewissens. In einer solchen Situation scheinen sadistische Regungen sozial akzeptiert zu sein. Sadismus ist eine Möglichkeit in uns, die uns gefährlich nahekommen kann und die wir abwehren müssen. Die «Triebtäter» werden zu einer Art Sündenbock, den wir verteufeln und opfern, um uns durch Projektion von Verbotenem zu befreien. In diesem gleichzeitigen Nebeneinander einer doppelten Identifikation – versteckte Identifikation mit dem Verbrecher und heimliche Triebbefriedigung einerseits und Identifikation mit einem kollektiven Über-Ich andererseits, das durch rigoroses Durchsetzen von Recht und Ordnung ein «sadistisches» Gepräge erhält und solche Triebregungen aufnimmt und legitimiert – liegt die sozialpsychologische Funktion der «Triebtäter» und «Lustmörder», die zur Entlastung und kollektiven Stabilisierung beitragen. Auf diese «Sündenbockfunktion» der Straftäter ist von psychoanalytischer Seite wiederholt hingewiesen worden (WITTELS 1928; ALEXANDER und STAUB 1929; REIWALD 1948; NAEGELI; MENNINGER 1970).

So wie das psychologische Verständnis der Persönlichkeit eines Sadisten noch keine Entschuldigung für seine Tat darstellt, so bedeutet das Verständnis der sozialpsychologischen Funktion keine Rechtfertigung des sadistischen Umgehens der Gesellschaft mit diesen Ausgeschlossenen. Die Humanität einer Gesellschaft läßt sich daran ablesen, wie sie mit ihren Gescheiterten umgeht, wieweit sie auf Projektionsfelder dieser Art und auf Sündenböcke verzichtet, wieweit sie von Rache absehen kann.

Das Bemühen um Rationalität und Verständnis

Humanes Umgehen setzt rationales Verständnis und unvoreingenommene Sachlichkeit voraus. Sich um Verständnis zu bemühen bedeutet, sich von der kollektiv-neurotischen Reaktion zu lösen und freizumachen. Dieses ist die Aufgabe derer, die sich verantwortlich und im Namen der Gesellschaft mit diesen Delinquenten befassen: der Justiz mit Unterstützung der Wissenschaften vom Menschen. Verstehen heißt hier nicht Nachsicht, Verharmlosung und Entschuldigung, sondern rationales Erfassen und Begreifen dessen, was vorliegt: der Tat, der Tathintergründe, der Persönlichkeit und der Bedeutung der Tat vor diesem Hintergrund.

Dies ist schwierig bei einem Gegenstand, der niemanden unbeteiligt läßt, der Affekte und Gefühle weckt. Die Schwierigkeiten dieses Prozesses, eigener Spontanreaktionen und unmittelbarer Bewertungen zu entsagen, ist eine Erfahrung, die in jeder konkreten Begutachtungssituation von neuem erlebt wird. Welcher Gutachter kennt dies nicht aus eigener Erfahrung und eigenem Erleben: Wenn er die Gerichtsakten über einen «Mordfall» studiert hat, überwiegen zunächst die spontanen Reaktionen von emotionaler Abwehr und Verurteilung; er ist zunächst beeindruckt und betroffen von dem Geschehen. Erst wenn er sich intensiv mit dem Einzelschicksal des Täters beschäftigt und die Hintergründe zu begreifen beginnt, können die spontanen Reaktionen von Ablehnung überwunden werden; das Geschehene erscheint nun in einem anderen Licht, es entwickeln sich so etwas wie ein Verständnis und eine Beziehung zu einem Patienten. In der Begutachtungssituation eine Arzt-Patient-Beziehung herzustellen erfordert stets von neuem eine Arbeit an sich selbst. Wird diese Arbeit nicht geleistet oder bleibt sie in Ansätzen stecken, dann resultieren Gutachten, deren Beurteilungen, wie man es häufig beobachten kann, mehr oder minder verhohlen moralisch sind, eingekleidet in eine psychopathologische Begrifflichkeit, die sich, wie wir sehen werden, zum Moralisieren und Verurteilen so gut eignet. Solche Gutachten sind nicht viel anderes als ein Ausdruck der in wissenschaftliches Vokabular gekleideten Kollektivreaktionen von Abwehr und Gegenangriff.

Wie weit man in seinem Bemühen um Verständnis gelangt, das hängt nicht allein von der subjektiven Intention und der Intensität der Beschäftigung mit dem Einzelschicksal ab, sondern vor allem auch von der verwendeten Methode. Mit der Methode der klassischen deskriptiven Psychopathologie, d. h. mit einer noch so subtilen Beschreibung eines im Augenblick vorgefundenen psychischen Zustandsbildes, kann häufig keine befriedigende Antwort auf die Frage gegeben werden, wie es zu solchen Entwicklungen kommen kann, warum solche Taten geschehen können. Es sind Begegnungen mit Einzelschicksalen gewesen, die uns betroffen gemacht und uns veranlaßt haben zu versuchen, die Hintergründe und Zusammenhänge besser zu begreifen mit Hilfe von neurosenpsychologischen

Denkansätzen und psychodynamischen Konzepten, in deren Licht die Delinquenten immer weniger exzeptionell, immer gewöhnlicher und menschlicher werden und als Menschen erscheinen, die an Schwierigkeiten in Entwicklungsprozessen gescheitert sind, die wir alle durchlaufen haben. Ein solches Verständnis macht es wiederum begreiflicher, warum diese Menschen von den anderen als Bedrohung erlebt werden und warum kollektive Abwehr- und Gegenreaktionen einsetzen.

Es ist das Ziel dieses Buches, ein psychologisches Verständnis für diese Gruppe von Menschen zu vermitteln, ihre Persönlichkeitsentwicklungen und -störungen begreiflich zu machen. Das klingt einfach und ist doch aus vielen Gründen ein schwieriges Unterfangen. Die eine Schwierigkeit liegt zunächst darin, daß es kaum wissenschaftliche Vorarbeiten speziell zu diesem Thema gibt. Von Sensationsberichten abgesehen ist das Buch «Zwang» Von Meyer LEVIN (1958) ein Versuch, in Romanform die Psychodynamik eines Mordes aufzuklären. In dem Film «M» von Fritz LANG findet man eine der packendsten Darstellungen eines Sexualmörders. Hinweisen möchten wir auf das bemerkenswerte Buch von Paul MOOR (1972), der anhand seines Briefwechsels mit Jürgen Bartsch dessen Porträt nachzeichnet. Die wissenschaftliche Literatur über Sexualmörder ist überwiegend kriminologisch deskriptiv, auch dort, wo sie von Psychiatern verfaßt ist. In den Publikationen über Haarmann und Kürten (z. B. BERG 1931) wird im wesentlichen auf Außergewöhnliches und Monströses hingewiesen; Erklärungsmodelle werden nicht angeboten. In der psychodynamischen, psychoanalytischen Wissenschaft ist die Bearbeitung dieser Phänomene praktisch Neuland. Man kann sich die Frage stellen, warum die Psychoanalyse dieses Gebiet, wie die Delinquenz überhaupt, in so starkem Maße vernachlässigt hat. Dies liegt zum Teil an der historischen Stellung der Psychoanalyse, die, vor allem in Deutschland, lange Zeit an den Rand gedrängt, dann verbannt worden ist und zumindest in der Vergangenheit kaum je Zugang zu den offiziellen Institutionen der Gesellschaft hatte. Sodann hat die Psychoanalyse sich unter diesem Druck einer anderen Patientengruppe zugewandt, die von sich aus mit einem individuellen Leiden an den Therapeuten herantritt; daraus haben sich strenge und, wie sich gezeigt hat, zu strenge Kriterien der Behandelbarkeit entwickelt, nach denen eine Therapie von Delinquenten nicht indiziert erschien. Daß die Patienten, um die es in diesem Buch geht, bisher nicht zum Gegenstand psychoanalytischer Betrachtung und Forschung geworden sind, mag vielleicht auch einer gewissen Scheu zuzuschreiben sein, den psychodynamischen Hintergrund solcher potenzierter Tabubrüche von sexueller Devianz und Tötung aufzudecken; möglicherweise ist auch dies eine Ausdrucksform des kollektiven Widerstands und der Abwehr. LESSING (1973) berichtet, daß im Prozeß gegen Haarmann der Vorschlag gemacht wurde, FREUD als Gutachter hinzuzuziehen. Vielleicht hätte das die Aufmerksamkeit der Psychoanalyse auf dieses Problem gelenkt und ihre Arbeitsrichtung erweitert und auch die Entwicklung der forensischen Psychiatrie beeinflußt.

Wir stehen vor einer weiteren Schwierigkeit. Etwas verständlich zu machen setzt ein eigenes Verstehen voraus. Je mehr wir uns in den letzten Jahren in dieses Gebiet hineingearbeitet, je intensiver wir uns mit diesen Patienten beschäftigt haben, desto schwieriger und komplizierter erschien uns diese Thematik. Wir haben es mit Menschen zu tun, die eine hochkomplexe individuelle Psychopathologie aufweisen. Als wir dieses Buch planten, war es unsere Absicht gewesen, die wesentlichen psychodynamischen Vorgänge einfach, möglichst unter Vermeidung von Fachausdrücken, dem Laien ohne weiteres verständlich zu machen und darzustellen. Dies hat sich in der Form als nicht durchführbar erwiesen. Solche Vereinfachungen lassen sich nicht ohne gravierende inhaltliche Verzerrungen und Entstellungen durchhalten. Dieses Buch ist komplizierter geworden, als wir es ursprünglich beabsichtigten. Zwar ist es nach wie vor unser Vorhaben, den Nichtfachmann in diese Thematik einzuführen und diejenigen anzusprechen, die von Berufs wegen als Richter, Staatsanwälte, Verteidiger, Psychologen, Ärzte, Sozialarbeiter mit diesen Menschen umgehen. Es läßt sich jedoch nicht vermeiden, daß damit die Mühe verbunden ist, sich in das psychoanalytische Modell hineinzuarbeiten und in dieser Sprache zu denken.

Psychodynamische Denkansätze im Gerichtssaal bei der Begutachtung von Straftätern sind heute noch selten und begegnen häufig Widerständen, auf die wir noch zu sprechen kommen. Dennoch entspricht ein möglichst weitgehendes Bemühen, den subjektiven Hintergrund einer Tat, die psychischen Zusammenhänge aufzuhellen, einem der Grundsätze unseres Strafrechts. Wir haben ein Strafrecht, das ausdrücklich auf die individuell zu bemessende Schuld des Täters abhebt. Die Einrichtung der forensischen Psychiatrie ist eine konsequente Fortführung des in der Rechtsprechung verankerten Leitgedankens der Individualschuld; der Psychiater soll mithelfen, im konkreten Fall das Ausmaß der Schuld zu gewichten. Betrachtet man die Tätigkeit des Gutachters vor dem Hintergrund dieser Leitidee des Strafrechts, dann erhält das psychiatrische oder psychologische Gutachten eine komplexe Funktion: Einmal soll das Gutachten mithelfen zu entscheiden, ob bestimmte Paragraphen des Strafgesetzbuches anzuwenden sind oder nicht; es geht um die Beantwortung der Fragen nach der Schuldfähigkeit, der Verantwortlichkeit des Täters, um die Beurteilung des Reifegrades einer Persönlichkeit bei Jugendlichen und Heranwachsenden, um die Frage nach der Notwendigkeit, Maßnahmen zur Sicherung zu ergreifen, und ähnliches mehr. Darin erschöpft sich aber die Funktion eines Sachverständigengutachtens nicht, wenngleich die Kriminalpsychiatrie sich häufig damit begnügt, Zuordnungsarbeit für die Anwendung von Paragraphen zu leisten. In jedem Strafprozeß wird über ein Einzelschicksal geurteilt und gerichtet. In der Gerichtsverhandlung wird nicht nur eine Beweisaufnahme mit dem Ziel vorgenommen, einen im Gesetzbuch definierten Tatbestand zu fixieren, sondern es soll darüber hinaus dem Anspruch Genüge getan werden, zu begreifen, über wen gerichtet und geurteilt wird. Das beinhaltet ein Bemühen, die Persönlichkeitsentwicklung, die Rolle und Funktion der Straftat in dieser Entwicklung zu verstehen. In der Praxis geschieht dies in sehr unterschiedlicher Ausprägung und Intensität: Es gibt Prozesse, selbst solche, bei denen die Frage einer lebenslänglichen Strafe im Raume steht, in denen «die Erörterung der persönlichen Verhältnisse des Angeklagten» in wenigen Minuten erledigt ist, um den Formalien Genüge zu tun – und solche Prozesse, in denen hierfür Stunden verwendet werden. Eine sehr wesentliche und schwierige

Aufgabe des Sachverständigen besteht darin, dem Gericht in diesem Bemühen um Verständnis zu helfen, einen Verständniszusammenhang plausibel aufzuzeigen. Dies bringt es mit sich, daß der psychiatrische und psychologische Sachverständige nicht nur Gehilfe des Gerichts in dem Sinne ist, daß er Entscheidungen erleichtert, sondern er kann Entscheidungsprozesse auch erschweren und daher unbequem sein: Gelingt es, ein Verständnis zu vermitteln und psychologische Zusammenhänge zu erhellen, dann wird es oft für das Gericht schwieriger, ein konkretes Geschehen unter operationalisierte Tatbestände des Gesetzes zu subsumieren, und mit der Verurteilung wird es schwerer – auch oder gerade dann, wenn die Schuldfähigkeit des Angeklagten nicht in Zweifel gezogen wird. Am Ende einer Beweisaufnahme sagte ein Richter, zu Beginn des Prozesses sei es für ihn ein «klarer Fall» gewesen, jetzt nach dem Gutachten sei er verunsichert und weniger befriedigt mit seinen rechtlichen Möglichkeiten. Mit einem solchen Resultat hat ein Gutachten auch eine Funktion erfüllt. Ein Gutachter soll und kann seine ärztliche und therapeutische Identität vor Gericht nicht abstreifen; es ist auch seine Aufgabe, die menschlichen Aspekte in dem formalen Ritual des Strafverfahrens zu verstärken und unter Umständen das schlechte Gewissen bei der Verurteilung zu verkörpern.

Ist die Tätigkeit eines Sachverständigen nicht nur hilfreich im Sinne von Erleichterung, sondern gelegentlich auch unbequem, dann muß er mit Schwierigkeiten und Widerständen rechnen. Solche Widerstände kommen nicht nur von seiten des Gerichts, sondern auch aus den Reihen der psychiatrischen Sachverständigen.

Widerstände seitens des Gerichts

Widerstände und Verständigungsschwierigkeiten im Gerichtssaal sind teils notwendig und unvermeidlich, teils verständlich – und dies aus mehreren Gründen:

1. Die Perspektive des Richters kann unter den Gegebenheiten eines Schuldstrafrechts nicht identisch sein mit der Perspektive des Gutachters und umgekehrt. Der Richter hat neben der Täterbeurteilung zugleich die Interessen der Öffentlichkeit zu berücksichtigen,

die Wahrung der Rechtsordnung zu gewährleisten; er muß Recht sprechen, während der Gutachter sich mit der psychischen Verfassung des Täters und deren forensischen Konsequenzen beschäftigt. Die sich ergebenden Diskrepanzen sind *notwendig.* Der Richter muß z. B. unter bestimmten Umständen verurteilen, auch wenn es, dem Richter einsichtig, ärztlich im konkreten Fall sinnlos oder für die Entwicklung der Täterpersönlichkeit schädlich ist.

2. Neben dem Grundsatz, den Täter nach dem subjektiven Maß seiner Schuld zu verurteilen, geht das Strafrecht davon aus, daß das Urteilen eine Angelegenheit der Öffentlichkeit ist und «im Namen des Volkes» zu geschehen hat. Aus diesem Grunde sind in Strafprozessen Laienrichter, die Schöffen, beigeordnet. Damit ist ausdrücklich festgelegt, daß die Gerichtsverhandlung nicht eine hochspezialisierte, elitäre und wissenschaftliche Angelegenheit sein soll, sondern ein allgemein verständlicher Vorgang. Durch die Veröffentlichung des Gerichtsverfahrens können kollektive Emotionen und Vorurteile mit ins Spiel kommen und Beurteilungen mitbestimmen. Der in Gestalt des Laienrichtertums dokumentierte Grundsatz der Rechtsprechung kann mit dem Prinzip der Individualschuld kollidieren – und zwar desto stärker, je pathologischer die Persönlichkeitsstruktur des Angeklagten ist und je weniger diese Pathologie dem Laienverständnis von Psychologie zugänglich ist. Um die Auswirkungen dieser Kollisionen und Konflikte zu mildern, sieht das neue Gerichtsverfassungsgesetz eine Verminderung der Zahl der Laienrichter von sechs auf zwei Schöffen in Schwurgerichtsprozessen vor, so daß es eine Mehrheit der Laienrichter hier nicht mehr gibt. Der Grundsatz der Volkstümlichkeit der Gerichtsverhandlung erschwert die Stellung des Sachverständigen als eines Fachwissenschaftlers: Die Fachsprache muß in die verständliche Umgangssprache übersetzt werden, Emotionen und Vorurteile in der Einstellung zum Straftäter müssen als solche angesprochen und durchsichtig gemacht werden – Bemühungen, die häufig nicht gelingen und auf Widerstände stoßen. Mit diesen Schwierigkeiten muß sich der Gutachter auseinandersetzen, weil sie *unvermeidlich* sind.

3. Schließlich gibt es eine Anzahl von *verständlichen* Schwierigkeiten und Widerständen. Zunächst kommt der Gutachter im kon-

kreten Fall mit einem großen Informationsvorsprung in die Gerichtsverhandlung: Er kennt nicht nur die Akten, sondern hat sich in der Regel intensiv mit der Persönlichkeit des Angeklagten auseinandergesetzt. Wir haben auf die häufige Wandlung in der Reaktion und Einstellung beim Gutachter aufmerksam gemacht: Von der anfänglich moralisch-emotionalen Spontanreaktion nach der Lektüre der Akten zu einer von Verständnis getragenen Arzt-Patient-Beziehung. Das Gericht, das zu Prozeßbeginn im wesentlichen nur die Akten kennt, hat weniger Zeit für diesen allmählichen Prozeß des Kennenlernens und Verstehens. Aus dieser verschiedenen Ausgangsposition ergeben sich häufig Diskrepanzen, wenngleich man in längeren Gerichtsverhandlungen diesen Wandlungsprozeß in der Einstellung zum Täter beim Gericht oft beobachten kann.

Schwierigkeiten erwachsen ferner aus der einseitigen Ausbildung der Juristen: Die verstehenden Wissenschaften vom Menschen sind in der Juristenausbildung zumindest bisher konsequent ausgeblendet worden (vgl. OSTERMEYER 1972). Dies kann die Tätigkeit eines Strafrichters erschweren: Unter denen, die gegen das Gesetz verstoßen, finden sich gehäuft neurotische, mehr oder weniger tiefgreifend gestörte Persönlichkeiten. Die Gerichtsverhandlung, in deren Mittelpunkt der Angeklagte steht, ist eine Interaktion, in der sich die Psychopathologie des Angeklagten ausdrückt und darstellt – nicht nur in dem, was der Angeklagte sagt und wie er sich verhält, sondern auch in gruppendynamischen Vorgängen und den Reaktionen der anderen. In den Gerichtsverhandlungen, von denen hier die Rede ist, geht es um die Verständigung mit hochgradig pathologischen Persönlichkeitsstrukturen. Welche Schwierigkeiten damit verbunden sein können, das weiß jeder Psychotherapeut. Für einen solchen Dialog ist der Richter wenig vorbereitet und kaum ausgebildet. Der Richter, vor allem der Schöffe, ist häufig darauf angewiesen, mit dem zu operieren und auszukommen, was in der Juristensprache «gesunder Menschenverstand» oder «allgemeine Lebenserfahrung» genannt wird – ein laienhaftes Verständnis von Psychologie und vom Menschen, das sich auf der Ebene von Alltagserfahrungen bewegt. Das Bemühen des Richters um Verständnis bleibt häufig auf den Versuch beschränkt, das, was er von sich und den ihm vertrauten Menschen in seinem gewohnten Umkreis kennt, in dem Angeklagten wiederzufinden und sich aus der Art, wie er selbst erlebt und reagiert, ein Bild von diesem zu machen. Daß dies häufig nicht geht, zu Verzerrungen, Mißverständnissen und Unterstellungen führen muß, liegt auf der Hand.

Wie so etwas verlaufen kann, wenn ein Verständnis mit Hilfe der Identifikation sich nicht herstellen läßt, illustrieren wir an einem Beispiel: Es geht in einem Prozeß um einen jungen Mann, der, obwohl homosexuell und an Frauen als Sexualobjekten nicht interessiert, eine Frau überfallen und lebensgefährlich verletzt hat. Er schildert dem Gericht den äußeren Tatablauf. Der um Aufklärung bemühte Richter möchte mehr über die Hintergründe wissen, warum er es getan habe. Der Angeklagte erwidert, er wisse es nicht und könne es sich nicht erklären. Der Richter ist der naheliegenden Überzeugung, der Mann habe die junge Frau in der Absicht überfallen, sie zu vergewaltigen, wolle dieses aber nicht zugeben – eine Motivation, die normalpsychologisch am plausibelsten ist, in diesem Fall aber offenbar nicht zutrifft. Der Richter redet dem Angeklagten gut zu: «Selbsterkenntnis ist der erste Weg zur Besserung.» Der Junge zuckt hilflos mit den Schultern. «Sie glauben gar nicht, wie gut es tut, wenn Sie jetzt alles sagen.» Als eine den Richter befriedigende Antwort ausbleibt, vermerkt er: «Wohl ein bißchen unehrlich zu sich selbst?» Der Angeklagte versucht nun wiederzugeben, wie ihm im Moment der Tat zumute war: «Alles in mir war aufgewühlt, wie abgestorben, absolut nichts.» Der Richter sieht darin einen Widerspruch. Der Junge versucht zu sagen, was er nicht ausdrücken kann: «Es war so, als wenn ich selbst neben mir stehe.» Der Richter kommt darauf zurück, warum der Angeklagte die Tat begangen habe, denn eine Tat ohne Motiv gebe es nicht. Als der Junge zum wiederholten Male ausdrückt, er wisse es nicht, sagt der Richter: «Das glaube ich Ihnen nicht; wenn man geistig gesund ist und keine Macke hat, dann weiß man das. Sie verdrängen nur.» Die Vernehmung ist damit noch nicht zu Ende. Als Ausdruck letzter Hilflosigkeit und Sprachlosigkeit reagiert der Junge auf die immer gleiche Frage, auf die er keine Antwort weiß, mit so etwas wie einem leeren Lächeln. Der Richter interpretiert dieses, normalpsychologisch naheliegend, als einen Affront und weist ihn zurecht: «Wir machen hier keinen Spaß zusammen.» Dieser Dialog endet, wie häufig, damit, daß der Angeklagte schweigt. Das Schweigen drückt hier aus, daß eine Verständigung nicht gelungen ist, obwohl sich beide darum bemüht haben. Es sind dies gewiß unverschuldete, aber typische Verständigungsschwierigkeiten, denen sich Richter gegenübersehen und die von ihnen auch oft beklagt werden.

Die Situation des Richters wird vielfach noch dadurch erschwert, daß er mit vorgegebenen Begriffen arbeiten muß, die psychologisch nicht stimmig sind und ihn daher auf die falsche Fährte führen können. Dies gilt z. B. für den Begriff «Motiv». Die Motivation eines Handelns ist in der Regel sehr komplex, und nur ein Teil davon, häufig gar nicht einmal der entscheidende und bestimmende, dringt in das Bewußtsein und ist als klare und griffige Formulierung parat. Bei alltäglichen kriminellen Handlungen mag das noch angehen, der Richter kann dort mit dieser verkürzten Vorstellung vom Motiv auskommen. Bei Handlungen, die im wesentlichen durch Triebe, Affekte, neurotische Impulse bestimmt werden, wird das Forschen nach einem solchen Motiv aussichtslos, kann in die Irre führen und in Ratlosigkeit, artifiziellen Konstrukten oder Unterstellungen enden. Das obige Beispiel zeigt dies deutlich. Stimmt schon der Begriff «Motiv» nicht, dann ist dessen Untergliederung in «niedrige» und weniger niedrige Motive, die bei der folgenschweren Bewertung einer Tötung als Mord oder Totschlag eine ausschlaggebende Rolle spielt, psychologisch erst recht unbefriedigend. Von dem als niedrig eingestuften Motiv «zur Befriedigung des Geschlechtstriebes» zu reden mag als Motiv im landläufigen Sinne bei einigen Notzuchthandlungen gerechtfertigt sein. Bei Tötungsdelikten im Zusammenhang mit der Sexualität, wie wir sie hier beschreiben werden, gehen solche Vorstellungen und Bewertungen am Kern vorbei. Wir werden es ausführlich darstellen, daß solche Handlungen nicht aus dem Streben nach einem besonderen Lustgewinn resultieren, sondern aus einem Zusammenbruch der psychischen Abwehrmechanismen. Psychodynamisch gesehen ist eine sexuelle Deviation ein neurotisches Symptom, ein unbewußter Abwehrmechanismus; und neurotische Symptome lassen sich aus der Sicht der

Psychologie nicht moralisch höher oder niedriger bewerten.

Verstehen im Gerichtssaal ist manchmal unbequem, kann die Arbeit des Richtens erschweren und Festgefügtes durcheinanderbringen. Um so bemerkenswerter und eindrucksvoller sind dann Gerichtsverhandlungen, die mit überlegener Menschenkenntnis, einem Spürsinn für komplexe psychologische Zusammenhänge und einem intuitiven Erfassen von psychopathologischen Strukturen geführt werden und damit den Wert eines psychotherapeutischen Aktes erhalten können. Solche Erfahrungen sind aber eher selten. Widerstände sind, wie gesagt, verständlich, man muß als Gutachter mit ihnen rechnen und sich mit ihnen auseinandersetzen. Diese Bemühungen können manchmal scheitern, indem z. B. das Gericht vor dem Gutachten die Ohren verschließt oder Reaktionen zeigt wie diese: Jeder Mensch sei doch irgendwie neurotisch, und wo führe das hin, wolle man dies als etwas Besonderes werten. Deprimierend sind Resultate, wie wir sie auch erlebt haben, daß das Gericht den «überzeugenden Ausführungen» des Gutachters zwar folgt, eine erheblich verminderte Schuldfähigkeit dem Täter attestiert und dennoch eine lebenslange Strafe verhängt wegen der «besonderen Abscheulichkeit der Tat» – eine Begründung, die dem Prinzip des Strafrechts, die Strafe nach der subjektiven Schuld des Täters und nicht nur nach der objektiven Tat zu bemessen, zuwiderläuft. Das Bemühen, die Widerstände zu überwinden und die Verständigungsschwierigkeiten auszuräumen, ist häufig auch erfolgreich und führt dann zu befriedigenden Kompromissen zwischen den juristischen und ärztlich-therapeutischen Interessen – Lösungen, die so etwas wie Gerechtigkeit in einem erweiterten Sinne sichtbar werden lassen.

Widerstände seitens der Kriminalpsychiatrie

Die heftigsten Widerstände gegen psychodynamische Erklärungsmodelle kommen im konkreten Fall häufig gar nicht vom Gericht, sondern vom Psychiater, dem Mitgutachter. Dies liegt nicht allein an der jeweiligen Person des mitgutachtenden Psychiaters; Widerstände gegen psychodynamische Ansätze werden von einigen maßgebenden forensischen Psychiatern, aber durchaus nicht von allen, ausdrücklich auch theoretisch vertreten. Ehe wir auf die Hintergründe dieser Widerstände und auf die Argumentationen der Kriminalpsychiatrie gegen psychodynamische Ansätze eingehen, wollen wir kurz ihre alternative Position charakterisieren.

Bei der forensischen Beurteilung von Menschen, die im eigentlichen und herkömmlich-psychiatrischen Sinne krank sind, also z. B. an einer Psychose leiden, und die zahlenmäßig unter den Straftätern eine ganz geringe Rolle spielen, bestehen keinerlei Meinungsverschiedenheiten. Der strittige Punkt ist die Betrachtung und Beurteilung sogenannter abnormer Persönlichkeiten. Ein Mitgutachter, Professor für forensische Psychiatrie, begann sein mündliches Gutachten in einem Prozeß mit den Worten: «Ich gehöre zu der Schule in der Psychiatrie, die mit dem Begriff der Neurose wenig anfangen kann.» Dies klingt zunächst verblüffend, wie wenn ein Chirurg sagen würde: Von der Herzchirurgie halte ich nicht viel. Diese Äußerung gibt in etwa die Grundposition der Kriminalpsychiatrie wieder: den ausdrücklichen Verzicht auf psychodynamische Erklärungen. Statt dessen begnügt sie sich mit einer statisch beschreibenden Phänomenologie von Charaktereigenschaften, die sich in einem überschaubaren Katalog von «Typen» zusammenfassen läßt. Der zentrale Begriff, um den es hier geht, ist der der *Psychopathie*.

Psychopathie in dem traditionell-psychiatrischen Sinne, wie der Begriff von Kurt SCHNEIDER (1923) konzipiert, von FREY (1951) und PETRILOWITSCH (1966) modifiziert worden ist, meint eine anlagebedingte, unabänderliche, in einem postulierten Gehirndefekt verankerte Abnormität, die als Variante, als «Spielart», menschlicher Möglichkeiten eingestuft wird. Analog dem angeborenen Schwachsinn gibt es nach diesem Konzept so etwas wie eine angeborene Willensschwäche, ein angeborenes Geltungsbedürfnis, angeborene Gefühlskälte etc. Der so definierte Psychopathiebegriff, der in der klinischen Psychiatrie immer weniger Verwendung findet, stammt historisch aus der Zeit, als die Psychiatrie, biologistisch orientiert, versuchte, durch Katalogisierung erst einmal eine Übersicht über die verwirrende Vielzahl psychischer Auffälligkeiten zu gewinnen. In dem 1972 erschienenen Handbuch der forensischen Psychiatrie beruft sich der Mitherausgeber WITTER ausdrücklich auf dieses Psychopathiekonzept und zählt neun Prototypen von Psychopathen auf: den Gemütsarmen, Willensschwachen, Substanzlosen (primitiv-formlos, wie ihn BRESSER (1965), oder amorph, wie ihn PETRILOWITSCH (1966) nennt), den Hyperthymen, Geltungsbedürftigen, Explosiv-Stimmungslabilen, Fanatischen und Selbstunsicheren. Mit diesen Prototypen bzw. ihren möglichen Kombinationen ist nach WITTER ein Instrumentarium bereitgestellt, das für die forensische Beurteilung von Straftätern geeignet ist und ausreicht. Das Festhalten an dem Psychopathiekonzept hat in der forensischen Psychiatrie eine bestimmte Funktion. Mit diesem Konzept gelingt es, einerseits der unübersehbaren Tatsache Rechnung zu tragen, daß sich unter den Straffälligen psychisch auffällige Persönlichkeiten häufen, andererseits diese, da es sich um «Spielarten» des Menschlichen handelt, zur Verantwortung zu ziehen. MAUZ (1975) bemerkt dazu ironisch: «Der Psychopathiebegriff ist der Abfallkorb, in den Justiz und Gerichtspsychiatrie in fröhlichem Teamwork versenken, was sie nicht erklären können, vor allem aber nicht erklären möchten, weil die Erklärung zu Ergebnissen führen könnte, welche an die Übereinkünfte hinsichtlich der erwünschten Schuldfähigkeit rühren würden» (S. 62/63).

Den Psychopathiebegriff bzw. seine Verwendung in dieser forensischen Psychiatrie zeichnen zwei Merkmale aus. Einmal ist sein Erklärungswert gering. In der Beschränkung auf eine relativ äußerliche Beschreibung der Persönlichkeit mit Hilfe einer überschaubaren Anzahl von Eigenschaftswörtern, die in der Alltagssprache geläufig sind, ist dieses Vorgehen unmittelbar einleuchtend. Erklärt man z. B. die Betrügereien eines Hochstaplers damit, er sei geltungsbedürftig, dann wird man weder auf Widerspruch stoßen noch Erstaunen auslösen. Nur ist der Erklärungswert einer solchen Aussage gering. Unbeantwortet bleiben die Fragen, welche Konfliktdynamik einem solchen Verhalten zugrunde liegt, wie er so geworden ist, daß er in den Schein ausweicht etc. – als Hintergrund für die weiteren Fragen, ob und wenn welche therapeutischen Möglichkeiten vorhanden sind, seine Konflikte soweit aufzuarbeiten, daß er ein solches Verhalten nicht mehr nötig hat. Es stellt sich ferner die methodische Frage, wie es möglich ist und wie es geschieht, solche Charaktereigenschaften zu diagnostizieren und zu gewichten. Wie mißt man Willen, Gemüt, Substanz, Form und Formlosigkeit, wenn nicht an dem Verhalten, und besonders an dem kriminellen Verhalten? Dadurch wird der Aussagegehalt der psychopathologischen Attribute häufig tautologisch, da die Charaktereigenschaften – BRESSER (1965) spricht von «Charakterradikalen» – kurzschlüssig aus der Art des Deliktes abgeleitet und dann als Erklärung des Deliktes herangezogen werden: Wenn jemand immer wieder straffällig wird, beweist er dadurch seine Willensschwäche und Haltlosigkeit, die dann wiederum erklären soll, warum er rückfällig wird. Wenn jemand eine Gewalttat verübt, dann beweist er dadurch seine Gefühllosigkeit, die wiederum als Erklärung dafür herangezogen wird, daß er gewalttätig wurde. Selbst in wissenschaftlichen Publikationen wird dieser Vorgang des tautologischen Kurzschließens arglos beschrieben: «Viele Rechtsbrecher lassen Züge in ihrem Wesen erkennen, die man ‹psychopathisch› nennen kann. Nahezu in jedem forensischen Fall können von der Norm abweichende – also der Psychopathie zumindest benachbarte – Züge im Wesen krimineller Menschen festgestellt werden. Man denke an die so häufige Willensschwäche gegenüber kriminellen Impulsen, denen diese Täter immer wieder unterliegen – ein Mensch mit ‹normaler› Willenskraft widersteht derartigen Ansprüchen –, oder an den Mangel an Gemüt, der bei vielen brutalen Aggressionen unverkennbar ist» (de BOOR 1959, S. 55).

Das zweite Charakteristikum des Psychopathiebegriffs, wie er in dieser forensischen Psychiatrie verwendet wird, ist dieses: daß die vorgeblich wertfreie Beschreibung des Charakters durch die Wortwahl eine moralisierende Tendenz erhält. Sind schon einzelne Adjektive des psychopathologischen Vokabulars wie haltlos, gemütsarm, willensschwach, triebhaft, egozentrisch, amorph, substanzlos, primitiv – um nur einige noch relativ wenig diskriminierende Bezeichnungen zu wählen – alles andere als wertfreie Beschreibungen, dann lesen sie sich in der Zusammenstellung häufig wie eine moralische Verurteilung. Krasse Beispiele aus psychiatrischen Gutachten finden sich in der Arbeit von PFÄFFLIN (1975, 1977). Angesichts dieser in psychiatrischen Gutachten häufig nachweisbaren Verquikkung von psychopathologischem Vokabular und moralischer Wertung verwundert die apologetische Bemerkung WITTERS über den Psychopathiebegriff: «Schwierigkeiten mit dem Begriff der psychopathischen Persönlichkeit haben vor allem diejenigen Psychologen und Psychiater, die sich auch in ihrer wissenschaftlichen Arbeit nicht von Wertungen freimachen können» (1972, S. 492).

Die asketische Selbstbeschränkung dieser forensischen Psychiatrie, ihr Verzicht, Ergebnisse aus der psychodynamischen Persönlichkeitserforschung überhaupt zur Kenntnis zu nehmen, und ihre Tendenz, psychodynamische Ansätze, wo immer diese ihr begegnen, aggressiv abzuwehren und abzuwerten, hat zu einer unnötigen Polarisierung der Standpunkte geführt. Ein äußerlicher, relativ unwichtiger Grund liegt in der mangelnden Vertrautheit mit der Neurosenlehre. Es ist eine Tatsache, daß Psychiater, die forensisch tätig sind, in der Regel weder psychoanalytisch vorgebildet noch darin geschult sind, in psychodynamischen Kategorien zu denken, während die im letzten Jahrzehnt in der Bundesrepublik stark anwachsende Gruppe von Psychiatern *mit* einer solchen Vorbildung vor Gericht nicht aufzutreten pflegt.

Die Hauptargumente gegen die Psychodynamik in Gutachten, die immer wieder vorgebracht werden, sind folgende:

☐ Die Psychoanalyse vertrete einen Determinismus, führe zu uferloser Exkulpierung und vertrage sich deshalb so wenig mit dem geltenden Schuldstrafrecht, daß sie für forensische Fragestellungen ungeeignet sei. Daß die Psychoanalyse keinen Determinismus vertritt, sondern in der forensischen Beurteilung lediglich den Anspruch hat, eine konkrete Handlung, eine Straftat, mit einer bestimmten Persönlichkeitsentwicklung und -struktur, z. B. mit spezifischen Ängsten, Konflikten, Impulsen, in Zusammenhang zu bringen; daß sie nicht blinde Exkulpierung vertritt, sondern daß Begriffe wie soziale Verantwortlichkeit für sie zentrale Begriffe sind; daß sie deswegen auch sinnvolle Aussagen im Rahmen eines

Schuldstrafrechts machen kann – all dies werden wir im Kapitel 4.1 näher darstellen.

☐ Ein weiterer Vorwurf ist der, die Psychoanalyse arbeite mit vagen Annahmen und nicht nachprüfbaren Spekulationen. Die Psychoanalyse ist zwar eine Persönlichkeitstheorie, die aber aus klinischen Beobachtungen abgeleitet und in der praktisch-therapeutischen Arbeit an Patienten vielfach erprobt ist. Ihre Wissenschaftlichkeit und ihr Erkenntniswert werden heute auch kaum noch in Frage gestellt. In der konkreten Begutachtung geht es zudem nicht um die Erörterung von Theoremen – so wie in einem solchen Rahmen auch die Psychiatrie nicht über ihre Grundannahmen diskutiert –, sondern darum, beobachtbare und konkret belegbare psychodynamische Mechanismen und ihre erklärende Herleitung aufzuzeigen.

☐ Eine weniger polemische, sich aber deutlich abgrenzende Position (z. B. WITTER) argumentiert, Erkenntnisse der Psychoanalyse seien im Einzelfall zwar interessant, für forensische Fragestellungen jedoch unerheblich und irrelevant. Dieser Vorwurf stimmt gerade deswegen nicht, weil es in der Gerichtsverhandlung nicht nur um abstrakte Tatbestände, sondern auch um Verstehenszusammenhänge geht, weil nicht nur Straftaten, sondern auch Schicksale zur Verhandlung stehen. Gerade wo es um zunächst unverständliche Taten geht, reicht das Rüstzeug der beschreibenden Psychopathologie oft nicht aus, um Zusammenhänge zu erhellen. Psychodynamische Beurteilungen können dort zu mehr Klarheit und damit zu gerechteren Beurteilungen beitragen (vgl. z. B. EHEBALD 1971; BECKER und SCHORSCH 1972). Dies sollen auch die Fallgeschichten in diesem Buch dokumentieren: Mit einer bloßen Beschreibung quantitativ abnorm ausgeprägter Eigenschaften kann übersehen werden, daß psychopathologische Strukturen vorliegen, die, wie in unseren Fallgeschichten 4, 6 und 11, so elementare Defekte im Persönlichkeitskern aufweisen, daß sie qualitativ eine ähnliche Desorganisation und einen ähnlichen Zerfall der Ich-Struktur zeigen wie eine Psychose und auch forensisch ähnlich zu beurteilen sind.

Die Hintergründe der heftigen Widerstände dieser forensischen Psychiatrie gegen psychodynamisches Denken werden deutlicher, wenn wir an die unvermeidlichen und notwendigen Verständigungsschwierigkeiten, Konflikt- und Kollisionsmöglichkeiten zwischen dem Sachverständigen und dem Gericht erinnern. Diese werden, so hat es den Anschein, von dieser forensischen Psychiatrie nicht durchgehalten bzw. nicht als Aufgabe akzeptiert, sondern ihnen wird ausgewichen: Erstens schraubt diese forensische Psychiatrie ihren Erklärungsversuch soweit zurück, daß er dem Prinzip der Volkstümlichkeit entspricht und weitgehend mit dem «gesunden Menschenverstand» zur Deckung kommt. Zweitens wird die ärztlich-therapeutische Identität weitgehend aufgegeben zugunsten einer Übernahme der Identität und der Interessen des Richters. So gesehen versteht sich diese forensische Psychiatrie, wie ehedem die Philosophie der Theologie gegenüber, als Magd der Jurisprudenz. MOSER (1971) spricht von einem Pakt, einem Komplott der Kriminalpsychiatrie mit der Justiz und bezeichnet den Psychopathiebegriff «als die Morgengabe der Psychiater an die Strafjuristen bei ihrer Pakt- und Eheschließung» (S. 81). Mit dieser Einstellung ist diese forensische Psychiatrie für die Rechtsprechung bequem und erweist ihr vordergründig – aber auch nur vordergründig – einen guten Dienst. Ein moralisierendes, auf Erklärungen weitgehend verzichtendes Gutachten liefert Rechtfertigungsgründe für die Verurteilung bzw. läßt ein Unbehagen gar nicht erst aufkommen; es formt den Bissen sozusagen mundgerecht.

Ich bringe ein Beispiel: Ein Professor der forensischen Psychiatrie schreibt in seinem Gutachten über einen Sexualstraftäter: «Es ist für jeden Erfahrenen schlechterdings unmöglich, im Einzelfall zu entscheiden, ob eine stark abnorme Prägung der Triebstruktur als Störung des Trieblebens oder als Auswirkung einer Charakterschwäche gesehen werden kann oder gesehen werden muß ... Bei S. zeigt sich ziemlich eindrucksvoll, wie sich aus einer deutlich erkennbaren Willensschwäche eine zunehmende Entgleisung des Sexualverhaltens eingestellt hat, die nicht nur in fetischistischen Handlungen, sondern auch in mannigfaltigen homosexuellen Kontakten zum Ausdruck kommt.» Diese Gedankenverknüpfung liest sich so, als seien fetischistische Handlungen für einen jeden ein besonderes Vergnügen, das man sich nur unter Willensanstrengung versage, und als sei Homosexualität eine Folge noch größerer Willensschwäche. Für ein Gericht wird die Verurteilung damit leicht gemacht, wenn es sachverständig attestiert bekommt, die Abweichungen eines Angeklagten seien nur Zeichen von Charakterschwäche und eine Folge davon, daß er sich nicht zusammengenommen und nicht gehörig angestrengt habe.

MOSER (1971) hat nicht nur von weitgehender Übernahme der richterlichen Identität durch den Sachverständigen gesprochen, sondern hat eine Überidentifizierung der Kriminalpsychiater mit den Zielen der Rechtsprechung angeprangert. Die akademischen Vertreter dieser forensischen Psychiatrie schwören auf diese Einstellung ein: «Wichtig ist z. B. die Anschauung, die der Gutachter über den Sinn und Zweck der Strafe hat. Steht er auf dem Standpunkt des Sühnegedankens, hält er Vergeltung oder Abschreckung für den Sinn des Strafrechts, so wird er häufig innere Hemmungen haben, einen Täter ‹der Strafe zu entziehen›» (LEFERENZ und RAUCH 1947, S. 248). HADDENBROCK (1963) spricht von der «Rechtswürde der Zurechnungsfähigkeit», die man dem Psychopathen nicht vorenthalten dürfe. Die Position dieser Kriminalpsychiatrie faßt de BOOR (1959) wie folgt zusammen: «Die Gründe für unsere Warnung vor einer zu weit gehenden Psychologisierung von Tat und Täter sind letztlich auch prinzipieller Art. Denn die Übernahme psychologischer Kriterien in diesen Abschnitt des Strafprozesses unterminiert durch den ihm innewohnenden Exkulpierungs-Anspruch die Grundfesten unserer rechtsstaatlichen Ordnung» (S. 143). Weder ist die Psychiatrie dazu da, die rechtsstaatliche Ordnung zu «unterminieren», noch hat sie sich als Hüter der Rechtsordnung zu verstehen. Vielmehr ist ihre Aufgabe, wenn ihre Dienste vom Gericht beansprucht werden, lediglich die, unter Verwendung aller ihrer wissenschaftlichen Erkenntnisse an der Klärung und Erhellung eines konkreten Problems mitzuhelfen. Zudem ist es, wie erwähnt, ein unberechtigtes Vorurteil zu meinen, die Anwendung psychodynamischer Erklärungsmodelle impliziere zwangsläufig eine Exkulpierung vor Gericht. Wir gehen auf dieses Problem im

Kapitel 4.1 ausführlicher ein.

Um sich zu vergewissern, daß in der konkreten Situation die eingeschworene Position durchgehalten und keine «die Rechtsordnung gefährdenden», nämlich psychodynamischen Ansätze in Gutachten eindringen, begnügt man sich nicht mit schriftlichen Appellen. In Nordrhein-Westfalen gibt es eigens eine Kommission, einen Gutachterausschuß. Es ist ein Gremium, das sämtliche psychiatrischen Gutachten, die für Gerichte in Nordrhein-Westfalen erstattet werden, auf ihre Orthodoxie hin durchsieht, schriftlich beurteilt und diese Beurteilung dann dem zuständigen Richter zusendet – eine Instanz, die Gutachten begutachtet und im Falle von Beanstandungen andere Gutachter vorschlägt. Daß eine solche unzulässige, weil die freie wissenschaftliche Meinungsäußerung behindernde Instanz ein Disziplinierungsinstrument darstellt, liegt auf der Hand, zumal wenn man bedenkt, daß die Gutachtertätigkeit für manche Psychiater in Landeskrankenhäusern die einzige oder hauptsächliche Quelle von Nebeneinnahmen darstellt.

MOSERS Kritik zielt auf die Ideologie der forensischen Psychiatrie. Er bezieht sich dabei überwiegend auf schriftliche Äußerungen prominenter Psychiater in wissenschaftlichen Publikationen. Wie es in den Niederungen des gerichtspsychiatrischen Alltags aussieht, zeigt eine Untersuchung von PFÄFFLIN (1975, 1977). PFÄFFLIN hat sämtliche über Sexualstraftäter im Oberlandesgerichtsbezirk Hamburg in den Jahren 1964 bis 1971 erstatteten psychiatrischen Gutachten gesammelt und ausgewertet. Dort wird dokumentiert, wie die Gutachten in den kleinen, alltäglichen, von Presse und Publikum nicht beachteten Strafverfahren äußerst lückenhaft und dürftig, voller Vorurteile, Tautologien und Unterstellungen sind, getragen von strafrechtsnormativen Wertungen. Die in der psychopathologischen Terminologie enthaltene Tendenz zur Moralisierung artet hier in der Regel zur Beschimpfung aus. Für den mit der Materie Vertrauten sind die Ergebnisse zwar nicht überraschend, jedoch in dieser Massierung bedrückend. Einzelheiten können in der Arbeit von PFÄFFLIN nachgelesen werden.

Zum Vorgehen in diesem Buch

In diesem Buch bringen wir eine Reihe von Einzelfallstudien und Interpretationen. Den prinzipiellen Einwand gegen Einzelfallstudien und gegen den subjektiven Spielraum, der in der Methode der Interpretation enthalten ist, können wir nicht entkräften; wir nehmen ihn in Kauf. In den Wissenschaften vom Menschen zeichnet sich, was die Rolle der Methodik angeht, ein Wandel ab: Der Rausch der großen Zahl ist im Abklingen begriffen; das statistische Operieren mit objektiven Fakten, mit «harten Daten» und deren mathematische Verrechnung kann den Anspruch, der alleinige und einzig gültige Weg zu wissenschaftlicher Erkenntnis zu sein, nicht länger aufrechterhalten. Wir haben es bei der Gruppe der «Sexualstraftäter» selbst gesehen (SCHORSCH 1971), daß die statistische Aufarbeitung nur Aussagen von sehr begrenzter Gültigkeit machen kann, daß die verrechenbaren Zusammenhänge zu Erkenntnissen führen, die allgemein und an der Oberfläche bleiben und sehr wenig dazu beitragen, den Einzelfall zu begreifen. Es sind Vorarbeiten, die den zu bearbeitenden Gegenstand nur sehr grob eingrenzen und abstekken. Die in diesem Buch mit unterschiedlicher Ausführlichkeit dargestellten Fallgeschichten sind aus einer größeren Anzahl von etwa 60 Patienten ausgewählt, die wir am Institut für Sexualforschung in Zusammenhang mit Tötungsdelikten begutachtet haben. Diese Gruppe ist groß genug, daß es erlaubt ist, über die Aneinanderreihung von Einzelschicksalen hinaus allgemeinere Zusammenhänge und Gesetzmäßigkeiten zu formulieren. Daß wir uns bei der Interpretationsarbeit psychoanalytischer Konzepte bedienen, bedarf nach dem Gesagten keiner besonderen Rechtfertigung mehr.

Dem Studium von Einzelfallgeschichten in der forensischen Psychiatrie kommt in der gegenwärtigen Situation noch eine besondere Bedeutung zu. Im Zuge der Strafrechtsnovellierung ist der § 51 des alten Strafgesetzbuches, in dem die Voraussetzungen der verminderten und aufgehobenen strafrechtlichen Verantwortlichkeit geregelt waren, durch die §§ 20 und 21 ersetzt worden. Die neuen Paragraphen nennen neben der «Bewußtseinsstörung», der «krankhaften seelischen Störung», d. h. den Geisteskranken und dem

«Schwachsinn», noch ein weiteres Kriterium, das die Schuldfähigkeit einschränken oder aufheben kann: die «schwere seelische Abartigkeit». Wir werden es im Kapitel 4.1 ausführlicher darstellen: Damit ist vom Gesetzgeber ausdrücklich die Möglichkeit mit vorgesehen, daß über die klassisch-psychiatrischen Krankheitsbilder hinaus auch schwere neurotische Störungen die Verantwortlichkeit einschränken oder aufheben können. Diese, wie wir meinen, einschneidende Neuerung führt zunächst zu Unsicherheiten und Orientierungslosigkeit. Es erhebt sich die Frage nach den Kriterien, die eine Unterscheidung zwischen «schweren» und «nicht-schweren» Persönlichkeitsstörungen erlauben. Die Kriminalpsychiatrie tendiert dahin, diese Veränderungen des Gesetzestextes lediglich als verbale Umformulierung zu betrachten, alles beim Alten zu belassen und die darin enthaltene Neuerung zu ignorieren. Von seiten der Neurosenlehre liegen bisher ebenfalls keine verbindlichen Kriterien vor, mit denen neurotische Entwicklungen nach ihrem Intensitäts- und Schweregrad zu unterteilen wären. In dieser Situation gibt es methodisch keinen anderen Weg als den, über gründliche Einzelfallstudien zu versuchen, einige Beurteilungskriterien herauszuarbeiten und zur Diskussion zu stellen. Hierzu soll dieses Buch beitragen.

Schließlich hat das Buch noch eine weitere Absicht. Eine Untersuchung unter psychodynamischen Aspekten bringt es mit sich, daß psychotherapeutische Prozesse in Gang gesetzt werden oder zumindest in das Blickfeld kommen. Auch eine Begutachtungssituation ist eine Arzt-Patient-Beziehung, die von seiten des Untersuchten häufig mit vagen und meist unausgesprochenen Erwartungen und Hoffnungen therapeutischer Art verbunden ist. Eine solche Beziehung in dem Moment abrupt abzubrechen, in dem die diagnostische Prozedur vom Arzt als abgeschlossen betrachtet wird, ist nicht nur unbefriedigend, sondern häufig auch inhuman. Diese bedrückende Situation wird erträglicher, wenn ein psychodiagnostischer Prozeß als Resultat nicht nur eine Beurteilung der Persönlichkeit in der vergangenen Tatsituation enthält, sondern zugleich auch Perspektiven über therapeutische Möglichkeiten. Mit diesen Konsequenzen werden wir uns im letzten Kapitel auseinandersetzen und dort Gedanken über und Ansätze zu therapeutischen Wegen formulieren, die es vielleicht ermöglichen, mit diesen Patienten in einer humaneren Weise umzugehen als bisher – wenngleich wir uns über die derzeitigen Chancen einer Verwirklichung wenig Illusionen machen.

2 Allgemeine Aspekte des Sadismus

2.1 Erscheinungsformen des Sadismus

Redensartlich wird der Begriff Sadismus weit gefaßt. Er dient zur Bezeichnung einer besonderen Brutalität, Herrschsüchtigkeit, Rücksichtslosigkeit, Schadenfreude, von Unterdrückungstendenzen und Gefühllosigkeit. Der Begriff verliert an Präzision und Schärfe, wenn man unter Sadismus allgemein eine besonders intensive Form von Aggressivität versteht. Wir wollen den Begriff enger fassen. Es sind vor allem zwei wesentliche Kennzeichen, die den Sadismus charakterisieren:

1. Sadismus ist die Ausdrucksform einer auf den anderen gerichteten destruktiven Dynamik, die sich triebhaft äußert und lustvoll entlädt; sie ist mehr oder weniger eng und unmittelbar an Sexualität gebunden. Sadismus ist *sexualisierte Destruktivität*.

2. Sadistische Intentionen als Phantasien oder Handlungen zielen auf die Bemächtigung des anderen, auf ein totales Verfügen über ihn, die Aufgabe seiner Eigenständigkeit. Dominanz – Subordination in extremer Zuspitzung wird zum sexualisierten Thema; es geht nicht in erster Linie um Aggressivität oder Grausamkeit, sondern um *Beherrschung*. Schmerz zufügen und Verletzen können dabei fehlen, sind aber deshalb ein häufiger Bestandteil sadistischer Aktivitäten, weil das Hinnehmenmüssen von Schmerz, das Erleiden von Qual der deutlichste Ausdruck von Selbstaufgabe und Ohnmacht ist. Destruktiv ist die sadistische Dynamik deshalb, weil sie in dem anderen etwas zu brechen, etwas zu zerstören trachtet, nämlich dessen Eigenständigkeit und Selbstbestimmung.

Es stellt sich die Frage, wo und wie sich Sadismus in der Gesellschaft äußert. Zwei verschiedene, prinzipiell voneinander abgrenzbare Erscheinungsformen lassen sich unterscheiden: Einmal ist *Sadismus* eine *sexuelle Deviation*, d. h. ein dauerhaftes und stabiles inneres Gebilde in Form einer abweichenden sexuellen Orientierung an sadomasochistischen Praktiken. Diese Gruppe der sexuell Devianten ist sicherlich klein, wenngleich es nicht möglich ist, über die Häufigkeit präzise Angaben zu machen. Die Devianten treten nach außen hin in der Regel nicht oder kaum in Erscheinung. Sie verheimlichen ihre Deviation entweder nach außen hin, so daß sie unbemerkt bleibt, oder sie versuchen, sich subkulturell mit Gleichgesinnten zu organisieren. Es ist eine kleine Minderheit von unerheblicher sozialer Bedeutung, die im wesentlichen den Sexualwissenschaftler, den Arzt oder Therapeuten angeht. Die soziale Bedeutung ist deshalb gering, weil die sadistischen Impulse entweder auf Phantasien beschränkt bleiben oder sich in arrangierten, artifiziellen Situationen in der Subkultur abspielen; sie dringen in der Regel nicht in das soziale Handeln ein.

Die andere Erscheinungsform des Sadismus hingegen ist von erheblicher sozialer Relevanz: *Sadismus* als passageres Phänomen, als eine *vorübergehende Sexualisierung destruktiver Impulse* in Form von sadistischen Einfällen, Phantasien und Aktionen, *die unmittelbar in soziales Handeln eingehen* und dort einen bedrohlichen Charakter bekommen können. Von sehr seltenen Einzelfällen abgesehen, geht diese Bedrohlichkeit nicht von den eigentlich sexuell Devianten aus, sondern von den sexuell «normalen» durchschnittlichen Mitmenschen.

2.1.1 Sadismus als gesellschaftliches Phänomen

Sadismus ist nicht allein das Problem einzelner Devianter, einiger weniger «Perverser» und «Kranker», weder eine Randerscheinung noch eine Rarität. Vielmehr gibt es eine Vielzahl von Hinweisen darauf, daß in einer breiten Schicht der Bevölkerung eine ständige Bereitschaft vorhanden ist, mit sadistischen Affekten zu reagieren oder sich von sadistischer Thematik affizieren zu lassen. Sadismus ist nicht das Fremde und Unvorstellbare, sondern etwas, das in der Nähe, in einer schwer zu fassenden Weise gegenwärtig ist, das wir abzuschieben und nicht an uns heranzulassen trachten, weil es in einem unheimlichen Sinne vertraut ist. Wir reagieren betroffen, wenn Sadismus irgendwo einmal durchgebrochen ist und ans Licht kommt. Wir haben bereits bei der Reaktion einer breiten Öffentlichkeit auf sadistische Gewaltdelikte beschrieben, wie sich dort archaische Impulse Luft schaffen, starke unkontrollierte Affekte aufbrechen und sadistische Einfälle und Phantasien gegenüber den Tätern entwickelt werden. Es ist wie ein kollektives Ausholen zum Gegenschlag. Bei diesen Reaktionen bleibt Sadismus nicht immer im Verbalen und in der Phantasie stecken. Wir haben es bei Prozessen gegen solche Menschen miterlebt, wie eine aufgewühlte Bevölkerung das Gerichtsgebäude umlagerte und wut- und haßverzerrt nach der Auslieferung des Täters rief – offensichtlich in der Bereitschaft, ihn zu lynchen. Solche Szenen von urtümlichen, ungesteuerten Affekten sind bedrohlich, erzeugen Angst und machen mindestens so betroffen wie die in den Gerichtsverhandlungen erörterten Straftaten.

Weil Sadismus in unsichtbarer Weise gegenwärtig ist, lassen sich keine zahlenmäßigen Angaben darüber machen, wie verbreitet die Affinität zu sadistischen Reaktionen ist. Nur ein sehr grober Hinweis läßt sich aus der Untersuchung von HUNT (1970) über die Verbreitung sadomasochistischer Tendenzen in der Sexualität entnehmen. HUNT fragte nach sexuellen Phantasien im Zusammenhang mit «inflicting or receiving pain» und fand bei Menschen unter 35 Jahren, daß 18 % der Männer angaben, durch Vorstellungen, einer Frau aktiv Schmerz zuzufügen, schon einmal sexuell erregt worden zu sein, 14 % durch Phantasien, passiv Schmerz zu erleiden. Bei den Frauen berichteten 3 % von aktiven und 24 % von passiven Vorstellungen dieser Art. Das ist immerhin rund ein Viertel der Befragten. Dem entspricht als weiteres Indiz für die Affinität zu sadistischer Thematik das Phänomen, daß in den letzten Jahren im Angebot der Pornographie sadomasochistische Texte und Bilder erheblich zugenommen haben. Da die Pornographie von einer am Profit interessierten Industrie hergestellt wird, muß man diesem Anstieg entnehmen, daß aggressive und sadomasochistische Pornographie viele Menschen und nicht nur die wenigen wirklich devianten anspricht. Aggressivität und Sadismus sind offenbar in einem verbreiteten Ausmaß sexuell stimulierend. Die Flut an sadomasochistischer Pornographie läßt sich nicht ausreichend mit dem Hinweis erklären, es gebe heute eine Art modischen Trend zum Sadomasochismus als einer Erscheinungsform des Exotischen und Extravaganten, ähnlich dem modischen Spiel mit dem Transvestieren – obwohl dies zutreffend ist. Ebensowenig zureichend ist die Erklärung, daß die Darstellung von Sexualität immer neue Variationen finden muß, um der schnellen Absättigung, der Langeweile und dem Überdruß entgegenzuwirken. An dem reichhaltigen Angebot an aggressiver und sadomasochistischer Pornographie wird auch die neue Gesetzgebung, die die Verbreitung von sadistischer Pornographie ausdrücklich verbietet, wenig zu ändern vermögen. Dieses Gesetz ist auch deshalb von zweifelhaftem Wert, weil es danach trachtet, der kleinen Minderheit sexuell Devianter das Material für ihre Phantasiewelt vorzuenthalten, in der sie ihr oft einziges Ventil für die meist nicht realisierbaren sexuellen Wünsche findet. Gesetze dieser Art können ohnehin nicht mehr bewirken als dies: den Sadismus aus dem Gesichtsfeld zu entfernen und ihn in die Unsichtbarkeit zurückzudrängen, in der er weiterhin gegenwärtig und bedrohlich ist.

Sadomasochismus ist nicht auf den Bereich der Pornographie im engeren Sinne beschränkt und dort verbreitet. Dieser Thematik hat sich die Unterhaltungsindustrie überhaupt in verstärktem Maße angenommen. Filme wie ‹Die Geschichte der O› haben einen immensen Zulauf, sind zu Kassenschlagern geworden und verdanken dies allein der Faszination, die offenbar von dieser Thematik ausgeht. Besonders in Mode ist zur Zeit die nostalgische Wiederentdeckung eines sexualisierten, mit Sadomasochismus überladenen Faschismus. Wenn gegen ‹Die Geschichte der O› massive Proteste von Frauengruppen stattgefunden haben, dann zeigt dies, daß diese Thematik ernstgenommen, als wichtig und bedrohlich empfunden wird und nicht als extravagante, exotische Blüte bedeutungslos ist. Bis vor kurzem gab es im freien Handel, für jedermann zugänglich, eine Zeitschrift, die ‹Neue Gerichtszeitung›, in der, in Gestalt von Gerichtsreportagen notdürftig verbrämt und in «Erziehungsfragen» verkleidet, sadomasochistische Thematik in einer faschistischen Ideologie behandelt wurde. Diese Zeitung hatte eine Auflage von 30 000, sie erschien wöchentlich und ist nicht etwa eingegangen, sondern verboten worden.

Die bisherigen Beispiele, die die Verbreitung einer Affinität zu sadistischer Thematik, zu einer Sexualisierung von destruktiver Dynamik, anzeigen, sind insofern relativ harmlos, als Sadismus dort lediglich die Vorstellungswelt anspricht und auf diese beschränkt bleibt, nicht aber das soziale Handeln bestimmt. Sadistische Impulse in soziales Handeln einzubringen ist nicht ohne weiteres möglich. Es geht im Sadismus um ein totales Beherrschen und Verfügen über den anderen, um dessen vollständige Auslieferung. Dies läßt sich in der sozialen Realität als akzeptiertes und nichtsanktioniertes Verhalten in der Regel schwer verwirklichen. Zur sozialen Realisierung von Sadismus bedarf es besonderer Umstände, die eine solche Beziehung von allmächtigem und uneingeschränktem Verfügen über andere gestatten und herstellen. Sadistisches Handeln, will es sich nicht verstecken müssen, bedarf einer sozialen Motivation und Legitimation in einem besonderen Kontext. Je unverstellter, direkter und offener Herrschaft–Subordination, Allmacht–Ohnmacht, Unterdrückung–Submission die bestimmenden Kategorien einer Gesellschaftsstruktur sind, desto unverhohlener und unverbrämter wird Sadismus in Erscheinung treten und zu etwas Alltäglichem werden. Wo Auslieferung, bedingungslose Abhängigkeit und Schutzlosigkeit von Menschen legitimiert sind, wird Sadismus ein gängiges Verhalten. Eine solche Legitimation kommt auf zweierlei Art zustande: Erstens wird eine Gruppe von Menschen dehumanisiert, als nichtmenschlich definiert; zweitens werden abstrakte Ideen und Werte propagiert und als absolut gesetzt, angesichts derer bestimmte Menschen nichtswürdig und gefährlich sind. Hierfür gibt es in der Geschichte und in der Gegenwart eine Fülle von Beispielen:

☐ Die *Inquisition*, die über Jahrhunderte dauerte, definierte bestimmte Frauen, die – aus welchen Gründen immer – aus der Norm herausfielen, als dämonische Wesen, die als Dämon mit allen Mitteln unschädlich gemacht und vernichtet werden mußten. Da das Foltern als Akt der Seelenrettung und Rehumanisierung und das Töten von Nichtmenschen den Wert einer guten Tat hatte, konnte und durfte es mit gutem Gewissen getan, lustvoll und in einem mehr oder minder diffusen Sinne erotisiert erlebt werden. Die sadistisch-erotisierte Atmosphäre, in der es zentral um Körper, Leibliches und Sexualität ging, geht aus den überlieferten Berichten mit einer makabren Deutlichkeit hervor.

☐ Zeugnisse für ähnlich erotisierte Herrschaftsverhältnisse gibt es aus der Zeit der *Sklaverei,* als der Sklave als das willenlose, ohnmächtige Geschöpf ohne jedes Recht definiert wurde, das dem Tiere näherstand als dem Menschen (vgl. die Schilderung bei DOUGLASS 1962).

☐ HIRSCHFELD (1930) hat beschrieben, daß *im Kriege* oft *epidemische Vergewaltigungen* von Soldaten in besetzten Gebieten sich häufig nicht allein als ein räuberisches Sich-Verschaffen von Gelegenheiten zu sexuellen Kontakten erklären läßt, sondern daß als Motivation mitspielt, Stärke, Macht, Unterwerfung, absolute Verfügungsgewalt über besiegte, ohnmächtige, erniedrigte und gedemütigte Wesen zu demonstrieren; die Frau ist nicht mehr Mensch, sondern «Freiwild».

☐ In den *faschistischen Konzentrationslagern* waren in ähnlicher Weise die Bedingungen für Sadismus als soziales Handeln hergestellt, in dem der Jude, der Kommunist, der Homosexuelle angesichts der propagierten Ideologie als unwerte Untermenschen definiert und der Willkür ausgeliefert wurden. Schilderungen von Verhaltensweisen der Beherrschenden zeigen auch hier wieder, daß es vielfach nicht allein um Roheit und Brutalität ging, sondern auch um sexualisierte, sadistische Akte – und zwar unabhängig von Rang oder Status. MITSCHERLICH (1949), der die Dokumente über medizinische Versuche an Menschen in den Konzentrationslagern gesammelt hat, berichtet von Experimenten, bei denen eindeutig sexuelle Motive unter dem Deckmantel wissenschaftlicher Fragestellungen sichtbar werden: Zum Beispiel bei Unterkühlungsversuchen wurde u. a. geprüft, wie Wiedererwärmung durch menschliche Körperwärme funktioniere; die Versuchsanordnung war die, daß in Eiswasser unterkühlte Männer von entkleideten weiblichen Häftlingen aufgewärmt werden mußten.

☐ In einem weiteren Sinne gehört in diesen Zusammenhang auch das bekannte Experiment von MILGRAM (1965), in dem es um die Frage geht, wie weit Menschen in ihrem bedingungslosen Gehorsam Autoritäten gegenüber gehen. Das Experiment war für die Versuchspersonen getarnt als Untersuchung über das Erinnerungs- und Lernvermögen von Menschen. Die Testperson wurde aufgefordert, dem «Schüler» eine Anzahl in der Intensität steigender elektrischer Schläge zu verabreichen – von «leicht» bis «gefährlich» –, wenn falsche Antworten gegeben wurden. Die Bestrafung wurde als Lernhilfe motiviert. Entgegen allen Erwartungen beendeten von 40 Testpersonen 26 die Versuchsserie mehr oder weniger widerspruchslos. Versuche wie die von FROMM (1974), durch subtile Methodenkritik das Bestürzende dieser Ergebnisse zu relativieren, sind wenig überzeugend.

☐ Dort, wo in der Gegenwart überall *gefoltert* wird, verraten die Arten der Folter, sofern hin und wieder davon etwas in die Öffentlichkeit dringt, dadurch eine sexuelle Motivation, daß sich die Akte von Verletzung und Verstümmelung auf die Genitalien zentrieren. Über das Ausmaß und den Umfang von Foltern in der Gegenwart gibt die Dokumentation von Amnesty International (1975) Auskunft. Wie wenig die Folter der Vergangenheit angehört oder sich in weiter Ferne abspielt, daß sie auch in unserer politischen Gegenwart als eine Möglichkeit enthalten ist, das kann in dem Buch des niedersächsischen Ministerpräsidenten Ernst ALBRECHT: ‹*Der Staat – Idee und Wirklichkeit*› (1976), nachgelesen werden. Es heißt dort, daß unter extremen Umständen die Folter «sittlich geboten» sein kann, wenn bestimmte Werte, das Gute, gefährdet sind. «Hierbei handelt es sich jeweils um eine echte ethische Entscheidung, um ein Abwägen von Werten mit dem Ziel, das mögliche Wertmaximum, das Gute, zu erkennen und zu verwirklichen» (S. 174).

Solche Situationen, in denen eine Gruppe von Menschen offiziell als nichtmenschlich definiert und der Verfügungsgewalt anderer ausgeliefert wird, sind mit dieser offenen Legitimation von Sadismus gegenwärtig bei uns nicht gegeben. Sadismus als soziales Handeln muß in verdeckterer Form in Erscheinung treten. Dies ist in besonders anfälligen und gefährdeten Bereichen der Gesellschaft möglich – und zwar überall dort, wo zwischen Menschen Macht und Ohnmacht vorgegeben und vorgezeichnet sind. An diesen Stellen läßt sich verhältnismäßig leicht eine Quasilegitimation für ein beliebiges Verfügenkönnen über Menschen und damit auch für sadistisches Handeln herstellen. Ein solches Machtgefälle, das eine Sexualisierung von Herrschaft möglich macht, findet sich z. B. in

Gefängnissen, in Landeskrankenhäusern, in Kinderheimen, Internaten, Altersheimen und schließlich auch in der Ehe und in der Kleinfamilie. Wo die gefährdeten Bereiche sind, läßt sich im übrigen sehr gut aus der Thematik der sadomasochistischen Pornographie ablesen, die sich vorzugsweise mit Heimen, Erziehungsverhältnissen durch Eltern oder Lehrer, dem Umgehen mit Strafgefangenen beschäftigt und sich mit faschistischen Requisiten umgibt. Daß in diesen Institutionen sadistische Handlungen nicht nur einmal vorkommen, sondern oft die Beziehungsformen seit langem bestimmt haben, das dringt gelegentlich, hin und wieder in Form eines Gerüchtes oder eines öffentlichen Skandals, an die Oberfläche – gelegentlich aber auch sicher nicht. Wieviele der geprügelten Ehefrauen, der mißhandelten Kinder in sadistischen Beziehungen zu leben gezwungen sind, ist nicht auszumachen; sehr selten ist das sicher nicht.

Eine Affinität zum Sadismus, eine Bereitschaft, bei sich bietendem Anlaß und unter gegebenen Umständen sadistisch zu reagieren, ist bei einer größeren Gruppe in der Gesellschaft vorhanden, die sich im übrigen dieser Tendenzen gar nicht bewußt zu sein braucht und unter normalen Bedingungen eine solche Möglichkeit für sich entrüstet zurückweisen würde. Es sind nicht verkappt sexuell Deviante, die nach Möglichkeiten sadistischer Betätigung suchen, sondern die «normalen» Mitmenschen, die zu einer passageren Erotisierung einer offenbar vorhandenen destruktiven Dynamik fähig sind, ohne daß es, wenn es einmal geschieht, sonderliche Spuren in ihnen hinterlassen muß. Deutlich geworden ist dies an manchen Kriegsverbrecherprozessen, bei denen die Angeklagten oft aus einer gutbürgerlichen und reputierlichen Existenz heraus verhaftet wurden, in der sie jahrelang unauffällig und anerkannt lebten und «gut funktionierten».

Will man sich nicht mit der lapidaren Feststellung zufriedengeben, der Mensch sei eben so und ein gehöriges Maß an Aggressivität und Bosheit liege nun einmal in seiner Natur, dann stellt sich die Frage, woher diese destruktive Dynamik kommt und welche Erklärungsmöglichkeiten sich für sie anbieten. Der Hinweis darauf, daß Herrschaft und Unterdrückung nach wie vor bestimmende Kategorien in der Gesellschaft sind, erklärt nicht die Tendenz zur Sexualisierung, die den Sadismus charakterisiert. Wir werden uns im Kapitel 2.2 mit der Psychogenese, der Entstehung von sadistischen Deviationen beschäftigen und dort sehen, daß die Dynamik des Sadismus mit sehr frühen Störungen in der Persönlichkeitsentwicklung, vor allem in der Verselbständigung und Autonomiegewinnung zusammenhängt. Instabilität der eigenen Identität, Unsicherheiten, Ängste und unentschärfte destruktive Impulse sind Reste solcher frühen Störungen. Die Sexualisierung von Destruktivität ist einer der möglichen Abwehrmechanismen zur Entlastung von dieser Dynamik.

Ein Beleg dafür, daß mit wachsenden Ängsten und steigender Verunsicherung die Tendenz zur Aggressivierung der Sexualität und zu sadistischer Ausformung zunimmt, ist die Beobachtung bei länger inhaftierten Männern: Je mehr sie den Kontakt zu ihrer gewohnten sozialen Realität verlieren, je größer folglich die Unsicherheit in bezug auf Männlichkeit und Potenz wird, desto stärker wird die Aufladung sexueller Phantasien mit aggressiven und sadistischen Inhalten; sadistische Pornographie hat in Gefängnissen einen sehr hohen Marktwert (AMENDT 1975).

Die Verbreitung der Affinität zu sadistischen Reaktionen führt zu dem Schluß, daß die primäre Sozialisation in der bestehenden Familienstruktur ein riskanter, kritischer und häufig nicht gelingender Prozeß ist. Dies hat zur Folge, daß wir mit einem latenten Potential von Destruktivität in der Gesellschaft leben müssen. Eine archaische Destruktivität gehört zur ursprünglichen, biologischen Ausstattung des Menschen. Entscheidend für das Schicksal dieser Destruktivität sind vor allem die ersten beiden Lebensjahre: Von dem Ausmaß, in dem die Mutter sich mit intensiver Bezogenheit und Empathie dem Kind zur Verfügung stellt und das Kind diese Zuwendung wahrnehmen und sich zunutze machen kann, hängt ab, ob und inwieweit die ursprüngliche Destruktivität schließlich entschärft und in soziale Antriebe umgeformt wird. Wenn diese Umformungsprozesse, die sich nur in Beziehungen vollziehen, häufig nicht gelingen, kann man sich die Frage stellen, ob hier Zusammenhänge bestehen mit dem Selbstverständnis, der Identität, der gesellschaftlichen Rolle der

Frau – mit Problemen ihrer eigenen Autonomie, der Rolle des Kindes für ihre Identität, mit Schwierigkeiten, Kinder in die Autonomie zu entlassen. Das latente Potential an Destruktivität läßt sich so plausibler erklären als durch die Hypothesen von REICH (1933) und HORKHEIMER (1936), die die Affinität zu Sadismus und Faschismus als Folge einer für deutsche Verhältnisse typischen patriarchalisch-autoritären Familienstruktur mit einem Erziehungsstil zum Untertanen angesehen haben. Die Entwicklung seit dem Zweiten Weltkrieg mit der weltweiten Eskalierung von sozialem Sadismus hat gezeigt, daß sich diese Probleme nicht regional eingrenzen lassen.

2.1.2 Die sexuelle Minderheit

Sadismus und Masochismus sind die beiden Seiten einer zusammengehörigen sexuellen Situation mit zwei aufeinander verwiesenen, komplementären sexuellen Rollen. Beim Sadomasochismus geht es explizit und bewußt – und nicht indirekt und verdeckt – um ein erotisiertes Herrschaftsverhältnis und um sexualisierte Aggression in der aktiven oder passiven Form. Das Entscheidende ist auch hier für den Sadisten die Auslieferung und Beherrschung des anderen, für den Masochisten die Tatsache, sich dem Partner auszuliefern, hinzugeben, sich in dessen Gewalt und Verfügung zu begeben. Das Zufügen oder Erleiden von physischem Schmerz kann dabei fehlen. Die Bezeichnung «Algolagnie», Schmerzliebe, die SCHRENCK-NOTZING (1902) eingeführt hat, ist daher wenig treffend, weil der Schmerz an sich ohne die spezifische sadomasochistische Situation nicht lustvoll ist. In diesem Streben nach bedingungsloser Abhängigkeit ist der Sadist zumeist auf den Masochisten angewiesen, weil ihm nur dort diese Form von Wehrlosigkeit entgegengebracht wird.

Im Unterschied zu anderen sexuellen Abweichungen ist der Sadomasochismus eine Deviation, die im Prinzip partnerschaftlich orientiert und auf Beziehungen welcher Art auch immer angelegt ist. Die Erscheinungsweisen des Sadomasochismus sind vielgestaltig und die Variationsmöglichkeiten sadomasochistischer Beziehungen sehr groß: Sie reichen von komplementären Liebesbeziehungen bis zu eher flüchtigen Begegnungen oder anonymen Überwältigungen. Sadomasochistische Wünsche können sich nur in aktiver oder nur in passiver Form äußern oder alternierend aktiv und passiv. Sadomasochistische Strebungen können sich auf Frauen, Männer, Kinder, Tiere oder allein auf die eigene Person beziehen. Sadomasochismus gibt es in heterosexuellen, homosexuellen, pädophilen, sodomitischen Beziehungen oder auf die Autoerotik beschränkt. Ebenso bunt sind die sexuellen Praktiken: Sie können sich beschränken auf verbale Erniedrigung des anderen; häufiger Bestandteil ist das physische Wehrlosmachen in Form von Einschnüren, Fesseln, Einsperren, ferner das Schlagen. Auffallend bei vielen Devianten ist eine geringe Flexibilität, ein starres Festgelegtsein auf ein bestimmtes Ritual, auf bestimmte Utensilien und Requisiten, die eine fast fetischartige Isolierung erfahren können, z. B. Stock, Peitsche, bestimmte Kleidungsstücke oder Materialien wie Leder und Gummi; eine wichtige Rolle können Exkremente, selten auch Blut spielen. Wichtiger als bestimmte Praktiken oder Gegenstände sind gelegentlich ritualisierte Situationen, die immer wieder durchgespielt werden: z. B. die Situation Herr–Sklave, Bestrafung in der Schule, eine Gefängnisszene, eine Vergewaltigung oder eine gespielte Hinrichtung. Die Arten, wie sich sadomasochistische Beziehungen und Praktiken äußern, sind unterschiedlich und von unterschiedlichem gesellschaftlichem Interesse:

☐ Es gibt stabile, komplementäre sadomasochistische Partnerbeziehungen, von denen meist niemand etwas erfährt;

☐ oft bleiben die schwer realisierbaren sadomasochistischen Wünsche auf die heimliche Phantasie beschränkt, die die Masturbation oder den Koitus begleiten;

☐ wenn sich Sadomasochismus realisiert, dann geschieht dies vor allem in sadomasochistischen Gruppenarrangements in der Subkultur Gleichgesinnter, in Salons, Privatzirkeln, Bordellen; Nichtinteressierte erfahren davon meistens nichts;

☐ sehr selten schließlich sind kriminelle Realisierungen in Form von sadistischen Gewalttaten.

Wichtiger als die äußere Erscheinungsmannigfaltigkeit des Sadomasochismus ist, ob und in welchem Ausmaß die Deviation auf der bewußten Ebene konflikthaft erlebt wird. Irgendwann im Leben – bei vielen meist schon in der Zeit um die Pubertät herum – erlebt und registriert der Deviante, daß er in seiner Sexualität partiell oder total «anders» empfindet als seine Mitmenschen. Er ist mit einem bestimmten Resultat seiner sexuellen und psychischen Entwicklung konfrontiert wie mit einer unabänderlichen Gegebenheit. «Die echten Perversionen, Abweichungen von der Norm des natürlichen Geschlechtstriebes sind ... als sexuelle Empfindungen praktisch (nicht theoretisch) wie eine Naturtatsache zu bewerten, ähnlich einer körperlichen Abnormität» (ALEXANDER und STAUB 1929, S. 300). Die Erfahrung mit Patienten dieser Art zeigt, daß die bewußte Auseinandersetzung mit der Deviation zumindest vorübergehend in der Regel krisenhaft verläuft, da die sadistische Deviation wie keine andere starken gesellschaftlichen Sanktionen ausgesetzt ist. In sehr unterschiedlichem Ausmaß werden die devianten Triebwünsche mit Schuldgefühl, Scham und Ängsten beantwortet, die in irgendeiner Form beschwichtigt und besänftigt werden müssen. Die Art und Weise der bewußten Auseinandersetzung hängt wesentlich davon ab, mit wievielen neurotischen Begleiterscheinungen sich die Deviation manifestiert: In dem einen Extrem finden wir Patienten, die starke Ängste, Schuld- und Schamgefühle haben, unter der Deviation leiden, sie als ichdyston mit ihrem Selbstbild nicht in Einklang bringen können. In dem anderen Extrem sind Deviante, bei denen die Deviation unneurotisch und angstfrei in Erscheinung tritt, die sie ichsynton erleben und als einen Teil von sich selbst akzeptieren. Wir sind uns bewußt, daß diese mehr statische, am äußeren Phänomen orientierte Einteilung eine grobe Vereinfachung darstellt. Wir übersehen nicht die dynamischen Verknüpfungen von devianten Bestrebungen, unbewußten Ängsten und ihrer Abwehr, die dazu führen, daß das Sich-Arrangieren mit der Deviation ein labiles Gleichgewicht darstellt, das in Krisen und unter Belastungen zusammenbrechen kann. Ebenso wie es ein Kontinuum in der bewußten Auseinandersetzung zwischen den Extremen ichsynton–ichdyston gibt, lassen sich unterschiedliche Grade der Determiniertheit, des Festgelegtseins auf die Deviation beobachten:

im einen Extrem Menschen, die Sexualität gar nicht anders erleben können als in Verbindung mit sadomasochistischen Phantasien; dann, sehr viel häufiger, Menschen, bei denen deviante Anteile nur in besonderen narzißtischen Krisen auftauchen und wieder in der Versenkung verschwinden.

Wir unterscheiden im folgenden drei Arten des Sich-Arrangierens mit der sadomasochistischen Deviation.

1. Ichsyntone Integrierung der Deviation
Eine sadomasochistische Deviation kann in Partnerbeziehungen ohne größere Spannungen eingebaut werden. Es sind komplementäre Beziehungen, in denen der Sadomasochismus von beiden akzeptiert ist und in denen die Deviation den Bestrebungen beider entgegenkommt. Solche Konstellationen, die es ermöglichen, mit einer sadomasochistischen Deviation ohne besondere Schwierigkeiten zu leben, gibt es sicherlich; wie häufig sie sind, ist unbekannt, da solche Menschen in der Regel weder den Arzt wegen ihrer Deviation aufsuchen noch Anschluß an die Subkultur suchen und schon gar nicht kriminell werden. Man sollte meinen, daß solche Beziehungen an der im Sadismus enthaltenen Destruktivität scheitern müßten. Dies ist offenbar nicht der Fall – und zwar deswegen, weil es sich um eine Beziehung zwischen Abhängigen, aufeinander Angewiesenen handelt. Indem der Sadist sich des Masochisten bemächtigt und versucht, dessen Autonomie zu zerstören, delegiert er zugleich seine eigenen Unterwerfungswünsche an den anderen, wie auch der Masochist seine Bemächtigungswünsche in den anderen hinein verlagert. Die sadistische Destruktivität hat damit einen den anderen schützenden und bewahrenden Charakter. Beunruhigungen durch Reaktionen wie Scham oder Schuld sind hier deshalb nicht zu erwarten oder aber gering, weil die Beziehung auf Einverständnis beruht und die enge, gleichsam symbiotische Partnerbeziehung nicht zerstört, sondern erhalten und bewahrt werden soll.

2. Partielles Zulassen und Kanalisieren der Deviation
Die Deviation wird hier zwar akzeptiert, als eine unabänderliche Gegebenheit hingenommen, sie wird aber nur in einem bestimmten und fest definierten Rahmen zugelassen. Die Einstellung zur Deviation ist meist zwiespältig: Sie wird zwar als Teil der eigenen Person angesehen, wird aber mehr als eine Art Fehler oder Mangel bewertet, mit dem man leben muß und mit dem zu leben man gelernt hat. Der ihr zugewiesene Rahmen ist unterschiedlich.

Deviante Triebwünsche können *allein auf die Phantasie beschränkt* bleiben und nur dort als Masturbationsanregung oder Begleitphantasie bei partnerschaftlichen sexuellen Aktivitäten toleriert werden. Solche Phantasien sind ein nach außen hin meist streng gehütetes Geheimnis. Eine solche Eingrenzung der Deviation auf die Phantasie kann einer gewollten oder ungewollten Beschränkung entspringen. Manche dieser Menschen leben sehr isoliert; entweder wissen sie nicht, daß es eine sadomasochistische Subkultur gibt und wie man sie erreicht, oder sie trauen sich nicht aus Scham oder aus Furcht vor den möglichen sozialen Konsequenzen. Für andere dagegen ist es undenkbar, ihre Vorstellungen in irgendeiner Form zu verwirklichen, weil die Barrieren zu stark sind und ein Wunsch danach auch gar nicht besteht. Sie können in Partnerbeziehungen leben und mit Hilfe ihrer heimlichen Vorstellungen partnerschaftliche Sexualität haben. Diesen Devianten begegnet man gelegentlich in der Sprechstunde, wenn sie Hilfe in ihrer Isolierung suchen oder unter Potenzstörungen leiden, weil die Begleitphantasien als Stimulus nicht mehr genügen.

Eine andere Form ist das *kanalisierte Ausleben der Deviation im subkulturellen Milieu*: in der Prostitution, in lockeren Gruppen, festen Zirkeln oder in Clubs. Solche sadomasochistischen Arrangements haben den Charakter eines ritualisiert ablaufenden Spiels, dessen Spielregeln von vornherein festgelegt und vereinbart werden. Die Rolle des «Herrn» und des «Sklaven» werden je nach Präferenzen zugeteilt. Solche Rollen werden sogleich mit dem Verlassen der sexuellen Situation wieder abgestreift. Diese Arrangements sind in der älteren sexualwissenschaftlichen Literatur beschrieben worden: Es sind Menschen, die ihre reale soziale Existenz für Stunden hinter sich lassen, den zum Objekt degradierten «Sklaven» spielen, sich die Maske des Tieres überstreifen und der «Herrin» dienen, wobei das Artifizielle und Fiktive solcher Situationen immer bewußt bleibt. Charakeristisch ist ein beschränktes Akzeptieren der Deviation vor sich selbst und eine Verheimlichung nach außen. In dieser Doppelgleisigkeit finden manche eine Möglichkeit, mit ihrer Deviation relativ konfliktfrei zurechtzukommen. Die Kenntnisse über die sadomasochistische Subkultur sind bisher spärlich, weil diese Gruppen sich nach außen stark abschirmen, da sie diffamiert und ständig von Sanktionen bedroht sind. Die erste systematische Erfassung und Beschreibung dieser Subkultur ist die Untersuchung von SPENGLER (1977), in der die spezielle Problematik dieser Minorität – z. B. Reaktion auf die soziale Ächtung, Mangel an weiblichen Mitgliedern, der ständige Zwang zu Kompromissen, weil die eigenen Präferenzen selten geteilt werden – dargestellt ist.

Diese Kanalisierung der sadomasochistischen Deviation stellt einen Kompromiß zwischen Triebbefriedigung und Schuld- und Schamgefühlen dar. Die Begrenzung auf die Phantasie, der Verzicht auf Verwirklichung oder die Beschränkung der devianten Aktivitäten auf eine Gruppe, in der solches Verhalten nicht nur toleriert, sondern gewünscht und gefordert wird, beschwichtigt verurteilende Reaktionen. Sadomasochismus äußert sich hier in einem ritualisierten Spiel mit Spielregeln, die vereinbart sind und sehr genau eingehalten werden müssen, soll diese Scheinwelt nicht in sich zusammenbrechen. Wie determiniert die Rollen sind und wie leicht die Situation durch Verstöße gegen die abgemachten Spielregeln zerstört wird, zeigt die Schilderung eines Masochisten bei KRAFFT-EBING (1924): Wenn die «Herrin» (eine Prostituierte) insofern gegen das Ritual verstieß, als sie ihre Rolle über die definierte Situation hinaus ausdehnte und mißbrauchte, indem sie während des Spielablaufs aufgrund ihrer «Befehlsgewalt» einen höheren als den vereinbarten Preis verlangte, dann war der «Zauber gebrochen», der Mann reagierte zornig, das Spiel war beendet, weil sich Bestandteile der Realität in das Spiel hineinmischten bzw. zwei getrennt gehaltene und unvereinbare Realitäten: die soziale und die magische, aufeinandertreffen und kollidieren. Als Zugeständnis an das Über-Ich kann interpretiert werden, daß inhaltlich im sadomasochistischen Spiel ein zentrales Thema Schuld und Sühne, Verfehlung und Bestrafung darstellen – ein Spiel, das immer variiert wird und selten fehlt. Damit wird spielerisch eine Quasilegitimierung für die sadistische Aktivität hergestellt.

Durch das subkulturelle Ausleben sadomasochistischer Triebwünsche wird das soziale Handeln von diesen Impulsen entlastet und befreit. Es ist uns nicht bekannt, daß Teilnehmer an dieser Subkultur jemals sadistisch kriminelle Handlungen verübt haben, wie wir umgekehrt keinen sadistisch-devianten Delinquenten kennen, der Zugang zur sadomasochistischen Subkultur gehabt hätte. Beides sind getrennte und qualitativ voneinander unterschiedene Gruppen. Es ist daher ein Irrtum, in diesen subkulturellen Zirkeln Nester potentieller «Lustmörder» oder «Triebtäter» zu vermuten. Und Polizeiaktionen, wie sie kürzlich in Nordrhein-Westfalen stattgefunden haben, in denen solche Gruppen aufgestöbert und die Mitglieder in die Kartei der Kriminalpolizei aufgenommen wurden, gefährden lediglich die soziale Existenz mancher Mitglieder, dienen sicherlich aber nicht der Verbrechensprophylaxe.

3. Verarbeitung der ichdystonen Deviation
Deviante Triebwünsche rufen bei diesen Patienten derartig starke Ängste, Schuld- und Schamgefühle hervor, daß sie nicht in das Selbst integriert werden können, sondern ichdyston erlebt werden. Die Destruktivität ist bei ihnen derart unentschärft und zerstörerisch, daß sie in phantasierte oder wirkliche Objektbeziehungen nicht eingebracht werden kann. Die Annäherung an das Objekt wird aus Angst vor Zerstörung vermieden. Die stabilisierende Funktion der Deviation versagt weitgehend; die Patienten wirken neurotisch, leiden unter der Deviation und verarbeiten sie in der Weise, daß die Deviation isoliert und als etwas Ich-Fremdes und Beunruhigendes erlebt wird. Verknüpfungen zwischen der abgekapselten magischen Welt der Deviation und der äußeren Realität existieren nicht. Es sind Patienten, die mit ihren devianten Anteilen nicht fertig werden und in irgendeiner Form ärztlicher Hilfe bedürfen, weil mit zunehmender bewußter Ablehnung die Kontrollen

unsicher werden und diese Verarbeitungsweisen zu starken narzißtischen Spannungen führen können. Dort, wo sich eine sadistische Deviation, eine sexualisierte Destruktivität als kriminelle Aggressionshandlung äußert, also bei den Patienten, die wir in diesem Buch beschreiben werden, finden wir eine solche ichdystone Verarbeitungsweise der Deviation.

2.2 Die psychodynamische Theorie des Sadomasochismus

Die umfassendste, das Bedürfnis nach Verstehen am ehesten befriedigende Theorie sexueller Deviationen (in der psychoanalytischen Terminologie: Perversionen) läßt sich aus der Psychoanalyse ableiten. Der Sadomasochismus hat gegenüber etwa dem Fetischismus und der Homosexualität weniger Aufmerksamkeit auf sich gezogen. Es gibt bis heute keine einheitliche und geschlossene psychoanalytische Theorie des Sadismus, statt dessen lediglich verschiedene Denkansätze, die die historische Entwicklung der Psychoanalyse kennzeichnen: Seit den ersten psychoanalytischen Publikationen über die Entstehung sexueller Deviationen, von denen wir die drei Abhandlungen zur Sexualtheorie FREUDS (1905), ABRAHAMS Fetischismusarbeit (1910) und die Arbeit von SACHS über die Genese der Perversion (1923) nennen wollen, sind die psychoanalytischen Konzepte mehrfach überarbeitet und ergänzt worden.

☐ In dieser *frühen Phase* wurden die devianten Triebäußerungen zu den Formen der kindlichen Sexualentwicklung in Beziehung gesetzt und die Grundannahmen der psychoanalytischen Theorie formuliert, die auch in der späteren Weiterentwicklung relativ unverändert bleiben: vor allem das Konzept von den Formen der kindlichen Sexualität und die Bedeutung des Kastrationskomplexes. Der Hauptakzent lag zunächst auf der *Triebdynamik* bei der Entstehung sexueller Deviationen.
☐ Eine *zweite Phase* der psychoanalytischen Deviationslehre ergänzte den triebmechanischen Aspekt durch *Herausarbeitung von Abwehrmechanismen* in der Psychodynamik der Deviationen. Sie wurde eingeleitet durch die Arbeit von FREUD «Ein Kind wird geschlagen» (1919) und fand ihre zusammenfassende Darstellung bei FENICHEL (1945).
☐ Während z. B. bei FENICHEL noch die Abwehr der Kastrationsangst die zentrale Rolle in der Psychodynamik spielt, haben in einer *dritten Phase*, beginnend mit der Arbeit von PAYNE (1939), vor

allem in den fünfziger und sechziger Jahren GILLESPIE (1940, 1952, 1956), BAK (1953, 1968, 1971), GREENACRE (1953, 1955, 1960, 1968) und andere die Bedeutung der *frühen präödipalen Entwicklungsprozesse* für die Entstehung von sexuellen Deviationen aufgezeigt.

☐ In neuerer Zeit ist ein weiterer Aspekt herausgearbeitet worden, der sich gerade für das Verständnis der Deviationen und des Sadomasochismus als fruchtbar erweist: die Entstehung des Selbst und das *Narzißmuskonzept* (JACOBSON 1964; KOHUT 1966, 1969, 1973; MORGENTHALER 1974).

Im folgenden entwickeln wir, aufbauend auf diesen verschiedenen Denkansätzen, eine Theorie des Sadomasochismus. Die Komplexität und die Ausdifferenzierung, die das psychoanalytische Konzept seit den Anfängen erfahren hat, lassen es unvermeidlich erscheinen, daß eine solche Theorie vielschichtig und nicht leicht verständlich ist. Diesen Mangel gedenken wir aber dadurch auszugleichen, daß die konkrete Anschauung durch die Fallanalysen die Theorie nachträglich lebendig machen wird.

I. Die grundlegenden Ängste und Konflikte in der Entwicklung der sadomasochistischen Deviation

Für den Mann stellt die sexuelle Vereinigung mit der Frau üblicherweise das Ziel seiner sexuellen Wünsche dar. Bei der sadomasochistischen Deviation hat der heterosexuelle Koitus im allgemeinen diese zentrale Bedeutung nicht: Er wird entweder ganz vermieden, oder er löst Impotenzreaktionen aus, oder er wird als relativ unbefriedigend erlebt oder kann schließlich nur unter Zuhilfenahme devianter Praktiken und Phantasien ausgeführt werden. Dieses Ausweichen gilt in der Regel nicht allein dem Koitus und dem weiblichen Genitale, sondern der Frau überhaupt, sofern sie potentiell sexuelle Ansprüche stellt. Das Unbehagen gilt der Frau, solange sie ein «Sexualsubjekt» mit eigenen Wünschen ist, nicht mehr unbedingt, wenn sie zum «Sexualobjekt» männlicher Wünsche geworden ist. Im Hintergrund dieses Unbehagens steht eine Angst vor der

Frau bzw. der erwachsenen weiblichen Sexualität – unabhängig davon, wie bewußt die Angst wahrgenommen wird. Diese Angst hat nach der psychoanalytischen Theorie mehrere Wurzeln.

1. Kastrationsangst und ödipale Konflikte
Die Bedeutung der sogenannten Kastrationsangst für die Entstehung von sexuellen Deviationen überhaupt ist von der älteren psychoanalytischen Literatur zu einseitig in den Vordergrund gestellt worden. Kastrationsangst als Ausdruck unbewältigter ödipaler Konflikte ist für die sadomasochistische Deviation nur von sekundärer Bedeutung. Wir beginnen dennoch hiermit, weil sich das psychoanalytische Entwicklungsmodell so am verständlichsten darstellen läßt.

Kastrationsangst beschäftigt das Erleben des Jungen in einer bestimmten Entwicklungsphase zwischen dem 4. und 6. Lebensjahr. Dabei geht es, wie wir heute wissen, weniger um die Angst vor dem Verlust eines Körperteils, des Penis, als vielmehr um die Angst, die sich festigende männliche Identität, Selbständigkeit und Aktivität wieder zu verlieren. In dieser Zeit ist der Junge in der Regel über die anatomischen Geschlechtsunterschiede orientiert und wendet seinem Genitale ein besonderes Interesse zu, weil es für ihn Männlichkeit, aktives, eindringendes Erforschen der Umwelt verkörpert. Diese Zeit des lustvollen Erfahrens wachsender Männlichkeit wird *phallisch-narzißtische Phase* genannt. Das Phallisch-Narzißtische äußert sich z. B. in der Weise, daß der Junge seine neu entdeckte Männlichkeit lustvoll präsentiert, sich der Mutter gegenüber «exhibitionistisch» verhält und versucht, sie in seine kindlich sexuelle Aktivität mit einzubeziehen. Wegen der Unsicherheit dieser Männlichkeit und der Abhängigkeit des Kindes kommen in der normalen Entwicklung *Verlust- und Kastrationsängste* auf; sie sind, zumindest bei dieser Form der Sozialisation, ein ubiquitäres Phänomen. Wird diese noch labile männliche Identität und Aktivität von den Eltern, besonders von der Mutter nicht verständnisvoll akzeptiert, sondern mit Reaktionen wie Mißbilligung, Angst, Unterdrückung, mit Strafandrohung bei genitalen Spielereien zurückgewiesen und in ihrer Entfaltung gehindert, dann können solche Kastrationsängste verstärkt werden. Diese Ängste zentrieren sich deshalb häufig um den Penisverlust, weil der Junge inzwischen wahrgenommen hat, daß es auch penislose (weibliche) Wesen gibt.

Eine Akzentuierung erfährt die Kastrationsangst durch die Art und Weise, wie sich der Junge in den sogenannten *ödipalen Konfliktsituationen* mit den Eltern auseinandersetzt. Der Junge hat nun aufgrund weitgehend abgeschlossener früherer Entwicklungsprozesse, auf die wir noch zu sprechen kommen, eine gewisse Selbständigkeit und Unabhängigkeit erreicht; die Grenzen zwischen Selbst und Objekt haben sich weitgehend gefestigt. Diese Eigenständigkeit ermöglicht dem Jungen nun, den Eltern gegenüber neue und reifere Beziehungsformen zu entwickeln: Die eine Form, die (sekundäre) *Identifikation,* kennzeichnet Bestrebungen des Kindes, sich einem Elternteil anzugleichen, so zu werden wie dieses, sich dessen Haltungen und Wertungen zu eigen zu machen. Die andere Form, die *Werbung,* hat zum Ziel, ein Elternteil für sich zu gewinnen, zu «erobern» und zur Befriedigung auch seiner kindlich sexuellen Wünsche für sich zu haben. Diese reiferen Formen der Beziehung – Identifikation und Werbung – stellen das Kind in ein komplizierteres Beziehungsgefüge: Mit der Entdeckung der eigenen Individualität werden Vater und Mutter stärker als bisher voneinander unterschieden, ihre unterschiedliche Rolle als Mann und Frau wahrgenommen. Diese Rollendifferenzierung wird mit der unterschiedlichen Beschaffenheit von männlichem und weiblichem Genitale verknüpft. Gegenüber der Mutter entwickelt der Junge eine eher aktive, «männliche» Form der Beziehung: die Werbung in Form von Erobern- und Besitzenwollen. Dieses Fürsichhabenwollen der Mutter ist die Ausgangskonstellation für die ödipale Konfliktsituation: Der Junge tritt damit in Rivalität zum Vater. Es entstehen zumindest zeitweise aggressive und ablehnende Gefühle dem Vater gegenüber, die ihren Ausdruck in Phantasien finden können, daß der Vater stirbt, oder in Wünschen, ihn zu beseitigen, um die Mutter ganz für sich zu haben. Dieses Rivalisieren erzeugt Ängste und Unsicherheit: Einmal ist die Realitätswahrnehmung des Jungen soweit ausgebildet, daß immer wieder Gefühle entstehen, dem großen und starken Vater als Rivale nicht gewachsen zu sein; es sind

Gefühle von Kleinheit und Minderwertigkeit, die den Jungen in seinem Selbsterleben beeinträchtigen und zu einem Konflikt zwischen seinem Narzißmus und seinen Triebwünschen führen. Zum anderen entstehen Ängste, daß der stärkere und als mächtig erlebte Vater sich an ihm rächen und ihn bestrafen könne. Schließlich ängstigen den Jungen auch die Vorstellungen, seine Beseitigungswünsche dem Vater gegenüber könnten Wirklichkeit werden, weil er dann sein idealisiertes Vorbild verlöre, das für die Entwicklung seiner eigenen Männlichkeit eine wichtige Unterstützung darstellt. Über den Bestrafungsaspekt für phallisch-aggressives Verhalten hinaus geht es in diesen Ängsten der ödipalen Entwicklungsphase auch um Liebesverlust und Verlust von Selbständigkeit.

Unter dem Druck der Kastrationsangst wird in der normalen Entwicklung die ödipale Konfliktsituation überwunden: Indem der Junge sich verstärkt mit dem Vater identifiziert, seine phallischen Wünsche und Ansprüche an die Mutter zurückstellt und sich mit der Vorstellung tröstet, später wie der Vater eine Frau wie die Mutter zu haben, löst er das Rivalitätsverhältnis auf. Diese sekundäre Identifizierung mit dem Vater verstärkt die sich entfaltende männliche Identität und ist ein wichtiger Schritt auf dem Wege zu einer erwachsenen männlichen Sexualität. Die Identifikation mit dem Vater ist darüber hinaus ein wichtiger Prozeß der Ich-Entwicklung, weil dadurch väterliche Ideale und Wertvorstellungen übernommen und verinnerlicht werden; aus den präödipalen Vorformen des Über-Ich entsteht so der Kern des reiferen Gewissens.

Es hat zunächst den Anschein, als seien diese durch die ödipale Konfliktsituation ausgelösten Ängste bei sadomasochistischen Entwicklungen wie bei sexuellen Deviationen überhaupt außergewöhnlich stark. Genauer betrachtet sind es aber nicht Ängste aufgrund einer besonders intensiven phallisch-aggressiven Aktivität in den ödipalen Beziehungen. Vielmehr bedingt die phallische Besetzung eine Zunahme von Aktivität und Aggressivität, führt zu einem verstärkten Sich-selbst-Fühlen und Selbst-Erleben und stellt den Jungen vor das Problem, sich von den Elternfiguren unabhängig und ihnen gegenüber selbständig zu erleben. Dieses aktualisiert Ängste aus nichtabgeschlossenen früheren Entwicklungsprozessen der Ich-Entwicklung: Die nur aus einer gewissen Eigenständigkeit heraus mögliche ödipale Werbung um die Mutter und die Rivalität mit dem Vater setzen voraus, daß die früheren Prozesse der Ich-Entwicklung abgeschlossen sind, vor allem die innere Abgrenzung von dem mütterlichen Objekt und das allmähliche Aufgeben der narzißtischen Besetzung von Elternfiguren. Sind diese Entwicklungsschritte nicht bewältigt, dann ist das Kind den Anforderungen, die die neueren, reiferen Beziehungsformen zu den Eltern mit sich bringen, nicht gewachsen; es reagiert mit Angst oder Rückzug. Die besondere Problematik in der ödipalen Situation bei sexuell devianten Entwicklungen beruht also nicht lediglich auf einer quantitativ stärkeren Ausprägung der normalen Kastrationsangst, sondern unterscheidet sich auch qualitativ insofern, als frühere präödipale Ängste aktualisiert werden. Diese Ängste verhindern nicht nur die normale Bewältigung und Auflösung der ödipalen Konfliktsituation, sondern machen es darüber hinaus schwierig, sich der ödipalen Situation überhaupt zu stellen. Diese mangelnde Bewältigung der ödipalen Konflikte zeigt sich darin, daß die Errungenschaften aus den Reifungsprozessen dieser Phase rudimentär bleiben: Männliche Identität und männliches Sexualverhalten bleiben problematisch, die Ablösung der Sexualität von den Elternfiguren gelingt nur unvollständig, das Verhältnis zur Frau bleibt angst- und konfliktbeladen und das Über-Ich lückenhaft und unvollständig. Um Art und Intensität der präödipalen Ängste verständlich zu machen, ist es notwendig, die wichtigsten Prozesse der früheren Trieb- und Ich-Entwicklung zu skizzieren.

2. Die anale Phase

Alle Entwicklungsphasen lassen sich unter drei Aspekten darstellen: unter dem Aspekt der Triebentwicklung, dem der sich herausbildenden Ich-Leistungen und dem der narzißtischen Prozesse. Wir beschreiben zunächst die Triebentwicklung und die Ich-Leistungen, also den objektgerichteten Bereich in der Entwicklung, und stellen im Zusammenhang mit der oralen Phase, bei der die Trennung von Selbst und Objekt beginnt, die narzißtische Entwicklung dar.

Die *Triebentwicklung* in der analen Phase (etwa von eineinhalb bis drei Jahren) führt zu einer libidinösen Besetzung, einer lustvoll interessierten Beschäftigung mit den Ausscheidungsfunktionen und mit den sich herausbildenden motorischen Leistungen. Gegenüber der vorwiegend passiven Abhängigkeit des ersten Lebensjahres kommt es jetzt zu einer aktiveren Erforschung des eigenen Körpers mit seinen Funktionen und zu Versuchen, die Umwelt in den Griff zu bekommen, zu kontrollieren und zu beherrschen. Ein für diesen Prozeß wichtiges Instrument ist die Entwicklung der Sprache in dieser Zeit. Aggressive Impulse, die im Zuge dieser neuen Aktivität verstärkt auftreten, werden in dieser Phase in der Regel lustvoll erlebt. Diese Stufe der Triebentwicklung wird in der Psychoanalyse *anal-sadistisches Stadium* genannt. Es ist die Zeit, in der das Kind mit sichtlichem Vergnügen Gegenstände zerstört, Gefühle wie Wut und Trotz entwickelt, die mit Zerstörungsphantasien einhergehen, unvermittelt Personen angreift und ihnen wehzutun versucht. Diese aggressiven Impulse erzeugen Konflikte und Ängste, weil sie gegen Personen gerichtet sind, deren Zuwendung sich das Kind erhalten möchte. Dieses Nebeneinander von aggressiv-feindseligen Impulsen und liebevollen Wünschen nach Bewahrung und Besitzen begründet die für das anale Stadium charakteristische Ambivalenz. Diese Ambivalenz, das abrupte Umschlagen in den Objektbeziehungen, charakterisiert das Erleben und Verhalten des Kindes in dieser Zeit weitgehend: Fortstoßen der Mutter und Sich-Zurückflüchten in ihre Arme; Zerstören, Unordnungschaffen und dann wieder Ordnen, Bauen, Zusammenfügen; Beherrschen, Kontrollieren, auf eigenem Willen Beharren und dann Sich-Unterordnen und Abhängigkeit Suchen.

Der wichtigste Schritt der Ich-Entwicklung in dieser Phase ist die Ablösung von der Mutter und eine gewisse Verselbständigung ihr gegenüber (Separation und Individuation nach MAHLER 1972), die die Phase der symbiotischen Verschmelzung von Mutter und Kind beendet. Wenn die Mutter die Entwicklungsfortschritte bejaht und unterstützt, dann lernt das Kind, sich selbständig zu bewegen und jetzt besser seine eigenen Gefühle und Wünsche von denen der Mutter zu unterscheiden. Es probiert in dieser Zeit, dem elterlichen

Willen den eigenen entgegenzusetzen, den Bestimmungsversuchen der Eltern mit eigenen Bestimmungen zu begegnen. Der äußere Konflikt zwischen den elterlichen und kindlichen Tendenzen führt zu dem bekannten Phänomen des Trotzes. Ein Inhalt unter anderen für diesen Konflikt ist die Erziehung zur Reinlichkeit: Die Triebentwicklung in dieser Phase, die zu lustvollen Erfahrungen im Zusammenhang mit den Ausscheidungsvorgängen und Exkrementen führt, stößt gewöhnlich auf Widerstand der Eltern. Die Ich-Leistung am Ende dieser Entwicklung besteht darin, daß das Kind aus Angst vor Liebesverlust sich anpaßt, seine ursprüngliche Schmutzlust umformt; statt mit Kot hantiert es mit Farben, Knetmasse, spielt im Sand usw. Das Interesse an den Exkrementen wird auch mehr oder weniger stark reaktionsbildend abgewehrt, d. h. das Kind errichtet Barrieren gegen die Verwirklichung analer Wünsche in Form von Ekel und Widerwillen gegen den Schmutz. Die anal-sadistischen und anal-libidinösen Triebäußerungen lösen bei den Eltern wertende, kontrollierende und verbietende Reaktionen aus, die bei dem Kind dazu führen, daß es diese Triebregungen allmählich kontrolliert und kanalisiert. Diese elterlichen Reaktionen werden nach und nach verinnerlicht und ermöglichen es dem Kind, zunehmend eigene Steuerungsfunktionen für seine Triebwünsche zu entwikkeln. Dieses Verinnerlichen elterlicher Reaktionen führt zu einer *präödipalen Vorstufe des Über-Ich* mit ersten moralischen Kategorien von Gut und Böse. Das Kind richtet sein Verhalten nach den erfahrungsgemäß zu erwartenden Reaktionen der Eltern aus; das heißt, es strebt ein Verhalten an, welches Belohnung nach sich zieht, und vermeidet, was Strafe auslöst. Dieses präödipale Über-Ich ist an die Anwesenheit der Eltern gebunden. Es funktioniert nicht ohne die Präsenz von äußeren Autoritäten. Das reifere Über-Ich, das der Junge in der ödipalen Phase durch Identifikation mit dem Vater erwirbt, unterscheidet sich darin, daß nicht mehr nur antizipierte Reaktionen der Eltern, sondern deren Wertvorstellungen verinnerlicht werden. Erst dieses Über-Ich reguliert das Verhalten autonom nach differenzierteren Wertskalen als nur Bestrafung und Belohnung und funktioniert unabhängig von präsenten Autoritätsfiguren. Eine fehlende Ausdifferenzierung des Über-Ich ist für das Verständnis von delinquentem Verhalten überhaupt wichtig. Wir werden sehen, daß Schuldgefühle häufig fehlen und statt dessen lediglich Bestrafungsängste oder auch Bestrafungswünsche zu beobachten sind.

Eine wichtige Errungenschaft in der analen Phase ist die Entwicklung des *Körper-Ich*. In Zusammenhang mit den Prozessen der Ablösung von der Mutter und der Individuation entwickelt das Kind allmählich Vorstellungen von der Beschaffenheit und den Grenzen des eigenen Körpers. Durch die Möglichkeiten, zu stehen und zu laufen, macht das Kind Erfahrungen mit seinem Körper. In dieser Zeit, in der das Kind den eigenen Körper gegen die Umgebung abgrenzt, interessiert es sich besonders für hervorstehende Körperendigungen wie Zehen, Finger, Nase, Penis und reagiert mit Besorgnis auf Veränderungen seines Körpers durch Verletzungen, Blutungen, blaue Flecken etc. Bei diesen Erfahrungen spielen die Ausscheidungsvorgänge eine besondere Rolle, bei denen etwas, was zum Körper gehört, verlorengeht. Anna FREUD (1936), KRIS (1955) und GREENACRE (1968) haben darauf hingewiesen, daß im Rahmen dieser Entwicklungsvorgänge der Junge erste Verlustängste in bezug auf seinen Penis entwickelt. Im Gegensatz zur Kastrationsangst der ödipalen Phase ist dieses aber nicht eine Bestrafungsangst, sondern eine Angst, in diesem noch ungefestigten Körper-Ich beeinträchtigt zu werden und ebenso wie die Exkremente den Penis zu verlieren, dessen Besitzes der Junge sich noch nicht sicher ist. GREENACRE (1968) hat darauf hingewiesen, daß Kinder, die unter bestimmten Bedingungen solchen Ängsten und Unsicherheiten bezüglich ihres Körper-Ichs ausgesetzt sind, verstärkt dazu tendieren, sich in orale Abhängigkeit zur Mutter zu flüchten.

3. Die orale Phase
Die im folgenden dargestellten Prozesse sind dem Verständnis deswegen weniger leicht zugänglich, weil sie sich nicht oder nur zum Teil durch konkrete Beobachtungen unmittelbar belegen lassen. Es sind überwiegend theoretische Konzepte, die aus der Erfahrung mit Säuglingen und in der Behandlung präödipal gestörter Patienten abgeleitet wurden.

In der oralen Phase, die bis in das 2. Lebensjahr hineinreicht, lassen sich mehrere Entwicklungsabschnitte unterscheiden: In den ersten Wochen sind die Funktionen des Kindes überwiegend durch biologische Gesetzmäßigkeiten bestimmt; es ist der Zustand des *primären Narzißmus*. Im Erleben des Kindes werden alle Bedürfnisse und Spannungen automatisch und wie von selbst befriedigt – ein Zustand, der in späteren Phantasien vom Paradies, vom Schlaraffenland seinen Niederschlag findet. In diesem vorwiegend vegetativen Erleben wird noch nicht zwischen Innen und Außen, zwischen Ich und Umwelt unterschieden. Die Mutter gehört zu dem System, welches die Bedürfnisbefriedigung garantiert, und ist zwar als Person noch austauschbar, es kristallisiert sich aber in dieser Zeit schon so etwas heraus wie die Wahrnehmung eines mütterlichen Prinzips, das geeignet ist, Spannungs- und Unlustzustände abzubauen. Dieses ist die Urzelle späterer Objektbeziehungen überhaupt.

Dieser Zustand wandelt sich um den 4. Lebensmonat herum, wenn das Kind die Person der Mutter wahrnimmt und von anderen Personen unterscheidet. Das Kind macht zunehmend die Erfahrung, daß die Bedürfnisbefriedigung nicht mehr auf Unlustäußerungen hin einfach geschieht, sondern an die Person der Mutter gebunden ist. Im Erleben des Kindes ist die Mutter noch kein anderes, von ihm getrenntes Wesen. Die umfassende Einheit zwischen Innen und Außen im primären Narzißmus engt sich ein auf die duale Einheit von Mutter und Kind; es ist der Zustand von *Symbiose zwischen Mutter und Kind*. Das Verschmolzensein mit der Mutter zu einer Einheit wird vor allem im Zustand der Bedürfnisbefriedigung erlebt; anhaltende Zustände von Unlust und Spannungen hingegen gefährden die Symbiose. Um sich in solchen Momenten gegen eine panikähnliche Erregung zu schützen, entwickelt das Kind erste *Abwehrmechanismen*: Entsprechend den oralen Modalitäten werden die ersten Abwehrformen nach dem Grundmuster von Einverleiben und Ausstoßen gebildet; alles, was lustvoll und befriedigend ist, wird einverleibt, Unlustvolles dagegen ausgestoßen. Daraus entwickeln sich die ersten psychischen Abwehrmechanismen: *Spaltung, Projektion und Introjektion*, die für die späte orale und frühe anale Phase charakteristisch sind.

Ein weiterer auffälliger Entwicklungsschritt liegt um den achten Monat herum. Das Kind hat eine Reihe von neuen Erfahrungen und Fortschritten gemacht, die die Symbiose in Frage stellen: Die Fähigkeit, sensorisch zu diskriminieren, ist erweitert, die motorischen Fähigkeiten sind soweit entwickelt, daß das Kind sich selbständig bewegen und von der Mutter fortkrabbeln kann; durch die länger andauernden Wachstadien hat es die Abwesenheit der Mutter erlebt und gelernt, diese Abwesenheit durch Vorstellungen von der Mutter zu überbrücken (halluzinatorische Wunscherfüllung). All dieses hat zu ersten Erfahrungen der Brüchigkeit der Symbiose geführt. Es kommt in dieser Zeit zu der charakteristischen *Achtmonatsangst*, wenn fremde Gesichter auftauchen und die Mutter sich entfernt. In dieser Zeit der sich nun allmählich lockernden Symbiose gewinnen die Abwehrmechanismen Spaltung, Projektion und Introjektion verstärkt an Bedeutung. Vor allem bestimmte Anteile der Mutter, die für das Kind eine besondere Bedeutung haben wie z. B. die Stimme, die Brust, der Geruch usw. werden von dem Kind verinnerlicht; diese verinnerlichten Anteile der Mutter nennt die Psychoanalyse *Partialobjekte*. Um zu verdeutlichen, daß das Kind bereits Wahrnehmungen hat, die sich nicht nur auf konkrete körperliche Teile der Mutter beziehen, sondern auch Vorstellungen von differenzierteren Beziehungsaspekten entwickelt – zum Beispiel die tröstende, nährende, versagende Mutter – hat JACOBSON (1964) den Begriff *Objektimagines* eingeführt. Diese Imagines sind die Kerne des sich allmählich entwickelnden inneren Objektes Mutter. Im Zuge der Entwicklung des Selbst werden diese Imagines *introjiziert* und werden oszillierend einerseits als Bestandteile des eigenen Selbst erlebt, andererseits erlebt das Kind sie zunehmend als von sich unabhängige Aspekte der Mutter. Diese frühen Imagines, die es dem Kind ermöglichen, sich auch bei Abwesenheit der Mutter nicht verlassen zu fühlen, sind in dieser Phase noch wenig gefestigt, so daß sie durch Erfahrungen mit der realen Mutter immer wieder verstärkt werden müssen. Analog zu der Beziehung zu den Partialobjekten und als Fortführung dieser oralen Beziehungsformen kann man bei Kindern bis in die Latenzzeit hineinreichend eine charakteristische Beziehung zu sogenannten *Übergangsobjekten* finden, z. B. zu einem Bettzipfel, zu einem Stofftier und ähnlichem, die bei Abwesenheit der Mutter das Kind gegen Gefühle von Verlassenheit zu schützen vermögen und den Prozeß der Ablösung erleichtern.

Die Introjektion steht in enger Wechselbeziehung zum Mechanismus der *Projektion*. Darunter versteht man das «Ausstoßen», das Hinausverlagern von Unlust, Spannungen bzw. von dadurch ausgelösten Wutgefühlen aus dem Selbst in das mütterliche Objekt – z. B. in der Art: Nicht ich fühle mich schlecht, sondern die Mutter ist schlecht, weil ich mich so fühle. Das Zusammenwirken von Introjektion, Projektion, Reintrojektion von projizierten Gefühlen führt zur Entwicklung differenzierter mütterlicher Imagines, die in das Selbst hineingenommene, isolierte Aspekte der Mutter-Kind-Beziehung darstellen. Der unvermeidliche und zugleich der Fortentwicklung dienliche, immer auch versagende Aspekt der Mutter-Kind-Beziehung führt zur Bildung «böser» mütterlicher Imagines, der befriedigende, gewährende Aspekt zu «guten» mütterlichen Imagines. Diese Spaltung, das Getrennthalten guter und böser Imagines ist wegen der noch unentschärften destruktiven Triebwünsche notwendig, um das Gute für sich zu erhalten und zu schützen. Die Imagines sind innere Abbilder isolierter Anteile der Mutter, die das Entwicklungsstadium charakterisieren, in welchem eine stabile Trennung von Selbst und Objekt noch nicht vollzogen ist. Dieses Einverleiben, das Hineinnehmen mütterlicher Anteile in die Vorformen des Selbst wird auch *primäre Identifikation* genannt. Abgesehen von dem Schutz vor Gefühlen der Verlassenheit verhelfen die Imagines dem Kind zu einer «magischen» Kontrolle über das Objekt; das heißt, es hat das Gefühl, unabhängig von der realen Präsenz oder Abwesenheit der Mutter über diese zu verfügen.

Das weitere Schicksal der Imagines in der normalen Entwicklung vollzieht sich im Rahmen der allmählichen Trennung von Selbst und Objekt: Mit zunehmender Individuation und fortschreitender Ablösung von der Mutter verlieren die Funktionen der Imagines (Selbstkomplettierung, Schutz vor Verlassenheitsgefühlen und magische Kontrolle des Objekts) mehr und mehr an Bedeutung. Im Verlaufe dieses Prozesses fügen sich die in den Imagines isolierten Teilaspekte zusammen und werden allmählich in Einklang gebracht mit der real erlebten Mutter. Das Zusammenfließen von guten und bösen mütterlichen Imagines bedingt die zunächst noch starke Ambivalenz des Mutterbildes, die wir bei der Darstellung der analen Phase bereits erwähnt haben. Dieser Ambivalenz kann das Kind vorübergehend noch dadurch ausweichen, daß es die Trennung von guter und böser Mutter aufrechterhält. Am Ende dieser Entwicklung, die bis in die ödipale Phase hineinreicht, ist aus den Imagines ein überwiegend positiv besetztes inneres Abbild (*Objektrepräsentanz*) geworden, das zwar von weitgehendem Einfluß auf das Ich sein kann, das aber jederzeit als vom Selbst getrennt und unabhängig erlebt wird.

Bisher haben wir die frühen Entwicklungsprozesse, besonders den allmählichen Prozeß der Individuation, der Trennung von Selbst und Objekt, den MAHLER (1972) die «zweite Geburt» genannt hat, unter dem Aspekt der *objektlibidinösen Entwicklung* betrachtet, d. h. vor allem unter dem Aspekt der Mutter-Kind-Beziehung. Parallel laufen Prozesse, die im Dienste des Narzißmus stehen. Hier geht es nicht um Bedürfnisbefriedigung in Beziehung zum Objekt, sondern um Stärkung, Festigung und Absicherung eines ursprünglichen, von Objektbeziehungen unabhängigen Selbst. Diese frühen Prozesse der *narzißtischen Entwicklung*, die in der Psychoanalyse erst in neuerer Zeit mit JACOBSON (1964) und KOHUT (1973) verstärkt Beachtung gefunden haben, sind gerade für das Verständnis sexuell devianter Entwicklungen von zentraler Bedeutung. Der Ausgangspunkt der narzißtischen Entwicklung ist der bereits erwähnte Zustand des *primären Narzißmus* der ersten Lebensmonate. In dem Maße, in dem das ursprüngliche narzißtische Gleichgewicht ins Wanken gerät, entwickelt das Kind archaische Vorstellungen und Phantasien, die darauf abzielen, das Gefühl von Allmacht und Vollkommenheit zu bewahren und die ursprüngliche Unverwundbarkeit wiederherzustellen. KOHUT beschreibt vor allem zwei Arten solcher archaischer Vorstellungen, die er *narzißtische Konfigurationen* nennt: Einmal ist es das Auftreten von *Größenselbst-Vorstellungen* (archaisches Größen-Selbst), mit denen das Kind sich vor Ängsten schützt, die bei Enttäuschungen und Versagungen in der frühen Mutter-Kind-Beziehung, vor allem aber im

Zusammenhang mit der Trennung und Ablösung von der Mutter auftauchen. Diese Vorstellungen ermöglichen dem Kind vorübergehend Gefühle von grandioser Macht und Unabhängigkeit nach der Art: Ich bin allmächtig, vollkommen und stark. Die zweite narzißtische Konfiguration besteht in der *Idealisierung der Elternfiguren* (ideale Eltern-Imagines) und der identifikatorischen Teilhabe an ihrer Größe und Macht – nach der Art: Meine Eltern sind vollkommen, und ich bin ein Teil von ihnen.

Diese frühen Selbstkonfigurationen werden im Verlauf der Selbstentwicklung bis in die ödipale Phase und die Latenz hinein allmählich umgewandelt in realitätsnähere, angepaßte Strukturen: Das Größen-Selbst wird nach und nach im Zusammenhang der immer realistischeren Wahrnehmung der eigenen Möglichkeiten und Grenzen zum Ich-Ideal transformiert, einem System von inneren Zielen, Werten und Maßstäben, an denen sich die Persönlichkeit später orientiert. Ferner geht das transformierte Größen-Selbst in ein positiv erlebtes Bild der eigenen Person und des eigenen Körpers ein. Die idealen Eltern-Imagines werden ebenfalls schrittweise entidealisiert, realistischer wahrgenommen und in steuernde und kontrollierende Funktionen in Ich und Über-Ich transformiert. Diese narzißtischen Konfigurationen sind nicht an Phasen gebunden; sie können in narzißtischen Krisen während der ersten Lebensjahre aktualisiert und wiederbelebt werden. Die Beziehung zu idealisierten Eltern-Imagines ist das Urbild einer narzißtischen Beziehung, d. h. einer Beziehung, in der andere nicht als Person, sondern als Funktion und Substitut des eigenen Selbst Bedeutung hat, gleichsam ein Stück des eigenen Selbst verkörpert. Die Fähigkeit zu nichtnarzißtischen, objektlibidinösen Beziehungen ist erst in dem Maße möglich, wie die narzißtischen Konfigurationen in Ich-Funktionen transformiert sind.

Ist die narzißtische Entwicklung abgeschlossen, sind die Grenzen zwischen Selbst und Objekt stabil, dann unterliegen die psychischen Prozesse der Gesetzmäßigkeit sogenannter *Sekundärprozesse*; darunter versteht man realitätsorientierte Formen von Wahrnehmung, Empfindung, logisches Denken, zeitliche und räumliche Ordnung etc. Im Entwicklungsstadium, in dem noch keine Trennung von

Selbst und Objekt vollzogen ist, oder dann, wenn diese Trennung sekundär wieder aufgehoben wird, z. B. in der Psychose, in toxischen Ausnahmezuständen (LSD-Rausch), dann läuft das psychische Geschehen nach anderen Gesetzmäßigkeiten ab, die man *Primärprozesse* nennt; dazu gehören magisches Denken, alogische Verknüpfungen, Symbolisierungen, Verdichtungen, Fehlen von zeitlicher und räumlicher Ordnung. Bei der reifen Persönlichkeit sind Primärprozesse auf solche Zustände beschränkt, in denen die Kontrolle des hellen Bewußtseins ausgeschaltet ist, z. B. im Traum. Gerade für das Verständnis von pathologischen Entwicklungen ist es wichtig, sich klarzumachen, daß das Wahrnehmen und Erleben des Kindes in der oralen Phase nicht nur quantitativ eingeengter, sondern auch qualitativ verschieden ist: Die primärprozeßhaft erlebte Realität besteht aus magischen Verknüpfungen, Allmachtserlebnissen, archaischen Ängsten wie Verschlungen-, Zerstückelt-, Erdrücktwerden. BERGLER (1961) hat beschrieben, daß diese Urängste ubiquitäre Phänomene sind, die nicht erst durch pathogene Konstellationen erzeugt werden. Wesentlich für die Entwicklung ist nur, wie sich das Kind mit diesen Ängsten und den resultierenden Haßgefühlen angenommen fühlt. Es ist wichtig, daß die Mutter sich diesen Gefühlen, Impulsen, Projektionen des Kindes aussetzt und einen stabilen und verläßlichen «Behälter» dafür darstellt.

In pathologischen Entwicklungen, in denen die präödipale Entwicklung nicht zu festen Grenzen zwischen Selbst und Objekt geführt hat, kann man beobachten, daß die frühen narzißtischen Konfigurationen: Größen-Selbst und idealisierte Eltern-Imagines, eine dauernde Funktion behalten oder in besonderen narzißtischen Krisen wiederbelebt werden können, daß die Tendenz, narzißtische Beziehungen herzustellen, bestehen bleibt und es zu Durchbrüchen primärprozeßhaften Geschehens kommen kann.

II. Die Psychodynamik des Sadismus

Wegen der Vielfalt der Erscheinungsformen, in denen Sadismus sich zeigt, können wir nur eine gerüsthafte und sehr allgemein gehaltene Darstellung der Psychodynamik des Sadismus geben. Sie soll dazu dienen, Orientierungshilfen für die Lektüre der in den folgenden Kapiteln wiedergegebenen Fallstudien zu geben. Am Ende im Kapitel 3.3 kommen wir auf diese theoretischen Überlegungen zurück und werden dort, gestützt auf konkrete Fallanalysen, ein anschaulicheres Modell der Psychodynamik entwickeln.

Die eigentliche und zentrale Problematik beim Sadismus liegt in unaufgelösten Konflikten der *späten oralen Phase* bzw. des Übergangs von oraler in die anale Entwicklungsstufe. In dieser Zeit laufen die grundlegenden Prozesse der Selbst- und Ich-Bildung ab, in denen sich das Kind von der Mutter löst (Separation) und Fundamente eines eigenständigen Selbst gelegt werden (Individuation) und in denen sich die frühen narzißtischen Konfigurationen: Größenselbst und ideale Eltern-Imagines, umzuwandeln beginnen und das magisch-primärprozeßhafte Weltbild zunehmend abgelöst wird von einer Orientierung an der äußeren Realität. In diesem Entwicklungsabschnitt geht es im wesentlichen um die Thematik von Trennung und Verschmelzung, Abhängigkeit und Unabhängigkeit, Bemächtigung und Befreiung. Störungen in dieser Phase beeinflussen sowohl die narzißtische Entwicklung des Selbst als auch die Entwicklung der Objektbeziehungen. Anders als bei präödipalen Neurosen, deren Persönlichkeitsstruktur in einem stärkeren Ausmaß von diesen frühen Konflikten bestimmt ist, kristallisiert sich hier die frühe neurotische Problematik in Gestalt der sadistischen Deviation. In ihr wird die Thematik von Bemächtigung, Verschmelzung in magisch-primärprozeßhafter Form verdichtet dargestellt, während die Persönlichkeit im übrigen in ihrer sozialen Anpassung von diesen Konflikten weitgehend befreit sein kann.

Die *gestörte narzißtische Entwicklung* zeigt sich in der unzureichenden Umformung der archaischen Konfigurationen: In der sadistischen Phantasie oder Aktion geht es um Beherrschen, magisches Kontrollieren, omnipotentes Verfügenkönnen über das Opfer; dies entspricht einer punktuellen Aktualisierung von Größenselbstphantasien, beschränkt auf die sexuelle Situation. Bei den Patienten, die wir in diesem Buch beschreiben werden, finden wir eine schwache Besetzung des Selbst verbunden mit Gefühlen von Unwert und eigener Unvollständigkeit, weil die narzißtischen Frühformen nicht oder nur unzureichend in Selbststrukturen umgewandelt sind. Mit der gestörten narzißtischen Entwicklung, einhergehend mit einer unscharfen oder instabilen Trennung von Selbst und Objekt, hängt eine diffuse narzißtische Spannung zusammen, die im sozialen Handeln nicht abgeführt werden kann und zu deren Reduzierung sexuell deviante Aktionen eingesetzt werden.

Die *Störungen in den Objektbeziehungen* zeigen sich darin, daß Ablösung und Verschmelzung die zentrale Thematik in der Deviation bleiben. Die Prozesse der Separation und Individuation vollziehen sich allmählich; in der Übergangszeit, in der die Ablösung noch unvollständig und die Individualität noch instabil sind, gibt es auch in der normalen Entwicklung immer wieder Momente partieller Verschmelzung, in denen vorübergehend Aspekte der Mutter-Kind-Einheit wiederhergestellt werden. Diese Entwicklungsprozesse sind beim Sadomasochismus unabgeschlossen und behalten in der devianten Aktion ihre Aktualität. In der Deviation wiederholt sich die ungelöste, präödipale Mutterbeziehung mit der Problematik von Ablösung und Verschmelzung. Diese Problematik wird ambivalent erlebt: Einerseits finden sich starke Wünsche nach Verschmelzung mit der präödipalen Mutter, nach lustvoller Selbstaufgabe, in der die narzißtische Spannung gelöst wird; andererseits lösen solche Verschmelzungswünsche starke Ängste aus, weil Verschmelzung Selbstverlust bedeutet. Ablösungstendenzen aus dem unbewußten Wunsch, sich aus der die eigene Selbständigkeit bedrohenden mütterlichen Umklammerung zu lösen, wecken zugleich Ängste vor Trennung und Liebesverlust. Aber nicht nur aus diesen Ängsten heraus hält der Deviante an dem narzißtisch besetzten mütterlichen Objekt fest. Ablösung würde zudem bedeuten, daß sich seine haßvoll destruktiven Impulse gegen die Mutter richten und er sie zerstören könnte. Die starken destruktiven Impulse aus der präödipalen Mutterbeziehung machen es ihm unmöglich, sich der Ambivalenz in der Beziehung zur Mutter zu stellen; auch deshalb ist die Ablösung mit Angst besetzt. Hieraus erklärt sich, warum die Mutter derart bedrohliche Aspekte hat, warum im Sadismus das aggressive Abwehren, Beherrschen, Kontrollieren der Frau bei einer gleichzeitig starken Abhängigkeit von ihr so intensiv ist. Zur Abwehr und zur Bewältigung dieser *Ablösungs- und Verschmelzungsängste* werden in der sadomasochistischen Aktion Beziehungsformen aus der oralen Phase eingesetzt, die für die Zeit der beginnenden Ablösung zwischen Mutter und Kind charakteristisch sind: *Projektion und Introjektion.* Mit deren Hilfe wird eine komplizierte Anpassungs- und Abwehrformation gebildet, die darauf abzielt, den einander widersprechenden Ängsten und Wünschen gerecht zu werden. In der sadomasochistischen Aktion gelingt punktuell ein Kompromiß: Einerseits führen die *regressiven Tendenzen in Richtung auf Verschmelzung* dazu, daß, begrenzt auf die sadomasochistische Situation, analog der Symbiose mit der Mutter eine duale Einheit von Sadist und Opfer hergestellt wird, in der die Grenzen zwischen beiden verschwimmen und Abgrenzung zwischen Subjekt und Objekt, zwischen Männlichem und Weiblichem unscharf werden. In dieser dualen Einheit als dem Urbild einer narzißtischen Beziehung wird eine oszillierende Identifizierung von Sadist und seinem Opfer möglich. Daraus erklärt sich, warum der Sadist masochistische, der Masochist sadistische Anteile auslebt und sich beide Anteile abwechseln können. Andererseits führen die Ängste vor Regression und Verschmelzung zu einer aggressiven Konfrontation, zu einer Unterwerfung, Entmachtung und Kontrolle des Opfers.

Das Spezifische bei den sexuell devianten Entwicklungen, das sie von anderen präödipalen Störungen unterscheidet, besteht, wie gesagt, in der *Sexualisierung* dieser Konflikte. Der Abwehrmechanismus der Sexualisierung geht genetisch auf die Entdeckung der Genitalität im 5. und 6. Lebensjahr zurück, die relativ unabhängig von der psychischen Entwicklung das Ergebnis eines biologischen Reifungsprozesses ist. Das Empfinden genitaler Lust und Entspannung vermittelt einem in seiner Autonomie behinderten Jungen das Gefühl, etwas Eigenes und von anderen Unabhängiges zu erleben. Die Sexualisierung, die genitale Besetzung, hat für den Devianten die

Funktion, sich seiner phallischen Unversehrtheit zu vergewissern, das Erleben der brüchigen männlichen Identität immer wieder aufzufüllen. McDOUGALL (1972) nennt die genitale Besetzung ein «Bollwerk» gegen die verschlingende Mutter. Die Abwehrform der Sexualisierung bedeutet: Die Konflikte sind in der Sexualität thematisiert und dort ausreichend gebunden, so daß die übrige Persönlichkeit mit ihnen gleichsam nicht mehr belastet ist und die weiteren Prozesse der Trieb- und Ich-Entwicklung ohne größere Störungen ablaufen können. So kann man bei erwachsenen Devianten beobachten, daß das psychische Gleichgewicht, die Realitätsverankerung und damit das soziale Verhalten weitgehend ungestört sind. Durch die Abwehrform der Sexualisierung sind in vielen Fällen sogar relativ reife, stabile und auch erotische Objektbeziehungen möglich, die qualitativ etwas grundsätzlich anderes sind als die narzißtische Besetzung des Opfers oder Partners in der devianten Situation. Die Stabilisierungsfunktion der Deviationsbildung beruht im wesentlichen auf dieser Entlastung der sozialen Persönlichkeit von den präödipalen Konflikten. Die Deviation fungiert, wie MORGENTHALER (1974) es ausgedrückt hat, als eine Art «Plombe», die die Lücke des in seiner narzißtischen Entwicklung gestörten Selbst ausfüllt und vor Gefühlen von Leere und Sinnlosigkeit schützt. Die «Plombenbildung» stellt eine Art magische Bewältigung dar: So wie das Kleinkind das Übergangsobjekt sich verschafft, so kreiert der Deviante die Deviation, stabilisiert damit sein narzißtisches Gleichgewicht und bindet zugleich die destruktiven oralen Impulse. Während das Kind für die kritische Phase der Differenzierung von Selbst und Objekt nur vorübergehend auf das illusionäre Übergangsobjekt angewiesen ist, braucht der Deviante ständig die magisch-illusionären Einschlüsse in Gestalt der Deviation. In diesem abgekapselten Bereich der Deviation kann sich magisch-primärprozeßhaftes Erleben ausdrücken, können sich narzißtische Spannungen entladen, ohne die Realitätsverankerung zu gefährden. Sehr deutlich wird das Primärprozeßhafte dort, wo Phantasien von Verschlingen, Zerstükkeln und magische Rituale auftreten. Aufgrund dieser Stabilisierungsfunktion der Deviation stellt die späte orale und frühe anale Phase für den Devianten keinen Fixierungspunkt im engeren Sinne dar, sondern die Trieb- und Ich-Leistungen der späteren Phasen können weitgehend erworben werden. Hieraus erklärt sich, daß in die deviante Symptomatik die für die späteren Phasen spezifischen Ängste, Konflikte, Triebäußerungen, Ich-Leistungen eingehen und das deviante Syndrom in einem Ausmaß umprägen können, daß es häufig den Anschein hat, als seien ödipale Konflikte, Kastrationsangst oder anale Konflikte der eigentliche Hintergrund.

Es hat den Anschein, als trete an die Stelle der für den Neurotiker typischen Verdrängung von aggressiven und libidinösen Triebwünschen hier dieses, daß die verpönten Triebwünsche vom devianten Syndrom gleichsam aufgesogen werden. Das, was beim Neurotiker die Verdrängung leistet, nämlich die Eliminierung dieser Triebregungen aus dem Bewußtsein, wird in einer anderen Form auch durch die Sexualisierung in der Deviation erreicht: In der Deviation werden sexualisierte Aspekte der präödipalen Mutterbeziehung zu einer Art Plombe verschmolzen, durch die eine Lücke im Selbst geschlossen wird. Diese Plombe wird als ein isolierter, in das Selbstkonzept nicht integrierter Block erlebt, für den Ich-Ideal und Über-Ich gleichsam nicht zuständig sind. Je explosibler die in der Deviation gebundene Destruktivität, desto ausgeprägter findet sich die Tendenz, den devianten Komplex in einer Art «Abspaltung» als etwas Persönlichkeitsfremdes, dem Selbst nicht Zugehöriges, Krankes zu erleben.

Das ursprünglich orale Grundthema, in dem es, vereinfacht gesagt, um aggressive Bemächtigung, Vereinnahmung als Abwehr von Verschmelzungswünschen, ohne sie aufzugeben, geht, wird durch Triebwünsche, Phantasien, Beziehungsformen und Ängste der späteren analen und phallisch-narzißtischen Phase ausgestaltet. Dies kann in einem solchen Ausmaß geschehen, daß das orale Grundthema auf den ersten Blick kaum noch erkennbar sein kann. Von diesen späteren, das sadomasochistische Syndrom einfärbenden Anteilen nennen wir zunächst die, welche auf *anale Triebwünsche* und ihre Abwehr zurückgehen, z. B. das lustvolle Ausleben aggressiver Bestrebungen und anal beschmutzender Tendenzen. Diese äußern sich sehr deutlich, wenn Exkremente in sexuelle Handlungen mit einbezogen und Ekelbarrieren überschritten werden, aber auch bei verbalen Beschmutzungen, Entwertungen und Erniedrigungen der Frau. In der sadomasochistischen Situation werden ferner auch anale Beziehungsformen wiederholt: Der Mann muß sich durch das aggressive Sichabgrenzen von der Frau immer wieder seiner Selbständigkeit, seiner körperlichen Vollständigkeit und Autonomie vergewissern, muß sich immer wieder bestätigen, daß er den anderen kontrolliert, in der Hand hat und über ihn verfügt. Den Hintergrund dieses Sichvergewissernmüssens bildet das unbewußte Gefühl von Unsicherheit in bezug auf die eigene Autonomie, ferner eine starke Abhängigkeit von der Frau, die er deswegen immer wieder aggressiv abwehren muß. Eine der zentralen Ängste der analen Phase ist die *Angst vor dem Kontrollverlust gegenüber destruktiven Impulsen.* Diese Angst wird in der sadomasochistischen Situation folgendermaßen abgewehrt: Aufgrund der ambivalenten Gefühlseinstellung zur Frau kann der Deviante nicht allein seine aggressiven Triebwünsche lustvoll ausleben, sondern ist zugleich bestrebt, die Frau für sich zu erhalten; das heißt, er muß die Frau vor dem Durchbruch seiner zerstörerischen Regungen schützen. Er kann diese Impulse zwar nicht ausschalten, aber durch Ritualisierung entschärfen. Aus diesem Grunde ist das sadomasochistische Arrangement durch Ritualisierung und Anreicherung mit phantastisch-irrealen Elementen charakterisiert, die die hierin enthaltene Aggressivität regeln und ein unkontrolliertes Durchbrechen verhindern.

In diesen Zusammenhang gehört ein weiterer Mechanismus, der für die Minderung der Destruktionsängste wichtig ist. Die aggressiven Impulse rufen Reaktionen des präödipalen Gewissens hervor, d. h. weniger Schuldgefühle im eigentlichen Sinne, sondern vielmehr Bestrafungsängste und Bestrafungswünsche. Die *Reaktionen des Über-Ich* vermögen die aggressiven Bestrebungen nicht zu verhindern, da sie erotisiert den zentralen Bestandteil dieser Deviation ausmachen. Statt dessen gehen die Über-Ich-Reaktionen mit den Triebregungen, gegen die sie ursprünglich gerichtet waren, eine Einheit ein: Durch die Herstellung einer dualen Einheit zwischen Sadist und seinem Opfer gelingt es paradoxerweise, dem Anspruch des Über-Ich durch Befriedigung der verpönten Triebregungen und nicht durch ihre Unterdrückung zu genügen: Indem der Sadist sein

Opfer bestraft, bestraft er sich aufgrund der oszillierenden Identifizierung mit ihm für seine verpönten Triebregungen und erlangt auf diese Weise eine Erleichterung, weil die Straferwartung erfüllt wird. Die Vermischung von Trieb- und Über-Ich-Reaktionen erklärt, warum bei sadistischen Handlungen die Herstellung einer Strafmotivation und nicht das einfache unmotivierte Quälen eine sehr große Rolle spielt.

Der Niederschlag der phallisch-narzißtischen Phase in der Deviation sind *Kastrationsängste* und *phallische Aggressivität*. Wir erinnern daran, daß der Deviante die primäre Identifikation mit der Mutter nie ganz hat aufgeben können. Von daher hat in der phallisch-narzißtischen Phase der Vater als Identifikationsfigur eine geringe Bedeutung; dies trägt zu der allgemeinen Unsicherheit in bezug auf die männliche Identität bei. Diese Unsicherheit äußert sich in der phallisch-narzißtischen Phase als Kastrationsangst, die hier nicht den Charakter einer Bestrafungsangst für Inzestwünsche hat. Die Kastrationsangst wird durch ein Ausleben phallischer Aggressivität abgewehrt. In der sadistischen Aktion versichert sich der Deviante immer wieder, daß er keine Angst zu haben braucht, unterworfen zu werden. Er verleugnet seine brüchige männliche Identität dadurch, daß er sich potenziert «männlich», übersteigert phallisch-aggressiv verhält; er umgibt sich mit Gegenständen, die den Charakter von Phallussymbolen haben, wie Stock, Peitsche, Waffen, Messer etc. Die Rolle der Kastrationsangst und ihre Abwehr ist besonders deutlich im Masochismus. Dort wird die Kastrationsangst in der Weise abgewehrt, daß der Masochist sich im masochistischen Erdulden durch Kastrationsäquivalente von der realen Kastration loskauft: Er unterwirft sich, läßt sich beherrschen, schlagen oder läßt kastrationsähnliche Handlungen wie Abbinden, Einschnüren der Genitalien an sich vornehmen. Dies alles geschieht aber in ritualisierten Abläufen, deren Regeln er mitbestimmt, so daß er die reale Bedrohung nicht mehr zu befürchten braucht.

Obwohl es also in der sadomasochistischen Deviation ursprünglich um die Entschärfung von nichtneutralisierter früher oraler Destruktivität aus der narzißtisch besetzten, nicht abgelösten präödipalen Mutterbeziehung geht, fließen sekundär in das sadomasochistische Syndrom aggressive und sexuelle Regungen der analen und phallisch-narzißtischen Phase und die aus ihnen resultierenden Ängste mit ein – und zwar in einer unmittelbaren, durch Abwehrmechanismen wenig umgeformten Art. Neben oral-sadistischen finden sich anal-sadistische und phallisch-aggressive Impulse, neben Ablösungs- und Verschmelzungsängsten Kontrollverlustängste und Kastrationsängste, die gleichsam zu einer Plombe verschmolzen werden. Die Heterogenität dieses Konglomerats erklärt die Vielfalt und die unterschiedlichen Manifestations- und Äußerungsformen des Sadomasochismus. Die Gewichtung der verschiedenen Triebregungen und Impulse kann unterschiedlich sein:

☐ Bei den einen geht es ausdrücklich um die *orale* Thematik in Form von Verschlingen, Zerstückeln, Würgen, Beißen, um magische Rituale, Einverleibung als kannibalistische und vampiristische Phantasien;

☐ bei den anderen dominieren *anale* Modalitäten: Beschmutzung, Erniedrigung, Kontrolle; Gesäß und After sind dann wichtiger als der Penis;

☐ dann wieder herrschen *phallisch-aggressive* Handlungen vor wie Schlagen, Überwältigen, Züchtigen.

In der überwiegenden Mehrzahl funktioniert die Deviation als ein verläßlicher Stabilisierungsfaktor, die archaischen Triebwünsche sind in der Deviation gebunden. Es genügt eine gelegentliche Triebabfuhr in der Phantasie oder in einer gesteuerten, zielgehemmten Aktion. Entscheidend dafür, ob die Deviation als Stabilisierungsfaktor ausreicht, sind die Intensität und das Ausmaß der frühen narzißtischen Störungen, die Vehemenz der oral-sadistischen Destruktivität und die Größe der Lücke im Selbst. Bei den Patienten in unserem Buch handelt es sich durchweg um Persönlichkeitsstrukturen mit einer schweren narzißtischen Störung, bei denen die Deviationsbildung die destruktiven Impulse nicht ausreichend gebunden hat und bei denen es in der delinquenten Handlung zum Zusammenbruch der Abwehr gekommen ist.

3 Forensische Fallgeschichten und ihre Interpretation

3.1 Sadismus als sexuelle Deviation

3.1.1 Die Tötung des Kindes in sich

Fallgeschichte 1

1. Die Lebensgeschichte
Der achtzehnjährige Heinz G. hat im Oktober 1971 ein elfjähriges Mädchen in einem Gewässer ertränkt. In den Gesprächen wirkt er zunächst linkisch, unbeholfen und befangen, ist sehr anlehnungsbedürftig und schutzsuchend. Seine fast kindliche Zutraulichkeit löst väterliche Gefühle aus. Noch intensiver als zum männlichen Gutachter ist seine Beziehung zu einer weiblichen Untersucherin, die in die Begutachtung miteingeschaltet ist. Das Kindlich-Puberale, mit dem er sich in die Beziehung einbringt, ist hier nicht verbunden mit einem regressiven Ausweichen vor Auseinandersetzung mit sich selbst; er ist aktiv bemüht, Klarheit über sich und das Geschehene zu gewinnen und Hilfe zu bekommen. Dieser Prozeß der Auseinandersetzung wird durch seine gute Fähigkeit zu differenzierter Selbstbeobachtung und Wahrnehmung eigener Gefühle bei einer gut durchschnittlichen Intelligenz (Intelligenzquotient nach dem Hamburg-Wechsler-Intelligenz-Test 109) erleichtert.
  Er stammt aus einer norddeutschen Kleinstadt und ist das jüngste von vier Kindern einer Arbeiterfamilie. Die äußeren familiären Verhältnisse erscheinen zunächst unauffällig. Der Vater, ein schmächtiger, unscheinbarer Mensch, arbeitet seit achtzehn Jahren in derselben Firma als Torfstecher. In der Familie hat er kaum Einfluß und Bedeutung: Er ist arbeitsam, häuslich, nachgiebig, überläßt die Erziehung der Kinder und die Verantwortung für die Familie seiner Frau. Seit vielen Jahren ist er magenleidend, hat eine schwere Tuberkulose durchgemacht und ist körperlich wenig robust und belastungsfähig. Sein Verhältnis zu dem jüngsten Sohn wird von beiden als unproblematisch, spannungsarm und in den letzten Jahren als eher kameradschaftlich geschildert. Die für den Sohn viel bedeutsamere Person ist die Mutter. Sie wirkt resoluter, durchsetzungsfähiger und lebhafter als der Vater. Die Ehe der Eltern ist nach außen hin harmonisch; es ist eine von Spannungen und Emotionen entleerte,

eher formale Beziehung, in der es weder Streit noch Gefühle der Zuneigung gibt. Die Eltern haben seit vielen Jahren keine sexuellen Kontakte mehr, da, wie die Mutter sagt, der Vater «körperlich zu schwach» sei; den Bedürfnissen der Mutter kommt dies entgegen, da sie noch nie in ihrem Leben sexuelle Bedürfnisse verspürt und nie einen Orgasmus erlebt hat. Die Mutter hat, wie sie sagt, Angst vor den sexuellen Kontakten, die sie als roh und schmerzhaft erlebt. Es entsteht der Eindruck, daß weniger die «körperliche Schwäche» des Vaters als vielmehr die Sexualabwehr der Mutter der Grund für die unerotisch-lieblose Beziehung ist. Die Mutter, auf der allein die Verantwortung für die Familie liegt, hat ihre emotionalen Bedürfnisse in die Beziehung zu ihren Kindern, insbesondere zu dem jüngsten Sohn, verlagert. Ihre überprotektive, gluckenhafte Haltung wird vom Sohn als lästig und einengend empfunden. Bis in die jüngste Zeit ist sie überaus besorgt um ihn, hat ständig Angst, ihm könne etwas zustoßen («ich dachte, ich gehe kaputt, wenn ich den Jungen nicht um mich habe»). Nachts kann sie kein Auge schließen, wenn der Sohn nicht im Hause ist. Besonders beunruhigt ist sie, wenn der Sohn Kontakte zu Mädchen anzuknüpfen versucht; sie ist dann eifersüchtig und darauf bedacht, solche Beziehungen zu verhindern, und kann den Gedanken nicht ertragen, daß er sich an eine Frau binden könnte. Im Gespräch mit dem Gutachter unterläuft der Mutter folgender Versprecher: In Anbetracht der für sie unbegreiflichen Tat sagt sie: «Wenn ich das gewußt hätte, dann hätte ich ihn ja lieber heiraten können» anstatt: «heiraten lassen können».

Die Geburt und frühkindliche Entwicklung des Sohnes ist unauffällig verlaufen. In den ersten Monaten soll er kaum Nahrung zu sich genommen haben; wegen «Blutarmut» wird er während der ersten sechs Lebensmonate einige Wochen im Krankenhaus behandelt. Als Kleinkind wird er von der Mutter als besonders liebebedürftig, weich und anschmiegsam geschildert. Erziehungsschwierigkeiten hat er nicht gemacht. Als er in die Schule kommt, beginnt er stark zu stottern; diese Sprachstörung hat sich im Laufe der Jahre verloren. Die Volksschule durchläuft er glatt, hat aber erhebliche Kontaktschwierigkeiten. Er ist sehr schüchtern, weich, ängstlich, kann sich unter Gleichaltrigen nicht durchsetzen, hat ständig Angst, geschlagen zu werden. Seine isolierte Außenseiterstellung versucht er durch Renommieren auszugleichen. «Ich habe auf der Schule viel gelogen, um mich interessant zu machen, z. B. habe ich erzählt, daß ich mit Mädchen groß etwas gemacht habe, oder gesagt, ich habe eine

Schlägerei gehabt, und wollte mich damit nur toll darstellen. Trotzdem wurde ich nie richtig ernstgenommen.» Als er seiner Mutter von seinen Kontaktproblemen erzählt, antwortet sie: «Kümmere dich doch nicht um andere, du kannst ja bei mir zu Hause bleiben.» Er sieht selbst einen Zusammenhang zwischen seiner sozialen Isolierung und der überprotektiven Haltung seiner Mutter. «Die Mutter hatte eine Affenliebe zu mir. Ich konnte nie selbst Entschlüsse fassen, sie war immer die Glucke. Das war gut gemeint, aber das kapiert sie nicht, daß das nicht geht. Ich bin zu Hause wie ein Baby, auf mich hat sie es besonders abgesehen.» In der Kindheit wird er ständig dazu angehalten, im Haushalt und Garten zu helfen. Je älter er wird, desto mehr leidet er unter dem Angebundensein an das Elternhaus. «Wenn ich etwas machte, war immer meine Mutter dabei. Ich mußte immer lügen oder grob werden, um mal von der Mutter loszukommen. Das konnte ich im Grunde aber nicht durchstehen.» Seine letztlich ohnmächtigen Versuche, sich gegen die Mutter durchzusetzen und selbständig zu werden, gehen bis zu Mordphantasien: «Ich bin von meiner Mutter immer in die Rolle des kleinen Jungen hineingezwungen worden. Ich weiß allein gar nicht heraus. Ich dachte deswegen oft an Selbstmord. Mit zehn oder zwölf Jahren habe ich erstmals ganz schlimme Gedanken gehabt. Ich wollte meine Mutter totschießen und umbringen. Ich habe immer nur gedacht, wenn sie doch weg wäre. Dann habe ich immer ein ganz schlechtes Gewissen gehabt. Ich habe auch oft gedacht, wenn ich nur weit weg wäre. Aber das nützt nichts; sie findet mich immer, läßt mich nicht in Ruhe. Ich träume auch oft, ich bin gefangen, will weglaufen, bin in einem Raum und komme nicht von der Stelle. Ich fühle mich dann wie gegriffen von jemandem und wache auf.» Auch im Wachzustand leidet er häufig unter Angstzuständen, besonders in engen Räumen, einsamen Gegenden und im Dunkeln. Er hat dann «Angst, daß mich einer verfolgt, daß ich überfallen werde, als wenn mir alle was tun wollten». Diese Ängste bringt er mit einem Erlebnis in Zusammenhang, das er als Dreizehnjähriger hatte: Er ist eines Abends mit seiner älteren, damals schwangeren Schwester auf dem Wege zur Großmutter. Sie werden von zwei Männern in einem Auto verfolgt. Beide haben schreckliche Angst, die Schwester fällt hin und verletzt sich. Sie rennen zu einem Haus und rufen um Hilfe.

Seine Selbstwertproblematik und seine Kontaktschwierigkeiten bestimmen auch sein weiteres Leben, nachdem er aus der Schule entlassen ist. Bei seiner weitgehenden Unfähigkeit zu offenem Protest und zu offenen Aggressionen hat er keine Anpassungsschwierigkeiten. «Ich hatte nie Krach, weil ich immer alles gemacht habe, was man von mir verlangt hat.» Von den Personen seiner Umgebung wird er als gutmütig, hilfsbereit, weich, mitleidig und sehr tierliebend geschildert. Er beginnt eine Lehre als Heizungsbauer, muß diese aber bald auf ärztlichen Rat wegen Rückenbeschwerden aufgeben. Aus dem Gefühl heraus, sich Kontakte und Zuwendung anderer erkaufen zu müssen, geht er häufig in Wirtschaften und spendiert Getränke. «Nur wenn ich Geld hatte, dann kamen die anderen an, ich sollte einen ausgeben. Wenn ich kein Geld hatte, dann blieben die weg. Ich habe das Gefühl, die anderen verachten mich, weil ich nicht weiß, wie ich mich ausdrücken soll.» Auf der Arbeitsstelle ist er still, schüchtern und autoritätsängstlich, kann in Gegenwart von Vorgesetzten kaum ein Wort herausbringen. «Wenn der Chef bei der Arbeit danebenstand, dann befiel mich ein kaltes Zittern.» Seine Befangenheit anderen Menschen gegenüber äußert sich auch darin, daß er zu Schuldgefühlen und zum Erröten neigt und sich immer in der Rolle des Sündenbockes erlebt. «Ich habe eigentlich ständig ein schlechtes Gewissen und das Gefühl, daß ich immer und überall Schuld habe.» Er ist empfindlich bis zur Sensitivität, denkt, wenn andere lachen, sie lachen über ihn, frißt aber vermeintliche oder reale Kränkungen in sich hinein. Er ist in seinem Wohlbefinden sehr davon abhängig, ob man ihn akzeptiert, fühlt sich sehr leicht zurückgestoßen, möchte dann am liebsten fortlaufen und heulen; überhaupt kommen ihm leicht die Tränen. Am wohlsten fühlt er sich, wenn er sich zurückzieht und sich mit seiner Gitarre beschäftigt, auf der er es zu einigen Fertigkeiten gebracht hat. Soziale Anerkennung, an der ihm immer sehr gelegen ist und die er in der Realität nicht erlangt, verschafft er sich in häufigen Tagträumereien und Wunschphantasien. «Ich möchte berühmt werden mit meiner Musik. Ich habe mir das in allen Einzelheiten ausgemalt. An so etwas denke ich auch oft bei meiner Arbeit. Ich lasse dann einfach alles stehen, zünde mir eine Zigarette an und denke, wie das ist, wenn ich ein berühmter Star bin.» Nach dem unfreiwilligen Lehrabbruch arbeitet er in verschiedenen Stellen als ungelernter Arbeiter und wohnt die ganze Zeit über zu Hause. Daß er in dieser Zeit die Arbeitsstellen häufiger wechselt und vermehrt Alkohol trinkt, hängt mit seiner sexuellen Problematik zusammen.

Bei der Einstellung seiner Mutter zur Sexualität herrscht im Elternhaus eine prüde Atmosphäre. Heinz G. hat in seiner Kindheit weder

Eltern noch Geschwister je nackt gesehen. Zärtlichkeiten zwischen den Eltern sind ihm unvorstellbar, über Sexualität wird nie gesprochen. Er erinnert sich – von der Mutter wird dies bestätigt –, daß er etwa bis zur Pubertät nachts häufig neben der Mutter im Bett des Vaters geschlafen hat, wenn der Vater Nachtschicht hatte. An kindliche sexuelle Erlebnisse kann er sich nicht erinnern. Mit dreizehn, vierzehn Jahren kommt er in die Pubertät, in dieser Zeit beginnt er mit der Masturbation. In diesen Jahren verliebt er sich heimlich und auf die Entfernung in meist ältere Frauen und «himmelt sie an»; in seinen Tagträumereien phantasiert er intensive Liebesbeziehungen zu einer Lehrerin, zu einer Kindergärtnerin in der Nachbarschaft. Er bevorzugt auch später einen bestimmten Frauentyp, der klein, hübsch und dunkelhaarig ist, und fügt sogleich hinzu: «Meine Mutter hat auch dunkle Haare, ist klein und ein bißchen stabil.» Mit sechzehn Jahren befreundet er sich erstmals mit einem gleichaltrigen Mädchen; durch Vermittlung eines Bekannten lernt er in der Diskothek ein Mädchen Erika kennen; er selbst wäre viel zu schüchtern gewesen, um von sich aus ein Mädchen anzusprechen. Mit ihr ist er einige Monate befreundet. Seine körperlichen Annäherungsversuche bleiben zaghaft. Er hat den Eindruck, das Mädchen habe von ihm mehr sexuelle Aktivitäten erwartet; er hat aber davor Angst, Angst, sich zu blamieren, und vor allem Angst, daß er oder das Mädchen sich beim Verkehr verletzen könnten. «Ich hatte Angst davor, daß ich mir selbst dabei wehtue oder etwas kaputt mache.» Diese Freundschaft geht nicht zuletzt deswegen auseinander, weil die Mutter ihm ständig Vorwürfe macht. «Man könnte meinen, daß sie eifersüchtig gewesen sei. Ich durfte abends nie weg. Für mich war dies eine schlimme Zeit. Ich hatte immer Angst, ich wollte doch beide glücklich haben, meine Mutter und die Erika.»

Mit siebzehn Jahren erlebt er seine erste und einzige intensive Liebesbeziehung zu einer elf Jahre älteren geschiedenen Spanierin Theresa, Mutter dreier Kinder – eine Beziehung, in der erstmals Ansätze seiner späteren devianten Triebwünsche erkennbar werden. Er lernt sie in einer Diskothek kennen und verliebt sich sogleich in sie. Sie ist klein, hübsch, dunkelhaarig, entspricht also seinem Ideal. Auch sie schwärmt er eine ganze Zeitlang nur aus der Entfernung an, bis sie ihn eines Abends anspricht und ihm anbietet, sie nach Hause zu begleiten. Sie nimmt ihn mit in die Wohnung. Er ist sehr aufgeregt, fühlt sich überrumpelt und bringt zunächst kein Wort heraus. An diesem Abend verführt sie ihn zum ersten Geschlechtsverkehr seines

Lebens. Er hat Angst zu versagen und wäre am liebsten fortgelaufen. Nach dem Geschlechtsverkehr ist er enttäuscht, angeekelt und traurig: «Mir war alles zum Kotzen. Ich wäre am liebsten gleich zu meiner Mutter gerannt.» Die nun folgenden drei Monate bezeichnet er als die einzig glückliche Zeit in seinem Leben. Heimlich stiehlt er sich von zu Hause fort, um mit Theresa zusammenzusein. Sie ist für ihn der erste Mensch, zu dem er von sich sprechen kann und von dem er sich verstanden fühlt. Ihn fasziniert an ihr, daß sie einerseits mädchenhaft-kindliche Züge hat. «Sie war richtig kindlich in ihrer Art, sie lachte viel, war albern, hopste herum, freute sich über alles.» Bei den häufigen sexuellen Kontakten ist sie der aktive Teil. Vorweg inszeniert sie häufig ein Spiel, das ihn besonders fasziniert: Vor dem Geschlechtsverkehr leistet sie spielerisch Widerstand, sträubt sich z. B. gegen das Entkleiden, entwindet sich ihm, er läuft hinterher und fängt sie ein; es kommt zu spielerischen Balgereien und Rangeleien, die damit enden, daß er sie «überwältigt» und sie Geschlechtsverkehr haben. Nach sechs Wochen ihrer Bekanntschaft teilt sie ihm mit, sie sei schwanger. Er freut sich, entwickelt einen Plan, mit ihr zu fliehen, um sie heiraten zu können, da seine Familie, die inzwischen von dieser Beziehung erfahren hat, ihn unter Druck setzt, die Freundschaft zu beenden. Als sie wegen Blutungen ins Krankenhaus kommt, erfährt er von einem Arzt, daß sie schon im fünften oder sechsten Monat schwanger ist; er ist wie vor den Kopf gestoßen, «völlig durcheinander», fühlt sich hintergangen und macht ihr Vorwürfe. Sie dagegen versichert ihm immer wieder, er sei der Vater des Kindes. Es ist eine spannungsreiche Zeit voller Streit und Versöhnung. Er ist enttäuscht und verbittert und in der Folgezeit darüber nie hinweggekommen. «Ich war völlig fertig. Ich habe die Theresa geliebt und gehaßt, seitdem habe ich keinem Menschen mehr getraut.» Im Oktober 1970, also ein Jahr vor der Tat, entschließt er sich, sich von Theresa endgültig zu trennen. Sie bringt in Spanien das Kind zur Welt und kehrt nach einem halben Jahr allein in die Bundesrepublik zurück. Heinz G. trifft sie einige Male wieder und versucht, die Beziehung wieder aufzunehmen; seine Enttäuschung wird aber deshalb verstärkt, weil er es ihr übelnimmt, daß sie das Baby im Stich gelassen hat.

In der Folgezeit ist er deprimiert, trinkt vermehrt Alkohol und kapselt sich mehr und mehr ab. In dieser Zeit entwickelt er erstmals bei der Masturbation sadistische Phantasien: Er stellt sich vor, ein Mädchen zu überfallen und zu überwältigen. Am meisten erregt ihn die Vorstellung, wie das Mädchen vor Angst zittert, sich wehrt und er den Widerstand mit Gewalt bricht. Solche Überwältigungsphantasien beziehen sich auf kleinere, ihm körperlich unterlegene Mädchen. Die Art und Weise des Überwältigens malt er sich in der Phantasie immer detaillierter und konkreter aus; es sind vor allem Vorstellungen von körperlichem Bezwingen und Schmerzzufügen. Solche Vorstellungen bedrängen ihn mehr und mehr. Er masturbiert in dieser Zeit bis zu fünfmal am Tage mit solchen Phantasien, findet aber keine anhaltende Entspannung. Diese Wünsche beunruhigen ihn stark und machen ihm Angst.

Ein halbes Jahr vor der Tat versucht er, sexuelle Kontakte zu einem Mädchen aufzunehmen, weil er hofft, durch ein reales sexuelles Erlebnis von seinen Phantasien befreit zu werden. Dieser Versuch mißlingt, er reagiert mit Impotenz. «Die machte nicht mit, und da habe ich versagt. Ich konnte einfach nicht. Sie hat mich ausgelacht und gekränkt. Ich hatte eine furchtbare Wut auf sie, aber auch auf mich. Später habe ich es dann mit ihr noch einmal gemacht, um ihr zu zeigen, daß ich was kann. Ich bin da ganz energisch geworden und habe sie hart angefaßt, so daß sie zu strampeln anfing. Sie mußte sich mir gegenüber ganz stark zur Wehr setzen, und dann ging es mit einmal.»

Noch ein weiteres Mal versucht er, aus seiner sadistischen Phantasiewelt herauszukommen, indem er eine Beziehung zu einem einige Jahre älteren Mädchen eingeht. Er mag sie eigentlich nicht und verachtet sie etwas, weil sie als leichtlebig gilt. Er hat bei ihr zwar keine Potenzstörungen, die sexuellen Beziehungen sind aber wenig befriedigend und für ihn nur mit Hilfe sadistischer Vorstellungen möglich. «Sie konnte nie genug kriegen, und ich hatte immer furchtbare Angst, daß ich es nicht schaffe.» Die sadistischen Phantasien werden trotz regelmäßiger sexueller Kontakte immer intensiver und drängender. «Es war ein richtiger Drang, sie in die Wirklichkeit umzusetzen.» Ein halbes Jahr vor der Tat kommt es ansatzweise zum Einbruch in die Realität, er kann sich aber vorerst noch beherrschen. Monate vor der Tat fährt er fast täglich mit seinem Auto durch die Gegend und hält Ausschau nach Mädchen in der Absicht, sie zu überfallen. Einmal nimmt er ein fünfzehnjähriges Mädchen mit, das an der Straße steht und winkt. «Wie sie so dastand, hatte ich den ganz starken Wunsch, sie zu überfallen, ich konnte mich kaum fassen und zitterte am ganzen Körper. Es ist mir aber gelungen, sie wieder abzusetzen.» Ähnliches wiederholt sich einige Male. Sadistische Impulse sind nur so lange da, wie die Mädchen anonym bleiben. «Wenn ich mit einem Mädchen im Auto fuhr und wir zusammen ins Gespräch kamen, dann waren die Gedanken plötzlich weg.» Er hat in dieser Zeit zunehmend Angst, daß etwas passiert, weil er sich immer weniger unter Kontrolle hat. «Es war unwahrscheinlich häufig, daß ich daran dachte, und häufig, wenn ich ein Mädchen sah, dachte ich, jetzt mache ich das. Dann im letzten Moment hatte ich immer noch Mitleid. Immer stärker war mir der Gedanke, daß das nicht normal sein konnte.»

Um die Tatzeit herum ist er in einer Weise innerlich unruhig, getrieben und gereizt, daß es ihm seine Eltern anmerken. Am Tage vor der Tat hat der Vater zu ihm gesagt: «Du bist verrückt, laß dich mal untersuchen.» Am Tattag ist er wieder mit seinem Auto unterwegs. Als er das elfjährige Mädchen mit dem Fahrrad sieht, kommt ihm blitzartig der Gedanke: Die überfalle ich. Er fährt zunächst an ihr vorüber. «Da wurde das Verlangen immer stärker. Ich konnte nicht mehr anders, drehte um und fuhr ihr nach.» In starker Erregung spricht er sie an, «sie hatte Angst, das konnte ich an ihren Augen sehen, das hat mich wahnsinnig aufgeregt. Ich habe sie vom Fahrrad gerissen und sie in den Wagen getragen.» Schweigend fährt er nun über eine Stunde mit ihr durch die Gegend; zwischendurch kämpft er mit sich, ob er sie wieder absetzen soll. In Ortschaften hält er an mehreren Ampeln. «Sie hat nicht gerufen, nicht gesprochen, mich nur angestarrt. Ich dachte bei jeder Ampel: Wenn sie doch bloß aussteigen würde.»

Während des Fahrens gehen ihm «wie irrsinnig» Gedanken durch den Kopf, was er mit ihr machen könne. Erstmals tauchten auch Tötungsphantasien auf, Vorstellungen, wie er sie drosselt und sie sich wehrt. In einer Waldschneise hält er schließlich an. «Ich konnte kaum noch Luft holen, so war ich erregt.» Er zwingt sie unter Drohungen, sich auszuziehen, streift sich die Hose herunter und versucht, sein Glied einzuführen. Ihre heftige Gegenwehr steigert seine Erregung. Nach einiger Zeit kommt er gleichsam zur Besinnung und läßt von ihr ab. «Da ekelte mich das an, daß ich so etwas getan habe mit einem kleinen Mädchen.» Nachdem sich beide angezogen haben, fährt er los in der Absicht, sie abzusetzen. Unterwegs tauchen wieder sadistische Phantasien auf; der Gedanke, sie zu töten, wird immer drängender. Wiederum fährt er längere Zeit mit ihr umher. «Das Schlimmste ist, wenn ich in Erregung bin, dann machen mir solche Gedanken überhaupt nichts aus, wenn diese Gedanken kommen, dann kann ich nicht mehr aufhören. In meinem Kopf ging es immer herum: Töten, Nicht-Töten.» Als er an einen Kanal kommt, fährt er langsamer, unschlüssig, was er jetzt tun soll; in diesem Moment springt das Mädchen aus dem Wagen und stolpert eine Böschung hinunter. «Als ich herankam, lag sie im Wasser und wollte sich aufrichten. Da habe ich sie gepackt und runtergedrückt. In diesem Moment ging alles bei mir durcheinander – wie so ein Raubtier, das schläft, wenn man es erschrickt, dann greift es gleich an.» Er läßt sie im Wasser liegen und fährt nach Hause, «wie im Tran, es ging ganz automatisch, als wenn ich nicht da wäre, so als wenn ich in einer Traumwelt wäre, alles war so ganz unwirklich.»

Erst in den nächsten Tagen beginnt er, sich innerlich mit der Tat auseinanderzusetzen. In seinen Gedanken beschäftigt er sich sehr intensiv mit der Person des getöteten Mädchens und entwickelt eine sehr merkwürdige, nahe Beziehung zu ihr. «Ich habe viel an sie gedacht und das Mädchen richtig vermißt, als wenn jemand aus meiner Familie gestorben ist. Ich hatte irgendwie Sehnsucht nach ihr. Das geht mir auch jetzt noch so. Es ist mir, als hätte ich sie schon eine Ewigkeit gekannt, als wäre es eine enge Freundschaft gewesen.» Er ist in dieser Zeit innerlich gehetzt, hat Angst vor der Verhaftung, denkt an Selbstmord und hat wiederholt vor, sich der Polizei zu stellen, findet aber den Mut dazu nicht. Immer stärker wird das Gefühl, es nicht mehr allein ertragen und bei sich behalten zu können, und der Wunsch, darüber reden zu müssen. Zwei Wochen nach der Tat legt er eine Art Teilgeständnis seiner Freundin gegenüber ab und sagt, er habe das inzwischen vermißte und gesuchte Mädchen versehentlich mit dem Auto überfahren und es, weil es schon tot war, an einer Stelle in den Kanal geworfen, die er genau bezeichnet. Seine Freundin glaubt ihm zunächst nicht, zumal er nach dem Geständnis ausgelassen und gelöst wirkt. In den folgenden Tagen kommt er aber immer wieder in Andeutungen darauf zu sprechen, so daß sie schließlich an die bezeichnete Stelle geht und die Leiche entdeckt. Dies führt zu seiner Verhaftung etwa vier Wochen nach der Tat. Als er gefaßt wird und gestanden hat, ist er erleichtert und fühlt sich vorübergehend von den sadistischen Gedanken befreit. Immer wieder betont er, er möchte nicht mehr in Freiheit sein, bevor ihm nicht geholfen werde. «Ich halte das sonst nicht aus, ich würde wahnsinnig werden.» Denn nach der Tat haben ihn erneut und noch intensiver die sadistischen Gedanken beschäftigt. Er ist schon wieder mit seinem Auto unterwegs gewesen und hat das Gefühl gehabt, es wäre bald wieder etwas passiert. «Wenn ich sexuell erregt bin, dann habe ich keinerlei Schuldgefühle, das kann doch nicht normal sein. Nach der Tat ist es noch schlimmer gewesen. Ich habe nur noch mit diesen Gedanken gelebt, ich konnte gar nichts anderes mehr machen.»

2. Psychodynamische Interpretation
Wir haben es mit einem jungen Mann zu tun, der in den Jahren nach der Pubertät allmählich eine progredient verlaufende sadistische Deviation entwickelt, zu der, wie es den Anschein hat, eine enttäuschende Liebesbeziehung den Anlaß gegeben hat. Aus den Explorationsdaten und den Ergebnissen der psychologischen Testung versuchen wir, den psychodynamischen Hintergrund für die Entstehung dieser Deviation herauszuarbeiten.

Aus seiner Lebensgeschichte ergibt sich unmittelbar, wie bedeutsam die Beziehung zu seiner Mutter für seine späteren Ängste und Konflikte ist. Er kommt immer wieder auf die Mutter zu sprechen, vom Vater redet er kaum; er erlebt die Mutter als eine Frau, die ihn einengt, kontrolliert und zu beherrschen versucht und die ihn in seinen Bemühungen, selbständig und erwachsen zu werden, entscheidend behindert. Hier, wie auch in späteren Falldarstellungen, ist selbstverständlich zu berücksichtigen, daß solche Angaben über die Eltern zunächst nur die Art und Weise charakterisieren, wie ein Mensch subjektiv die Beziehung wahrnimmt und erlebt; dies braucht mit der «objektiven» Realität, d. h. mit den wirklichen Verhaltensweisen und Intentionen der Eltern, nicht unbedingt übereinzustimmen.

Zunächst stellt sich die Frage, wie diese neurotische Mutterproblematik psychodynamisch zu interpretieren ist. Auf den ersten Blick fallen eine Reihe von Besonderheiten auf, die als Hinweise auf eine ödipale Mutterbindung gedeutet werden können: Seine erotischen Wünsche richten sich meist auf ältere Frauen; sein Frauenideal ähnelt äußerlich dem Bild der Mutter; seine ersten Kontakte zu Mädchen bringen ihn in den Zwiespalt, zwischen Freundin und Mutter entscheiden zu müssen; die Angst vor ihn verfolgenden Männern, die Befürchtung, sein Genitale beim Geschlechtsverkehr zu verletzen, weisen auf Kastrationsängste hin; schließlich berichtet er davon, daß die Mutter ihn bis zur Pubertät im Bett des Vaters schlafen ließ; das kann auf unbewußte Verführungswünsche seitens der Mutter hinweisen – Wünsche, auf die auch ihre erwähnte Fehlleistung hindeuten könnte: «Dann hätte ich ihn heiraten können.»

Die ödipalen Konflikte sind aber nur ein relativ vordergründiger Aspekt dieser neurotischen Mutterbeziehung. Letztlich wird die Psychodynamik dieser Entwicklung durch ödipale Konflikte kaum bestimmt. Kindlich-sexuelles Erobernwollen der Mutter in Rivalität zum Vater bezeichnet nicht das Charakteristische dieser Beziehung. Qualitativ andere Aspekte in der Beziehung zur Mutter stehen vielmehr im Vordergrund: Er erlebt die Mutter als vereinnahmend, bemächtigend, kontrollierend, so daß die mütterliche Zuwendung für ihn einen bedrohlichen Charakter bekommt, bei ihm Gefühle von Wut, Kleinheit und Ohnmacht erzeugt; dieses für ihn Bedrohliche der Mutter weckt aggressive und destruktive Impulse bis hin zu Mordphantasien der Mutter gegenüber. Ein starkes Ausmaß an unentschärfter Destruktivität erschwert ein ödipales Rivalisieren und stellt immer einen Hinweis auf frühere präödipale Störungen dar.

Diesen früheren Ängsten und Konflikten kommt man näher, wenn man sich die Atmosphäre im Elternhaus vergegenwärtigt: Die Mutter wird charakterisiert als eine Frau, die männlich-aggressives Verhalten in ihrer Umgebung unterdrückt bzw. nicht aufkommen läßt. Sie heiratet einen Mann, der eher passiv, submissiv, anpassungsbereit ist, dessen «körperliche Schwäche» ihrer Sexualabwehr und Angst vor Männlichkeit überhaupt entgegenkommt. Sie wacht darüber, daß die Atmosphäre betont friedfertig ist; Konflikte, Meinungsverschiedenheiten, Auseinandersetzungen, Streit unterbindet sie, sie dürfen nicht ausgetragen werden. Auch sie selbst wehrt aggressive Gefühle ab. In ihrer übermäßigen Angst und Besorgnis, den Kindern, besonders dem Jüngsten, könne etwas zustoßen, kommen die abgewehrten aggressiven Gefühle zum Ausdruck. Es ist nur folgerichtig, daß die Mutter auch bei ihrem Sohn männlich aggressives Verhalten frühzeitig zu unterdrücken bemüht ist.

Von daher verstehen wir die geringe Ausprägung von männlich-aktiven Zügen bei ihm, vor allem in der Zeit bis zur Pubertät: Er wird als weich, sehr folgsam, anschmiegsam, ängstlich, von anderen isoliert und wenig durchsetzungsfähig beschrieben. Auch in seinem späteren Verhalten zeigt sich eine beträchtliche Unsicherheit in seiner männlichen Identität, die u. a. darin zum Ausdruck kommt, daß er immer wieder dann Schuldgefühle entwickelt, wenn er Ansätze zu aktivem und selbständigem Verhalten zeigt. Selbstzweifel, Kleinheitsvorstellungen, Scham- und Schuldgefühle charakterisieren ihn weitgehend: Er hat ständig ein schlechtes Gewissen; männlichen Autoritäten begegnet er ängstlich und verlegen; er hat sexuelle Versagensängste und neigt zum Erröten. Seine Kleinheitsgefühle kompensiert er durch Renommieren, mit dem er seine schwache Männlichkeit zu verbergen sucht. Die Unterdrückungsmechanismen der Mutter können deshalb so erfolgreich sein, weil ein Gegengewicht in der Familie fehlt: Der schwache, unscheinbare Vater bleibt als Rivale und Identifikationsfigur unzureichend. Die primäre Identifikation mit der Mutter wird nur unvollkommen ergänzt und abgelöst durch die sekundäre männliche Identifizierung. Aus dieser engen Bindung zur Mutter stammen starke weibliche Selbstanteile in ihm mit Wünschen nach Passivität und Unterordnung, gegen die er sich in der Zeit der Pubertät und Postpubertät zunehmend zur Wehr setzt.

Entscheidende traumatisierende Einflüsse für die Identitätsunsicherheit liegen in der frühen analen Phase, in der sich das Kind von der Mutter ablöst und in seinem Autonomiebestreben sich aktiv-aggressiv gegen seine Umgebung abgrenzt. Die Mutter mit ihren starken Kontrollbedürfnissen gegenüber Aggressivem, Aktivem, Autonomem und allem, was sich ihrem Einflußbereich entzieht, hat diese frühen Verselbständigungsprozesse bei dem Sohn behindert. Bei einer unvollständigen Ablösung von der Mutter behalten regressive Verschmelzungswünsche und zugleich Ängste vor solchen Wünschen eine bedrohliche, das psychische Gleichgewicht gefährdende Aktualität. Der Abwehr dieser Bedürfnisse gilt sein aggressives Bemühen, sich aus der mütterlichen Umklammerung, die seine Autonomie bedroht, zu lösen.

Solche Verselbständigungsversuche sind wegen der darin enthaltenen unentschärften Aggressivität so sehr mit Gefühlen, schlecht und böse zu sein, verbunden, daß sie Bestrafungsängste auslösen, z. B. sein Gefühl, an allem schuld zu sein, seine Dunkelangst, die Verfolgungsangst, wenn er allein ist, und seine wiederkehrenden nächtlichen Verfolgungsträume.

In der postpubertären Zeit verschärfen sich die mit der Ablösung und Verselbständigung zusammenhängenden Konflikte. In der realen Beziehung zur Mutter gelingt es ihm nicht, seine Autonomiewünsche zu verwirklichen. Er kommt gegen sie nicht an, hat sich gegen sie nie offen aufgelehnt, ist vielmehr fügsam. Zudem wecken seine Wünsche nach Selbständigkeit Ängste, die Liebe der Mutter zu verlieren und ohne sie nicht bestehen zu können. Unter diesem Konflikt zieht er sich depressiv auf sich selbst zurück. Als es darum geht, Theresa zu heiraten, entwickelt er Fluchtphantasien, kommt aber nicht auf den Gedanken, sich der Mutter entgegenzustellen und sich zu behaupten. Er neigt überhaupt dazu, aus der Realität in die Phantasie zu flüchten: In Tagträumereien gibt er die kritische Selbsteinschätzung auf und entwickelt regressive, infantile Größenvorstellungen (der große Popstar) und versucht, damit Selbstzweifel und Ohnmachtsgefühle zu kompensieren. Er ist weitgehend unfähig, Aggressionen in sozial akzeptierbarer Weise zu äußern. Dies weist auf starke unbewußte Ängste hin, die in Zusammenhang mit seinen Schwierigkeiten stehen, aggressive Impulse zu integrieren, zu entschärfen und in sozial tolerierbarer Form auszuleben. Die Abwehrschwäche gegenüber aggressiven Impulsen zeigt sich in seinen Mordphantasien der Mutter gegenüber, die hier, anders als bei reifen Entwicklungen, nicht verdrängt sind. Auch sein Stottern ist psychodynamisch in diesem Zusammenhang zu interpretieren: Die Sprache entwickelt sich in dem Prozeß der Trennung von Selbst und Objekt. Das Sprechen drückt die Fähigkeit aus, Objekte loszulassen, und beinhaltet zugleich die Möglichkeit einer Bemächtigung und magischen Kontrolle über die Objekte. Das Symptom des Stotterns ist ein Kompromiß zwischen Sprechen und Nicht-Sprechen und basiert häufig auf Ängsten, daß die Bemächtigung in Zerstörung einmünden könnte.

Der Bereich, in dem seine unaufgelösten Konflikte am deutlichsten thematisiert werden, ist die Sexualität: Als Junge ist er Mädchen gegenüber sehr scheu und schüchtern und findet schlecht Anschluß. Seine ersten Kontaktwünsche zu Mädchen konfrontieren ihn massiv mit seiner Mutterproblematik: Er erlebt die Mutter als eifersüchtig und hat das Gefühl, ihr etwas wegzunehmen und sie zu kränken. Zugleich sucht er bei den Frauen mütterliche Zuwendung. In seine Vorstellungen von der Frau als Sexualpartner gehen starke Anteile der Mutterfigur ein, und zwar vor allem präödipale Aspekte der bedrohlichen, vereinnahmenden Mutter. Genitale Sexualität ist für ihn daher von Beginn an mit Ängsten verbunden. Von Bedeutung sind hier weniger die initialen Versagensängste, die bei Jungen bei ihren ersten Erfahrungen weit verbreitet sind. Die Ängste haben bei ihm noch einen anderen Aspekt: sein Genitale könnte dabei beschädigt und verletzt werden und er könne bei den Mädchen etwas zerstören und kaputt machen. Es sind keine ödipalen Kastrationsängste, d. h. Bestrafungsängste für verbotene Inzestwünsche, sondern frühere Ängste vor «totaler Kastration», d. h. Selbstaufgabe, und auch Ängste im Zusammenhang mit destruktiven zerstörerischen Impulsen.

Die Partnerwahl in seiner ersten Liebesbeziehung trägt den mütterlichen Aspekten insofern Rechnung, als Theresa älter und selbst Mutter dreier Kinder ist und seinem äußeren Wunschbild entspricht. Für die Verminderung seiner Ängste im Zusammenhang mit der Sexualität ist das Vergewaltigungsspiel mit ihr bedeutsam: Die Regression in der sexuellen Hingabe ist für ihn zu sehr mit der Gefahr von Selbstverlust und Verschmelzung verbunden, als daß er sich ihr angstfrei überlassen könnte. Hingabe, das bedeutet vorübergehende Auflösung der Ichgrenzen; ein Aufgeben von Wachsamkeit und Kontrolle über den anderen erlebt er unbewußt als bedrohlich. Das auf diese Weise Bedrohliche, das von Frauen für ihn ausgeht, baut er in dem Vergewaltigungsspiel ab: In der Abwehr seiner passiv femininen Tendenzen macht er die Frau zu einem schwachen Wesen, das er überwältigen kann und dessen er sich seinerseits bemächtigt. In der Vergewaltigung wird sexueller Kontakt zu einem Kampf, in dem er die Frau kontrolliert und über sie verfügt. Der Charakter der Kampfbeziehung garantiert, daß Sexualität Auseinandersetzung zwischen zwei getrennten, selbständigen

Menschen bleibt und die von ihm so gefürchtete Verschmelzung und Auflösung der Ichgrenzen unterbleibt. Ein weiterer angstmindernder Aspekt dieses Spieles liegt darin, daß er hier seine aggressiven Impulse spielerisch realisiert und damit entschärft äußern kann. Die Beziehung zu Theresa hat noch einen weiteren Aspekt: Einerseits verkörpert sie Mütterliches, andererseits betont er immer wieder ihr kindlich-ausgelassenes Wesen und ihre zarte, schwache, mädchenhafte Statur. Sie vereint für ihn Mütterliches und Kindliches zugleich in sich. Um die Bedeutung dieses kindlichen Aspektes für ihn zu verstehen, müssen wir uns vergegenwärtigen, daß das Weibliche in seinem Erleben zwei Verkörperungen hat: Einmal das an der Mutter orientierte, starke und bedrohliche Weibliche, zum anderen die eigenen weiblichen Anteile aus der primären Identifikation mit der Mutter; mit diesen Anteilen erlebt er sich als klein, schwach, kindhaft und fühlt sich dadurch in der Entfaltung seiner Männlichkeit behindert. Das Vergewaltigungsspiel hat für sein Unbewußtes nicht nur die Funktion, sich des bemächtigenden Weiblichen zu erwehren, sondern stellt auch einen Angriff gegen die in die Partnerin verlagerten eigenen weiblich-kindlichen Anteile dar.

Der unmittelbare zeitliche Zusammenhang zwischen dem ihm bewußten Auftauchen von sadistischen Phantasien und dem enttäuschten Sichabwenden von Theresa ist nicht zu übersehen. Bei seinem instabilen Selbstgefühl ist dieses Erlebnis eine schwere narzißtische Kränkung; es bestätigt ihn in dem Gefühl, von Frauen bedroht, benutzt und verletzt zu werden. Dieses Trauma setzt eine Regression in Gang, die im wesentlichen darin besteht, daß er die libidinöse Objektbesetzung, die ihm in der Beziehung zu Theresa wenigstens in Ansätzen gelungen war, wieder aufgibt und narzißtische Strukturen wiederbelebt, insbesondere infantile magische Größenvorstellungen von Unabhängigkeit, Allmacht und omnipotenter Kontrolle, die den Kern der sadistischen Deviation ausmachen. Damit verliert die Abwehr seiner Sexualängste den spielerischen Charakter und nimmt die Form sadistischer Überwältigungsphantasien an. Sexuelle Beziehungen ohne diesen Abwehrmechanismus in Gestalt sadistischer Angsterzeugung sind für ihn immer weniger möglich.

Es ist, wie wir gesehen haben, das Charakteristische von sexuellen Deviationen, daß die darin enthaltene Abwehr von Ängsten und die Bewältigungsversuche von Konflikten auf den sexuellen Bereich beschränkt sind. Wir hatten im Kapitel 2.2 gezeigt, daß neben der Sexualisierung dieser Konflikte noch ein weiterer Mechanismus die Abwehrformation der sexuellen Deviation charakterisiert: die Abspaltung. Wir hatten gesagt: Je explosibler die in der Deviation gebundene Destruktivität, desto ausgeprägter ist die Tendenz, den devianten Komplex als etwas Persönlichkeitsfremdes, dem Selbst nicht Zugehöriges zu erleben. Dies läßt sich hier gut verfolgen: In der Beziehung zu Theresa ist es ihm noch gelungen, die aggressiven Impulse und ihre Abwehr einzufangen und sie mit sich in Einklang zu bringen. Die nun wachsenden destruktiven Impulse sind in das Selbst aber nicht mehr integrierbar und z. B. mit den Über-Ich-Forderungen nicht in Einklang zu bringen; sie stellen eine solche Bedrohung für das Selbst dar, daß die Abspaltung notwendig wird. *Sexualisierung* bedeutet, daß die Konflikte in der sadistischen Deviation thematisiert und die destruktiven Impulse hierin aufgesogen und gebunden sind, das Selbst also von ihnen befreit und entlastet ist. *Abspaltung* bedeutet, daß diese Konflikte, Ängste, Impulse in einen triebhaften, als ichfern erlebten Bereich verlagert werden. Aus diesen Formen der Abwehr resultiert das Zwiespältige, Widersprüchliche und scheinbar Unvereinbare in seinen Verhaltensweisen: Auf der einen Seite in seinem sozialen Handeln ist er der weiche, gutmütige, nachgiebige und unaggressive Mensch; auf der anderen Seite im Zustand der sexuellen Erregung durch die sadistischen Phantasien ist er zerstörerisch, bedrohlich und ohne Mitgefühl.

Auf der Verhaltensebene funktioniert die Abspaltung; es gelingt ihm das Getrennthalten von sozialen und destruktiven Antrieben. In seiner Erlebnisverarbeitung gelingt die Abspaltung aber insofern nur unvollständig, als im Gefolge sadistischer Phantasien Ängste und Reaktionen des Über-Ich auf die, wenn auch als ichfremd erlebten sadistischen Inhalte einsetzen. Dies bedingt das Unruhevolle, Dranghafte des Befindens, und hier liegt eine der Wurzeln für die Progredienz, das Ausufern der Deviation.

Die Abspaltung ist ein unzureichender und in solchen Entwicklungen geradezu gefährlicher Bewältigungsversuch, da für den abgespaltenen, aus dem Selbst verbannten Bereich auch die das sonstige Verhalten regelnden Kontrollmechanismen (Ich-Ideal und Über-Ich) gleichsam nicht mehr zuständig sind. Durch die Abspaltung wird zwar eine partielle Entlastung vom Druck des Über-Ich erreicht, aber, ähnlich wie bei der Verleugnung, eine innere Bewältigung dieser Konflikte verhindert. Dadurch werden gefährliche Aktionen möglich. In der Zeit vor der Tat ist die Progression, d. h. das zunehmende Drängen dieser abgespaltenen Dynamik auf Entladung in der Aktion, sehr deutlich: Zunächst ist er noch in der Lage, solchen Situationen überhaupt auszuweichen: Er widersteht dem Wunsch, ein Mädchen in seinem Wagen mitzunehmen. Später gelingt es ihm mit Anstrengung, die Aktion im Ansatz zu unterbrechen: Zitternd und schweißbedeckt läßt er die Mädchen aussteigen. Auch in der Tatsituation sind noch Anzeichen dieses Kampfes zwischen den abgespaltenen devianten Triebimpulsen und seinen sozialen, angepaßten Selbstanteilen zu sehen: Fast zwei Stunden fährt er mit dem Mädchen umher; nach dem sexuellen Angriff ist er vorübergehend ernüchtert und entschlossen, sie abzusetzen, gerät aber bald wieder in den Bann seiner sadistischen Phantasien. Wenn er unterwegs hofft, sie möge die Initiative ergreifen und fortlaufen, dann zeigt dies, daß er sich zunehmend unfähig fühlt, von sich aus die sich anbahnende sadistische Aktion aufzuhalten. In der Hoffnung auf den Abbruch dieser Situation drückt sich auch noch etwas anderes aus: Sadistische Vorstellungen sind psychodynamisch, wie erwähnt, dadurch charakterisiert, daß die Ichgrenzen zwischen Täter und Opfer verschwimmen. Dieses Stück Opferidentifikation löst in ihm Angst vor seinen eigenen destruktiven Impulsen aus, vor der ihn die Flucht des Mädchens befreit hätte. Die Tat hat, psychodynamisch gesehen, eine mehrfache Funktion: Einmal hat sie den gleichen Abwehraspekt wie zuvor die Vergewaltigungsspiele mit Theresa: Dem für ihn Bedrohlichen der Frau begegnet er damit, daß er die Frau unterwirft, über sie verfügt und sich in einer Art Kampf gegen sie absetzt. Diesem Aspekt dient vor allem das phallisch-aggressive Überwältigen und Bezwingen des Mädchens. Zum anderen drückt die Tat, vor allem die Tötungshandlung, den unbewußten Wunsch aus, sich der gehaßten eigenen weiblichen Anteile zu entledigen – und zwar dadurch, daß er in der Tat auch «das kleine Mädchen in sich» vernichtet. Schließlich geht es noch um einen letzten Aspekt, der zusätzlich erklärt, warum es zur Tötung des Mädchens kommt und es nicht bei Vergewaltigung und Verletzung bleibt. Starke Ängste vor Hingabe und Selbstaufgabe deuten darauf hin, daß aufgrund der präödipalen Störungen Auflösung und Verschmelzung nicht nur gefürchtet und abgewehrt, sondern auch herbeigesehnt werden. Im Kapitel 2.2 haben wir gezeigt, daß in der sadomasochistischen Situation neben Allmacht, Kontrolle, Überwältigen auch durch die oszillierende Identifizierung von Täter und Opfer Verschmelzungswünsche befriedigt werden, die in der Tötung, in der Auslöschung der Individualität ihren Höhepunkt und die deutlichste Ausprägung finden. Dieser letzte Aspekt von Verschmelzung kommt in der sehr merkwürdigen, anders kaum verständlichen Art zum Ausdruck, wie er nachträglich die Tat verarbeitet: Er entwickelt eine enge, vertraute Beziehung zu dem getöteten Mädchen, vermißt sie wie ein Stück seines Selbst.

In der lustvollen sadistischen Aktion befreit er sich von unerträglichen Spannungen, indem seine zentralen Konflikte momentan gelöst und eine Befriedigung vielschichtiger, widersprüchlicher Wünsche erreicht wird: Einerseits die Ablösung, Abgrenzung, Trennung und Befreiung von der inneren Mutter, indem er sich in der Tat seiner männlichen Identität versichert, zur Aggressivität und Selbstbehauptung fähig ist, seine Kastrationsängste und die Ängste, vereinnahmt zu werden, abschüttelt und die ihn an die Mutter fixierenden weiblichen Anteile vernichtet. Zum anderen geht es um die Erfüllung regressiver Wünsche nach Verschmelzung und Sichauflösen. Aufgrund dieser momentanen symbolischen Konfliktlösung hat die deviante Handlung die Funktion zu stabilisieren, das Selbst zu komplettieren. Diese stabilisierende Funktion hat die deviante Handlung mit dem neurotischen Symptom gemeinsam; sie kann keine dauerhafte Konfliktbewältigung leisten, weil die sadistische Handlung, die ein Einbrechen der abgespaltenen archaischen Destruktivität in das realitätsorientierte Selbst darstellt, diesen Widerspruch und die resultierenden Spannungen nicht aufheben kann.

Von daher erklärt sich, daß die Entlastung durch die deviante Handlung nur kurzfristig anhält und sich der Drang zur Wiederholung steigert. Dies ist bei Heinz G. deutlich, der schon wenige Tage nach der Tat erneut von sadistischen Phantasien bedrängt wird und selbst sagt, es wäre bald eine neue Tat geschehen, wenn er nicht gefaßt worden wäre.

Zu erklären bleibt schließlich eine letzte Besonderheit, der wir im folgenden immer wieder begegnen werden: Die Täter verhalten sich häufig so, daß sie ihre Verhaftung bewußt oder auch unbewußt selbst herbeiführen. Dieser Drang, sich zu verraten, der *Geständniszwang*, hat psychodynamisch eine mehrfache Funktion: Einmal liegt im Geständnis – hierauf hat REIK (1925) hingewiesen – eine Wiederholung der Tat; insofern dient auch das Geständnis der Triebbefriedigung. Zum anderen befriedigt es ein Strafbedürfnis, kommt also den Forderungen des (unreifen) Über-Ich entgegen. REIK spricht von der «psychischen Doppelfunktion des Geständniszwanges: Er zeigt die Tat und die zu ihr führenden Triebimpulse, und er zeigt den Abstand des von den Triebregungen des Es überwältigten Ich vom Über-Ich» (S. 39). In der «Geständnisarbeit» liegt der Versuch, den abgespaltenen triebhaften Bereich wieder in das Ich zu integrieren. «Das Geständnis heißt für den Verbrecher, daß sein Gewissen Stimme gewonnen hat, daß er sich durch die gesprochene Wiederholung der Bedeutung seiner Tat bewußt wird, daß er beginnt, sein stummes, der Gesellschaft unzugängliches Schuldgefühl in ein dem normalen näheres zu verwandeln» (REIK, S. 117).

Das Unbefriedigende der Sachverständigentätigkeit liegt nicht zuletzt darin, daß die ärztliche Tätigkeit mit der Erstattung des Gutachtens meistens beendet ist. Häufig setzen schon die explorativen Gespräche und die damit verbundene Geständnisarbeit therapeutische Prozesse in Gang, die dann abrupt unterbrochen und meist nie fortgeführt werden. In diesem Fall hatten wir Gelegenheit, die weitere Entwicklung kontinuierlich zu verfolgen: Heinz G. kam in eine Jugendstrafanstalt und traf auf therapeutischen Überlegungen zugängliche Vollzugsbeamte. Wir sahen ihn zuletzt fünf Jahre nach der Tat und waren über die zwischenzeitliche Entwicklung und Reifung überrascht: Aus dem weichen, gehemmten, sozial isolierten, weitgehend durchsetzungsunfähigen Jungen ist inzwischen ein sehr viel aktiverer, aufgeschlossenerer und selbstbewußterer junger Mann geworden. Aus der Haftanstalt wird berichtet, wie gut er es gelernt hat, sich in Gruppen zurechtzufinden, wie er dort eine führende und ausgleichende Rolle übernommen hat. Die angebotenen Möglichkeiten, sich weiterzubilden, hat er intensiv genutzt und hat eine realistischere Einstellung zu seinen Fähigkeiten entwickelt. Sadistische Phantasieinhalte und Tagträumereien beschäftigen ihn seit Jahren nicht mehr. Seine Entlassung aus der Haft wird gegenwärtig in Erwägung gezogen.

Eine solche Entwicklung scheint uns auch für therapeutische Überlegungen sehr lehrreich. Auch eine sadistische Entwicklung ist kein unausweichliches Schicksal, sofern die Umgebung nicht eine dauerhafte Stigmatisierung betreibt. Hier hat die sadistische Deviation offenbar die Funktion gehabt, eine schwere Krise in der Adoleszenz aufzufangen. Allem Anschein nach entstand die Deviation im Zuge einer nur passageren Regression. Allerdings ist zu berücksichtigen, daß die Persönlichkeitsstruktur im Vergleich zu anderen Patienten, wie wir sehen werden, reifer war und relativ gute Entwicklungsmöglichkeiten enthielt.

3.1.2 Die Tötung des Weiblichen in sich

Fallgeschichte 2

1. Die Lebensgeschichte
Der dreiundzwanzigjährige in Süddeutschland stationierte US-Soldat Kenneth R. hat ein achtzehnjähriges Mädchen getötet. Er ist ein kleiner, blasser, dicklicher Mann, der in seiner Armeeuniform wie ein verkleideter Junge wirkt, der Soldat spielt. Er ist in geradezu extremer Weise schüchtern und gehemmt. Wenn er antwortet, spricht er mit einer sanften Stimme kaum hörbar und blickt den Untersucher mit großen Augen hilfesuchend von unten an. Er hat etwas von einem verängstigten, hilflosen, Schutz- und Abhängigkeit suchenden Kind, das am ehesten mütterliche Gefühle auslöst. Es liegt nicht an der Sprachbarriere, wenn die Exploration kaum Informationen über sei-

ne innere Entwicklung erbringt, sondern an dieser Ausdruckshemmung und einer Schwerfälligkeit im Denken und Verbalisieren. Sich selbst überlassen, z. B. auf der Krankenstation, zieht er sich depressiv zurück, grübelt, ist teilnahmslos, passiv und meidet ängstlich den Kontakt mit anderen Menschen.

Kenneth R. stammt aus einer Arbeiterfamilie des Mittleren Westens. Er hat offenbar kaum oder keine plastischen Erinnerungen an seine Kindheit. Sein Verhältnis zu beiden Eltern schildert er als neutral und eher beziehungslos: Beide Eltern sind berufstätig und haben wenig Zeit für die Kinder. Er verbringt die meiste Zeit bei der Großmutter, die im wesentlichen die Mutterfunktion übernommen hat. Kenneth R. hat zwei jüngere Brüder, die es im Leben offenbar leichter haben als er: Sie sind in der Schule erfolgreicher, durchsetzungsfähiger und bei anderen Leuten beliebter als er. Er lebt im Schatten dieser Brüder, die, wie er meint, auch von den Eltern vorgezogen werden. In der Familie lebt er isoliert, hat eine ängstliche Scheu vor den Eltern, geht ihnen am liebsten aus dem Wege und ist froh, wenn er nicht angesprochen wird. Als Kind ist er häufig krank und körperlich schwach; bis zum vierzehnten Lebensjahr ist er Bettnässer, und noch jetzt kaut er an den Fingernägeln bis zu blutenden Verletzungen. Mit sechs Jahren kommt er in die Schule. Trotz gut durchschnittlicher intellektueller Begabung (Intelligenzquotient 108) sind seine Leistungen schlecht, er muß zweimal eine Klasse wiederholen. Mit den Klassenkameraden kommt er nicht gut aus, er hat so gut wie gar keine Kontakte, ist schüchtern, ängstlich und steht immer abseits, wird viel gehänselt und als «dicklich, weich und mädchenhaft» verlacht. Er kann sich nicht daran erinnern, jemals eine Schlägerei gehabt zu haben, er steckt vielmehr alles ein und kann sich nicht wehren. Auch den Lehrern gegenüber ist er gehemmt, glaubt, er könne nichts, ist ohne Selbstvertrauen, kann vor der Klasse nicht reden und traut sich nichts zu. Die gesamte Schulzeit ist für ihn eine unglückliche Zeit voller Versagensängste und Kränkungen. Auch auf der High School ändert sich nichts an dieser isolierten Außenseiterstellung. Besondere Interessen, die ihn hätten ausfüllen und ablenken können, besitzt er bei seiner allgemeinen Passivität und Trägheit nicht. Seine einzige Freude liegt darin, mit seinem Hund spazierenzugehen, wie er überhaupt Tiere sehr gern mag. Zu Beginn der Pubertät wird er wegen Verhaltensauffälligkeiten, auf die wir noch zu sprechen kommen, in eine mehrjährige psychotherapeutische Behandlung überwiesen. Auch gegenüber dem Therapeuten vermag er nicht, sich aufzuschließen und von sich zu reden, so daß die Behandlung wenig ändert. Die Abschlußprüfung an der High School hat er nicht bestanden – ein Versagen, das ihn um so mehr kränkt, als dadurch eine sich anbahnende freundschaftliche Beziehung zu einem Mädchen abgebrochen wird. In seiner Enttäuschung meldet er sich 1966 freiwillig zur Armee. Er erhält dort eine Ausbildung als Mechaniker und kommt Ende 1966 in die Bundesrepublik. Auch bei der Armee findet er keinerlei Anschluß. In der Dienstbeurteilung ist von Langsamkeit und Trägheit die Rede. Im übrigen ist er in keiner Richtung irgendwie aufgefallen. Bei seiner passiven bzw. submissiven Anpassung lebt er so unscheinbar, daß er von anderen gleichsam immer übersehen wird.

Die sexuelle Entwicklung ist von Beginn an auffällig: In dem im übrigen wenig aufschlußreichen Bericht des Psychiaters, der ihn damals behandelt hat, wird erwähnt, daß Kenneth R. in der Kindheit wiederholt den Geschlechtsverkehr der Eltern belauscht und beobachtet hat; dies wird von ihm selbst jetzt nicht mehr erinnert. Er berichtet aus der Kindheit von Indianerspielen mit anderen Jungen, bei denen gelegentlich gleichaltrige Mädchen gefangengenommen und festgebunden werden, ohne daß es zu sexuellen Berührungen kommt. Diese Erlebnisse haben ihn damals nachhaltig beeindruckt und tauchen in seinen späteren Phantasien wieder auf. Mit dreizehn Jahren beginnt er, sich für Wäschestücke der Mutter zu interessieren: Wenn er Gelegenheit hat, zieht er Unterwäsche, Nachthemden und den Pelzmantel der Mutter an, wird dadurch sexuell erregt und masturbiert. In dieser Zeit dringt er häufiger heimlich in ein Nachbarhaus ein und entwendet weibliche Wäsche. Es erregt ihn besonders, als er einige Male die Nachbarin im Schlaf beobachtet. Wie aus dem Bericht des Psychiaters hervorgeht, soll er der Nachbarsfrau und einmal auch der Mutter ein Kissen gewaltsam auf das Gesicht gedrückt haben, während sie schliefen. Ferner soll er einmal versucht haben, ein Mädchen aus der Nachbarschaft zu fesseln. Diese Verhaltensweisen sind der Anlaß zu der dreijährigen psychiatrischen Behandlung, in der er aber von seinen sexuellen Problemen aus Scham nicht sprechen kann. Die sexuelle Faszination durch Frauenwäsche hat sich im Laufe der Jahre gesteigert; seine fetischistischen Tendenzen sind von Beginn an mit sadomasochistischen Vorstellungen verbunden. In Anknüpfung an die frühen Indianerspiele stellt er sich vor, wie Frauen geraubt, wie sie festgebunden werden, sich wehren und schreien. Er selbst ist in diesen Phantasien der passive Zuschauer. Wenn er weibliche Kleidungsstücke anlegt, stellt er sich vor, selbst ein Mädchen zu sein, das gefesselt wird. Er legt sich auch Fesseln an, windet sich in den Fesseln und erlebt dabei einen Orgasmus. Dieses Sich-hinein-Illusionieren in die weibliche Rolle beschränkt sich auf die Momente der sexuellen Erregung mit sadistischen Inhalten; transsexuelle Tendenzen, also ein Wunsch nach weiblicher Identität überhaupt, hat er nie gespürt.

Frühzeitig ist ihm bewußt, daß er in sexueller Hinsicht anders erlebt als andere; er schämt sich seiner devianten Wünsche, die für ihn gleichsam die Bestätigung eines minderwertigen Andersseins sind. Dies ist für ihn ein weiterer Grund, sich zu isolieren und anderen auszuweichen. Er traut sich nicht, ein Mädchen anzusprechen, errötet in ihrer Gegenwart und bringt dann kein Wort heraus.

Über die Vermittlung eines anderen Jungen lernt er mit neunzehn Jahren ein Mädchen kennen, mit dem er drei Monate lang geht. Dieses Mädchen ist sexuell erfahren und drängt ihn zu sexuellen Kontakten. Er hat aber Angst davor und weicht aus. Eines Tages verführt sie ihn gegen seinen Willen: Sie zieht ihn aus, er hat dabei schreckliche Angst, fängt an zu weinen und sträubt sich zunächst, hat dann aber doch mit ihr Geschlechtsverkehr. Das Mädchen verläßt ihn unmittelbar danach. Bei der Armee hat er keinerlei sexuelle Kontakte, bis er 1967 seine spätere Ehefrau kennenlernt. Er macht ihre Bekanntschaft wieder über die Vermittlung eines anderen Soldaten, der auch nach dem ersten Zusammentreffen weiter eine vermittelnde Rolle spielen muß. Nach einigen Monaten haben sie auf ihren Wunsch hin sexuelle Beziehungen, die bald zu einer Schwangerschaft und zur Heirat führen. Beide leben bei den Eltern der Frau. Das Zusammenleben wird von allen als vollkommen spannungslos geschildert. Er ordnet sich auch hier wieder unter, ist verträglich, sehr häuslich, kümmert sich viel um das Kind, gibt allen Verdienst zu Hause ab und wird von der Umgebung als sehr hilfsbereit, immer freundlich und sehr gutmütig beschrieben. Er hat gehofft, durch die Ehe, wenn er regelmäßig Gelegenheit zum Geschlechtsverkehr hat, von seinen devianten Tendenzen befreit zu werden. Diese Hoffnung hat sich nicht erfüllt: Bereits nach wenigen Wochen besorgt er sich wieder heimlich Wäsche und Kleidungsstücke der Frau und zieht sie an. Es belastet ihn stark, daß er gegen diese Wünsche nicht ankommt, und er versucht, sie zu verheimlichen. Eines Tages überrascht ihn seine Frau, als er ihre Kleidungsstücke trägt. Er versucht zunächst aus Scham, dieses als einen Spaß hinzustellen, faßt sich dann aber ein Herz und erzählt der Frau wenigstens in Andeutungen von seinen sexuellen Problemen. Einmal hat er seine Frau mit ihrem Einverständnis spielerisch gefesselt und ihr den Mund mit einem Pflaster zugeklebt. Er erreicht aber damit nicht den gleichen Spannungs- und Befriedigungszustand wie bei seinen Phantasien. Er hat es deshalb nicht wiederholt. Die Frau reagiert eher gelassen und ein wenig verwundert, aber verständnisvoll darauf und rät ihm, einen Arzt aufzusuchen.

In den letzten Monaten vor der Tat werden seine Phantasien immer drängender: Er ist im Besitz von Wäschestücken seiner Frau und fährt fast jeden Tag auf dem Heimweg von seiner Dienststelle mit seinem Auto in ein Waldstück, legt sich die weibliche Kleidung an, bindet sich Hände und Füße zusammen, wickelt sich ein Tuch um den Mund und stellt sich dann vor, eine wehrlose, gefesselte Frau zu sein; er windet sich in den Fesseln und hat dabei einen Orgasmus. Die sexuellen Beziehungen zu seiner Frau gehen weiter, sind für ihn aber reizlos und mehr eine Pflicht. Die Befriedigung durch die autoerotischen Szenen wird immer geringer: Die sadistischen Phantasien werden immer häufiger und drängender, und es tauchen mehr und mehr Gedanken auf, so etwas einmal zu realisieren – Gedanken, die er bei anderer Gelegenheit voller Angst und Abscheu verwirft. Von einer ganzen Reihe von Mädchen des Ortes wird berichtet, daß sie von einem Pkw mit einem US-Soldaten verfolgt und angestarrt worden sind. Einigen Mädchen hat er stumm zugewinkt, einige hat er als Anhalterinnen mitgenommen, kann sich aber zunächst noch beherrschen und seine sadistischen Phantasien erschreckt zurückdrängen. Einige Wochen vor der Tat kommt es erstmals beinahe zu einer Realisierung: Er hat morgens ein Mädchen mitgenommen, fährt mit ihr in einen Seitenweg unter dem Vorwand, an seinem Auto sei etwas nicht in Ordnung. Er steigt auf den Rücksitz des Wagens, weil dort der Werkzeugkasten steht. In diesem Moment ist er stark erregt, er berichtet, wie es ihm kalt den Rücken herunterläuft und er sich mit großer Anstrengung noch beherrschen kann. Das Mädchen ist verwundert und fragt ihn, warum er so schwitze. Sie hat nichts bemerkt, und er setzt sie kurz darauf wieder ab.

Am Tattage fährt er morgens wie immer gegen sechs Uhr aus dem Hause. Unterwegs sieht er ein Mädchen winkend an der Straße stehen. Er läßt sie einsteigen, fährt wortlos eine Weile mit ihr umher und hält an einem entlegenen Parkplatz mit der Bemerkung an, an seinem Auto sei etwas nicht in Ordnung. Während der Fahrt überkommen ihn sadistische Phantasien, und er ist sexuell erregt. Er hält in der Absicht an, sich des Mädchens zu bemächtigen und es zu überwältigen, wie er es immer wieder phantasiert hat. Er steigt auf den Rücksitz, greift plötzlich von hinten an ihren Kopf und legt die Hand auf ihren Mund. Als sie schreit und in seinen Finger beißt, legt er die Hände um ihren Hals und würgt sie. Es kommt zu einem längeren Kampf, bei dem das Mädchen ihn im Gesicht kratzt. Als sie sich unter seinem Zugriff wehrt, hat er einen Orgasmus. In diesem Moment stellt er fest, daß das Mädchen reglos und tot ist. Voller Entsetzen und Angst zieht er sie aus dem Wagen, schleift sie zu einem nahen Bach und legt sie hinein. Vorher hat er ihren Mantel und die Stiefel ausgezogen, ihre Handtasche und einen Ring hat sie im Auto verloren. Ihre Gegenstände legt er in den Kofferraum und fährt zur Arbeit. Er sitzt an dem Tage nur herum und grübelt. Zu Hause hat er das Gefühl, daß seine Frau ihm etwas angemerkt hat. In der Nacht schläft er kaum. Am nächsten Tage bringt die Frau die Sprache auf den Mord und fragt – aus Spaß, wie sie später angibt –, ob er es gewesen sei, da er doch Kratzer im Gesicht habe. Er erwidert: Ich war es. Er will ihr nun alles erzählen, bringt es aber nicht fertig. In den nächsten Tagen wird er polizeilich vernommen. Als man die Kleider des Mädchens in dem Kofferraum findet, gesteht er unter Tränen: Warum er die Kleider des Mädchens zwischenzeitlich nicht entfernt habe, könne er nicht sagen; vielleicht habe er seine Entdeckung erleichtern wollen.

Unter den Isolationsbedingungen der Haft bedrängen und quälen ihn die sadistischen Phantasien mit besonderer Intensität. Er lebt völlig zurückgezogen, meidet den Kontakt zu Mitgefangenen, weil er massive Angst vor ihnen hat. Er beendet schließlich diese für ihn unerträgliche Situation, indem er sich wenige Wochen nach dem Urteil durch Erhängen das Leben nimmt.

2. Psychodynamische Interpretation

In der vorigen Fallgeschichte haben wir davon gesprochen, daß in der sadistischen Aktion die Grenzen zwischen Täter und Opfer verschwimmen, daß die Tötung zugleich auch die Vernichtung eigener Selbstanteile bedeuten kann. Diesen psychodynamischen Aspekt des Sadismus wollen wir noch einmal aufgreifen, weil er hier in besonders deutlicher Weise zum Ausdruck kommt.

Die psychodynamische Interpretation scheint auf den ersten Blick dadurch erschwert zu sein, daß die Informationen über seine

Entwicklung spärlich und lückenhaft erscheinen und z. B. traumatische Ereignisse oder Erinnerungen an pathogene, konflikthafte Beziehungen zu den Eltern gänzlich fehlen. Diesem Phänomen werden wir bei den sexuell devianten Patienten dieser Gruppe immer wieder begegnen. Die Farblosigkeit der Lebensgeschichten ist u. E. kein Zufall und geht nicht etwa auf eine lückenhafte Exploration zurück, sondern hängt psychodynamisch mit dem Abwehrmechanismus der Deviationsbildung unmittelbar zusammen: Wie wir im Theoriekapitel 2.2 gesehen haben, besteht die Abwehrleistung der Deviation im wesentlichen darin, daß die zentralen präödipalen Konflikte und die darin enthaltene Destruktivität sexualisiert, in der devianten Thematik ausreichend gebunden, abgespalten und damit als ichfremd erlebt werden. Die *soziale* Persönlichkeit ist dadurch von den archaischen Triebimpulsen gleichsam befreit. Diese Befreiung und Stabilisierung geht jedoch einher mit einer Verarmung der Ichleistungen; dieses Phänomen der «Selbstreduktion» erläutern wir in der übernächsten Fallgeschichte 4 ausführlicher. Aufgrund dieser Abwehrformation der Deviationsbildung finden sich kaum aktuelle Konflikte z. B. in den Objektbeziehungen. Die aktuelle Problematik beschränkt sich auf eine mit Ängsten und Schuldgefühlen durchsetzte Auseinandersetzung mit der abgespaltenen, devianten Dynamik.

Die Farblosigkeit dieser Lebensgeschichte beruht darauf, daß sie im wesentlichen durch Unterordnung, passive Anpassung und Beziehungslosigkeit gekennzeichnet ist. Diese Passivität ist qualitativ verschieden von der passiv-femininen Unterwerfung unter die väterlich-männliche Autorität als Reaktion auf ödipale Konflikte. Wir sehen in dieser Form der passiven Anpassung vielmehr einen Ausdruck eines frühen narzißtischen Rückzugs aus den Objektbeziehungen: Ein Bemühen, nicht aufzufallen, nie in Gegensatz zu geraten, gleichsam konturenlos in der Umgebung aufzugehen.

Eine gering ausgeprägte Individualität und eine schwache männliche Identität sind das Charakteristische dieser Entwicklung: Auf der Schule wird er als der Weiche und Mädchenhafte gehänselt, später geht er Rivalitäten immer aus dem Wege, verweigert Leistungen aus Angst zu versagen, traut sich nichts zu und zieht sich in

Passivität zurück. Das verlängerte Bettnässen ist einmal im Zusammenhang mit der Leistungsverweigerung zu sehen, als ein Sichweigern, selbständig und autonom zu werden; zum anderen drückt sich darin ein lustvolles Regredieren auf ein symbiotisches Erleben von feucht-warmem Umschlossensein aus. Bei dieser weichen, unselbständigen, ängstlichen Wesensart könnte man erwarten, daß er nach Art eines «Muttersöhnchens» in einer starken Abhängigkeitsbeziehung zur Mutter stehengeblieben ist. Dies ist zumindest in seinem bewußten Erleben nicht der Fall. Seine Schilderung von den Eltern und seine Beziehung zu ihnen bleiben leer und farblos. Er fühlt sich in seiner Familie isoliert und lebt zu den Eltern in scheuer Distanz. Auch die projektiven Tests zeigen ein Fehlen von definierten Beziehungen zu Vater und Mutter. Diese Beziehungslosigkeit kann hier nur als Resultat einer Abwehr interpretiert werden: Eine generalisierte Abwehr von emotionaler Zuwendung ist immer ein Hinweis auf eine schwer traumatisierende Mutter-Kind-Beziehung in einem sehr frühen Stadium. Diese Form der Abwehr erklärt sich aus starken oral-haßvollen und destruktiven Impulsen der Mutter gegenüber. Dieser orale Haß ebenso wie seine Fixierung auf orale Beziehungsformen und Bedürfnisse kommen in den projektiven Tests deutlich zum Ausdruck. Ein weiterer Hinweis auf frühe orale Traumatisierungen ist seine narzißtische Gestörtheit: Die mangelhafte Entwicklung eines positiv bewerteten Selbstkonzepts einerseits, die Wiederbelebung magischer Größenvorstellungen in dem sadistisch-devianten Erleben andererseits.

Diese oralen Bedürfnisse und die daraus resultierenden Konflikte sind psychodynamisch der Hauptinhalt seiner devianten Sexualität. Am Beginn der devianten Entwicklung steht in der Präpubertät eine fetischistische Neigung zu weiblicher Kleidung, bezogen vor allem zunächst auf die Kleidung der Mutter. Beim *Fetischismus allgemein* sind die Problematik der Ablösung von der Mutter und die Verschmelzung mit der Mutter das zentrale Thema. Bei einer fortbestehenden primären Identifikation mit der Mutter aktualisiert das Erwachen genitaler, phallischer sexueller Strebungen die Angst, sich von der Mutter lösen zu müssen. Diese Angst wird dadurch abgewehrt, daß der Fetischist die Einheit mit der Mutter wieder herzustellen versucht durch regressive Wiederbelebung oraler Beziehungsformen. Die von WINNICOTT (1963) und WULFF (1946) aufgezeigte Beziehung zwischen Fetisch und Übergangsobjekt gilt in besonderem Maße für die Fetischisten, bei denen der Fetisch weniger durch einen Körperteil als vielmehr durch einen vom Körper abgelösten Gegenstand repräsentiert wird. Wie wir gesehen haben, überbrückt das Kind die schwierige Phase der Ablösung von der Mutter und der Entwicklung einer von der Mutter unabhängigen Identität dadurch, daß es ein Objekt der Umgebung wählt (das sogenannte Übergangsobjekt), das gleichzeitig als der äußeren Realität und dem eigenen Selbst zugehörig erlebt wird.

Der Versuch, die Ablösung wieder rückgängig zu machen, würde aber die Gefahr der Verschmelzung mit einem penislosen Wesen bedeuten, was die Kastrationsangst aktualisiert. Diese Kastrationsangst wird dadurch abgewehrt, daß der Fetischist die Feststellung, daß die Mutter keinen Penis hat, verleugnet und zu der Vorstellung der analen Phase von der phallischen Mutter zurückkehrt. Diese im Grunde unvereinbaren Bestrebungen, einerseits mit der Mutter zu verschmelzen, andererseits den Penis zu behalten, halten den Fetischisten in einem ständigen Konflikt, den er durch einen Kompromiß zu lösen versucht: Der Fetisch verkörpert einerseits das mütterliche Teilobjekt und verschafft ihm so eine partielle Einheit mit der Mutter; andererseits steht der Fetisch in einem direkten oder indirekten Zusammenhang mit dem mütterlichen Phallus: Entweder verkörpert er ihn direkt, wie man es z. B. beim Schuh-, Stiefel-, Strumpf-Fetischismus nachweisen kann, oder indirekt, z. B. beim Wäschefetischismus; dort ist der Fetisch das, wohinter sich der mütterliche Phallus verbirgt.

Diese fetischistische Form der Konfliktlösung und Triebbefriedigung trifft auch für Kenneth R. zumindest im Beginn seiner sexuellen Entwicklung zu: Auch für ihn ist es das Problem, bei einer starken primären Identifikation mit der Mutter Ausdrucksformen für genitale sexuelle Regungen zu finden. Die Verschmelzungswünsche werden dadurch befriedigt und die Ablösungsängste dadurch abgewehrt, daß er in der fetischistischen Handlung die Vereinigung mit der Mutter symbolisch wiederherstellt. Das Inbesitznehmen und Anziehen der mütterlichen Kleidung bedeutet nicht nur die Befriedigung von Wünschen nach Körpernähe und Wärme, sondern zugleich eine archaische Identifizierung und Verschmelzung mit der Mutter, also eine momentane symbolische Wiederherstellung der symbiotischen Mutter-Kind-Einheit.

Während bei den Fetischisten die oral-aggressiven Impulse in der Beziehung zum Fetisch ausreichend gebunden und kanalisiert sind, gelingt deren Entschärfung bei Kenneth R. nicht oder nur vorübergehend. In der weiteren Entwicklung seiner Deviation faltet sich das Aggressiv-Destruktive immer mehr und immer deutlicher sichtbar aus. Man kann diskutieren, ob in dem Entwenden der Kleidung neben den genannten Motiven bereits auch aggressive Bemächtigungstendenzen der Mutter gegenüber agiert werden. Eindeutig sind solche Bemächtigungstendenzen, wenn er es darauf anlegt, schlafende, d. h. ihm ausgelieferte und wehrlose Frauen zu beobachten. Erste manifeste Aggressionshandlungen in dieser Zeit sind seine Versuche, schlafenden Frauen Kissen auf den Mund zu pressen.

Um die Zeit der Pubertät herum wird deutlich, daß die Stabilisierungsversuche mit Hilfe fetischistischer Praktiken nicht ausreichen; er entwickelt neben und verwoben mit den fetischistischen Tendenzen sadistisch-aggressives Phantasieren in bezug auf Frauen. Das beziehungslose Nebeneinander von magischen Größenvorstellungen in den sadistischen Phantasien und der schwachen narzißtischen Besetzung seines sozialen Selbst führt zu einer inneren Zerrissenheit: Er reagiert darauf mit Scham, Schuldgefühlen und starken Ängsten; Gefühle von Ohnmacht und Ausgeliefertsein nehmen zu. Als Reaktion auf die ihn ängstigenden devianten Wünsche entwickelt er Abwehrformen, die zum Ziel haben, diesen Bereich von sich abzugrenzen: Einmal verheimlicht und verbirgt er die Deviation; so hat er es nicht einmal über sich gebracht, in der dreijährigen Psychotherapie seinem Therapeuten davon zu erzählen. Zum anderen versucht er, durch eine Art Abspaltung sich der Deviation zu entledigen: Er erlebt diese Wünsche als ichfremd und nicht zu sich gehörig. Neben der Verheimlichung und Abspaltung entwickelt er noch andere Abwehrmechanismen: Wenn er sadistische Szenen phantasiert, dann sieht er sich immer nur in der Rolle des passiven Zuschauers. Hierin liegt der Versuch einer inneren Distanzierung von der sadistischen Aktivität. Seine Gehemmtheit und Passivität im sozialen Verhalten, seine übergroße Friedfertigkeit, die bis zur Submissivität anderen gegenüber geht, wird reaktiv noch verstärkt bis hin zu einem fast vollständigen Vermeiden von aktiv-phallisch-männlichem Verhalten. Sehr deutlich wird dies z. B. bei seinem ersten heterosexuellen Erlebnis, bei dem er sich wie ein Mädchen bei einer ungewollten Verführung verhält. Wie sehr er Männlichkeit ausblendet, zeigen auch die projektiven Tests: Im Rorschach-Test fällt zwar eine starke Sexualisierungstendenz auf; in mehreren Tafeln sieht er jedoch nur zärtlich-sexuelle Szenen zwischen Frauen: (z. B. Tafel 7: zwei Frauen, die sich küssen; Tafel 9: zwei Frauen, die die Brüste aneinander reiben; Tafel 10: zwei Frauen, die zusammen im Bett liegen), männliche Elemente bleiben ausgeklammert. In diesen Deutungen drückt sich einmal ein starker Wunsch nach Körperwärme, Nähe und Zärtlichkeit aus, zum anderen eine überwiegend weibliche Identifizierung und eine Abwehr von phallisch-aggressiven Impulsen.

Bei seinen Versuchen, sich der devianten Sexualität durch Vermeidung, Abspaltung, Distanzierung und Verleugnung zu entledigen, bemüht er sich um ein «normales» Sexualverhalten und geht die Ehe in der Hoffnung ein, durch geregelte sexuelle Kontakte von den devianten Phantasien befreit zu werden. Solchen Versuchen von «Selbstheilung» begegnet man bei devianten Patienten immer wieder; diese Hoffnungen erfüllen sich in der Regel aber nicht, und solche Versuche können auch nicht gelingen. Im Gegenteil setzt bei ihm, wie in vielen anderen Fällen, nach der Eheschließung eine Intensitätszunahme und Progredienz der Deviation ein. Anders als bei reiferen Persönlichkeiten, deren Selbstgefühl durch stabile Beziehungen eher gestärkt wird, führt das Eingehen einer Partnerschaft bei präödipal gestörten Patienten wie Kenneth R. die Inkomplettheit des eigenen Selbst verstärkt vor Augen, führt zu einer Krise und in der Folge zu einer Aktivierung der devianten Impulse, die, wie erwähnt, die Funktion haben, das Selbst zu komplettieren und zu stabilisieren. Anders als die neurotische Partnerwahl, in der bestimmte Aspekte der ödipalen Mutterbeziehung wiederholt, fortgesetzt und ausagiert werden, ist es hier eine narzißtische Partnerwahl, die vor allem der eigenen Selbstwertregulation dient und aus der alle aggressiven und affektiven Spannungen ausgeklammert bleiben. Von der Ehe heißt es zwar, sie sei «harmonisch»; in seinen Schilderungen bleibt die Beziehung aber ebenso farblos, blaß, spannungslos und undynamisch wie die Beziehung zu seinen Eltern oder anderen Bezugspersonen. Eine so geartete narzißtische Partnerbeziehung hat keinerlei Anteil an der in der Deviation abgespaltenen und dort ausagierten Dynamik. Zwischen dem magisch-primärprozeßhaften Geschehen in der Deviation und dem realitätsorientierten Bereich der Partnerschaft gibt es keinerlei Verbindungen und Brükken. Zwar hat er versucht, seine sadistischen Wünsche in die sexuelle Beziehung zu seiner Frau einzubringen, nachdem seine Frau ihn bei devianten Praktiken überrascht hat und über seine Wünsche im Bilde war. Dies mißlingt aber vollständig, nicht nur weil er sich schämt, sondern es erweist sich für ihn auch als sexuell reizlos. Dies zeigt, daß der Sadismus nicht lediglich eine besondere Variation und Praktik, keine spezielle Zutat zur Sexualität ist, auch keine bloße Abfuhr einer starken Aggressivität in der Sexualität, sondern eine komplizierte Bewältigungsform spezieller Konflikte. Allerdings kennen wir bei nicht delinquent gewordenen Patienten sadistische Entwicklungen, in denen eine sadomasochistische Sexualität in funktionierende Partnerschaften eingebaut werden kann. In solchen Fällen kann die Abspaltung zumindest partiell aufgehoben werden.

Auch bei wesentlich reiferen Persönlichkeitsstrukturen wie bei Heim G. in der Fallgeschichte 1 ist es zumindest vorübergehend gelungen, die devianten Wünsche spielerisch in einer Partnerbeziehung aufzufangen und zu entschärfen. Wenn das hier bei Kenneth R. nicht möglich ist, dann liegt das an der Schwere der präödipalen Störungen, an der Größe der Lücke im Selbst, die durch die Deviation ausgefüllt werden muß. Je destruktiver und zerstörerischer die in der Deviation gebundene Aggressivität, desto geringer ist die Möglichkeit ihrer Kanalisierung in einem realitätsorientierten Rahmen.

Die Intensitätszunahme der sadistischen Problematik bei Kenneth R. führt dazu, daß ihn das bloße Phantasieren immer weniger befriedigt und er sich immer mehr zu Aktionen gedrängt fühlt. Bei diesen Aktionen kommt es zu einer komplizierten Verbindung seiner fetischistischen und sadistischen Tendenzen – eine Verbindung, die zum Teil wieder im Dienste der Abwehr und Distanzierung steht: Er legt sich Frauenkleider an, fesselt sich und illusioniert sich in die Rolle der leidenden, unterworfenen, wehrlosen Frau. Dieses merkwürdige Arrangement drückt mehreres zugleich aus: Einmal eine Distanzierung von seinen aktiven und aggressiven Anteilen; zum anderen eine Entlastung von Schuldgefühlen bzw. die Befriedigung von Straferwartungen, indem er sich in die Rolle des Opfers hineinphantasiert; ferner die Befriedigung von Verschmelzungswünschen, indem die Grenzen zwischen Täter und Opfer, zwischen Männlichem und Weiblichem fließend werden; schließlich ist in diesem Arrangement mit der momentanen weiblichen Identifizierung enthalten, daß die destruktiven Impulse gegen ihn selbst bzw. gegen seine eigenen weiblichen Anteile gerichtet sind: Er attackiert und vernichtet in der Tötungshandlung das verhaßte Weibliche in sich.

Auch diese gespielten autoerotischen Aktionen vermögen ihn nur vorübergehend und unvollständig zu entlasten. Der Drang zur Realisierung wird stärker. Wie so häufig (vgl. auch die Fallgeschichten 1, 3, 4 und 5), finden sich in der unmittelbaren Tatvorgeschichte Ereignisse, die den drohenden Einbruch in die Realität signalisieren; sie werden von Mal zu Mal gefährlicher, weil die Steuerung durch das realitätsorientierte Ich immer geringer und primärprozeßhafte Abläufe immer übermächtiger werden: Anfangs guckt er nur Mädchen nach, verfolgt sie dann, nimmt sie in sein Auto, kann sich im letzten Moment dann aber noch steuern, ehe es zur Tötung kommt. In dem Tatgeschehen selbst ist der Tod des Mädchens sicherlich mehr als nur die Folge einer ungewollten panikartigen Reaktion auf ihr Schreien. Dies zeigt sich u. a. darin, daß er während des Würgens zum Orgasmus kommt. Während die sadistische Deviation bei Heinz G. in der Fallgeschichte 1 in starkem Maße phallisch-aggressive Elemente enthielt, geht es hier ausschließlich um orale Thematik wie Würgen, Einschnüren, Fesseln. Wie andere Patienten (z. B.

Fallgeschichte 1 und 5) verhält er sich nach der Tat derart auffällig, als wolle er seine Entdeckung geradezu provozieren: Er behält die Kleider des Mädchens in seinem Wagen, macht Andeutungen seiner Ehefrau gegenüber usw. Es sind die gleichen Mechanismen des «Geständniszwanges» und der Selbstbestrafung, die wir in der vorigen Fallgeschichte beschrieben haben.

Die Verbindung von Fetischismus, transvestitischen Tendenzen, sadomasochistischen Phantasien und einer Tötungshandlung finden wir in der folgenden Patientengeschichte wieder.

Fallgeschichte 3
Der sechzehnjährige Realschüler Thomas P. hat eine 33jährige Frau in einem Wald überfallen und erstochen. Thomas P. ist ein schmächtiger, kleiner, blasser, stark kurzsichtiger Junge, der wesentlich jünger wirkt. Anfangs ist ein Gespräch mit ihm kaum möglich; er ist wie blockiert, voller Mißtrauen, kann dem Gesprächspartner nicht in die Augen sehen. Erst allmählich wird er zugänglicher und faßt Vertrauen, das er treuherzig damit begründet, der Untersucher erinnere ihn an seinen älteren Bruder, den er sehr bewundert.

In den Explorationsgesprächen ist es besonders schwer, ihn zu Aussagen über seine Mutter zu bewegen. Er zieht sich bei diesem Thema mit der Begründung zurück, er wolle die Mutter nicht schlecht machen, sie nicht verraten. Wenn er später über sie redet, dann bringt er ausschließlich Gefühle von Haß und Angst ihr gegenüber zum Ausdruck; er läßt kein gutes Haar an ihr: Er schildert sie als eine kleine, harte, knöchrige Frau ohne jede Wärme und Fürsorge, die immer nur auf Sauberkeit, Ordnung, Drill achtet, die Familie herumkommandiert und «ständig herumschreit». Thomas P. ist der fünfte von sieben Söhnen. Er fügt ironisch hinzu: «Wir sieben Jungen sind wahrscheinlich der Versuch meiner Mutter, endlich ein Mädchen zu bekommen.» Niemand in der Familie kommt mit ihr aus, «wenn sie kommt, dann laufen alle weg». In einer Mitteilung vom Jugendamt heißt es, die Mutter sei früher schon einmal verheiratet gewesen und habe unmittelbar nach der Scheidung den Versuch eines erweiterten Suizids unternommen, bei dem ihre damals dreijährige Tochter starb. Als Kind hat Thomas P. große Angst vor der Mutter, weil sie fast jeden Abend in einem Ritual einen der Brüder mit einem Teppichklopfer schlägt. Häufig losen die Brüder vorher aus, wer an der Reihe ist. Thomas P. als der schwächste von den Brüdern, auf den sie alles Unangenehme abschieben, wird am häufigsten als Opfer ausgesucht. Was hier zum Ausdruck kommt, ist offenbar nur eine Seite dieser Mutter-Kind-Beziehung; wenn er davon spricht, er wolle die Mutter nicht verraten, dann deutet dies zugleich auf Gefühle von Zusammengehörigkeit und Nähe hin, die er aber aus Enttäuschung und Angst nicht zulassen kann.

Die Mutter ist die beherrschende Person in der Familie. Der Vater versucht zu vermitteln und auszugleichen, hat aber wenig zu sagen. Thomas P. mag seinen Vater gern, hat zu ihm aber ein ähnliches Verhältnis wie zu einem älteren Bruder. Aufschlußreich ist ein Brief, den der Vater ihm während des Begutachtungszeitraumes schreibt. Der Vater berichtet darin von der Mutter, die Schmerzen in den Armen habe, aber sich weigere, in ein Krankenhaus zu gehen, denn, so schreibt der Vater, «da kann sie ja nicht putzen und schimpfen». Den Brief unterschreibt er mit seinem Vornamen. Die männlichen Mitglieder der Familie, einschließlich des Vaters, haben sich offenbar untereinander verbrüdert und eine Art Bündnis gegen den gemeinsamen «Feind», die Mutter, geschlossen. Deshalb kann der Vater kein Gegengewicht in der Familie darstellen. Diese Komplizenschaft zwischen dem Vater und den Söhnen kommt auch in folgendem deutlich zum Ausdruck: Thomas P. berichtet davon, daß er selbst und alle Brüder in der Kindheit und Jugend gestohlen haben. Ein älterer Bruder ist auch wiederholt deswegen bestraft worden. Das Stehlen gilt als eine Art Mutprobe und Sport. Der Vater hat dieses Verhalten immer stillschweigend geduldet und dadurch noch unterstützt, daß er den Kindern Geld gibt, wenn sie für ihn verwendungsfähige Gegenstände wie z. B. Handwerkszeug anbringen. Geachtet wird vom Vater lediglich darauf, daß die Diebstähle nicht entdeckt werden. Die Mutter weiß von alldem nichts.

In seiner Entwicklung hat sich Thomas P. von Beginn an von seinen Brüdern unterschieden: Im Alter von vier Wochen muß er wegen Ernährungsstörungen in ein Krankenhaus. Die motorische und die Sprachentwicklung sind verzögert; bis weit in die Schulzeit hinein ist er Bettnässer. Mit sieben Jahren erkrankt er an einer schweren chronischen Nierenerkrankung (Lipoidnephrose) und muß bis zu seinem vierzehnten Lebensjahr insgesamt siebzehnmal in Krankenhäusern behandelt werden. Im Krankenhaus leidet er unter Heimweh, hat Verlassenheitsgefühle und denkt, der Mutter sei er ganz gleichgültig, zumal sie sich wenig um ihn kümmert und ihn selten besucht. Im Elternhaus hat er sich noch nie wohlgefühlt und hat es gemieden, wo es irgend geht; «am liebsten bin ich immer draußen und allein». Wegen der Nierenerkrankung wird Thomas P. verspätet eingeschult. Seine Schulleistungen sind bei seinen guten intellektuellen Fähigkeiten (Intelligenzquotient nach dem Hamburg-Wechsler-Intelligenztest 117) überdurchschnittlich; auf der Realschule ist er der Klassenbeste und gilt als «Streber». Er hat keinen Freund und ist ein Einzelgänger. In der Beurteilung durch die Lehrer ist von Frühreife und Altklugheit die Rede; er sei scheu und linkisch, nie froh und entspannt, meistens abwartend, gespannt, erregt und verschlossen. Im Grunde ängstlich und schüchtern, versucht er sich durch Ironisierung durchzusetzen und Respekt zu erlangen. «Ich habe mit den anderen zwar rumgealbert, es war mir aber nie danach; ich hatte ein großes Maul, um meine Schüchternheit zu verbergen.» Seine Interessen liegen in den technischen und naturwissenschaftlichen Fächern. Zu Hause hat er ein kleines Labor und beschäftigt sich mit Radar- und Radiotechnik.

In seiner sexuellen Entwicklung ist er noch ganz pubertär. Erfahrungen mit Mädchen hat er bis heute nicht. Hin und wieder schwärmt er ein Mädchen an, hat aber Angst davor, daß die Mädchen ihn auslachen, «weil ich doch so dünn bin und unmännlich». Seit dem vierzehnten Lebensjahr, als bei ihm nächtliche Pollutionen einsetzen, versucht er immer wieder zu masturbieren, hat aber noch nie einen Samenerguß oder Orgasmus dabei gehabt. Wenn er solche Versuche erschöpft abbricht, fühlt er sich «so allein und so leer, als wenn ich gar keinen Körper hätte». Zärtlichkeiten unter den Eltern oder zwischen Mutter und Kind hat es nie gegeben. «Die Mutter sieht auch nicht so aus, als wenn sie das könnte, die ist mager und eckig, gar nicht wie eine Frau.» Wenn die Mutter Samenspuren der Pollutionen im Bettlaken findet, «hat sie immer übel geschimpft und rumgeschrien, mich aus dem Haus gejagt und gesagt: Hau doch ab, du hast noch viel zuwenig Prügel bekommen.» Er haßt die Mutter deswegen und habe immer Angst, «daß sie mir irgend etwas antut».

Wenn er, wie meist, allein ist, lebt er intensiv in Tagträumereien. Es beschäftigen ihn teils Phantasien, in denen er sich in grandiose Rollen hineinlebt, z. B. ein großer Erfinder, ein Agent oder Pistolenheld zu sein, vor dem alle Angst haben. Teils sind es Science-Fiction-Phantasien, wie es ist, wenn die Schwerkraft aufgehoben ist und er fliegen kann. Vor allem aber sind es Phantasien sexuellen Inhaltes, verbunden mit sexueller Erregung. Diese Vorstellungen gruppieren sich um drei Themenkreise: Einmal sind es *regressive Wunschvorstellungen*, in denen er sich als kleines Baby phantasiert, das versorgt und gestillt wird; solche Vorstellungen sind verbunden mit einem Gefühl von Wärme, Fürsorge und Geborgenheit. Er hat auch Windeln gestohlen, sie sich umgebunden und in die Windeln uriniert und sich vorgestellt, «daß mir eine Frau die Windeln ummacht, die auch aussieht wie eine Frau, rund und warm, anders als meine Mutter». Er nimmt dann auch einen Schnuller.

Andere sexuelle Tagträumereien und Praktiken sind *fetischistischer Art*: Seit einigen Jahren ist er im Besitz von Unterwäsche seiner Mutter, zieht sie sich gelegentlich an und hat dabei Erektionen. Auch in den Kaufhäusern entwendet er weibliche Wäsche und sammelt sie. In den letzten Monaten vor der Tat bricht er häufig in Villen ein: Dort in den Zimmern sitzt er, wie er meint, oft stundenlang und träumt, wie er dort aufwächst, «daß mein Leben noch einmal anfängt». Er träumt dann von idealen Eltern: von einem reichen Vater und einer fürsorglichen, fülligen Mutter mit großem Busen, die ihn an sich drückt, wie er einziges Kind ist ohne Geschwister. Bei diesen Einbrüchen geht er auch in die Schlafzimmer und zieht weibliche Unterwäsche an und stellt sich vor, wie es sei, ein kleines Mädchen zu sein. Überhaupt trägt er sich mit dem Wunsch, lieber ein Mädchen zu werden. Er hat sich gelegentlich die Beine rasiert und die Schamhaare gekürzt, sich vor dem Spiegel betrachtet und dabei seinen Penis zwischen den Beinen versteckt. Er haßt sich so, wie er ist, vor allem die männlichen Attribute seines Körpers.

Schließlich beschäftigen ihn *sadomasochistische Phantasien*, wobei die masochistischen Anteile überwiegen: Er stellt sich vor, wie er festgenommen, angeschnallt und ausgepeitscht wird – «und zwar von einer jungen Frau, die klein ist und so ähnlich aussieht wie meine Mutter». Er stellt sich vor, wie die Frau ihn am Genitale streichelt und ihn dann unvermittelt in die Hoden schlägt und tritt. Ein zentrales Thema ist, wie er von einer Rockerbande mit einem Mädchen zusammengebunden und mißhandelt wird oder wie er als ein Mädchen gequält wird. Seltener sind sadistische Phantasien, wie er selbst Frauen fesselt und schlägt.

Es hat den Anschein, daß die Neurose dieser Familie zu Lasten eines Kindes, das das schwächste Mitglied ist, ausgetragen und in seiner Fehlentwicklung ihr Symptom gefunden hat, das wesentlich zur Stabilisierung dieser Familie beiträgt. Seine neurotischen Symptome und die sehr bildhafte Ausgestaltung seiner Phantasiewelt zeigen seht deutlich die Grundkonflikte, um die es in dieser Familie geht: die Behauptung von Autonomie, Männlichkeit, Aktivität gegenüber einer alles kontrollierenden, aggressiven, Männlichkeit entwertenden, «kastrierenden» Mutter. Während es den Brüdern und dem Vater gelingt, ihre Aktivität und Selbständigkeit gleichsam hinter dem Rücken der Mutter zu verwirklichen, bleibt Thomas P. von diesem Bündnis weitgehend ausgeschlossen und wird in besonderem Maße der Kontrolle und Bemächtigung seitens der Mutter ausgesetzt. Sein Verhalten und seine Phantasien spiegeln die für die anale Phase typische Ambivalenz wider: Das Hin- und Hergerissensein zwischen den Extremen: Autonomie gegen regressive Aufgabe von Selbstbestimmung; Aktivität gegen passiven Rückzug; Männlichkeit gegen Wünsche, eine Frau zu sein; sadistische gegen masochistische Impulse. Aus dieser Zerrissenheit und Ohnmacht flüchtet er sich in seine imaginäre Phantasiewelt, in der er aggressive Konfrontationen vermeiden kann. Die Wunscherfüllung in der Phantasie erreicht er dadurch, daß er die Ambivalenzspannung durch Aufspaltung der extremen Pole in einzelne, miteinander unverbundene Teile aufhebt; dies erklärt die Vielfalt nebeneinanderstehender Phantasiethemen. Zum Beispiel spaltet er die Ambivalenz zwischen Autonomie und Abhängigkeit bzw. Selbstaufgabe einerseits in Phantasien von babyhafter Hilflosigkeit und Versorgtwerden, andererseits in Phantasien von magisch-omnipotenter Unabhängigkeit. Den Widerspruch zwischen männlichen und weiblichen Tendenzen spaltet er in lustvolle Vorstellungen, ein Mädchen zu sein, weibliche Kleidung zu tragen einerseits und Phantasien von bewaffneter, gefürchteter Potenz andererseits (der Revolverheld). Schließlich teilt er die Aggressivität in sadistische und masochistische Phantasien. Er weicht der analen Ambivalenz aus, indem er auf frühere Abwehrmechanismen wie die Spaltung zurückgreift.

Diese Interpretation scheint uns auch durch das Symptom der Orgasmusunfähigkeit bestätigt zu werden, in dem sich neben einem anal-retentiven Zurückhalten, Nichtergebenwollen auch eine Angst vor dem mit dem Orgasmus verbundenen Kontrollverlust, der Selbstaufgabe und Verschmelzung ausdrückt. Es geht hier um ein regressives Ausweichen vor phallisch-aggressiven Impulsen. Hierin liegen die Unterschiede zu den anderen sadistisch-devianten Entwicklungen: Obwohl Ansätze zu einer devianten Thematik durchaus vorhanden sind, gelingen ihm hier bei seiner Orgasmusunfähigkeit die Sexualisierung seiner Konflikte und die mit der Sexualisierung verbundene Abspaltung nur unvollkommen. Deshalb finden wir auch nicht eine so farblose und beziehungsentleerte Entwicklungsgeschichte wie bei anderen Devianten. Wenn er auch bisher Beziehungen in der Realität ausgewichen ist, geht es in seinen Phantasien doch zentral um Objektbeziehungen und die Auseinandersetzung mit seiner Mutter. Wenn er von einer idealen Mutter und von einem reichen, mächtigen Vater träumt, die er haben möchte, ohne sie mit Geschwistern teilen zu müssen, dann zeigt dies, wie intensiv er auf seine Realität bezogen bleibt: Er kehrt sie in der Phantasie um.

Vor seiner ersten, noch in Ansätzen bleibenden Aggressionstat läuft er, wie häufig, ziellos durch die Gegend. Er hat ständig ein Messer bei sich, weil er sich wehrlos und bedroht fühlt. Schon seit einiger Zeit hat er den Gedanken, einmal ein Mädchen anzusprechen und es zu zwingen, ihm zuzuhören. «Die sollte mir sagen, wie das ist, wenn eine Frau mit einem Mann schläft, damit ich mir das besser vorstellen kann, wie es ist, ein Mädchen zu sein.» Als ihm ein Mädchen entgegenkommt, bedroht er es mit dem Messer und sagt: Komm mit. Das Mädchen läuft fort. «Da habe ich mich so einsam gefühlt wie jetzt in der Haft. Ich habe mich gefühlt, wie wenn ein Hamster im Käfig sitzt und sieht eine Brücke nach draußen, die bricht dann zusammen; so ein Gefühl war das, als die weglief.»

Der Tötungshandlung voran gehen Wochen, in denen er wieder auf der Suche nach einer Frau umherläuft. Als er eine 33jährige Frau sieht, fällt er sie von hinten an, reißt sie zu Boden, würgt sie und fesselt ihr unter Drohungen mit seinem Messer die Hände.

Während er auf ihr sitzt, betastet er ihre Brüste und erzählt von sich und seinen Problemen. Irgendwann versucht sie, ihn abzuschütteln, und stößt mit den Knien nach ihm. «Da kam wieder die Angst, immer die Angst, daß die Frauen mir was antun, so wie meine Mutter mich früher zusammengeschlagen hat.» In diesem Moment stößt er blindlings auf sie ein. «Es war ein komisches Gefühl, ich war so richtig im Rausch, als wenn ich mir über die Schultern gucke. Dann war plötzlich das Messer in ihrem Hals, und sie blutete. Ich drehte durch und habe immer wieder zugestoßen, ich war wahnsinnig aufgeregt.»

Anders als bei den Tötungshandlungen Sadistisch-Devianter, bei denen es primär um anonyme Bemächtigung und nicht um Kontakte geht, ist seine aktuelle Problematik die, daß er sich in seinen Phantasien und unerfüllten Kontaktwünschen gefangen fühlt und keine Möglichkeit sieht, sie in die Realität zu bringen; die Brücke nach draußen, die der Hamster in seinem Käfig sieht, bricht immer wieder zusammen. Die Annäherung an Frauen löst massive Ängste in ihm aus, weil dadurch seine durch Angst, Bedrohtheitsgefühle und projizierte Aggressivität bestimmte Mutterbeziehung wieder aktualisiert wird. Diese Ängste versucht er dadurch zu reduzieren, daß er die Frauen einschüchtert und wehrlos macht. Zu einem impulsartigen, überschießenden Durchbruch phallischer Aggressivität kommt es, als die Frau sich wehrt und ihn anzugreifen droht. Die Problematik und die Taten haben ein deutlich puberales Gepräge. Die Frage nach seiner weiteren Entwicklung scheint uns zur Zeit nicht beantwortbar zu sein; ob er nach Überwindung der puberalen Krise Möglichkeiten finden wird, die aggressiven Impulse zu entschärfen, zu integrieren und Objektbeziehungen herzustellen, oder ob er auf unreifere, archaisch-narzißtische Abwehrformationen regrediert und diese Entwicklung dann in eine Deviationsbildung einmündet.

Wie intensiv solche Gewalthandlungen auf eine «mörderische» Familienpathologie zurückgehen und bezogen sind, erfährt in dieser Familie eine makabre Bestätigung: Wie wir kürzlich erfahren haben, wurde die Mutter von dem jüngsten Bruder getötet. Die erste betroffene Reaktion von Thomas P. war die Äußerung: «Dann hätte ich die Frau ja nicht umbringen müssen.»

3.1.3 Flucht in die magische Phantasie

Fallgeschichte 4

1. Die Lebensgeschichte
Der 26 Jahre alte Manfred W. hat in den Jahren 1968/69 drei junge Mädchen getötet; bei einem Tötungsversuch bereits im Jahre 1959 ist er unentdeckt geblieben.

Im Vergleich zu unseren anderen Patienten wird hier die sadistische Sexualität am zerstörerischsten ausgelebt, und eine ausgebaute sadistische Phantasiewelt bricht immer wieder in die Realität ein.

Manfred W. ist ein mittelgroßer, übermäßig dicker, schwerfälliger und unbeholfen wirkender Mann mit einem etwas gedunsenen, ausdruckslosen und alterslos wirkenden Gesicht. Auf der Krankenstation, auf der er sechs Wochen lang ist, bleibt er stets allein, nimmt keinerlei Beziehungen auf und spricht kaum je ein Wort mit einem anderen. Ein Gespräch mit dem Gutachter ist lange Zeit überhaupt nicht möglich; Manfred W. sitzt bewegungslos, starrt auf den Boden und reagiert auf Fragen nur mit Kopfschütteln oder Nicken. Von Beginn an ist spürbar und wird später auch von ihm bestätigt, daß er nicht aus Trotz oder aktiver Verweigerung schweigt; diese für ihn kaum überwindbare Zuwendungssperre ist durch die Begutachtungssituation nicht verursacht, sondern allenfalls verstärkt. Beziehungsunfähigkeit ist das hervorstechendste Merkmal in seinem Leben überhaupt. Daß er schließlich aus seiner autistischen Abkapselung herauskommt und mühsam zu reden beginnt, liegt daran, daß er unter einem starken inneren Druck steht, sich in einem Geständnis von einer inneren Last zu befreien. Die Gespräche sind nie flüssig, sondern eher ein Stammeln. Besonders wenn es um sexuelle Themen geht, errötet er und kann seine inneren Schambarrieren nicht überwinden. Bei den Gesprächen, die sich über Wochen hinziehen, hat er dem Gesprächspartner nicht einmal in die Augen sehen können. Die Explorationsdaten ergeben folgendes Bild:

Manfred W. stammt aus einer kinderreichen Familie und ist das vorletzte von sieben Geschwistern. Er ist aufgewachsen und wohnt bis zuletzt in einer kleinen Ortschaft in einer bevölkerungsarmen Gegend in Oberfranken. Der Vater arbeitet seit 40 Jahren in derselben Molkerei als Arbeiter. Alle Brüder und Schwestern sind gesund und leben sozial gut eingegliedert in der Gegend. Manfred W. hat ein ereignisarmes, nach außen hin ganz unscheinbares Leben geführt. Gespräche mit den Eltern ergeben, daß er ein stilles und zurückhaltendes Kind gewesen ist, das immer für sich gelebt und niemals Schwierigkeiten bereitet hat. Die Eltern, die sehr einfach und unreflektiert wirken, wissen kaum etwas Charakteristisches über ihn zu berichten und scheinen ihn eigentlich gar nicht zu kennen: In der Familie ist er von Kindheit an isoliert, wortkarg und steht hinter den Geschwistern, die als lebhafter und durchsetzungsfähiger gelten, immer zurück. Es gibt kaum Hinweise darauf, daß seine Entwicklung sich von der seiner Geschwister unterscheidet. Von den Eltern wird lediglich berichtet, daß er ein anhängliches und etwas ängstliches Kind gewesen ist, das zu nächtlichem Aufschrecken und Angstträumen neigt, und daß er bis zum zwölften Lebensjahr Bettnässer gewesen ist. Bei seiner durchschnittlichen Intelligenz hat er auf der Dorfschule keine Lernschwierigkeiten. Er ist auf der Schule nie besonders hervorgetreten, hat kaum Kontakt, ist ein Einzelgänger, der kaum je Streit mit anderen hat, aber auch keine Freunde. Von allen, die ihn kennen, wird er als scheu und gehemmt bezeichnet, ist auch zu Hause wortkarg und am liebsten für sich.

Verschiedentlich wird bezeugt, daß er anderen nie in die Augen sehen kann und daß er häufig errötet. Nach der Schulentlassung macht er eine Schreinerlehre, meldet sich aber nicht zur Gesellenprüfung, weil er denkt, er bestehe die Prüfung nicht, wie er überhaupt sehr wenig Zutrauen in eigene Leistungen hat. Sieben Jahre bleibt er bei der Lehrfirma und ist dann sechs Jahre lang bis zu seiner Verhaftung in einer Asphaltfirma als Mischer tätig. Von den Arbeitgebern wird er gut und als zuverlässig beurteilt. Von den Arbeitskollegen wird belustigt registriert, daß er in jeder arbeitsfreien Minute wie auf Kommando einschläft. Bis zuletzt lebt er im Elternhaus und fühlt sich dem Elternhaus auch in irgendeiner Weise verbunden; denn während der Bundeswehrzeit nutzt er jede Gelegenheit, nach Hause zu fahren, obwohl er zu keinem Mitglied der Familie eine wirklich persönliche Beziehung hat. Er sitzt nur herum und ist einfach da. Die Eltern wissen im Grunde nicht mehr über ihn zu sagen, als daß er nicht raucht, nicht trinkt, sparsam ist und immer zur Hand geht, wenn man ihn um etwas bittet, und daß die Eltern sich wundern, warum er noch nicht verheiratet ist; «den hätte doch jede geheiratet, wo der so tüchtig ist».

Alles in allem ist es ein unscheinbarer Lebensweg; er lebt gleichsam unsichtbar, niemand nimmt so recht Notiz von ihm. In der Freizeit spielt er gern Tischtennis, ist Mitglied bei der freiwilligen Feuerwehr, hat aber auch dort keinerlei persönliche Kontakte, sondern ist ein stiller Mitläufer. Am liebsten löst er Kreuzworträtsel. Niemand hat ihn je wütend gesehen; er hat sich nie durchgesetzt und äußert nie eine eigene Meinung. Unter Alkohol, den er sehr selten trinkt, wird er eher noch stiller. Er singt gern, tut dies aber nur, wenn er für sich allein ist. Er ist ein Mensch, der noch nie von sich gesprochen hat, nicht einmal in der Familie. Diese seine Unscheinbarkeit ist mit der Grund, warum so lange Zeit der Verdacht nicht auf ihn gefallen ist.

Während wir bei den anderen Patienten mit einer sadistischen Deviation verfolgen können, wie sich die Deviation allmählich entwickelt und ausfaltet, finden wir hier einen solchen Entwicklungsprozeß nicht vor. Der Sadismus ist bereits in seinen frühesten sexuellen Erinnerungen enthalten, bevor er genitale Sexualität überhaupt wahrnimmt. So erinnert er sich aus der Kindheit, wie er häufiger dem Schlachten und Zerlegen von Schweinen zugesehen hat. Er erinnert sich sehr genau an das erste Mal, wie er «einen großen Schreck» bekommt und sehr aufgeregt ist. In der Folgezeit ist er zunehmend davon fasziniert und fiebert den Schlachttagen mit Erregung und Spannung entgegen und beschäftigt sich damit auch in seinen Vorstellungen. Manfred W. ist damals sieben Jahre alt.

Mit dem Eintritt in die Pubertät, als er vierzehn, fünfzehn Jahre alt ist, verbinden sich diese frühen Erinnerungen mit sexueller Erregung und Befriedigung. Anfangs beschäftigen ihn die Schlachtszenen bei der Masturbation in seiner Phantasie. Sehr bald wandelt sich der Inhalt der sadistischen Phantasien und richtet sich auf Mädchen als Opfer. Besondere Ereignisse oder Erfahrungen, die den Wandel der Phantasien hätten auslösen können, z. B. Enttäuschungen oder Abweisungen, erinnert er nicht. Es setzt eine Entwicklung ein, die durch einen inneren Kampf, durch Zwiespalt und Zerrissenheit gekennzeichnet ist: In seinem realitätsorientierten Erleben ist er entsetzt über seine grausamen Phantasien; sie erscheinen ihm fremd, unheimlich und bedrohlich, er möchte sie ausblenden und versucht, Barrieren gegen sie zu errichten. Im Zustand der sexuellen Erregung sind sie lustvoll und nehmen ihn ganz gefangen. Eine andere, nicht an sadistische Phantasien gebundene Möglichkeit sexuellen Erlebens ist für Manfred W. von Beginn an versperrt. Bis zuletzt hat er keinerlei reale sexuelle Erfahrungen mit Mädchen, er hat noch nie eine Freundin gehabt und nie mit einem Mädchen ein persönliches Wort gewechselt. Nicht einmal auf Bildern hat er sexuelle Szenen oder eine nackte Frau betrachtet. Allem «Normal-Sexuellen» gegenüber ist er voller Abwehr und Scham: Er kann es nicht ertragen, wenn andere über Sexualität reden, wenn erotische Szenen im Kino oder Fernsehen gezeigt werden. Von anderen wird geschildert, wie er dann rot anläuft und am liebsten fortlaufen will.

Im Unterschied zu allen übrigen Patienten ist hier die sadistische Deviation von Anfang an ausweglos und ohne Alternativen determiniert. Bei allen anderen Patienten bestehen neben und abgelöst von der sadistischen Deviation Möglichkeiten, Sexualität auch in partnerschaftliche Beziehungen einzubringen, wenn auch die damit verbundene Befriedigung reduziert ist. Was bei Manfred W. auffällt, ist die vollkommene Beziehungslosigkeit und die Trennung seiner sexuellen Bedürfnisse, die sich nur als magisch-narzißtische Phantasien äußern können, von realitätsbezogenem Erleben: Affektionale Bedürfnisse und Beziehungen zu Frauen fehlen offenbar vollkommen; er empfindet weder Zuneigung oder Sympathie, hat sich noch nie in ein Mädchen verliebt, auch nicht schwärmerisch aus der Ferne, noch kennt er Gefühle wie Wut, Verachtung oder Haß. Es fehlt ihm daher jede Möglichkeit, sich seine zerstörerischen Phantasien durch reale Erfahrungen und Affekte vordergründig zu erklären und sich damit zu entlasten. Auch dadurch müssen ihm die sadistischen Phantasien in besonderem Maße als fremd und unheimlich erscheinen. Er erlebt sich aufgrund dieser ihn ständig beschäftigenden Phantasien von anderen Menschen als grundverschieden; dieses verstärkt seine innere und äußere Isolierung und vermehrt die inneren Spannungen.

Mit der Zeit nehmen seine sexuellen Phantasien mehr und mehr Gestalt an. In der sexuellen Erregung stellt er sich vor, wie er Mädchen schlägt, fesselt, knebelt und quält. In diesen Vorstellungen spielt das Messer eine zentrale Rolle, und seine Phantasien weiten sich aus auf Stechen, das Abschneiden von Brüsten und das Töten, das dann zum wichtigsten und zentralen Thema wird. Besonders erregt ihn die Vorstellung von der Wehrlosigkeit und Todesangst der Mädchen. Im Laufe der Zeit empfindet er dieses Phantasieren immer weniger befriedigend, die sexuelle Entspannung hält immer kürzer an, und der Drang zur Wiederholung und Ausweitung der Phantasiewelt wird immer stärker. Es finden sich alle charakteristischen Zeichen einer progredienten Entwicklung.

Als er sechzehn, siebzehn Jahre alt ist, haben diese Phantasien ein solches Ausmaß erreicht, daß sie sein Leben mehr und mehr bestimmen. Er zieht sich aus der Umwelt weitgehend zurück, kapselt sich ab, überläßt sich seinen sadistischen Tagträumereien und baut sie immer weiter aus. Am intensivsten sind die dranghaften Zustände dann, wenn Außenreize fehlen, z. B. an Feiertagen, Wochenenden oder wenn er krank geschrieben ist, wenngleich Außenreize auf längere Zeit allein nicht genügen, um ihn von diesen Vorstellungen abzulenken.

In den Weihnachtstagen 1959 kommt es erstmals zu einem Durchbrechen seiner Phantasien in die Realität, nachdem er in den Wochen vorher sich teils gegen die immer stärker werdende Tendenz zur Verwirklichung seiner Phantasien gewehrt, teils aber auch nach Gelegenheiten gesucht hat. Dies gilt auch für die späteren Tötungshandlungen: Jeweils voran gehen Zeiten, in denen er sich unruhig und gespannt ständig mit diesen Vorstellungen beschäftigt und hin- und hergerissen ist zwischen einem Sich-dagegen-Wehren und einem rastlosen Suchen nach Gelegenheiten, zwischen anhaltender Unruhe dann, wenn er keine Gelegenheiten gefunden hat, und zugleich, auf einer anderen, bewußteren Ebene, einer Erleichterung, daß nichts passiert ist.

Die erste Tat ist im Vergleich zu den späteren in gewisser Hinsicht noch gebremster und weniger grausam: Er ist abends im Kino gewesen und hat dort ein 19jähriges Mädchen gesehen, das er vom Ansehen her kennt. Auf dem Heimweg hat er daran gedacht, sie zu überfallen. Er kann sich vorerst aber noch zurückhalten. Zu Hause nimmt er ein Messer, geht zurück und lauert dem Mädchen auf. Als sie vor ihm steht, bekommt er «furchtbare Angst» und schlägt ihr mit einem Stock über den Kopf. Geschlechtsverkehr mit ihr will er nicht, «nur das andere». Er entkleidet sie gewaltsam, wobei sie ihm aus Angst mithilft. Er führt sie mit vorgehaltenem Messer in einen Wald. Er hat in diesem Moment keine Angst, daß sie ihn erkennt. «Da denkt man gar nicht daran.» Seine psychische Verfassung bei dieser Tat charakterisiert er als «komisches Gefühl», das er auch bei den späteren Taten schildert: Es sei ein schwer beschreibbarer Zustand, «man macht dann alles, was man sich vorgestellt hat»; er ist aufgeregt, zittert und schwitzt «wie in Fieberschauern»; im Kopf ist er dabei ganz klar und eingeengt, «da denkt man an nichts anderes als nur daran». Er wirft das Mädchen zu Boden und bringt ihr Schnitte am Hals bei. «Ich sah dann, wie das Blut herauslief. Da wollte ich nichts wie weg, da kam mir die Erleuchtung, was ich getan habe.» Die Tat bleibt unentdeckt, das Mädchen, das überlebt, gibt bei der Polizei an, sexuell habe der Mann nichts von ihr gewollt, es sei unheimlich gewesen, die Schnitte am Hals habe er ihr «mit Gefühl» beigebracht, «wie um mich zu quälen».

Die erste Tat wirkt auf ihn wie eine Befreiung und zugleich wie ein schockierendes Erwachen. Diese Ernüchterung («als wenn irgend etwas von einem abgefallen ist») hält bei ihm mehrere Jahre an: Er ist in dieser Zeit viel ruhiger, masturbiert seltener, beschäftigt sich weniger mit seinen sadistischen Phantasien und ist im ganzen gelöster und lockerer, auch im Umgang mit anderen Menschen. Als er am Tage nach der ersten Tat erfährt, daß das Mädchen nicht tot ist, habe er «die ganze Welt umarmen» mögen. Nach einiger Zeit tauchen die alten Phantasien aber wieder auf, und die sadistischen Wünsche werden intensiver. Er berichtet von periodischen Akzentuierungen und Zuspitzungen, in denen er die Phantasie immer weiter ausschmückt bis hin zu Torturen mit Stechen, Peitschen, Zerschneiden und Töten von jungen Mädchen. Während solcher Drangperioden verfolgen ihn diese Vorstellungen bis in den Traum hinein.

Eine gewisse Unterbrechung stellt sich während der Bundeswehrzeit ein. Obwohl er auch hier kaum persönliche Kontakte hat, ist er durch die ständige Anwesenheit anderer Menschen und die Anforderungen durch die Gemeinschaft abgelenkt. Wieder zu Hause und auf sich verwiesen, kommt es nun zu einem massiven Ausbruch der sadistischen Deviation: Im Abstand von wenigen Monaten kommt es zu drei Tötungshandlungen. Wochenlang fährt er mit seinem Auto durch die Gegend, um Gelegenheiten zu finden.

Wieder um die Weihnachtszeit 1968 sieht er ein vierzehnjähriges Mädchen auf der Straße. In diesem Moment überkommt ihn wieder das, was er «das komische Gefühl» nennt: ein schwer in Worte zu fassender Zustand von gespannter und gebannter Erregung, eine extreme Einengung des Bewußtseins auf die Tatausführung. Es fällt auf, daß er in diesem Zusammenhang immer in der Es-Form spricht. Dies bringt zum Ausdruck, daß solche Zustände auch für ihn selbst etwas Unheimliches und Entsetzliches sind, das ihn gewissermaßen überfällt und nicht zu ihm gehört. Er will in diesem Moment noch wegfahren, «aber es ging nicht mehr». Er hält an, umfaßt das Mädchen von hinten, hält ihr den Mund zu und führt sie wortlos in einen Wald. Dieses Mädchen ist vor Schreck wie gelähmt und verhält sich vollkommen passiv. Er entkleidet sie gewaltsam, bedient sich dabei seines Messers, bindet ihr die Hände zusammen, knebelt sie und legt sie auf den Rücksitz seines Wagens. Er fährt mit ihr eine Zeitlang ziellos durch die Gegend und hält am Ufer eines Flusses an. Er zerrt sie aus dem Auto, quält sie und schneidet ihr schließlich die Kehle durch; dabei hat er einen Orgasmus. Das tote Mädchen wirft er ins Wasser. Von der ersten Tat unterscheidet sich diese nicht nur durch den tödlichen Ausgang, sondern auch durch ein Verlängern der Tatsituation und das Hinauszögern der tödlichen Verletzung. Es geht ihm in diesem Zustand der Erregung und Einengung um das Hinausschieben und Verlängern, wobei ihm während dieser Zeit niemals Gedanken durch den Kopf gehen, er könne noch davon ablassen; Gedanken, die über die Situation hinausgehen, kommen gar nicht erst auf.

Nach der Tat fühlt er sich wieder wie befreit, als sei nun alles von ihm abgefallen. Sein Verhalten ist völlig unauffällig. Am gleichen Abend geht er in eine Wirtschaft und besucht seinen Schwager im Krankenhaus. Niemand hat ihm etwas angemerkt. Er kann in den nächsten Wochen wieder ruhig schlafen und fühlt sich allgemein freier. Nur hält dieser Zustand der Befreiung diesmal nicht lange an.

Im Sommer ist er wieder in einer vergleichbaren psychischen Verfassung wie vorher. Eines Abends nimmt er ein sechzehnjähriges Mädchen in seinem Auto mit. Ohne ein Wort zu sprechen fährt er eine Zeitlang umher und hält an einem Waldweg an, reagiert nicht auf ihre Bitten, sie freizulassen, und entkleidet sie, ohne daß er besondere Gewalt anwenden muß. Das Mädchen, das gleich zu Beginn um ihr Leben fürchtet und nicht eine sexuelle Annäherung erwartet, versucht, ihn in ihrer Angst sexuell zu verführen; hierauf geht er aber nicht ein. Statt dessen fesselt und knebelt er sie und fährt wiederum eine lange Zeit mit ihr umher, bis er an einem Bach anhält. Er erinnert sich noch, wie sie zu ihm sagt, wenn er sie töte, solle er schnell machen, damit sie nicht so viel spüre. Er bringt ihr am ganzen Körper eine Vielzahl von Messerstichen bei, ehe er ihr den Hals durchschneidet; hierbei hat er wieder einen Orgasmus.

Das ganze Geschehen läuft auffallend einförmig ab, nicht nur das äußere Geschehen, sondern auch die Vorgänge in ihm selbst: Das Gefühl der Entspannung und Befreiung hält jetzt noch kürzer an. Dabei befindet er sich in einem ähnlichen Zustand. Innerlich ist er hin- und hergerissen: Einerseits hat er den Gedanken, allem ein Ende zu machen, sich der Polizei zu stellen oder Selbstmord zu begehen, andererseits zieht und drängt es ihn weiterzumachen. Manfred W. verbringt diese Zeit meistens im Bett, masturbiert mehrmals täglich, findet keine Befriedigung dabei, die Vorstellungen reißen nach dem Orgasmus nicht mehr ab. In solchen Perioden existiert für ihn die äußere Realität kaum noch; er spricht auch kaum mit anderen, nimmt nur die Mahlzeiten ein und lebt ansonsten in völligem Rückzug.

Die letzte Tat im Herbst 1969 ist die detaillierteste und grausamste. Er realisiert hier weitaus mehr von dem, was er sich in seinen Phantasien ausgemalt hat. Wieder hat er ein sechzehnjähriges Mädchen mitgenommen und fährt mit ihr nachmittags unter einem Vorwand zu seiner Arbeitsstelle. Dort auf dem Hof der Asphaltfirma befinden sich heiße Röhren, die ihn schon lange in seinen sadistischen Träumereien beschäftigt haben. Als er dort anhält, versucht das Mädchen fortzulaufen; er fängt sie wieder ein, entkleidet sie und knebelt sie und führt sie zu den Röhren, weil er die Idee hat, sie an die heißen Röhren zu drücken («eigentlich ist es keine Idee, das geht ja alles wie von selbst»). Er fügt ihr so Verbrennungen an der Schulter zu, schlägt sie dann mit einem Riemen und bringt sie wieder in sein Auto. Wieder fährt er eine lange Zeit mit ihr durch die Gegend, hält schließlich an einer Quelle und tötet sie dort auf die gleiche Weise wie die anderen Mädchen. Diesmal wirft er seine blutbefleckten Kleider nicht fort, sondern läßt sie in seinem Wagen liegen, «damit endlich alles rauskommt». Die letzte Tat hat er an einem Ort beendet, der in unmittelbarer Nähe von Häusern liegt.

Insgesamt laufen die Taten nach einem sehr ähnlichen Schema ab: Immer greift er irgendwo ein junges Mädchen auf, führt sie zu einem ersten Tatort, entkleidet sie dort, fesselt und knebelt sie und hält sich dort eine Weile auf. Dann fährt er mit ihr im Auto umher, auffallend gleich immer eine Strecke von etwa 20 Kilometern bis zu einem zweiten Ort, an dem er die Mädchen erstickt und an einem Wasserlauf niederlegt.

Es vergehen Wochen bis zu seiner Verhaftung. In der Zwischenzeit wird er häufiger, wie Zeugen berichten, in Wirtschaften gesehen. Er bringt das Gespräch dort auf die Taten, gibt sich als Kriminalbeamter aus und äußert, er werde den Täter schon fassen. Der Verdacht fällt schließlich dadurch auf ihn, daß er Details berichtet, die der Polizei noch nicht bekannt sind. Im Verlaufe seiner polizeilichen Vernehmungen zeichnen sich deutliche Etappen des Geständnisses ab, in denen sich Manfred W. mehr und mehr der Wahrheit nähert: Anfangs gibt er für die Taten ganz alltägliche Motivationen an, zum Beispiel, er habe einmal ein Mädchen nackt sehen wollen. Später sagt er, er habe den Geschlechtsverkehr gewollt. Auf Befragen der vernehmenden Beamten hat er dann angegeben, er habe die Mädchen getötet aus Angst davor, daß sie ihn anzeigen. In einem zweiten Stadium des Geständnisses hat er dann den äußeren Tatablauf detailliert geschildert, ohne aber auf seine Motivationen und die inneren Erlebnisse einzugehen. In einem weiteren Schritt nähert er sich der Wahrheit und sagt: «Ich weiß, warum ich es getan habe, aber ich kann es nur einem Arzt sagen.» Die letzte und für ihn schwierigste Stufe ist schließlich die Aufdeckung seiner sadistischen Erlebnishintergründe.

2. Psychodynamische Interpretation
Jeder Versuch der psychodynamischen Interpretation begegnet wieder und hier in besonderem Maße der Schwierigkeit, daß die Explorationen kaum Material über Manfred W.s psychische Entwicklung ergeben. Ein von ihm entwickeltes, gefühltes und gelebtes Beziehungsmuster ist nicht erkennbar; sein Verhältnis zu Eltern, Geschwistern und anderen Personen seines sozialen Umfeldes er-

scheint farblos und auf Formelhaft-Konventionelles reduziert. Gefühlsmäßige Beziehungen haben anscheinend keine Spuren in ihm hinterlassen. Diese Leere ist nicht auf fehlende Mitteilungsbereitschaft zurückzuführen – Manfred W. will nichts verbergen; es liegt auch nicht an verbaler Unfähigkeit oder mangelnder Intelligenz (im Hamburg-Wechsler-Intelligenztest erreicht er einen Intelligenz-Quotienten von 99). Vielmehr ist ihm offensichtlich mehr als das, was er verbal mitteilt, selbst nicht zugänglich. Die Störung in den Objektbeziehungen ist hier eine andere als z. B. beim schizophrenen Autismus, bei dem es im wesentlichen um Aufgabe der Objektkonstanz und um Verlust der Selbstkohärenz geht. Die Beziehungsstörung ist auch nicht die von solchen narzißtisch gestörten Persönlichkeiten, bei denen die Bezugsperson nicht als eigenständiger Partner, sondern als Teil des Selbst erlebt wird. Bei Manfred W. finden wir eine elementare Barriere und vollständige Abwehr von Beziehungen überhaupt. Wie weit diese Sperre bei ihm reicht, zeigt sich daran, daß er den projektiven Tests (Rorschachtest und TAT) ratlos gegenübersteht und zu keinerlei Einfällen oder Phantasien fähig ist. Dem entspricht, daß auch seine Eltern eigentlich keinen Zugang zu ihm als Person gefunden haben; sie wissen kaum etwas ihn Charakterisierendes, für ihn Unverwechselbares auszusagen.

Es stellt sich die Frage, wie sich eine solche Beziehungsleere erklären läßt. Wenn wir über die Struktur dieser Familie, über die Beziehung zwischen Eltern und Kindern so gut wie gar nichts wissen, wenn wir ferner bedenken, daß sämtliche Geschwister im Leben gut zurechtkommen und offenbar keine schweren psychischen Störungen haben, dann liegt zunächst der Gedanke nahe, psychodynamische Zusammenhänge als bedeutungslos beiseite zu lassen und die Auffassung zu vertreten, die Fehlentwicklung des Manfred W. sei entscheidend durch organisch-dispositionelle Faktoren determiniert. Wir haben uns bisher immer nur einseitig mit der psychodynamischen Interpretation beschäftigt und eventuelle dispositionell-organische Faktoren nicht diskutiert. Dies ist insofern einseitig, als die körperliche Untersuchung in einigen Fällen, jedoch nicht immer, hirnorganische Befunde im Hirnstrombild und im Luftenzephalogramm ergeben haben. Zwar sind diese Befunde uneinheitlich und durchweg unspezifisch und weisen allenfalls auf einen meist nicht lokalisierbaren, wahrscheinlich frühkindlich erworbenen Hirnschaden hin. Dies bedeutet aber keineswegs, daß wir diese Befunde als bedeutungslos beiseite lassen. Bei Manfred W. z. B. fanden wir im Luftenzephalogramm einen Grenzbefund zur Mikroventrikulie (= abnorme Kleinheit der inneren Hirnhohlräume) bei normalem Hirnstrombild, einen unauffälligen Hormonhaushalt und ein normales XY-Karyogramm. Schon in den Anfängen der Psychoanalyse ist immer wieder nachdrücklich betont worden, daß die psychodynamische Interpretation das Vorhandensein konstitutionell-biologischer Faktoren nicht ausschließt, sondern sie im Gegenteil häufig ergänzend postuliert. So heißt es bei FREUD: «Die Psychoanalyse hat über die akzidentellen Faktoren der Ätiologie viel, über die konstitutionellen wenig geäußert, aber nur darum, weil sie zu dem ersteren etwas Neues beibringen konnte, über die letzteren hingegen zunächst nicht mehr wußte, als man sonst weiß. Wir lehnen es ab, einen prinzipiellen Gegensatz zwischen beiden Reihen von ätiologischen Momenten zu statuieren; wir nehmen vielmehr ein regelmäßiges Zusammenwirken beider zur Hervorbringung des beobachteten Effekts an» (Ges. Werke, Band VIII, S. 364f.)

Was die Konstitution oder die Diagnose eines Hirnschadens konkret bedeutet und erklärt, ist kaum zu präzisieren. Man weiß lediglich, daß sich z. B. abweichende Befunde im Hirnstrombild statistisch bei psychopathologisch auffälligen Persönlichkeiten häufen. Man wird sich daher vorerst mit der Aussage begnügen müssen, daß ein diffuser frühkindlicher Hirnschaden eine ungünstige biologische Ausgangsbedingung für die Entwicklung einer Persönlichkeit darstellt. Die Möglichkeit, ungünstige Entwicklungsbedingungen, Traumata etc. zu kompensieren und auszugleichen, sind sicherlich geringer; das heißt, solche Persönlichkeiten sind ihrer Umwelt schutzloser preisgegeben. Jedenfalls insofern ist es wichtig, die Tatsache der Hirnschädigung gegebenenfalls zu berücksichtigen als das Fundament, auf dem sich psychopathologische Entwicklungen vollziehen und welches gewisse Grenzen der Entwicklungsmöglichkeiten vorzeichnet.

Nach diesen Vorbemerkungen kehren wir zu unserem Versuch einer psychodynamischen Interpretation zurück. Den Mangel an detaillierten Informationen über die Entwicklung von Manfred W. können wir ausgleichen durch einen Rückgriff auf Erfahrungen und Erkenntnisse der Psychoanalyse, die sie bei der Beobachtung und Behandlung schwerer und früher psychischer Störungen gewonnen hat, z. B. kindlichen Psychosen und kindlichem Autismus. Vergleichen wir die psychische Struktur des Manfred W. mit den bisher beschriebenen Patienten, dann finden wir einige Übereinstimmungen wie eine allgemeine Ängstlichkeit, ausgeprägte Scham und Selbstunsicherheit, eine passive Anpassung, ein Zurückweichen vor aggressiver Auseinandersetzung und Selbstbehauptung. Diese Kennzeichen machen aber nicht das Spezifische dieser Persönlichkeitsstörungen aus. Der strukturelle Unterschied zu den anderen liegt in seiner Beziehung zu der Welt der Objekte. Während bei allen anderen Patienten die Fähigkeit, Beziehungen einzugehen – und seien sie auch sehr unreifer und narzißtischer Art – erhalten ist, scheint diese hier offenbar gänzlich zu fehlen. Diese totale Beziehungsflucht und Verweigerung (er kann nie jemandem in die Augen sehen) aus dem unbewußten Gefühl heraus, durch das Eingehen von Beziehungen sein Selbst zu verlieren und sich aufzulösen, Beziehungen deshalb nicht ertragen zu können, weist darauf hin, daß hier sehr frühe und schwere Störungen in der Persönlichkeitsentwicklung den Ausschlag geben – und zwar in den Entwicklungsprozessen der oralen Phase, in denen es um die elementare Konstitution des Selbst geht. Sein zentrales Problem liegt darin, daß er sich ständig in seiner Selbstidentität und -kohärenz bedroht fühlt. Deshalb muß er Beziehungen ausweichen, weil ein jedes Sicheinlassen auf andere, jedes Zulassen von Nähe eine gewisse Stabilität und Sicherheit in bezug auf das eigene Selbst voraussetzt, die er gerade nicht hat. Deshalb gelten seine Abwehrmechanismen in erster Linie der Erhaltung und Sicherung des eigenen Selbstseins. Man kann diskutieren, ob die Begriffe Beziehungsflucht und Verweigerung, die strukturell eine generelle Beziehungsfähigkeit zu Objekten oder deren Vorläufern bereits beinhalten, nicht schon reifere Strukturen voraussetzen, als bei Manfred W. vorhanden sind. Es hat den Anschein, daß es ihm um die Erhaltung einer primär-narzißtischen Unabhängigkeit geht, in der Objekte oder deren Vorläufer gar nicht erst wahrgenommen werden. Die Welt der Objekte wird gleichsam verleugnet.

Der Aufrechterhaltung dieser gleichsam primär-narzißtischen Autarkie dienen Verhaltensweisen, die man unter dem Abwehrmechanismus der *Selbstreduktion* zusammenfassen kann, die bei ihm geradezu bis ins Extreme ausgestaltet ist. Sieht man von der Deviation ab, so führt er in seinem sozialen Dasein eine Vita minima: Er führt ein Leben sozusagen ohne emotionale Bedürfnisse, klammert den emotionalen Bereich aus und muß libidinöse Wünsche so weitgehend ablehnen, daß er z. B. Liebesszenen im Fernsehen nicht ertragen kann. Der Sicherung und Erhaltung seiner Ich-Identität dient seine völlig passive Anpassung, die so weit geht, daß er bis zur Unsichtbarkeit in seine Umgebung gleichsam eintaucht; niemand kennt ihn, keiner nimmt Notiz von ihm. Nicht nur, daß er nie aneckt, er vermeidet sogar, sich in irgendeiner Weise darzustellen, sei es mit Leistungen, Forderungen, Initiativen oder Wünschen. In diesem Zusammenhang ist auch das völlige Versiegen von Einfällen bei den projektiven Tests zu sehen. Dieses mimikrihafte Verschwimmen in der Umgebung, das, wie erwähnt, der Sicherung seines Selbst in der narzißtischen Autarkie dient, basiert auf unbewußten Ängsten, zu zerfallen, sich aufzulösen, die erreichte minimale Selbstkohärenz zu verlieren. Eben weil es hier um die Aufrechterhaltung eines primär-narzißtischen Gleichgewichts geht, lassen sich seine Gefühle von Bedrohtsein und seine Ängste nicht auf eine aggressive Auseinandersetzung mit Objekten oder Objektvorläufern zurückführen, wie wir es z. B. bei den borderlineähnlichen Persönlichkeitsstrukturen finden, bei denen die aggressive Auseinandersetzung in sadistischen Impulshandlungen gipfelt (vgl. die im Kap. 3.2 geschilderten Entwicklungen). Seine Bedrohtheitsgefühle gehen nicht auf nach außen projizierte Aggressionen zurück. Deshalb fehlen z. B. paranoide Ängste vollständig.

Von den Phänomenen her ähnelt diese Selbstreduktion dem von Anna FREUD (1936) beschriebenen Abwehrmechanismus der Ich-Einschränkung. Starke Kastrationsängste z. B. können dadurch abgewehrt werden, daß sexuelle Betätigung überhaupt vermieden bzw. aufgegeben wird und sexuelle Regungen verdrängt werden. Die dann resultierende Asexualität stellt zwar eine Verarmung an Erlebnismöglichkeiten dar, befreit aber vom Konfliktdruck und stabilisiert die Persönlichkeit. Viele Hemmungen im sozialen Bereich sind ein Ausdruck von Ich-Einschränkungen, z. B. Beziehungsängste, Kontakthemmungen, mit denen einer gefürchteten Entgleisung von aggressiven Impulsen entgegengearbeitet wird etc. Sind aber derart zentrale Persönlichkeitsbereiche ausgeklammert und führt die Selbstreduktion zu einem derart entleerten, fast hülsenhaften Dasein wie bei Manfred W., dann ist dies mehr als ein Verzicht auf angstbesetzte Aktivitäten im Dienste des Schutzes von Selbst und Objekten. Die Selbstreduktion dient hier dazu, sich einer ganz elementaren, vor jeder eigentlichen Individuation gelegenen Selbstgewißheit zu versichern.

Der Versuch, mit Hilfe der Selbstreduktion sich einer elementaren, primär-narzißtisch-autarken Identität zu vergewissern, wird für ihn erst möglich durch die Abwehrformation der Deviationsbildung. Erst im devianten Erleben finden sich Spuren und archaische Vorläufer von alldem, was wir bei ihm ansonsten vergebens gesucht haben. Hier hat er Phantasien, Vorstellungen und Wünsche, entwickelt Aktivitäten, hier gehen libidinöse und aggressive Regungen ein, zu denen er sonst unfähig ist, hier tauchen Ansätze von Beziehungsmustern auf: Er nimmt, wenn auch in einer extrem verzerrten und narzißtischen Art, Beziehungen zu Frauen auf, die er ansonsten völlig zu übersehen und zu ignorieren scheint. All diese Regungen sind jedoch archaisch; aggressiv-zerstörerische und libidinös erhaltende Impulse sind noch ungetrennt und von den mit der Ablösung einsetzenden Prozessen der Ich-Entwicklung in keiner Weise überformt. Diese Triebäußerungen sind den Mechanismen wie Anpassung, Neutralisierung, Entschärfung, Sublimierung, mit deren Hilfe normalerweise die ursprünglich asozialen kindlichen Antriebe gezähmt und sozialisiert werden, nicht zugänglich, so daß sie in die Persönlichkeit nicht integrierbar und mit einem sozialen Verhalten nicht vereinbar sind und dort nicht ausgelebt und befriedigt werden können. Es sind atavistische, amorph gebliebene Gestalten, die nicht lediglich unverarbeitete Reste frühkindlicher Impulse darstellen, sondern welche durch die Deviation eine spezifisch narzißtische Deformation und Triebdynamik erhalten: Seine Phantasien, Vorstellungen, Wünsche und Aktivitäten sind rein alloplastisch, das heißt, er tritt aus seiner unsichtbaren Passivität heraus und erlebt sich in seinen sadistischen Phantasien als jemand, der seine Umgebung nach seinen Triebbedürfnissen beliebig formt, allmächtig die sozialen Einengungen negieren kann und sich von den Bedürfnissen der anderen nicht affizieren und beeinträchtigen läßt. Es liegt darin eine Wiederbelebung eines archaischen Größenselbst, das omnipotent den anderen bezwingt, beherrscht und über ihn verfügt. In der sadistischen Phantasie und noch mehr in der sadistischen Aktion – und nur hier gelingt es ihm, sich in intensiver Weise punktuell selbst zu erleben und selbst zu fühlen – liegt ein Erleben, das im Kontrast zu seiner emotional entleerten und reduzierten Ich-Wahrnehmung jetzt rauschhaft ekstatischen Charakter annimmt. Die den Orgasmus charakterisierenden Erlebnisqualitäten: das gesteigerte körperliche Selbsterleben einerseits und ein Stück Selbstverlust und regressive Aufgabe von Selbststeuerung und Abgrenzung andererseits bekommen für ihn eine besondere Qualität: Das gesteigerte Selbsterleben beruht bei ihm nicht allein auf dem Körpergefühl, sondern intensiviert sich dadurch, daß er sich von dem passiven, wehrlos gemachten, willenlosen, Opfer gewordenen, schließlich zerstückelten und amorphisierten Gegenüber absetzt – etwa in der Art: Nicht ich bin, wie immer befürchtet, zerstückelt, zerfallen, fragmentiert und amorph, sondern der andere. Zugleich geht hier – und das betrifft den Aspekt der Selbstaufgabe – etwas anderes, Gegensätzliches ein: Wie wir gezeigt haben, kann in der Deviation die Realisierung dessen, was massive Ängste auslöst und dem wichtigste Abwehrmechanismen dienen, intensiv lustvoll erlebt werden. Über die projektive Identifikation mit dem Opfer, die in der sadistischen Deviation nie fehlt, drückt sich in der sadistischen Aktion zugleich die Fragmentierung und Amorphisierung seines Selbst aus, die Auflösung von Ich-Grenzen und Verschmelzung. In diesem Zusammenhang ist möglicherweise die sehr auffällige Tatsache zu sehen, daß bei ihm, wie übrigens auch bei anderen Fallgeschichten, die ritualisierten Tötungshandlungen damit enden, daß die Opfer in Gewässer getaucht werden. Vielleicht drückt sich darin nicht nur eine symbolische Reinigung und ein Ungeschehenmachen der Tat aus, sondern zugleich auch ein Versenken im Grenzenlosen und Amorphen.

Die Funktion der sadistischen Deviation bei dieser extremen Selbstreduktion wird hier sehr deutlich: Einmal ermöglicht sie ihm punktuell das Gefühl, vollständig zu sein; sie wirkt, wie MORGENTHALER (1974) es ausdrückt, wie ein Pfropf, der die Persönlichkeit komplettiert. Zum anderen entladen sich in dem narzißtischen Exzeß die destruktiven und libidinösen Impulse, deren Übersetzung in objektale Beziehungen unmöglich ist, und lösen die sich steigernden narzißtischen Spannungen. Dies erklärt, warum er sich nach der sadistischen Tat über lange Zeit wie befreit fühlt, sicherer und angstfreier leben kann, bis sich allmählich diese stabilisierenden Wirkungen mehr und mehr aufzehren und der Drang zur Wiederholung immer stärker wird.

Weil die Dynamik der archaischen Triebimpulse den Bestand und die Kohärenz des Selbst bedrohen, müssen sie abgespalten werden. Dieser Abwehrmechanismus, der für das Verständnis der sadistischen Deviation von grundlegender Wichtigkeit ist, soll hier noch einmal aufgegriffen werden. Durch die Abspaltung wird ein Bereich geschaffen, in dem sich die archaischen Impulse und Bestrebungen ausleben und zugleich als fremd, dem Ich nicht zugehörig, erlebt werden; für diesen Bereich sind die Kontrollen und Steuerungsmechanismen des Ich gleichsam nicht mehr zuständig. Bei Manfred W. fällt auf, daß die Gewichtung zwischen dem sozialen Ich und dem abgespaltenen Bereich sich geradezu ins Gegenteil verkehrt hat. Man hat den Eindruck, daß all seine Dynamik und Lebendigkeit in dem abgespaltenen Bereich aufgezehrt und sein soziales Ich auf passive, lebenserhaltende Anpassung reduziert wird. Es wird hier deutlich, daß die Abspaltung nicht allein als Reaktion auf Über-Ich-Forderungen zu verstehen ist, also nicht aus Schuld- und Schamgefühlen wegen der Verbotenheit der sexuellen Wünsche resultiert, sondern viel elementarer der Sicherung und Erhaltung des Selbst dient. Die Abspaltung ist ein primitiver Abwehrmechanismus, dem

z. B. auch bei der Entstehung von schizophrenen Psychosen eine wichtige Bedeutung beigemessen wird. Der Tatsache, daß bei den Deviationen der abgespaltene Bereich an die Sexualität gekoppelt und damit zeitlich-periodisch begrenzt ist, mag es zuzuschreiben sein, daß der abgespaltene Bereich dauerhaft von dem Selbst ferngehalten werden kann und es nicht zu einer Fragmentierung des Selbst in der Psychose kommt.

Es versteht sich nach dem Gesagten von selbst und sei nur der Vollständigkeit halber angeführt, daß der Mechanismus der Abspaltung etwas grundlegend anderes ist als die Reaktionsbildung oder das, was man Überkompensation nennt. Als Reaktionsbildung bezeichnet man die Ausbildung einer dauerhaften Haltung, die das Gegenteil von ursprünglichen und dann der Abwehr anheimfallenden Triebwünschen ausdrückt, z. B. eine devote Nachgiebigkeit und Unterwürfigkeit bei starken, aber abgewehrten Wünschen nach aggressiver Auflehnung. Unter Überkompensation versteht man landläufig die bewußtseinsnähere, mehr als Schutz und Tarnung angenommene Haltung oder Attitüde, die Schwächen nach außen verdecken soll, z. B. das überforsche, arrogante Auftreten eines im Grunde selbstunsicheren Menschen. Beides sind, ganz anders als die Abspaltung, Ich-Funktionen, die die Art der Realitätsanpassung und Bewältigung mitbestimmen und mehr oder minder im Einklang mit dem Selbstkonzept stehen. Man kann daher nicht sagen, wie man es in der Meinung der Öffentlichkeit und bisweilen auch im Gerichtssaal hören kann, daß Manfred W. als Ausgleich oder Überkompensation seiner Kontaktschwäche oder Aggressionsunfähigkeit die Sexualität dazu benutzt, um sich für diese Schwächen einen Ausgleich zu verschaffen. Psychologisch noch abwegiger sind Unterstellungen, er spiele die Rolle des sozial angepaßten, friedfertigen Mitbürgers, um desto ungehemmter und ungefährdeter seine Triebwünsche zu realisieren als eine Art Wolf im Schafspelz. Es ist bei solchen Fällen offenbar die erste, laienhafte Reaktion, den abgespaltenen Anteil als das «echte Selbst», das «wahre Gesicht» anzusehen. Es ist für den Gutachter häufig sehr schwer, vor Gericht verständlich zu machen, daß Aktionen in diesem abgespaltenen Bereich unter der Regie des magischen Größenselbst geschehen und den

Kontrollen des Ich nicht mehr unterstehen können.

Abschließend wollen wir auf ein Phänomen hinweisen, das uns hier mehr am Rande interessiert: Das Verhalten der Opfer. Manfred W. wie alle anderen Patienten mit einer sadistischen Deviation berichten davon, daß sich die Mädchen von Beginn an passiv, ergeben und widerstandslos verhalten und zum Teil sogar dabei mitgeholfen haben, wenn sie wehrlos gemacht und gefesselt wurden. Daß es sich hierbei nicht oder nicht allein um projektive Wahrnehmungsverzerrungen seitens der Täter handelt, zeigt das Fehlen von Kampfspuren. Dieses Verhalten läßt sich nur zu einem geringen Teil aus der Persönlichkeit der Opfer erklären. Es scheint vielmehr so zu sein, daß sich eine sadistische Aktion von Beginn an von einer Notzuchtsituation unterscheidet und es sich dem Opfer mitteilt, daß es hier nicht um gewaltsame sexuelle Verführung geht, sondern um sadistische Bemächtigung. Von einer solchen Intention geht eine Atmosphäre aus, die um vieles angstauslösender, fremder und lähmender ist. Die Ausstrahlung einer narzißtischen Allmacht und das völlige Fehlen von Objektbezug kann zur Folge haben, daß sich die Opfer hilflos, ausgeliefert und willenlos fühlen. Bei den sadistischen Deviationen, bei denen solche Handlungen vorher immer wieder in der Phantasie vorerlebt worden waren, scheint es essentiell zu sein, daß das reale Verhalten der Opfer den Phantasien entspricht, damit diese Umsetzung gelingt. So berichtet einer unserer Patienten, wenn das Mädchen am Anfang geschrien oder sich gewehrt hätte, d. h. aus ihrer Anonymität und Passivität herausgekommen wäre, dann hätte die Tat nicht geschehen können (Fallgeschichte 5). Einem von vielen Mädchen, die Manfred W. auf der Suche nach Opfern in seinem Auto mitgenommen hat, ist es gelungen, ihn während der Autofahrt in ein Gespräch zu verwickeln und das Anonym-Magische in der Situation nicht aufkommen zu lassen. Dieses Mädchen antwortete auf eine Frage des Gerichts eher verwundert, sie sei gar nicht auf den Gedanken gekommen, vor diesem Mann Angst zu haben; er habe so unbeholfen und ängstlich gewirkt. Die Projektionen von sadistischen Phantasien sind also auf Situationen von Passivität und Anonymität angewiesen.

Über die weitere Entwicklung von Manfred W. nach seiner Verurteilung haben wir gehört, er füge sich völlig problemlos in den Gefängnisbetrieb ein, bleibe bei sich und mache nicht den Eindruck, in irgendeiner Form darunter zu leiden. Dieses unterstreicht die Selbstgenügsamkeit in seinem narzißtischen Rückzug; er ist so wenig von seiner Umgebung affizierbar, daß er offenbar selbst durch eine so einengende und reduzierte Situation kaum tangiert wird.

3.1.4 Allmacht und Tötungsrausch

Fallgeschichte 5

1. Die Lebensgeschichte
Der 37jährige, in der Bundesrepublik stationierte US-Sergeant Donald G. hat 1969 ein siebzehnjähriges Mädchen getötet. Seine Erscheinung ist auf den ersten Blick auffällig: Er ist groß, rothaarig, schmalbrüstig mit auffallend breiten Hüften, hat ein schmales, asymmetrisches Gesicht mit einem starren, stets prüfenden Blick. In der Art, wie er zu sich Stellung nimmt, fällt auf, daß er von sich wie von einem unbeteiligten Dritten spricht: Seine Angaben sind äußerst präzise, er registriert gleichsam mit dokumentarischer Genauigkeit und spricht auch von seinen Gefühlen wie von chemischen Reaktionen. Es entsteht der Eindruck, daß er sich hinter dieser schonungslosen und radikalen Offenheit noch verbirgt. Die Begutachtungssituation ist bestimmt von zwei einander widersprechenden Bestrebungen: Einerseits möchte er sich aussprechen, will Klarheit über sich und sucht Hilfe; andererseits will er dies, ohne sich klein, schwach, abhängig zu fühlen und sich in Hilflosigkeit zu verlieren. Bei aller Genauigkeit seiner Angaben über sich bleibt die Schilderung seiner Entwicklung wegen dieser Verleugnung von Schwäche und Abhängigkeitswünschen einseitig.

Donald G. stammt aus Michigan, der Vater ist ungelernter Arbeiter und stirbt an einem Speiseröhrenkrebs, als Donald G. neun Jahre alt ist. An die Person des Vaters kann er sich kaum noch erinnern, wie es überhaupt auffällt, daß er sehr wenig Kindheitserinnerungen hat. Nach dem Tod des Vaters gibt die Mutter ihn und seinen vier Jahre jüngeren Bruder in ein Heim. Die Mutter charakterisiert er mit wenigen, sachlichen und neutralen Attributen, so als sei das Verhältnis zu ihr distanziert, aber nicht schlecht gewesen. In einem auffallenden Gegensatz zu dieser farblosen Schilderung stehen die Wahrnehmungen seiner Ehefrau über die Mutter-Sohn-Beziehung; wir kommen darauf zurück. Seinen Erinnerungen nach hat es ihm offenbar überhaupt nichts ausgemacht, in einem Heim zu leben; er hat die Mutter nicht sonderlich vermißt und hat keinerlei Heimweh gehabt. Auf der Schule – seine Schulbildung entspricht einem deutschen Mittelschulabschluß – ist es ihm sehr wichtig, sich anderen Jungen gegenüber durchzusetzen; er ist eigensinnig, braust leicht auf und ist eine Art Anführer in der Gruppe, hat aber keinen Freund. Er ist eher respektiert und gefürchtet als beliebt. Er gibt an, daß er damals schon auf Kontakt und Gemeinschaft wenig Wert legt und am liebsten allein ist. Im Heim wird er mit dreizehn Jahren entlassen und lebt die folgenden drei Jahre bei einem Onkel. Dort fühlt er sich wohl, weil er viel Freiheit hat und sich weitgehend selbst überlassen ist. Gegen Ende der Schulzeit nimmt die Mutter ihn wieder zu sich; sie hat inzwischen ein uneheliches Kind geboren. Für den Lebensunterhalt der Mutter muß er im wesentlichen aufkommen. Fragt man ihn z. B. nach seinen gefühlsmäßigen Reaktionen auf das Kind der Mutter oder danach, wie er sich nach Jahren der Trennung mit der Mutter verstanden hat, reagiert er eher verwundert: Das Verhältnis sei «ganz gut» gewesen; er habe sich über das uneheliche Kind auch wenig Gedanken gemacht und keine moralischen Bewertungen vorgenommen; die Mutter sei doch alt genug und müsse wissen, was sie tue.

Seit der Schulzeit ist es sein Berufswunsch, zur Armee zu gehen und Berufssoldat zu werden. Nach der Schulentlassung verrichtet er Gelegenheitsarbeiten, bis er sich 1952 mit zwanzig Jahren bei der Armee verpflichtet. Unmittelbar nach der Grundausbildung kommt er nach Korea zum Fronteinsatz. Er hat überhaupt keine Angst und fühlt sich im Gegenteil im Kriegseinsatz wohl, weil er das Gefühl hat, dort gebraucht zu werden, wichtig zu sein und «seinen Mann stehen» zu können. Während der gesamten Armeezeit hat er viel Schwierigkeiten besonders mit Vorgesetzten: Es fällt ihm schwer, sich unterzuordnen, er ist eigenwillig und sehr empfindlich, wenn er meint, daß ihm Unrecht geschieht. Er setzt sich dann zur Wehr und beharrt auf seinem Standpunkt. Kurz vor dem Einsatz nach Korea hat er geheiratet. Der Verlauf dieser Ehe, die für ihn mit schweren Enttäuschungen und Kränkungen verbunden ist, hat eine entscheidende Bedeutung für sein weiteres Leben und hat eine auslösende Funktion für die Entwicklung seiner sadistischen Deviation.

In sexueller Hinsicht ist er schon frühzeitig neugierig und aktiv. Aus der Kindheit erinnert er häufige sexuelle Spielereien mit anderen Jungen und Mädchen. Mit zehn, elf Jahren ist er darauf aus, seinen Onkel beim Geschlechtsverkehr zu beobachten. Während der Heimzeit fällt er auf, weil er häufig Mädchen heimlich beim Ausziehen und Duschen beobachtet und sexuelle Kontakte mit gleichaltrigen Mädchen sucht und aufnimmt. Aus diesem Grunde muß er das Heim verlassen. Nach dem Eintritt in die Pubertät hat er keine Schwierigkeiten mit der Sexualität, erlebt sie in keiner Weise konflikthaft, sondern bringt sie von Beginn an in seine sozialen Aktivitäten ein: Er hat zwar vielfältige Kontakte, aber keine wirklichen Beziehungen zu Mädchen. Seit seinem ersten Geschlechtsverkehr mit vierzehn Jahren ist er nie wieder längere Zeit ohne Sexualpartner. Meistens hat er mehrere Freundinnen nebeneinander und wechselt häufig die Partnerinnen, ohne sich an jemanden zu binden. Die Mädchen sind für ihn im wesentlichen Objekte für seine Triebbefriedigung. Bei den Mädchen kommt er gut an und hat Erfolge. Dadurch, daß er z. B. bei Festlichkeiten für andere Jungen Mädchen besorgt, verschafft er sich Ansehen. Irgendwelche sexuell devianten Wünsche hat er in dieser Zeit nicht.

Mit neunzehn Jahren lernt er seine erste Frau kennen. Die Beziehung unterscheidet sich insofern von seinen bisherigen Erfahrungen, als sie das erste Mädchen ist, das sich ihm sexuell verweigert. Dieser Widerstand reizt ihn, und er denkt, an diesem Mädchen müsse etwas Besonderes sein. Dies ist, so sagt er, der eigentliche Heiratsgrund für ihn gewesen. Die Ehe ist von Beginn an unglücklich. Er schildert seine Frau als prüde, sexuell inaktiv, uninteressiert und gehemmt, was ihn, bei dem Sexualität immer eine große Rolle gespielt hat, unzufrieden macht. Er fühlt sich in seiner Männlichkeit gekränkt und betrachtet die sexuelle Bedürfnislosigkeit der Frau als sein Versagen und nimmt es ihr übel. Als er aus Korea zurückkommt, wird ihm zugetragen, seine Frau habe während seiner Abwesenheit Feste gegeben und sich mit anderen Männern eingelassen. Er ist tief verletzt und reagiert maßlos eifersüchtig. Obwohl er in dieser Beziehung unzufrieden ist und sich an die Frau auch nicht gebunden fühlt – er hat es mit Selbstverständlichkeit für sich in Anspruch genommen, während seiner Abwesenheit Beziehungen zu anderen Frauen aufzunehmen –, kann er den Gedanken nicht ertragen, daß ein anderer Mann zu ihr, die doch ihm gehört, Beziehungen hat. In seinen Kontakten ist er ausgesprochen besitzergreifend. Bei seiner großen

Verletzbarkeit und der Abwehr seiner Abhängigkeitswünsche bleibt er meistens bei sich und fühlt sich auf Kontakte nicht angewiesen. Wenn er sich entschließt, über oberflächliche Kontakte hinaus sich an jemanden oder genauer: jemanden an sich zu binden, dann geschieht dies so, daß er den anderen als sich zugehörig betrachtet, sich ständig seiner vergewissern und ihn kontrollieren muß. Aus seinem Verdacht der Untreue heraus spioniert er seiner Ehefrau nach und überrascht sie, als er eines Abends angetrunken nach Hause kommt, mit einem anderen Mann. In diesem Moment zieht er seine Pistole und gibt mehrere Schüsse durch das Fenster auf seine Frau und ihren Liebhaber ab, ohne sie jedoch zu treffen. Er wird deswegen psychiatrisch untersucht und wegen der affektiven Aufladung und wegen des Alkohols freigesprochen.

Die Ehe wird kurz darauf geschieden. Donald G. meldet sich erneut nach Korea, um von diesem Erlebnis Abstand zu bekommen. Wie tief diese Kränkung in ihm haftet, zeigt sich darin, daß er auf diese Frau bis heute einen maßlosen Haß hat; er meint, er könne seine Affekte nicht kontrollieren und diese Frau noch immer umbringen, wenn er ihr heute begegne. Aus diesem Grund hat er die USA, so gut es ging, gemieden; «ich hasse den Boden, auf den sie tritt».

1958 wird er erstmals in die Bundesrepublik versetzt und lernt hier bald seine zweite Ehefrau kennen, die er nach kurzer Zeit heiratet. Diese Beziehung wird von beiden als sehr harmonisch geschildert. Nach mehreren Fehlgeburten der Frau haben sie ein gemeinsames Kind, das ein Jahr vor der Tat geboren wird. Wenn man ihn nach seiner Frau und der Beziehung zu ihr fragt, betont er vor allem, daß sie sehr attraktiv ist. Die Bewunderung, die ihr andere Männer wegen ihrer Erscheinung entgegenbringen, ist für ihn eine wichtige Bestätigung. Obwohl er sie sehr gern mag, kann er auch ihr gegenüber nicht aus seiner Reserve herauskommen; er bleibt verschlossen und spricht wenig über sich. Die Frau weiß z. B. nichts von dem Tötungsversuch an seiner ersten Frau. Über eigene Schwierigkeiten und Probleme hat er mit ihr nie sprechen mögen aus Angst, er könne ihre Achtung verlieren, wenn er sich schwach zeigt. Wie empfindlich er auf Kränkungen reagiert, zeigt folgendes Beispiel: Am Beginn ihrer Beziehung nimmt er sich vor, Deutsch zu lernen, gibt dies aber auf, als die Frau einmal seine Aussprache belächelt und ihn scherzhaft imitiert. 1962 wird er in die USA zurückversetzt und nimmt die Frau mit. Einige Monate leben beide mit seiner Mutter zusammen. Es gibt aber bald erhebliche Schwierigkeiten, weil, wie die Frau angibt, seine

Mutter sehr dominierend, herrisch und eigensinnig ist. Die Mutter ist auf die Schwiegertochter eifersüchtig, so daß es dauernd Spannungen gibt. Im Gegensatz zu seiner Selbstschilderung, nach der er in sozialen Situationen souverän, unabhängig und wenig tangierbar ist, erlebt seine Frau ihn in diesem Konflikt als sehr unsicher: Hilflos habe er zwischen ihr und der Mutter gestanden und sei unfähig gewesen, in Auseinandersetzungen Stellung zu nehmen, weil er niemandem weh tun wollte.

1967/68 kommt er erneut in den Kriegseinsatz nach Vietnam. Die Frau kehrt zu ihren Eltern nach Süddeutschland zurück. Während er in Vietnam ist, wird der Sohn geboren. Er freut sich sehr über das Kind und ist, wie die Frau sagt, in den Sohn geradezu «vernarrt». Zwei Monate vor der Tat kehrt er aus Vietnam zurück und ist in Süddeutschland stationiert.

In ihm verborgen, nach außen ängstlich abgeschirmt und geheim gehalten gibt es einen Bereich, über den er noch nie gesprochen hat: eine sadistische Phantasiewelt. Es beginnt in Korea 1953, in einer Zeit, in der erhebliche Spannungen in seiner ersten Ehe bestehen, daß er nachts sexuelle Träume hat, die ihn beunruhigen: Er träumt zunächst, wie er seine Frau schlägt und ihr Schmerzen zufügt; nach und nach beziehen sich seine sadistischen Träume auf unbekannte Frauen, und die sadistischen Handlungen im Traum werden immer massiver: Er träumt von Foltern, Fingerbrechen und Abschneiden von Körperteilen. Es sind vor allem zwei Trauminhalte, die stereotyp wiederkehren: Einmal das Abschneiden von Brüsten, sodann das Schlagen von Frauen und das Einführen eines Stockes in die Vagina, bis die Frau stirbt. Wenn er morgens nach solchen Träumen aufwacht, fühlt er sich erleichtert und von Spannungen befreit; zugleich ist er betroffen von dem Inhalt seiner Träume.

Auch abgesehen von diesem Träumen entdeckt er Reaktionsweisen in sich, die ihn erschrecken: Bereits während des Fronteinsatzes in Korea bemerkt er, daß er beim Kämpfen in eine Art Hochgefühl hineingerät. Er hat dann keinerlei Barrieren, Menschen zu töten. Er berichtet, wie er sich 1967 in Vietnam beim Kämpfen geradezu in einen Tötungsrausch hineinsteigern kann. Er erinnert sich an eine Szene, wie er einen flüchtenden Vietnamesen tötet und dann, als dieser schon tot ist, noch ein ganzes Magazin seines Maschinengewehrs auf ihn abschießt; er habe nicht aufhören können, es sei wie ein Rausch gewesen – ganz ähnlich wie bei der späteren Tötung des Mädchens. Es ist ein Zustand, den er schwer beschreiben kann: Er sei dann ruhig, ohne Affekt, ganz klar im Kopf und sehe sich gewissermaßen zu; alles sei fremd, aber in seiner Wahrnehmung überdeutlich, verbunden mit einem Gefühl von schwebender Leichtigkeit. Seine Frau berichtet, er habe ihr aus Vietnam wiederholt Fotos von zerstückelten Leichen geschickt; auf der Rückseite hat er notiert: «Den habe ich erledigt.» Sie spricht ihn später darauf an, erhält aber keine rechte Erklärung.

Seit dem Einsatz in Vietnam leidet er fast ununterbrochen an Kopfschmerzen, für die sich weder im Luftenzephalogramm noch im Hirnstrombild eine Erklärung findet. In Vietnam beginnt es, daß er am Tage häufiger an die nächtlichen sadistischen Träume zurückdenkt und sie sich weiter in der Phantasie ausmalt. Diese Neigung zu sadistischen Tagträumereien nimmt ständig zu und ist mit sexueller Erregung und zunehmend auch mit Masturbation verbunden. Diese Entwicklung beunruhigt ihn stark; er sucht deswegen einen Armeepsychiater auf, der auf diese Probleme aber nicht eingeht. Sein Befinden verschlechtert sich zunehmend: Er kann nachts schlecht schlafen, hat starke Kopfschmerzen, er kann sich nicht konzentrieren und ist gereizt. Auch seine Frau bemerkt, daß irgend etwas mit ihm ist und spricht ihn daraufhin an; er macht einige Ansätze zu reden, kann sich dann aber nicht dazu durchringen, seiner Frau seine Probleme anzuvertrauen, weil er den Gedanken nicht ertragen kann, sie könne die Achtung vor ihm verlieren.

Als er in den Wochen vor der Tat bemerkt, daß er dann, wenn er junge Mädchen auf der Straße sieht, sadistische Phantasien und Impulse entwickelt, bittet er seine Frau, ihn nicht mehr allein Auto fahren zu lassen, und begründet es so, er könne im Dunkeln schlecht sehen. Die Frau ist verwundert und kann auf diesen Vorschlag, ihn zur Kaserne zu fahren und wieder abzuholen, nicht eingehen, da sie das kleine Kind zu versorgen hat. In der Gerichtsverhandlung sagen zwei junge Frauen aus, sie seien in den Tagen vor der Tat von einem US-Soldaten verfolgt und mit einem Messer bedroht worden. Beide Frauen sind sich ganz sicher, Donald G. als den Mann identifizieren zu können.

Am Tattag sieht er abends auf der Heimfahrt ein junges Mädchen und wird sofort wieder zu sadistischen Phantasien angeregt. Er fährt an ihr vorbei, hält dann an, steigt aus, legt dem Mädchen wortlos die Hand auf die Schulter und drängt es mit sanfter Gewalt in den Wagen. Die passive Widerstandslosigkeit des Mädchens erklärt er selbst damit, sie sei vor Schreck wie erstarrt gewesen. Im Wagen knebelt er sie mit einem alten Lappen und fesselt ihr die Hände auf den Rücken. Sie hat sich, wie er sagt, nicht gewehrt, sondern ihm noch geholfen. Diese Passivität des Mädchens habe genau dem Verhalten der Frau in seinen Phantasien entsprochen. Er meint, wenn sie geschrien und sich gewehrt hätte, dann wäre er sicher zur Besinnung gekommen und hätte von ihr ablassen können. Er fährt mit ihr auf einen entlegenen Parkplatz. Donald G. entkleidet sie und meint, sie habe auch dabei aus Angst mitgeholfen. Er fesselt sie erneut und hat mit ihr Geschlechtsverkehr, ohne dabei zur Ejakulation zu kommen. Deshalb läßt er von ihr ab, beißt ihr dann in die Brust und würgt sie. Sie kann sich noch einmal befreien, ehe er sie erneut fesselt und mit ihrer Strumpfhose erdrosselt. Während des Drosselns kommt er zum Orgasmus. Seine innere Verfassung bei der Tat schildert er so wie den Zustand beim Töten im Kriege: als ein fremdes, rauschartiges Entrücktsein. Sein Verhalten nach der Tat ist sehr auffällig: er fährt zu einer Brücke an einer lebhaft befahrenen Straße, verstreut unterwegs ihre Kleidung und legt damit die Spuren für seine Entdeckung. Sein Hin- und Herfahren an der Brücke ist so auffällig, daß sich ein Passant die Autonummer notiert. Er wirft das Mädchen schließlich über die Brücke in einen Bach und fährt nach Hause. Wenig später wird er verhaftet und gesteht die Tat.

2. Psychodynamische Interpretation

Die Persönlichkeitsstruktur von Donald G. unterscheidet sich in vielem von den bisher dargestellten Entwicklungen. Wenn wir ihn dennoch aufführen, so deshalb, weil er einmal klinisch-phänomenologisch in die Gruppe der progredienten, manifest deviaten sadistischen Entwicklungen hineingehört und wir der Versuchung, die Vielschichtigkeit der Probleme zu vereinfachen, nicht nachgeben wollen. Zum anderen demonstriert diese Entwicklung besonders deutlich einen Aspekt, den wir bisher mehrfach erwähnt haben und der für die Entstehung sadistischer Deviationen eine wichtige Rolle spielt: die Störung der narzißtischen Entwicklung.

Viele der bei den bisherigen Patienten auffälligen Probleme sind bei Donald G. nicht zu beobachten: Probleme mit der männlichen Identität scheint er überhaupt nicht zu haben, weder im sexuellen noch im sozialen Bereich; im Gegenteil fällt auf, daß er besonders früh und angstfrei sexuelle Kontakte herstellt und keine Potenzängste zu kennen scheint. In seinem sozialen Verhalten ist er durchsetzungsfähig, aktiv, eigenständig und neigt nicht zu einer passiven Anpassung. Im Gegenteil wehrt er sich dagegen, sich unterzuordnen, beharrt auf seinem Standpunkt und eckt dadurch häufig an.

Seine Schwierigkeiten und Probleme und die Art, wie er sie verarbeitet, sind anderer Art. In den projektiven Tests wird deutlich, daß sich hinter seiner betonten, überpointierten Autonomie und potenten Männlichkeit kleinkindhafte Abhängigkeits- und Geborgenheitswünsche verbergen, die massive Ängste auslösen und die er folglich abwehren muß. Die Labilität und Zerbrechlichkeit dieses scheinbar überlegenen Selbstkonzepts zeigt sich in seiner übergroßen Verletzbarkeit, der er dadurch zu begegnen versucht, daß er sich isoliert, als kontaktunbedürftig erlebt und überhaupt eine starke Gefühlsabwehr zeigt, die sich als kühle Rationalität, Sachlichkeit und Beherrschtheit äußert. Es gibt nur wenige Beispiele in seinem Leben, wo diese dichte, ihn abschirmende Mauer durchbrochen wird und er als Antwort auf massive Kränkungen überschießend affektiv, unversöhnlich haßvoll, eruptiv reagiert und sich in unkontrollierten Aktionen entlädt. Auch seine wenigen stabilen und intensiveren zwischenmenschlichen Beziehungen sind durch Gefühlsabzug, durch Vermeiden von Abhängigkeiten und Verbergen von Schwächen gekennzeichnet: Er hat kaum etwas von sich, nie etwas von seinen Fehlern und Schwächen erzählt und muß sein grandioses Selbstkonzept von Furchtlosigkeit und Unerschütterlichkeit um jeden Preis vor sich und anderen, auch seinen nächsten Bezugspersonen, aufrechterhalten.

Bei diesem Charakterbild stehen die von KOHUT (1973) beschriebenen narzißtischen Störungen im Vordergrund. Narzißtische Störungen stehen, wie wir im Theoriekapitel 2.2 ausgeführt haben, im Zusammenhang mit den frühen Prozessen der Konstituierung des Selbst. Die Auflösung des primär-narzißtischen Gleichgewichts in der Phase der symbiotischen Einheit mit der Mutter läßt beim Kind Ängste vor Verlassenheit und Liebesentzug entstehen, denen es auf mehrere Weise zu begegnen versucht: Einer dieser Mechanismen ist die Mobilisierung von Größenselbstphantasien und Allmachtsvorstellungen von der Art: Ich bin allmächtig, unabhängig und vollkommen und brauche keine Angst zu haben, verlassen zu werden. Ein weiterer Mechanismus besteht in der Entwicklung von idealisierten Elternbildern, mit denen sich das Kind identifiziert. Die weitere Entwicklung ist dadurch gekennzeichnet, daß die Eltern allmählich realistischer wahrgenommen und damit entidealisiert werden und die Idealisierung auf das Über-Ich in Form der Herausbildung eines realistischen Ich-Ideals als positives Leitbild übertragen wird. Die frühen narzißtischen Konfigurationen: idealisiertes Elternbild und Größenselbst, verlieren dann ihre Funktionen für die Selbstwertregulation. Störungen in den Prozessen der Entidealisierung und der Trennung von Selbst und Objekt verhindern eine allmähliche positive Besetzung des Selbst und können dazu führen, daß die frühen narzißtischen Konfigurationen regressiv wiederbelebt werden. Dabei kann es sich sowohl um massive Traumatisierungen in der frühen Mutter-Kind-Beziehung als auch um plötzliche Enttäuschungen durch die Eltern, Verlust eines oder beider Elternteile etc. handeln.

Bei Manfred W. (Fallgeschichte 4) fiel das völlige Desinteresse an Beziehungen auf; die Welt der Objekte existierte scheinbar für ihn nicht. Seine völlig passive Anpassung, sein beziehungsloses Aufgehen in der Umgebung haben wir als den Versuch gedeutet, den Zustand einer primär-narzißtischen Autarkie wiederherzustellen, um die Selbstkohärenz zu erhalten. Um eine sehr ähnliche Problematik geht es auch bei Donald G.: das Ausweichen vor reifen Objektbeziehungen, die Herstellung einer Unabhängigkeit, Unverletzbarkeit und einer selbstgenügsamen Autarkie. Nur werden hier andere und im Vergleich zu Manfred W. reifere Abwehrmechanismen eingesetzt, die bedingen, daß das äußere Erscheinungsbild so unterschiedlich wirkt. Der für Donald G. charakteristische Abwehrmechanismus ist die Wiederbelebung eines narzißtischen Größenselbst in Gestalt seines mit irrealen Vollkommenheitsansprüchen durchsetzten Ich-Ideals. Dies ist für ihn ein narzißtischer Selbstschutz, der ihm durch Isolierung und Gefühlsabzug das Erleben einer (scheinbaren) Autonomie ermöglicht. Daß diese Autonomie und Unabhängigkeit nur scheinbar sind, zeigt seine übergroße Verletzbarkeit. Bei Donald G. wird nicht, wie bei Manfred W., die

Welt der Objekte verleugnet; seine Beziehungen sind charakterisiert als Auseinandersetzungen mit Objektvorläufern: Es ist eine Spaltung der Objekte in gute und böse, in verfolgende und beschützende Objekte zu beobachten. Seine Vorsicht, sein Mißtrauen und seine Wachsamkeit gehen auf Projektionen «böser» Selbstanteile und aggressiver Impulse zurück. Die Bindungen, die er eingeht, tragen einen narzißtischen Charakter: Beachtung und Bewunderung bei weitgehendem Fehlen von Einfühlungsvermögen spielen in ihnen eine große Rolle. Bei der Beziehung zu seiner zweiten Ehefrau ist es für ihn wichtig, daß andere Männer sie wegen ihrer Schönheit bewundern. Das Gefühl, ihn zu lieben und auf ihn angewiesen zu sein, das seine Frau ihm vermittelt, ist für ihn der wichtigere Antrieb zur Übernahme von Verantwortung und Stabilität als emotionale Zuwendung.

Bei allen anderen Patienten mit einer sadistischen Deviation trat das archaische Größenselbst allein in dem abgespaltenen devianten Bereich in Aktion; das übrige, realitätsorientierte Selbst hingegen mit den unreifen Ich- und Über-Ich-Strukturen hatte eine schwache narzißtische Besetzung: Es überwogen Selbstzweifel, Hemmungen, Unsicherheiten und Ängste. Bei Donald G. ist die Trennung weniger scharf. Sein realitätsorientiertes Selbst, seine Charakterstruktur ist bestimmt durch einen Rückgriff auf frühe narzißtische Selbststabilisierungen. Hier spielt in erster Linie die regressive Wiederbelebung von Größenselbstvorstellungen eine Rolle; sein Ich-Ideal ist von unrealistisch grandiosen Zügen durchsetzt, z. B. derart, daß er anbietet, ein Mensch ohne Schwächen zu sein. Daß er z. B. in Kriegseinsätzen niemals Angst um sein Leben verspürt hat, impliziert die Vorstellung eigener Unverletzbarkeit. Seine enorme Empfindlichkeit ist ebenfalls die Kehrseite solcher Größenvorstellungen, weil Kränkungen oder Versagungen dieses überhöhte Selbstkonzept anzweifeln und ins Wanken bringen.

Es stellt sich die Frage, wie sich diese unterschiedliche Verarbeitung narzißtischer Störungen erklären läßt, welche frühen Erlebnisse zugrunde liegen. Wir haben für die Beantwortung dieser Frage wiederum wenig Material, weil seine Verleugnung von Abhängigkeit und Schwächen, seine Emotionsabwehr und seine Tendenz, sich auf Rational-Analysierbares zu beschränken, den Zugang zu früheren Enttäuschungen und Konflikten erschweren. Einen gewissen Hinweis können wir der Schilderung seiner Ehefrau entnehmen, wie er sich als Erwachsener gegen seine dominierende und herrische Mutter nicht zu behaupten weiß und sich hilflos fühlt, wenn zwischen beiden Frauen Meinungsverschiedenheiten auftauchen. Diesen Angaben ist nicht viel mehr zu entnehmen, als daß seine neurotische Problematik mit der frühen Mutter-Kind-Beziehung zusammenhängt und sich im wesentlichen um Abhängigkeit und Autonomie dreht. Wir können uns ein anschaulicheres Bild von der Mutter-Kind-Beziehung machen, wenn wir seine Verhaltensweisen als Kind, soweit wir davon wissen, zu Hilfe nehmen: Weder der Tod des Vaters noch die Trennung von der Mutter, als er neunjährig ins Heim kommt, scheinen bei ihm starke und nachhaltige Gefühlsreaktionen ausgelöst zu haben. Er verhält sich im Heim so, als sei es seine von klein auf gewohnte Atmosphäre: Er hat kein Heimweh, vermißt nichts, sucht keine Bindungen, findet sich schnell in der neuen Umgebung zurecht. Schon damals fühlt er sich am wohlsten, wenn er, wie bei seinem Onkel, ganz sich selbst überlassen ist. Als er zur Mutter zurückkehrt, kommt er nicht als Kind und Sohn, sondern als Ernährer und Vaterersatz, der sich für die Mutter und ihren Säugling verantwortlich fühlt. Diese ausgeprägte Abwehr von depressiven Gefühlen zeigt sich auch im Umgang mit sich selbst: Die Ehefrau berichtet, daß er noch nie einen Tag krank gewesen ist, nie klagt und daß er, wenn er sich schlecht fühlt, selbstverständlich seine beruflichen Verpflichtungen erfüllt. Aus all diesen Verhaltensweisen und seiner völligen Unfähigkeit zur Regression können wir eine Hypothese über die frühe Mutter-Kind-Beziehung ableiten: Wir vermuten, daß die Mutter ihn in seinen oralen Anklammerungs- und Abhängigkeitsbedürfnissen frustriert und von ihm zu frühzeitig Selbständigkeit und Männlichkeit gefordert hat. Sie ist wahrscheinlich eine Frau, die mit Säuglingen und Kleinkindern in ihrer Hilfsbedürftigkeit und Abhängigkeit nichts anzufangen weiß und keine befriedigende Symbiose zugelassen hat. Bei einer solchen Konstellation kann sich der allmähliche Prozeß der Trennung von Selbst und mütterlichem Objekt nicht langsam entwickeln; die Trennung wird ihm zu frühzeitig und gleichsam gewaltsam abverlangt. Dieses traumatische Erlebnis verarbeitet er mit Hilfe eines Rückgriffs auf archaische Größenselbstvorstellungen. Die Transformierung der narzißtischen Konfigurationen in die reiferen Ich-Funktionen bleibt deshalb unvollständig. Er bleibt fixiert auf orale Bedürfnisse und Beziehungsformen, wehrt aber die Wünsche nach Abhängigkeit und symbiotischer Verschmelzung ebenso ab wie die oralen haßvollen und destruktiven Impulse. Es ist vorstellbar, daß diese frühzeitig einsetzende Störung der narzißtischen Entwicklung durch das spätere Erlebnis vom frühen Siechtum und Tod des Vaters eine weitere Verstärkung erfahren hat.

Bei den anderen Patienten mit einer sadistischen Entwicklung geht es zwar auch um eine orale Fixierung; die Mutter-Kind-Beziehung scheint jedoch während der post-oralen Entwicklung anders zu sein; wir haben dies bei Heinz G. (Fallgeschichte 1) beschrieben: Die unbefriedigende orale Beziehung führt hier nicht dazu, daß das Kind frühzeitig sich selbst überlassen wird. Es sind vielmehr Mütter, die – sei es aus Schuldgefühlen, sei es aus einer starken und anhaltenden Aggressivität dem Kind gegenüber – den Sohn nicht aus ihrer Kontrolle und Verfügungsgewalt entlassen, nicht selbständig und männlich werden lassen, sondern eine bemächtigende, umklammernde und vereinnahmende Haltung beibehalten.

Bei Donald G. hat seine Abwehr über längere Zeit gut funktioniert. Er hat sicherlich auch durch seine Berufswahl seine narzißtischen Größenvorstellungen so weit an die Realität annähern können, daß er ohne größere Beeinträchtigung im Leben zurechtkommt. Dies ändert sich erst, als er eine Partnerbeziehung eingeht und er durch die abgewehrten Abhängigkeitswünsche verletzbar wird. Jetzt reicht seine Abwehr nicht mehr aus, und es entwickelt sich als ein ihn zusätzlich stabilisierender Faktor eine sexuelle Deviation. Die ersten Vorläufer der sadistischen Sexualität hängen zeitlich mit seiner ersten Ehe zusammen, die mit einer Reihe schwerer Kränkungen verbunden ist. Er hat die Frau geheiratet, weil sie nach seinen zahlreichen Erfolgen die erste Frau gewesen ist, die sich seinen Verführungsversuchen widersetzt und ihn in seiner Unwiderstehlichkeit damit in Frage gestellt hat. Neben diesem ihm rational noch zugänglichen Motiv für die Bindung ist es für ihn wahrscheinlich von Bedeutung, daß er in der Verweigerung der Frau einen Ausdruck von Stärke und Selbständigkeit sieht; schwache und unselbständige Frauen kommen für ihn als Partner nicht in Frage, weil sie ihn mit seiner eigenen Abhängigkeitsproblematik und seinen oral aggressiven Impulsen konfrontieren würden. In der Ehe zeigt die Frau wenig sexuelles Interesse an ihm; dies erlebt er als Abwertung seiner Potenz, die unter Beweis zu stellen für ihn immer sehr wichtig gewesen ist. Die härteste Kränkung fügt sie ihm zu, als sie, die sich in der Beziehung zu ihm aus Sexualität nichts macht, ihn mit einem anderen Mann betrügt. Die Unversöhnlichkeit – er hat diese Kränkung bis heute nicht überwunden – und die überschießende Impulsivität seiner Reaktion zeigt, wie wichtig es für seine Stabilität ist, narzißtische Kränkungen zu vermeiden, weil sie ihn in seinem Fundament erschüttern und eine nicht mehr kontrollierbare Impulsivität entfesseln. In dem Tötungsversuch kommen erstmals Aktionen unter der Herrschaft des Größenselbst zum Durchbruch. Von diesem Zeitpunkt an datieren wiederkehrende nächtliche sadistische Träume, in denen es um phallisch sadistische Angriffe auf Frauen geht. Über lange Jahre gelingt es ihm, die sadistischen Triebwünsche weitgehend zu verdrängen; sie bleiben auf seine Träume als die einzigen und zunächst ausreichenden Ventile beschränkt, die ihn beunruhigen und zugleich erleichtern. Daß diese Verdrängung nicht vollkommen gelingt, sondern dann aufgehoben wird, wenn er in eine Umgebung kommt, in der solche Impulse keine Sanktionen nach sich ziehen, dies zeigt die Verarbeitung seiner Kriegserlebnisse: Das sich im Laufe der Zeit steigernde Hochgefühl beim Töten und Kämpfen zeigt, daß archaische Impulse in die Realität und das bewußte Handeln eindrängen. Es sind Aktionen, die, verbunden mit dem Gefühl narzißtischer Allmacht, der Verwirklichung seines Größenselbst entgegenkommen und in denen sich seine narzißtischen Spannungen entladen. Sie sind den Über-Ich-Ansprüchen entzogen; er verspürt dort keinerlei Hemmungen oder Schuldgefühle.

Es stellt sich die Frage, warum zu einem bestimmten Zeitpunkt seines Lebens – und zwar in einem ungewöhnlich späten Altersabschnitt – die Verdrängungen bzw. sozialen Kanalisierungen seiner sadistischen Impulse nicht mehr ausreichen und nun eine progrediente, manifest sadistische Entwicklung in Gang kommt. Es gibt hier mehrere Einflüsse, die man diskutieren kann, deren Gewichte aber letztlich schwer abzuschätzen sind: Zunächst kann man daran denken, daß sein ohnehin schwaches Über-Ich unter dem Einfluß eines kollektiven Über-Ich im Kriegseinsatz, welches Töten nicht nur zuläßt, sondern gebietet, immer weniger Barrieren gegen sadistische Triebentladungen aufbaut. Weiterhin fällt auf, daß die Manifestation des Sadismus in einem unmittelbaren zeitlichen Zusammenhang mit der Geburt seines Sohnes steht. Welche Bedeutung ein solches Ereignis für einen Menschen wie ihn hat, läßt sich gut verstehen. Üblicherweise fordert ein eigenes Kind verstärkt zu Identifikationsprozessen auf. Nach BENEDEK (1959) und JACOBSON (1973) sind es nicht nur Prozesse des Sichwiedererkennens in dem Kinde und des Wiedererlebens der eigenen kindlichen Situation; zugleich werden die Identifikationen mit den eigenen Eltern vorübergehend wieder verstärkt. Für eine so schwer gestörte narzißtische Persönlichkeit wie Donald G. bekommen diese Identifikationsprozesse ein besonderes Gewicht: Die Geburt eines Sohnes, den er sich seit Jahren gewünscht hat, muß von ihm wie eine Erweiterung seines Selbst, wie eine narzißtische Verdoppelung erlebt werden. Die intensive Identifizierung mit dem Säugling hat wahrscheinlich Phantasien und eigene frühkindliche Gefühlszustände in der frühen Beziehung zu seiner Mutter wiederbelebt und die so stark abgewehrte orale Fixierung wieder aufgedeckt: seine Wünsche nach Abhängigkeit und symbiotischer Verschmelzung, die daraus entstehenden Ängste und die oral haßvollen und destruktiven Impulse. Zugleich und möglicherweise als Abwehr identifiziert er sich mit der «guten» Mutter, wenn er, wie die Ehefrau berichtet, sich überaus fürsorglich, zärtlich und bemutternd dem Sohn zuwendet. Die Konfrontation mit der eigenen Mutter-Kind-Beziehung enthält noch weitere potentielle Kränkungen für seinen Narzißmus. Er fühlt sich partiell ausgeschlossen und weniger beachtet; seine Bemutterungsversuche deuten auch auf so etwas wie Neid hin, der nach KOHUT (1973) und KERNBERG (1975) bei narzißtischen Persönlichkeiten nie fehlt.

Aus alldem erklärt sich, warum und woher in diesem Lebensabschnitt die schwer traumatisierenden Einwirkungen auftreten, die sein narzißtisches Gleichgewicht und seine Abwehrstruktur schwer erschüttern. Die Verdrängung und soziale Kanalisierung seines Sadismus reichen nun nicht mehr aus, um ihn zu stabilisieren. Die ihn überflutenden Impulse führen zu einer bewußten sadistischen Deviation, die hier ebenso der Abspaltung unterliegt, wie wir es bei den anderen Patienten gesehen haben. Wenn wir im Theoriekapitel 2.2 gesagt haben, daß sadistische Phantasien Ausdruck von archaischprimärprozeßhaftem Erleben sind, so wird dies bei Donald G. unmittelbar einsichtig: Seine Phantasien sind nichts anderes als ursprüngliche Trauminhalte, die später ins Bewußtsein gehoben und ausgestaltet werden.

Charakteristisch ist auch hier wieder wie bei den anderen Patienten das allmähliche Zusammenbrechen seiner Bemühungen, die sadistischen Impulse auf die Phantasie zu beschränken und die narzißtischen Spannungen in imaginierten Aktionen zu entladen. In den Wochen vor der Tat wendet er sich deshalb um Hilfe an seine Frau, sie möge ihn begleiten. Er bringt es aber nicht über sich, ihr den wahren Grund zu nennen, weil dies ein Zugeständnis von Schwäche bedeutet hätte. Wie in den anderen Fallgeschichten gehen der Tötung einige, sich in der Intensität steigernde Tatansätze voraus. In der Tat selbst wie auch in den Phantasien drückt sich aus, was wir in den anderen Fallgeschichten beschrieben haben: Entladung destruktiver Impulse, Bemächtigung, totales Verfügen, Zerstörung, Auflösung und Verschmelzung in einem Zustand von Entrückung, Allmacht und Hochgefühl. Auch hier wiederum sehen wir das auffällige Verhalten nach der Tat, das zu seiner Festnahme führt, z. B. das Verstreuen der Kleider des Mädchens – Verhaltensweisen, die wieder auf das bereits diskutierte Phänomen des Geständniszwanges hinweisen.

3.2 Sadismus als impulsive Aktion

3.2.1 Mord an den Müttern

Fallgeschichte 6

1. Die Lebensgeschichte
Der 24 Jahre alte Gerhard B. hat eine lange, bis in die Kindheit zurückreichende kriminelle Entwicklung hinter sich und hat die meiste Zeit seines Lebens in Heimen und später in Haftanstalten verbracht: Mit sechzehn Jahren wird er zu zwei Jahren Gefängnis wegen Diebstahl, Raub und homosexueller Prostitution verurteilt; mit achtzehn Jahren folgt eine dreijährige Haftstrafe wegen Raub und Diebstählen, anschließend zwei Jahre Gefängnis wegen Exhibitionismus, Notzucht und Körperverletzung: Er hat eine Frau auf der Straße überfallen, sie niedergeschlagen und gewürgt, ferner in einem Fahrstuhl ein junges Mädchen an die Brust gefaßt und bis zur Bewußtlosigkeit gewürgt. Er selbst berichtet noch von zahlreichen Notzuchthandlungen, Brandstiftung, Diebstählen, die strafrechtlich nicht verfolgt worden sind. In der Verhandlung, in der wir als Gutachter tätig gewesen sind, geht es um vier Tötungsdelikte: Im Februar 1971 hat er ein junges Mädchen erwürgt, einen Monat später eine 53jährige Frau in einem Zugabteil getötet, sechs Wochen später eine Prostituierte erwürgt und drei Tage danach eine ältere Frau in einem Hotel getötet und beraubt.
    Gerhard B. ist ein großer, dunkelhaariger, schlanker Mann. Bei den ersten Gesprächen auf der geschlossenen Station in einem Landeskrankenhaus fällt uns seine außerordentlich starke motorische Unruhe auf: Er ist ständig in Bewegung, nestelt mit den Händen, läuft im Raum hin und her und wirkt fahrig. Die Einstellung zum Untersucher ist anfangs von unverhohlenem Mißtrauen und Argwohn geprägt; er überlegt genau, was er sagt, und beobachtet scharf die Reaktionen. Dieser erste Eindruck ändert sich im Laufe der Gespräche. Die Unruhe klingt ab; in der zweiwöchigen Hauptverhandlung ist er auffallend ruhig, fast souverän, jederzeit gefaßt und zeigt nur selten emotionale Regungen. Er versteht es, sich verbal sehr gut auszudrücken, und es gelingt ihm schnell, das Gericht für sich einzu-

nehmen und Gefühle von Betroffenheit über sein Schicksal auszulösen. Auch in der Begutachtungszeit wird der Kontakt zu ihm sehr schnell besser: Er wird geradezu zutraulich. Es ist ihm sehr wichtig, angenommen zu werden und das Gefühl zu haben, daß sich jemand mit ihm beschäftigt und Interesse an ihm zeigt. Er hat auch vorher alles Mögliche unternommen, um dies zu erreichen und die für ihn unerträgliche Isolierung und innere Leere zu überwinden; z. B. hat er sich einer ganzen Reihe von Tötungsdelikten bezichtigt, die er nachweislich nicht begangen haben kann, hat solche Geständnisse dann widerrufen und bei seinen Tötungshandlungen immer neue Versionen gegeben. Ein Ausdruck für sein Bemühen, ein besonderes Interesse auf sich zu ziehen, ist auch darin zu sehen, daß er immer wieder mit einem gewissen Stolz auf die Ungewöhnlichkeit seines Lebens und seiner Taten hinweist und bemerkt, er sei doch wissenschaftlich sicherlich sehr interessant und mindestens so bemerkenswert wie Jürgen Bartsch. Es entsteht der Eindruck, daß es ihm genügt, wenn sich ein anderer Mensch intensiv mit ihm beschäftigt. Darüber hinaus geht es ihm nicht darum, eine intensivere, individuelle Beziehung herzustellen. Auch nach dem Urteil – er wird wegen Schuldunfähigkeit freigesprochen und in einem Landeskrankenhaus untergebracht – bemüht er sich weiter, das Interesse an ihm wachzuhalten, indem er z. B. schreibt, er habe den Gutachter belogen, alles habe sich ganz anders zugetragen, und auch solche Briefe bald wieder dementiert. In diesen Zusammenhang gehört, daß er ständig Kontakt zu Illustrierten sucht und findet, die in Abständen immer wieder über seine «ungeheuerliche Lebensgeschichte» berichten.

Die geringe Zuverlässigkeit seiner eigenen Angaben wird dadurch ausgeglichen, daß aus seiner Kindheit und Jugend eine Fülle von Berichten über ihn und sein Elternhaus vorliegen. Sein Entwicklungsgang ist mit einer Vollständigkeit dokumentiert, wie man sie selten findet: Im Alter von zwei Jahren ist er erstmals in einer Nervenklinik; vom siebten Lebensjahr an lebt er wegen schwerer Verhaltensstörungen mit nur kurzen Unterbrechungen in Heimen und psychiatrischen Anstalten, aus denen für fast jedes Jahr Berichte vorliegen.

Über die Mutter erfahren wir aus den Akten, daß sie um die Zeit seiner Geburt ambulante Händlerin und Hausiererin ist und sich um den Sohn und die zwei Jahre ältere Schwester nicht kümmert, die unversorgt und verwahrlost sich selbst überlassen sind. Wiederholt muß die Jugendbehörde deswegen eingreifen. Die Mutter soll den Sohn sehr häufig und hart geschlagen haben. Die Mutter wird einmal wegen eines «Nervenzusammenbruchs» psychiatrisch behandelt. In einer Mitteilung des Jugendamtes aus dem Jahre 1954 heißt es über die Eltern: «Über die intimsten Dinge wird laut gestritten, so daß selbst die Hausbewohner davon unterrichtet sind. Frau B. ist im Dorf als böse Frau gefürchtet. Alle gehen ihr im großen Bogen aus dem Wege. Sie soll das Kind häufig und übermäßig schlagen. Die Eltern geraten über die Unart des Kindes in Jähzorn und schlagen sinnlos darauf zu.» Nach unserem Eindruck ist die Mutter eine korpulente, sehr dominante, herrische und laute Person, die in ihrer energischen und egozentrischen Art keinen Widerspruch duldet und das Gespräch sofort an sich reißt. Dem Sohn gegenüber gibt sie sich sehr ambivalent: Einerseits stellt sie sich beschützend vor ihn, andererseits fällt auf, daß sie im Gespräch mit dem Gutachter wie auch in früheren Jahren sich abweisend, aggressiv und geradezu haßvoll über den Sohn äußert: Als sie erstmals 1949 – Gerhard B. ist damals zwei Jahre alt – erfährt, der Sohn habe einen Hirnschaden, soll sie geäußert haben: «Am liebsten, man gibt ihm Tabletten, das ist besser für ihn, daß er weg ist.» Ähnliche Äußerungen macht sie auch dem Gutachter gegenüber: «Ich hätte ihn vergiften sollen, das wäre das beste gewesen», oder: «Wenn er sich jetzt doch umbrächte, dann wäre mir und ihm geholfen.» Dann wieder verteidigt sie ihn, läßt nichts auf ihn kommen und reagiert geradezu verletzt und aggressiv, wenn über den Sohn Negatives geäußert wird. Sie ist der einzige Mensch, der ihn in der Haft und später im Landeskrankenhaus regelmäßig und verläßlich besucht. Gerhard B. selbst äußert sich über seine Mutter nicht und wird ärgerlich und unruhig, wenn man bei diesem Thema beharrt. In der Gerichtsverhandlung macht der homosexuelle Freund von Gerhard B., der einige Zeit mit in der Familie gelebt hat, dazu folgende Angaben: Die Mutter sei geizig, habgierig, beherrsche und tyrannisiere die ganze Familie. Gerhard B. habe ihm gegenüber voller Haß über seine Mutter gesprochen. «Wenn er je eine Frau gehaßt hat, dann seine Mutter», wie auch die Mutter ihren Sohn verachte und hasse, den sie schon «im Mutterleib verflucht hat». Eine entsprechende Bemerkung der Mutter findet sich auch in einem Arztbrief aus dem Jahre 1949. Der Freund berichtet ferner, daß Gerhard B., wenn er von der Mutter zurückkommt, wie verwandelt ist: unruhig, gereizt, aggressiv und zugleich weinerlich depressiv. Auch wenn man berücksichtigt, daß der Freund offensichtlich auf die Mutter eifersüchtig ist, sind seine Angaben aufschlußreich. Über den Vater berichtet der Freund, er habe in der Familie nichts zu sagen gehabt; dies stimmt auch mit den Berichten aus früheren Jahren überein. Auch Gerhard B. tut den Vater mit der Bemerkung ab: «Mein Vater ist krank, das war immer schon so.»

Über die Entwicklung des Jungen berichtet die Mutter, daß er schon als Säugling sehr unruhig gewesen sei und im ersten Lebensjahr oft «Tage und Nächte geschrien» habe. Sie berichtet ferner von «Krämpfen» in dieser Zeit im Anschluß an eine Masernerkrankung – Krämpfe, die ihren Schilderungen nach offenbar Wutanfälle mit exzessivem Schreien bis zum Blauwerden gewesen sind und keine epileptischen Anfälle. Wegen dieser Zustände wird er im Alter von zwei Jahren erstmals in einer psychiatrischen Klinik untersucht. In dem dortigen Bericht heißt es, daß Gerhard B. kaum ein Wort spricht, sehr unsauber und verwahrlost ist; er zeige exzessive Trotzreaktionen, sei «unberechenbar in seinen Reaktionen, er brüllt häufig vor Wut ohne ersichtlichen Anlaß, liegt häufig im Bett und spielt an seinem Penis». Diagnostisch ist von «nächtlichen Schreianfällen und tagsüber Wutanfällen» die Rede, hirnorganische Anfälle werden nicht beobachtet. Im Luftenzephalogramm ist der rechte Seitenventrikel etwas plump, der dritte Ventrikel leicht erweitert und das linke Vorderhorn ausgezogen – ein Befund, der auch bei späteren Untersuchungen konstant nachweisbar ist. Es ist in dem Bericht der Klinik von einer «älteren Hirnschädigung» die Rede.

Über diese «Krämpfe» hinaus weiß die Mutter über seine Entwicklung bis zum sechsten, siebten Lebensjahr nichts zu berichten, da sie selten zu Hause und meistens unterwegs gewesen ist. Von seiten der Behörden wird Gerhard B. in dieser Zeit als äußerst schwierig, trotzig und unsauber beschrieben, in seiner Sprachentwicklung ist er retardiert. Häufig läuft er von zu Hause fort, begeht Diebstähle und schlägt andere Kinder – Verhaltensstörungen, die dann mit sieben Jahren zur Heimeinweisung führen. Der Mutter dagegen ist er als sehr anlehnungsbedürftig, weich, weinerlich und Zärtlichkeit suchend in Erinnerung.

In den insgesamt fünfzehn Heimen, den psychiatrischen Kliniken und Anstalten, die er mit nur kurzen Unterbrechungen bis zum dreizehnten Lebensjahr durchläuft, eskalieren die Verhaltensstörungen. Die Berichte aus den Heimen, die deutlich tendenziös sind und einseitig von den Interessen der Heimgemeinschaft her sein Stören monieren, aber wenig Einfühlung in seine Bedürfnisse erkennen lassen und deutlich machen, daß man ihn nicht mag und ihn lossein will, sind gleichförmig negativ. Hierfür einige Beispiele: 1956 äußert sich der Lehrer der Heimschule über ihn: «Das Kind gehört nicht in eine normale Volksschule, leistungsmäßig ja, aber nicht wegen seines Verhaltens. Er ist unberechenbar, labil, stört durch Bewegungen, ist verschlagen und lauernd, macht sich übermäßig schmutzig, lügt und ist ständig in Bewegung, schlägt Schulkameraden, tritt sie, stiehlt, näßt ein. Während des Unterrichts fällt er durch sexuelle Spielereien und Affektausbrüche auf. Er ist geltungssüchtig, macht ständig clownartige Bewegungen und kaut Nägel.» Im gleichen Jahr heißt es in einem Bericht des Jugendamtes: «Er macht Grimassen, schlägt brutal auf Kinder ein, stiehlt Fahrräder, spuckt der Lehrerin Wasser ins Gesicht, fällt ständig durch Frechheit auf. Er ist in der Gemeinschaft nicht zu ertragen.» 1957 heißt es in einem Heimbericht: «Kurzzeitig zeigt er für alles Interesse. Er will einen Erwachsenen für sich allein beschäftigen. Älteren gegenüber duckt er sich, auf Kleine schlägt er ein. Er kniet sich z. B. auf die Fensterbank und droht herunterzuspringen. Er will gern gelobt werden.» Ein Bericht aus dem Jahre 1958: «Er hat einer Frau mit einer Schleuder einen Stein in das rechte Auge geschossen. Es handelt sich bei ihm um einen ausgesprochen seltenen Grenzfall. Primär ist die Sicherung des Jungen gegen sich und seine Umgebung vorrangig. Die Mutter lehnt die Aufnahme des Jungen ab und droht, sich selbst und den Jungen umzubringen.» In dem gleichen Jahre beurteilt ihn ein Psychologe: «B. braucht ständig die Anwesenheit eines Erwachsenen, er kann nicht allein bleiben, gerät dann in Angst und Depressionen. Um Unlust und Spannungen abzureagieren, stellt er allen möglichen Unfug an. Er zeigt starke Eifersuchtreaktionen und Aggressionen. Er verhält sich wie ein dreijähriges Kind. Er wirft nach den anderen Kindern Steine. Einem eineinhalbjährigen Kind hat er eine Hundeleine um den Hals gelegt.» 1959 heißt es, er sei schon nikotinsüchtig und attackiere Mädchen sexuell. Die zahlreichen Berichte über ihn bis zum vierzehnten Lebensjahr sind ziemlich gleichlautend. Wiederholt angefertigte Hirnstrombilder werden als abnorm, aber nicht pathologisch beurteilt. Der Intelligenzquotient liegt bei 104. Diagnostisch schwanken die Ärzte zwischen der Betonung des Milieuschadens und der Hervorhebung einer Hirnschädigung. Es ist ferner die Rede von «einer Neigung zu phantastischen Konfabulationen mit Freude an grausigen Bildern und aggressiven brutalen Geschehnissen.»

Gerhard B. selbst hat auffallend wenig Erinnerungen an seine Kindheit. Die Aufenthalte in den Heimen und Kliniken sind in seiner Erinnerung von Angst, Heimweh und Verzweiflung geprägt. Er hat große Angst vor Schlägen, erinnert sich z. B., wie er vor einer Erzieherin, die ihn züchtigen will, flieht, in seiner Angst durch eine Glastüre läuft und sich erhebliche Schnittwunden zuzieht. Er verspürt zeitweise eine starke innere Unruhe, er müsse dann irgend etwas unternehmen. «Ich habe immer Blödsinn gemacht, es war mir Genugtuung, wenn die anderen schimpften und Angst vor mir hatten. Ich mußte mich immer sinnlos austoben. Ich machte immer das Gegenteil von dem, was man von mir verlangte – aus Protest. Ich war immer mit meiner ganzen Energie gegen die Leute, mit denen ich zu tun hatte.» Auch während der späteren Haftzeiten kommt es immer wieder zu aggressiven Explosionen. Mit einer selbstgebastelten Schleuder z. B. schießt er mit Kupferkugeln auf Mitgefangene und Beamte. In den Heimen gibt es auch Zeiten, in denen er sich besser fühlt und sich wohlfühlt, und zwar immer dann, wenn er einen Erzieher oder eine Erzieherin hat, der er sich anschließen kann und die sich um ihn kümmert. Er ist dann sehr eifersüchtig und reagiert um so aggressiver, wenn er sich vernachlässigt fühlt. Seine Schulbildung von den Heimen aus bleibt lückenhaft. Mit dreizehn Jahren wird er aus den Heimen entlassen und kurzzeitig in eine Kraftfahrzeugschlosserlehre gegeben. Er hält es dort aber nicht aus, versäumt die Arbeit und streunt umher. «Ich habe geklaut wie ein Rabe, mich überall herumgetrieben, und 1962 habe ich in zehn Tagen 30 Autos gestohlen.» Bereits in diesem Alter trinkt er viel Alkohol, wie ihn überhaupt ein exzessiver Alkoholabusus begleitet, wenn er in Freiheit ist. Er hält sich damals viel im Homosexuellenmilieu auf und läßt sich dort aushalten. «Direkt als Stricher habe ich mich nicht betätigt. Ich habe mir nur so Geld geben lassen, die haben dann an mir rumgemacht.» Unter anderem deshalb verbüßt er von 1963 bis 1965 eine Haftstrafe. Danach ist er nur wenige Monate in Freiheit, arbeitet nur unständig und kommt bald wieder in den gleichen Lebensstil hinein. Er schildert sich nach wie vor als sehr unausgeglichen und stimmungslabil. «Das merke ich an mir schon sehr deutlich. Da wache ich morgens auf und merke gleich, daß es nicht gut geht, dann regt mich jede Kleinigkeit auf. Da muß man mich in Ruhe lassen, ich will auch niemanden sehen und sprechen. Wenn ich in so einer Stimmung bin, dann passiert leicht etwas, entweder ich laufe weg oder stelle etwas an.» Wegen der erwähnten Aggressionshandlungen Frauen gegenüber wird er bald erneut inhaftiert. Kurz nach seiner Entlassung kommt es zu den vier Tötungshandlungen.

Vielfältige sexuelle Erinnerungen reichen bis in die Kindheit zurück. In den Heimen erlebt er frühzeitig, wie andere masturbieren, und beteiligt sich bald daran. Die Sexualität hat für ihn von jeher eine große Bedeutung, er ist sehr neugierig und versucht häufig, Mädchen oder Erzieherinnen in den Heimen beim Entkleiden zu beobachten. Wenn er aufgeregt ist oder Angst hat, spielt er mit seinem Genitale und masturbiert, um sich zu beruhigen. Dies ist bis heute so geblieben. Er erinnert sich, wie er in den Heimen Kinder sexuell attackiert, obszöne Reden führt (deren Sinn er selbst nicht recht versteht), um sich wichtig zu machen und Aufsehen zu erregen. Nach der Heimzeit beginnt er, homosexuelle Kontakte aufzunehmen, anfangs allein um der materiellen Vorteile willen. Er läßt alles mit sich machen, ekelt sich jedoch vor dem Analverkehr. Mit der Zeit findet er an den homosexuellen Kontakten auch Gefallen, besonders mit «weiblichen», effeminierten Männern. Sein eigentliches sexuelles Interesse gilt immer Mädchen und Frauen, zu denen er aber keinen Kontakt findet, weil er ihnen gegenüber schüchtern ist. Erstmals verliebt er sich mit fünfzehn Jahren in ein Mädchen, als er wieder einmal für einige Wochen zur Beobachtung in einer psychiatrischen Klinik ist; der Umgang mit ihr wird ihm verboten. Mit fünfzehn Jahren hat er den ersten Geschlechtsverkehr mit einer Prostituierten. Er hat sich vorher Mut angetrunken, weil er Angst hat, sich zu blamieren. Hinterher ist er enttäuscht und angeekelt. In der Folgezeit besucht er zwar regelmäßig Prostituierte, verabscheut sie aber und fühlt sich von ihnen ausgenutzt. Während seiner ersten Haftzeit hat er häufig homosexuelle Kontakte und masturbiert dazu mehrmals täglich, um seine innere Unruhe zu bekämpfen.

1967/68 ist er dreizehn Monate in Freiheit; es ist die längste Zeit seines Lebens, die er in Freiheit verbringt. Er lernt damals einen neun Jahre älteren, sehr effeminierten Homosexuellen kennen, der sich seiner annimmt und ihn bei sich wohnen läßt, sich um ihn kümmert und versucht, ihn zu regelmäßiger Arbeit anzuhalten; dies gelingt auch einige Zeit lang. Gerhard B. findet bei ihm so etwas wie Halt und Stabilität und weiß, daß er darauf angewiesen ist, weil er allein und auf sich gestellt nicht zurechtkommt. Eine Zeitlang wohnt er mit diesem Freund auch bei seinen Eltern; seine Mutter weiß von den homosexuellen Beziehungen und duldet sie. In dieser Zeit arbeitet er regelmäßig, lebt geordnet und trinkt weniger. Sexuell ist er aber unbefriedigt und leidet unter der starken Eifersucht seines Freundes, der ihn nicht aus den Augen läßt und ihn zu hindern versucht, Mädchenbekanntschaften zu machen. Durch diese ständige Kontrolle fühlt er sich zunehmend eingeengt und gerät mehr und mehr in Ausbruchsstimmung. Abends geht er gelegentlich in Tanzlokale, sitzt dann aber meistens herum und betrinkt sich, weil er sich nicht traut, Mädchen anzusprechen. In dieser Zeit ist er stark von sexuellen Wünschen beherrscht, kann sie aber in Beziehungen zu Partnern nicht befriedigen. Statt dessen exhibiert er häufiger, geht in Parks, um Liebespaare zu belauschen, hält sich im Gedränge, in Straßenbahnen auf, um sich an Frauen zu pressen und zu reiben und Frauen an die Brust und unter den Rock zu fassen. All dies sind, wie er sagt, aber nur Notlösungen. Oft ist er nächtelang unterwegs, deswegen gibt es Streit mit seinem Freund, an den er sich klammert, um nicht seinen letzten Halt zu verlieren. In dieser Zeit beginnt er nachts von Vergewaltigungen zu träumen. «Ich konnte es nicht begreifen, daß ich kein Mädchen fand. Ich habe einen regelrechten Haß auf Prostituierte, und trotzdem brauchte ich sie. Eine nackte Frau kannte ich damals nur von Bildern, abgesehen von den Prostituierten, und Prostituierte sind schmutzig. Sexuell konnte ich mich schnell hochbringen, wenn ich mir vorstellte, daß Mädchen sexuell gezwungen werden.» Szenisch-sadistische Phantasien hat er jedoch nie entwickelt und lehnt so etwas auch ab. «Ich hatte nur das Gefühl, daß ich die Frauen demütigen müßte, weil die mich nicht wollten.» Hin und wieder beschäftigen ihn masochistische Vorstellungen, sich einer älteren Frau ganz unterzuordnen. In dieser Zeit hat er nächtliche Träume, «daß ich Frauen töte und auf dem elektrischen Stuhl hingerichtet werde. Ich habe auch geträumt, daß ich Frauen aus dem Zug werfe. Ich habe manchmal Traum und Wirklichkeit verwechselt.» Während sein Freund im Krankenhaus liegt, kommt es zu einigen Aggressionsdelikten: Eines Abends, als er viel getrunken hat, sieht er auf der Straße eine etwa 40jährige Krankenschwester. Er verfolgt sie und schlägt sie nieder. «Als sie auf dem Boden lag, habe ich sinnlos mit den Füßen getreten, so drauf, als wäre ich sadistisch veranlagt.» Er hat in dieser Zeit häufiger Frauen attackiert. «Irgend etwas war drin, was raus mußte.» Es kommt auch zu Brandstiftung, durch die er in eine diffuse, nicht eigentlich sexuelle Erregung gerät. Nach der Haftentlassung im Oktober 1970 lebt er noch ein halbes Jahr in Freiheit. Er wohnt teils bei seinen Eltern, teils bei seinem homosexuellen Freund. Über eine Annonce lernt er ein achtzehnjähriges

Mädchen kennen, in das er sich verliebt. Er erzählt ihr von seiner Vergangenheit, verkehrt auch in ihrem Elternhaus und ist glücklich, daß er nun eine Freundin gefunden hat. Um sie täglich zu sehen, muß er 20 Kilometer fahren. Nach einigen Wochen kommt es mit ihr zum Geschlechtsverkehr. Beim ersten Mal kommt er nicht zur Ejakulation. Die sexuellen Beziehungen sind für ihn nicht sehr befriedigend, weil seine Freundin sich dabei passiv verhält und von sich aus kein sexuelles Interesse hat. Er hat den Wunsch, sich mit ihr zu verloben. Im Zusammenhang mit dem Scheitern dieser Beziehung kommt es zu dem ersten Tötungsdelikt.

Eines Abends sagt ihm seine Freundin, sie könne sich mit ihm nicht verloben, weil ihre Eltern dagegen seien. «Innerlich war ich total fertig.» Er hat sich an diesem Abend betrunken und will nach Hause. Während der Busfahrt schläft er ein und wacht an der Endstation auf. Gegen Mitternacht kommt ihm auf einem Parkplatz ein fünfzehnjähriges Mädchen entgegen. «Als die an mir vorbeikam, habe ich einfach sie an den Hals gepackt und zugedrückt.» Er zerreißt ihr die Bluse, beißt ihr in die Brust, bringt ihr mit einer Zigarette Brandwunden im Gesicht bei und würgt sie, bis sie reglos ist. «Das kam so über mich, der Verstand hat ausgesetzt, es lief ab wie im Film.» Erst hinterher, so sagt er, ist ihm bewußt geworden, was er angerichtet hat. «Ich war schockiert und habe noch eine Viertelstunde davor gestanden und es nicht fassen können. Ich war erschöpft, als hätte ich stundenlang Schwerstarbeit geleistet.» An eine sexuelle Erregung während dieser Handlung kann er sich nicht erinnern.

In den nächsten Tagen trinkt er nur noch, um nicht an die Tat denken zu müssen. Seine Freundin trennt sich kurz darauf endgültig von ihm. «Da habe ich geheult wie ein kleines Kind.» Am Tage der zweiten Tötungshandlung kauft er sich ohne festes Ziel eine Fahrkarte und fährt in einem D-Zug. Er hat Alkohol getrunken, fühlt sich aber nicht betrunken. In einem Abteil sitzt außer ihm eine 54jährige Frau. «Das war eine furchtbar nette Frau.» Er kommt mit ihr ins Gespräch, erinnert sich aber nicht, worüber gesprochen wird. Nach etwa 20 Minuten steht er auf, geht zur Abteiltür, kehrt dann plötzlich um, schlägt die Frau ins Gesicht, tritt sie und erwürgt sie schließlich. «Das ist mir von allen Taten die unerklärlichste. Ich fuhr in dem gleichen Abteil weiter, starrte vor mich hin und konnte nicht glauben, daß ich es gewesen bin. Das ist so ein Gefühl, als wenn ich danebenstehe und zuschaue. Ich glaube, als ich das erste Mal jemanden umgebracht habe, ist in mir etwas kaputtgegangen.» Einen Grund für diese Handlung kann er nicht angeben. «Vielleicht war es mein Haß auf Frauen, der hat sich in den letzten Jahren ins Unerträgliche gesteigert.» Ihm ist diese Tat deswegen besonders unerklärlich, weil er sich gerade von älteren Frauen stark angezogen fühlt und sich manchmal vorstellt, daß er sich einer älteren Frau gern unterwerfen möchte. «Vielleicht war es die Wut, daß sie weiterfuhr und ich aussteigen mußte.» Die Tat hat ihn, so sagt er, deswegen besonders schockiert, weil er ähnliches häufiger schon geträumt hat. Er hat die Frau im Zug attraktiv gefunden und meint, die Handlung habe irgend etwas mit Sexualität zu tun. «Das sexuelle Gefühl spielt sich aber im Kopf ab, nicht im Geschlechtsorgan.»

Nach dieser Tat zieht er wieder zu seinem Freund, trinkt maßlos Alkohol, um an nichts denken zu müssen. Er gibt an, in dieser Zeit zweimal eine Prostituierte gewürgt zu haben, ohne daß es zur Anzeige kommt. Am Tage des dritten Tötungsdeliktes kommt er vom Geburtstag seiner Mutter gegen 22 Uhr betrunken nach Hause. Sein Freund liegt mit einem anderen Mann im Bett, es gibt Streit. Er geht verärgert aus dem Haus und sucht eine Prostituierte auf, nimmt sie in sein Auto und fährt mit ihr an einen abgelegenen Platz. Wegen seiner Trunkenheit bekommt er keine Erektion. Als die Frau ungeduldig wird und ihn beschimpft, erwürgt er sie und wirft ihre Leiche in eine Böschung.

Drei Tage später kommt er nachts wieder betrunken nach Hause, hat aber seinen Hausschlüssel vergessen. Er geht deshalb in ein Hotel in der Nähe, um zu telefonieren. Eine ältere Portiersfrau wacht auf, erschrickt und fängt an zu schreien. «Ich habe versucht, sie zu beruhigen, das ging nicht. Da bin ich in Panik geraten und habe sie gewürgt.» Danach zieht er ihr die Strümpfe aus und erdrosselt sie. Nach etwa einer halben Stunde kehrt er an den Tatort zurück und entwendet Geld aus der Hotelkasse. Wenig später wird er verhaftet.

Zu den Taten allgemein gibt er an: «Ich kann mir das alles nicht erklären. Ich habe geahnt, daß es bei mir zu einer Explosion kommen würde. Den Frauen gegenüber bin ich immer brutaler geworden. Wenn die mich nicht geschnappt hätten, wäre das immer so weiter gegangen, es wäre eine Lawine geworden.» Irgend etwas haben die Taten, so meint er, mit seiner Sexualität zu tun, auch wenn er dabei keine Erektion und keinen Orgasmus hat. «Es ist so eine komische Erregung, vielleicht ein sexuelles Verlangen.» Nach der Tötung ist er jedesmal wie erleichtert gewesen, «das war so eine Art Befriedigung, wenn auch keine sexuelle. Vorher wurde die Unruhe in mir immer stärker, da wußte ich, es passiert wieder etwas. Das war so eine Art Vernichtungsdrang.»

2. Psychodynamische Interpretation
Die Lebensgeschichte von Gerhard B. führt sehr deutlich vor Augen, daß solche destruktiv-sadistischen Impulshandlungen und Durchbrüche psychodynamisch in einem ganz anderen Zusammenhang stehen als die Handlungen Sadistisch-Devianter. Diese Verschiedenheit im äußeren Erscheinungsbild und im Verhalten, der wir auch bei den anderen Fallgeschichten dieses Kapitels wiederbegegnen werden, beruht auf einer unterschiedlichen Entwicklung und Persönlichkeitsstruktur. Bei den Sexuell-Devianten waren die frühen Traumatisierungen und die daraus entstehenden Konflikte und Triebimpulse sexualisiert, in der Deviation gebunden und abgespalten. Der nicht-deviante, realitätsorientierte Teil des Selbst, das «soziale Ich» des Devianten, wird so wenig von dieser Konflikt- und Triebdynamik behelligt, daß Intensität und Ausmaß ihrer Destruktivität bei ihrer relativ problemlosen sozialen Anpassung verborgen bleiben, solange es nicht zu delinquenten Handlungen kommt. Diese Eingrenzung durch Sexualisierung ihrer Konflikte und ihrer Destruktivität und deren Abspaltung gelingt bei den Persönlichkeiten, deren Entwicklung wir jetzt beschreiben wollen, gerade nicht. Ihr Verhalten ist von früh auf bestimmt durch ein permanentes aggressives Ausagieren von inneren Spannungen und Beziehungsproblemen; ständig beunruhigt durch unentschärfte und unintegrierte Triebimpulse, sind sie zu sozialer Anpassung unfähig. Hierfür ist die Persönlichkeit von Gerhard B. ein besonders eindrucksvolles Beispiel.

Ehe wir uns der psychodynamischen Interpretation zuwenden, erwähnen wir noch einmal die Problematik des Hirnschadens, dessen Bedeutung für seine Entwicklung von den verschiedensten Seiten hervorgehoben worden ist. Berücksichtigt man alle Befunde und Beurteilungen, dann handelt es sich hier aller Wahrscheinlichkeit nach nicht um die Folgen einer frühkindlichen Masern-Enzephalitis, sondern um einen unspezifischen frühkindlichen Hirnschaden.

Wir haben bereits bei Manfred W. (Fallgeschichte 4, Seite 131 f) diskutiert, welche Bedeutung solchen Hirnschädigungen für die Entwicklung und Sozialisierung zukommt: Die diffusen Läsionen verursachen nicht an sich schon spezifisch pathologische Reaktionen oder Entwicklungen, z. B. sexueller Art, oder bestimmte Charakterformationen, sondern können nur dazu führen, daß die Ausbildung bestimmter Ich-Funktionen gestört wird. Bei hirngeschädigten Kindern sind die Fähigkeiten zur Anpassung und Integration und die Abwehr von inneren und äußeren Reizeinflüssen erschwert, sie sind in ihrer geringen Frustrationstoleranz ungeschützter und den negativen und neurotisierenden Umwelteinflüssen unmittelbarer ausgesetzt. Die Diagnose eines Hirnschadens ist daher kein Argument gegen die Wichtigkeit einer psychodynamischen Interpretation. Sie vereitelt weder psychodynamische Überlegungen, noch macht sie diese überflüssig, auch wenn dies zumindest im forensischen Bereich die gängige psychiatrische Praxis ist. Mit dem Etikett einer hirnorganischen Diagnose wird dort alles abgedeckt, apodiktisch eine Pseudoevidenz behauptet, mit der alle psychologischen Erklärungen als überflüssig hingestellt werden.

Bei Gerhard B. ist es, wie häufig bei hirngeschädigten Patienten, schwer, durch seine eigene Introspektion Zugang zu seinen Konflikten zu bekommen. Dafür liefert das ungefilterte, unbearbeitete Umsetzen von Impulsen in Aktionen reichhaltiges Interpretationsmaterial, aus dem sich die Persönlichkeitsentwicklung und die Persönlichkeitsstruktur rekonstruieren lassen. Anders als bei den bisher beschriebenen Patienten begegnen wir hier dem Phänomen der sogenannten *Verwahrlosung* und Frühverwahrlosung. Seit AICHHORN (1925) hat sich die Psychoanalyse diesem Thema wiederholt zugewandt und die Verwahrlosung als ein Agieren gedeutet, welches Abhängigkeitsprobleme, Ängste vor Verlassenheit und Leere durch Mobilisierung von Macht- und Größenvorstellungen verleugnet und im wesentlichen zur Depressionsabwehr dient. In der psychoanalytischen Literatur gibt es vielfältige Einteilungen und Gruppierungen dieses heterogenen Phänomens «Verwahrlosung», denen wir hier im einzelnen nicht nachzugehen brauchen. Durchgängig ist die Unterscheidung zwischen neurotischer und psychopathischer Verwahrlosung. Die *neurotische Verwahrlosung* resultiert aus der Auseinandersetzung des Ich mit einem überaus strengen Über-Ich, dem im verwahrlosten Verhalten ständig ausgewichen wird. Bei der *psychopathischen Verwahrlosung* geht es nicht um Auseinandersetzung mit dem Über-Ich, sondern darum, daß das Mißlingen von frühen Identifikationsprozessen die Ich-Entwicklung weitgehend blockiert und es zur Ausbildung eines Über-Ich nicht oder nur in sehr rudimentärer Weise kommt. Anders als bei den Kindern, die von Beginn an ohne feste Bezugspersonen aufwachsen – wie sie von SPITZ (1967) beschrieben wurden –, bei denen der Mangel und die Instabilität der libidinösen Objektbesetzungen zu emotionaler Bindungsunfähigkeit führt, sind bei der psychopathischen Verwahrlosung andere Einflüsse genetisch ausschlaggebend: Wesentlich sind hier massiv traumatische Erlebnisse in der frühen Mutter-Kind-Beziehung, die zu schweren Ängsten vor Vernichtung führen und eine destruktive Aggressivität aufrechterhalten; daraus resultieren eine verstärkte innere Unruhe und permanente Angstspannung, welche die Ausbildung höherer Ich-Funktionen blockieren. Die periodisch dranghaften dissozialen Aggressionsdurchbrüche haben einerseits eine angstreduzierende und spannungsmindernde Wirkung, andererseits haben sie eine ich-stabilisierende Funktion und dienen einer aktionistischen Abgrenzung des Selbst und vermitteln das Gefühl von Macht und Überlegenheit.

Die Persönlichkeitsstruktur von Gerhard B. verdeutlicht exemplarisch das psychopathologische Erscheinungsbild der psychopathischen Verwahrlosung. Fassen wir die aus seiner Kindheit berichteten Verhaltensstörungen zusammen, so lassen sich zwei scheinbar widersprüchliche Arten von Verhaltensauffälligkeiten erkennen:

1) Als besonders störend werden seine ungebremsten Triebäußerungen bei einer periodisch akzentuierten, dranghaft anmutenden Bewegungsunruhe beschrieben. Diese Unruhe äußert sich vor allem als massiv oppositionell aggressives Verhalten, das ihn in Gemeinschaft so schwer tragbar sein läßt. Er kann sich keinem Rahmen anpassen, läuft fort und bricht überall aus. Später begeht er Diebstähle und wird in aggressiver Weise kriminell. Dieses aggressive Agieren hat über Angstreduktion und Ich-Abgrenzung hinaus für

ihn die Funktion einer narzißtischen Bestätigung; es bietet ihm Genugtuung und erhöht sein Selbstwertgefühl, wenn er erlebt, wie andere Angst vor ihm haben. Im sexuellen Bereich zeigt sich seine ungebremste Triebhaftigkeit in einem ungewöhnlich frühzeitigen und stark ausgeprägten phallisch aktiven und phallisch aggressiven Verhalten. Seine außergewöhnliche Unreinlichkeit – er ist Bettnässer, macht sich ständig schmutzig und weigert sich, sich zu waschen – hat sowohl oppositionelle wie libidinöse Wurzeln: Einerseits liegt darin ein Sichweigern, die an ihn gestellten Erwartungen zu erfüllen; andererseits lebt er seine unverarbeiteten analen Triebwünsche lustvoll aus und zwingt damit die Umgebung, sich ständig mit ihm zu beschäftigen. Eine weitere Äußerung ungebremster Triebimpulse ist schließlich seine orale Enthemmung: Es wird berichtet, daß er Süßigkeiten sinnlos in sich hineinstopft, daß er schon im Alter von acht oder neun Jahren süchtig raucht. Dieses Verhalten zeigt nicht nur seine weitgehende Unfähigkeit, Triebwünsche zu kontrollieren, sondern zugleich das Ausmaß der Versagungen.

2) Die zweite Gruppe von Verhaltensauffälligkeiten wird in den Heimberichten eher beiläufig erwähnt, weil sie weniger stören: Es heißt, er sei weich, weine leicht, sei schreckhaft und neige zu nächtlichen Angstzuständen; er möchte einen Erwachsenen für sich allein haben und ständig beschäftigen. Er hat Angst, allein zu sein, möchte gelobt werden und zeigt ein starkes Zuwendungs- und Anerkennungsbedürfnis.

Der psychodynamischen Genese dieses psychopathologischen Erscheinungsbildes kommen wir näher, wenn wir die wesentlichen Elemente der Mutter-Kind-Beziehung zusammenfassen: Unübersehbar sind die massiven oral versagenden Verhaltensweisen der Mutter, die, ständig unterwegs, die Kinder unversorgt zurückläßt, ferner ihre abweisenden und destruktiven Gefühle dem Sohn gegenüber, die in ihren Beseitigungsphantasien und Todeswünschen zum Ausdruck kommen. Wichtig ist aber, daß die Mutter daneben zeitweise Züge einer primitiv-animalischen Mütterlichkeit zeigt, wenn sie sich beschützend und verteidigend vor ihn stellt. Die Instabilität der mütterlichen Zuwendung, der abrupte Wechsel von Zuwendung, Versagung und Abweisung, das Launenhafte und Impulsive, mit dem die Mutter, uneinfühlbar für den Sohn und weitgehend unabhängig von dessen jeweiligem angepaßten oder unangepaßten Verhalten, ihre Stimmungen ausagiert, haben ihn gehindert, ein allmählich einheitliches und kohärentes Bild der Mutter zu entwickeln und zu verinnerlichen: Eine derartige Widersprüchlichkeit des mütterlichen Verhaltens erzeugt einerseits massive Wutgefühle, andererseits eine extreme Abhängigkeit. Die guten und bösen Aspekte der Mutterbeziehung bleiben dauerhaft getrennt, und ihre Verinnerlichung ist durch die starken Wutgefühle erschwert. Er hat deshalb kaum Möglichkeiten der inneren Auseinandersetzung; er trägt die Affekte und Bedürfnisse aus der frühen Mutterbeziehung immerzu in die äußere Realität und erwartet ständig eine unverzügliche Befriedigung seiner oralen Gier, bzw. er versucht, sie zu erzwingen, und reagiert mit zerstörerischer Aggressivität, wenn dieses nicht sogleich geschieht. Bei einem solchen Ausmaß an Wut, Haß und Abhängigkeit in der oralen Phase werden die Selbstentwicklung und die Objektbildung entscheidend behindert. Dies zeigt sich in dem fast völligen Fehlen von steuernden und kontrollierenden Ich- und Über-Ich-Funktionen sowie in dem Ausbleiben von Reifungs- und Umformungsprozessen in seiner Triebentwicklung. Von daher unfähig zu reifen Objektbeziehungen, bleibt er in der permanenten Auseinandersetzung mit den mütterlichen Imagines gefangen: Er sucht ständig äußere Objekte und benutzt sie narzißtisch dazu, seine verschiedenen Bedürfnisse zu befriedigen oder seine Impulse auszuagieren. Bei seiner oralen Bedürftigkeit und der Unvollständigkeit der Entwicklung seines Selbst ist er auf die ständige Gegenwart von äußeren Objekten angewiesen. Er kann nicht allein sein, weil er dann in einen unerträglichen inneren Spannungszustand gerät. Zugleich muß er in diesen narzißtischen Beziehungen Abhängigkeiten wegen der damit verbundenen Ängste vor Zerstörung und Zerstörtwerden ängstlich abwehren, indem er die Objekte kontrolliert und allmächtig über sie verfügt. Dieses Bestimmtsein von der Auseinandersetzung mit den getrennten guten und bösen mütterlichen Imagines haben wir bei anderen Patienten (vgl. Fallgeschichte 11, Seite 243 ff) als ein Ausagieren von Spannungen zwischen Selbst und den mütterlichen Introjekten interpretiert. Bei Gerhard B. entsteht der

Eindruck, daß das Selbst so unentwickelt und strukturlos ist, daß eine stabile Introjektbildung im Selbst nicht möglich ist. Wenn ihm so etwas wie ein kohärentes Selbsterleben dennoch gelingt, dann mit Hilfe seiner ständigen aktionistischen Abgrenzung gegen die Umgebung mit Hilfe einer Größenselbstbesetzung.

Seine Strukturlosigkeit und die Einengung auf primitive Beziehungsmuster, in denen sich die Auseinandersetzung mit den mütterlichen Imagines wiederholt, kennzeichnen auch seine sexuelle Entwicklung: Anders als bei den bisher beschriebenen Patienten stehen bei Gerhard B. vielfältige deviante Handlungen nebeneinander. Er hat homosexuelle Kontakte, exhibiert, betätigt sich als Voyeur und Frotteur und hat heterosexuelle Beziehungen meist anonymer Art. In der Phantasie beschäftigen ihn masochistische Vorstellungen gegenüber älteren Frauen, schließlich stehen bei den zahlreichen Delikten aggressiv-sadistische Impulse im Vordergrund. Ein Ausbau einer Deviation nach Art einer stabilen Symptombildung findet sich bei ihm nicht. Seine sexuellen Aktivitäten muten vielmehr an wie ein unmittelbares Ausleben ungezielter kindlicher «Partialtriebe», die beziehungslos an wechselnden Objekten befriedigt werden. Im Verlaufe der Entwicklung seiner Sexualität werden die libidinösen Anteile immer geringer, und die Auflading mit unentschärften, destruktiven Impulsen nimmt zu. Dies hängt mit seiner generellen Unfähigkeit zusammen, sexuelle Befriedigung und überhaupt Entspannung zu erleben: Seit frühester Kindheit ist er permanent unruhig und gespannt, betätigt sich seit seiner Kindheit exzessiv autoerotisch, hat alle möglichen Wege der Triebabfuhr versucht, ohne je zur Ruhe und Entspannung zu kommen. Eine solche Unfähigkeit zur Befriedigung bei einem exzessiven Suchen danach erinnert an orale Unersättlichkeit, wie man sie z. B. auch bei Süchten findet. In dieser Unersättlichkeit drückt sich ein vergebliches Suchen aus, sich etwas Gutes und Beständiges einzuverleiben, das seine innere Leere ausfüllt.

Die oralen Aspekte, das Ausgeliefertsein an Triebwünsche und die unüberformten infantilen Anteile seiner Sexualität sind mit stabilen Beziehungen kaum vereinbar. Seine Kontakte zu Frauen beschränken sich fast ausschließlich auf Erfahrungen mit Prostituierten, die er geradezu zwanghaft aufsucht. Nur einmal hat er versucht, sich mit einem Mädchen zu befreunden. Die Zeugenaussage des Mädchens vor Gericht läßt jedoch erkennen, daß die Beziehung zwischen beiden wenig intensiv und unemotional gewesen ist – verglichen etwa mit der viel spannungs- und konfliktreicheren, aber auch farbigeren und intensiveren Beziehung zu seinem homosexuellen Freund. Wenn überhaupt, dann sind Beziehungsansätze noch in seinen homosexuellen Kontakten zu finden, besonders in dem Verhältnis zu dem älteren, effeminierten, «mütterlichen» Freund. Es fällt auf, daß es ihm nur in homosexuellen Kontakten möglich ist, sexuelle Regungen relativ aggressionsfrei einzubringen und nicht von destruktiven Regungen bedrängt zu sein. Es ist nicht bekannt, daß er seinem Freund oder anderen Homosexuellen gegenüber jemals aggressiv gewesen ist. Homosexuelle erlebt er als Partner, die ihm etwas geben und die ihn nicht ausnutzen, ihm nicht etwas wegnehmen oder versagen; sie werden ferner von ihm narzißtisch besetzt, d. h. er läßt sich lieben, liebt aber die Männer nicht. Deshalb lösen solche Beziehungen bei ihm keine Ängste aus und wecken nicht die orale Destruktivität. Weil die mütterlichen Imagines wenig in diese Beziehungen eingehen, erlebt er homosexuelle Kontakte als nicht befriedigende Notlösung. Eine homosexuelle Identität hat er nie entwickelt. Die Entwicklung einer homosexuellen Identität setzt so viel psychische Strukturierung voraus, wie sie bei ihm nicht gegeben ist. Eine homosexuelle Orientierung als Verarbeitung und Abwehr präödipaler Störungen entsteht dadurch, daß der Junge auf die Stufe einer primären Identifizierung mit einer mächtigen, vereinnahmenden Mutter zurückkehrt. Allein schon die unentschärfte orale Destruktivität, die ihn zu permanenter aggressiver Auseinandersetzung mit den mütterlichen Imagines zwingt, muß eine Rückkehr in eine symbiotische Beziehung verhindern.* So hat Gerhard B. weder eine homosexuelle Identität erreicht, noch ist er fähig, innere Beziehungen zu Frauen aufzubauen. Diese Zwie-

---

* Auf andere Möglichkeiten der Entstehung homosexueller Entwicklungen, bei denen mehr ödipale Konflikte eine Rolle spielen, gehen wir hier nicht ein.

spältigkeit bildet den Boden für die aggressionsgeladene Haltung Frauen gegenüber.

All seine Beziehungsansätze zu Frauen stellen die in andere Objekte verlagerte Wiederholung seiner inneren Auseinandersetzung mit den mütterlichen Imagines dar: Einerseits fühlt er sich zu älteren, mütterlichen Frauen hingezogen und phantasiert, wie er sich ihnen lustvoll masochistisch unterordnet; andererseits hat er Angst, vernichtet zu werden, wenn er Abhängigkeiten eingeht, und weicht Beziehungen daher aus. Prostituierte sind fast seine einzigen weiblichen Kontaktpersonen. Diese Wahl der Prostituierten ist mehrfach determiniert: Einmal kommt sie seiner Tendenz, Beziehungen zu vermeiden, entgegen; ferner verkörpert die Prostituierte für ihn die niedrige, schmutzige, ausbeutende Seite der Frau, die seinen Haß und seine Aggressionen gleichsam rechtfertigt. Prostituierte sind nicht nur Objekte für Triebbefriedigung, sondern verkörpern zugleich die bösen mütterlichen Imagines und aktualisieren angstvolle Erfahrungen, von der Mutter ausgebeutet und vernichtet zu werden. Wir werden bei der Analyse von Prostituiertentötungen (Kapitel 3.4.3) näher ausführen, daß und warum in der Beziehung zu Prostituierten häufig Aspekte der präödipalen bösen Mutter projiziert werden.

Die allmähliche Eskalierung seiner destruktiven Aktionen gegenüber Frauen läßt sich deutlich verfolgen: Anfangs begnügt er sich damit, Frauen unter den Rock und an die Brust zu fassen. Später begeht er Notzuchtdelikte, in einem nächsten Stadium kommt es zu impulsiven Durchbrüchen von massiven Aggressionen mit Würgen und Treten und schließlich zu Tötungshandlungen.

Während bei wiederholten Taten in den bisherigen Fallgeschichten (am deutlichsten bei Manfred W., Fallgeschichte 4) die Einförmigkeit der Handlungsabläufe und Tatsituationen, ihre ritualisierte Gestaltung auffiel, sind diese vier Tötungshandlungen heterogen, die Wahl der Opfer weitgehend beliebig; die Reihenbildung erscheint nicht typisch determiniert und zwangsläufig. Gemeinsam ist diesen Taten lediglich, daß die Opfer weiblichen Geschlechts sind. In der Zufälligkeit der Opfer und der Beliebigkeit der Tatsituation drückt sich seine Kontrollunfähigkeit gegenüber momentanen diffusen Triebimpulsen aus. Welches Ausmaß die innere Spannung und Aufladung haben, die sich in diesen Taten explosionsartig entladen, zeigt das Gefühl völliger Erschöpfung unmittelbar nach der Tat. Analysiert man die einzelnen Taten genauer, dann wird der Anschein von Beliebigkeit insofern etwas eingeschränkt, als sich zeigen läßt, daß in den Taten verschiedene Aspekte einer konflikthaften Auseinandersetzung mit Frauen zumindest ansatzweise ausagiert werden. Die Taten sind mehrfach determiniert, und die unterschiedlichen unbewußten Motivationen kommen bei den einzelnen Tötungshandlungen in abgestufter Deutlichkeit zum Ausdruck. Ein wesentlicher Aspekt ist die Realisierung von Größenselbstvorstellungen, das Ausagieren von narzißtischen Omnipotenzphantasien – ein Mechanismus der Angstabwehr, Ich-Abgrenzung und Selbstwerterhöhung, der auch bei seinem kindlichen aggressiven Agieren immer von Bedeutung gewesen ist. Während die Wiederbelebung des Größenselbst bei den sadistischen Deviationen auf das deviante Erleben und den devianten Akt beschränkt war, bestimmen auch über die Momente der aggressiven Entladung hinaus Größenvorstellungen sein Selbsterleben. Dies drückt sich auch darin aus, wie er sich nach seiner Verhaftung verhält: Er hat sich beispielsweise einer Reihe von Tötungsdelikten bezichtigt, die er nachweislich nicht begangen haben kann; Phantasien vom «großen Verbrecher» zeigen sich in seiner Bemerkung, seine Geschichte sei mindestens so interessant wie die eines Jürgen Bartsch. Schließlich finden sich narzißtische Größenphantasien in seiner früheren Einlassung zu der Prostituiertentötung: Er habe die Tat mit seinem homosexuellen Freund zusammen verübt, als eine Art Schauspiel und Mutprobe, um seinem Freund zu zeigen, daß er fähig ist, eine Frau zu töten. Daß er die Taten gleichsam in der Öffentlichkeit begeht und sich da kaum Mühe um Verheimlichung gibt, weist einerseits auf die Plötzlichkeit und Impulsivität des Geschehens hin, andererseits auch auf unbewußte Allmachtsgefühle.

Einen weiteren Aspekt bei den Tötungen haben wir bereits erörtert: die Entladung oraler Destruktivität gegenüber den bösen mütterlichen Imagines, besonders deutlich bei der Tötung der Prostituierten und der alten Portiersfrau.

Ein zusätzlicher Aspekt findet sich in der dritten Tat. Auch hier ist es eine ältere mütterliche Frau. Im Gegensatz zu den anderen Taten geschieht diese nicht aus völliger Anonymität heraus, sondern hier ist ein persönliches Gespräch vorausgegangen. Er hat die Frau sympathisch und anziehend gefunden. Bedeutsam für die unbewußte Motivation zu dieser Tat scheint sein Einfall zu sein, er habe sie vielleicht getötet, weil er wieder fort mußte und sie da blieb. Offenbar dient diese Tat der Abwehr von Verlust und Verlassenheitsängsten. Die Konfrontation mit den guten mütterlichen Imagines, ein Gefühl, daß die Frau etwas hat und ihm etwas geben könne, was ihm fehlt, weckt bei ihm eine Art Neid, Wutgefühle und Zerstörungswünsche.

Die Leichtigkeit, mit der bei ihm aggressive und destruktive Besetzungen auf beliebige Objekte verschoben werden, weist auf das Primärprozeßhafte in seinen Taten hin. Zu diesen Verschiebungen kommt es vor allem dann, wenn sich seine traumatischen Urerlebnisse von Trennung, Verlassen- und Abgeschobenwerden wiederholen. Dies ist besonders deutlich bei der ersten Tat, als er das junge Mädchen unmittelbar nach dem Bruch seines Verlöbnisses tötet. Mit Hilfe der Verschiebung gelingt es ihm, seine aggressiven und destruktiven Impulse, seine Wut- und Haßgefühle von der Mutter, der sie ursprünglich gelten, fernzuhalten. Der Mechanismus der Verschiebung dient hier dem Schutz des mütterlichen Objekts, auf das er bei allem Haß angewiesen ist, um seine Identität aufrechterhalten zu können.

Der Zusammenhang dieser Aggressions- und Tötungshandlungen mit der Sexualität ist hier komplizierter als bei den manifestsadistischen Entwicklungen: Dort war der zentrale Konflikt sexualisiert und abgespalten. Mit dieser Abwehr gelang es, Störungen der Ich-Entwicklung insofern zu kompensieren, als das Ich von diesen Konflikten gleichsam nicht mehr behelligt wurde, außer in den Momenten der sexuellen Erregung, und deshalb nach außen relativ intakt und funktionsfähig erscheinen konnte. Von einer solchen organisierten Abwehrformation kann bei Gerhard B. nicht die Rede sein. Sexuelle Betätigung ist bei ihm eine beziehungslose, unstrukturierte, elementare Spannungsabfuhr – ähnlich wie die explosible

Entladung seiner Aggressivität. In seinen Angriffen auf Frauen kommt es immer wieder zu einer momentanen Sexualisierung der destruktiven Impulse, so daß er sagen kann, die Taten haben irgend etwas mit der Sexualität zu tun, weil sie ihm ähnlich oder noch mehr Entspannung ermöglichen.

3.2.2 Der Fetisch als der böse Verfolger

Fallgeschichte 7

1. Die Lebensgeschichte
Der 25 Jahre alte Hans-Joachim D., wegen einiger Notzuchtdelikte vorbestraft, hat im Februar 1972 versucht, eine Prostituierte zu erwürgen, vier Tage später hat er eine Frau in einem D-Zugabteil getötet.
 Zur Zeit der Begutachtung befindet er sich seit zwei Jahren in Haft. In dieser Zeit hat er sich in seiner äußeren Erscheinung stark verändert: Fotos aus der Zeit unmittelbar vor der Inhaftierung zeigen ihn als einen ordentlich gekleideten, eher brav und angepaßt erscheinenden jungen Mann. Inzwischen hat er sehr lange, strähnige, ungepflegte Haare, ist unsauber und trägt auffällige Tätowierungen an beiden Armen. In seinem Verhalten gibt er sich überlegen und kühl und scheint unbeeindruckbar. Er erlebt sich als einen außergewöhnlichen Menschen, der mit dem früheren Hans-Joachim D. mit seinen Schwächen und Ängsten kaum noch Verbindung hat. Den Untersuchern gegenüber bleibt er distanziert und weicht häufig ins Ironisieren aus. In der Haft hat er sich abgekapselt und sich intensiv mit übersinnlichen Phänomenen beschäftigt. Seine Beziehungen zur Umwelt sind mit magischen Vorstellungen durchsetzt. Wir sehen darin Zeichen einer ins Paranoide gehenden Haftdeformierung, die den Zugang zu ihm und seinen Konflikten erschwert. Wenn die Gespräche seine frühere psychische Verfassung berühren, kann er gelegentlich ungeduldig und verärgert abwehren. Am liebsten spricht er von seinen phantastisch-irrealen Vorstellungen und Erlebnissen, zum Beispiel davon, daß alle seine Träume in Erfüllung gehen und daß er die Fähigkeit besitzt, mit Verstorbenen zu reden. «Ich vertiefe

mich ganz ins Drüben. Dadurch bin ich ruhig geworden und habe eigentlich keine Probleme. Ich lasse mich jetzt von meinem Unbewußten nicht mehr nervös machen.»

Er stammt aus einer Handwerkerfamilie in Norddeutschland. Der Vater, Tischler von Beruf, sagt als Zeuge vor Gericht aus und hinterläßt einen nachhaltigen Eindruck: Er hat vor etwa 20 Jahren einen schweren Hirnschaden erlitten; die daraus resultierende hirnorganische Wesensveränderung hat offenbar zu einer massiven Vergröberung seiner Wesenszüge beigetragen: Er ist explosiv, stimmungslabil und neigt zu Ausbrüchen von Jähzorn. In der Familie ist er der unumstrittene Herrscher und Despot, der jederzeit und ohne Widerspruch strikte Befolgung seiner altherkömmlichen Vorstellungen erwartet. Er achtet sehr auf Pünktlichkeit und Ordnung und kontrolliert alles und jeden. Der Sohn sagt von ihm: «Der ist altdeutsch, für Zucht und Ordnung; ist man nicht ruhig, kriegt man was auf die Mütze.» Von sich selbst sagt der Vater: «Ich dulde nie Widerspruch. Größere Meinungsverschiedenheiten gibt es nicht, weil ich die gar nicht aufkommen lasse.» Seine Aufmerksamkeit und Strenge richten sich besonders auf den einzigen Sohn, weil der Vater ihn am liebsten mag, dies aber nicht zeigen kann, weil er ihn nicht «verweichlichen» will. Es ist immer sein Wunsch und Ziel gewesen, aus dem Sohn etwas Besonderes zu machen. Die jüngere Tochter kommt mit dem Vater seltener in Konflikt, da sie nicht so unmittelbar unter seiner Kontrolle steht; sie ist ihm nicht so wichtig, der Vater betrachtet sie eher als ein liebes Spielzeug und als einen Zierat. Der Sohn hat Angst vor dem Vater, der ihn häufig und hart schlägt, bewundert ihn aber auch wegen seiner Stärke und hat Respekt vor ihm. Es ist sein Wunsch, so zu werden wie der Vater, er orientiert sich bei allem, was er tut, an dem Vater und denkt, wie er es wohl finde, und sucht die väterliche Anerkennung. Gegen den Vater setzt er sich nie zur Wehr und gehorcht immer jedem seiner Winke. Sein Verhältnis zum Vater war «wie zwischen dem Jäger und seinem Hund»; er fügt nach einer Weile hinzu: «Nun bin ich aus freiwilligem Zwang auch Jäger geworden.» Daß er sein Leben lang ganz unter dem Einfluß des Vaters steht und ihm gegenüber «Dankbarkeit» empfindet, begründet er mit einer Kindheitserinnerung: Mit sieben Jahren wird er wegen unklarer Anfälle in eine Kinderklinik eingewiesen. «Man wollte mir Gehirnwasser absaugen. Mein Vater holte mich aber am gleichen Tage nach Hause. Auf der Heimfahrt hat sich mein Vater mit dem Schaffner über mich unterhalten. Damals habe ich nur zugehört, kann mich aber heute noch klar erinnern. Der Schaffner erzählte, daß bei seinem Sohn etwas Ähnliches gemacht wurde und daß sein Sohn für sein Leben ein Krüppel sei. Ich bin seit einem Jahr zu der Erkenntnis gekommen, daß aus dieser Zeit ein Haß auf Frauen bei mir besteht. Wäre mein Vater nicht gewesen, hätten mich die Ärztinnen zum Krüppel gemacht. Auch meine Mutter hatte nichts dagegen.» Das Verhältnis zur Mutter wird aus seinen Angaben nicht deutlich: Er schildert es als «normal» und blockt mit den Worten ab: «Zu meiner Mutter gibt es nichts zu sagen.» Die Eltern haben sich untereinander immer gut verstanden. Der Vater behandelt die Mutter respektvoll, wie er überhaupt nach der Devise lebt, Frauen seien entweder «Kutschpferde oder Arbeitspferde».

Als Kind soll er kränkelnd und schwächlich gewesen sein. Die unklaren Anfälle, von denen die Rede war, sind im späteren Leben nicht mehr aufgetreten. Als Kind soll er, wie der Vater sagt, Schlafwandler gewesen sein, bis zum zehnten Lebensjahr ist er Bettnässer. Eifersuchtsreaktionen auf die Geburt der Schwester, als er fünf Jahre alt ist, werden nicht berichtet. Er besucht die Volksschule neun Jahre lang, ist zwischenzeitlich kurz auf einer Mittelschule, zeigt dort aber schlechte Leistungen und wird zurückgeschult. Bei seiner gut durchschnittlichen Intelligenz (Intelligenzquotient nach dem Hamburg-Wechsler-Intelligenztest 112) hat er auf der Volksschule keinerlei Lernschwierigkeiten. Unter Gleichaltrigen ist er ein Einzelgänger, der am liebsten allein ist und Gruppen eher meidet; obwohl er im oberflächlichen Kontakt mit allen gut auskommt, fühlt er sich immer abseits und anders als die anderen. In der Freizeit geht er gern spazieren und beobachtet die Natur und die Tiere. Er schildert sich in der damaligen Zeit als einen weichen Jungen, der Angst vor Auseinandersetzungen, vor Schmerzen und Verletzungen hat. Wenn er dem Vater beim Tischlern zusieht, hat er Angst, der Vater könne sich verletzen, z. B. einen Finger abschneiden. Aus diesem Grunde, so sagt er, ist er auch kein Tischler geworden. Als seinen «besten Freund» während der Schulzeit und auch noch später bezeichnet er ein Stofftier, mit dem zusammen er schläft und Gespräche führt.

Äußerlich betrachtet ist sein Lebensweg nicht sonderlich auffällig. Bis zur ersten Verhaftung im Februar 1971 ist er sozial gut integriert. Er absolviert eine vierjährige Elektrikerlehre, der Beruf macht ihm Spaß. Von seinen Arbeitgebern wird er positiv beurteilt. Nach der Lehre dient er eineinhalb Jahre bei der Bundeswehr, fühlt sich dort wohl und hat keine Schwierigkeiten, sich einzugliedern. Ihm gefallen die Kameradschaft, der Drill und die körperliche Auslastung. «Mir bedeuten auch die Ideale etwas wie Vaterland, Verteidigung, die mir der Vater immer schon gepredigt hatte.» Nach der Bundeswehrzeit geht er zu seiner Lehrfirma zurück, arbeitet dort bis zu seiner Verhaftung und wohnt immer zu Hause. Von der starken und zunehmenden inneren Beunruhigung vor allem in den letzten Jahren spiegelt sich kaum etwas in diesem angepaßten Lebensweg.

In dem Elternhaus, in dem Körperliches nur im Zusammenhang mit Säuberung erwähnt und betrachtet wird, bleibt die Sexualität ausgeklammert. Zärtlichkeiten unter den Eltern vor den Augen der Kinder sind unvorstellbar. Er erinnert sich lebhaft an den Besuch einer Tante, als er acht Jahre alt ist, wie er von ihrem Busen fasziniert ist. «Ich drängte mich immer daran und hätte die Brust gern angefaßt. Bei meiner Mutter konnte ich das nicht, da war doch ein gewisser Zwischenraum zwischen uns.» Auch in den späteren Jahren beschäftigt ihn die weibliche Brust häufig in seinen Phantasien und Tagträumereien. Später, wenn er Freundinnen hat, «habe ich mich oft nur mit der Brust beschäftigt, die übrige Frau habe ich ganz vergessen.» Bis in die Pubertät hinein schläft er mit seiner Schwester zusammen in einem Zimmer. Bei der Masturbation denkt er häufiger daran, sie einmal anzufassen, traut sich aber nicht einmal hinzugukken, wenn sie sich auszieht. Seit dem dreizehnten Lebensjahr masturbiert er regelmäßig. In den begleitenden Phantasien spielen vor allem Brüste eine große Rolle. In der Folgezeit ist er häufig mit dem Fahrrad unterwegs und guckt den Mädchen nach. Damals beginnt es, daß er hin und wieder fremde Frauen an die Brüste oder unter den Rock faßt und dann fortläuft. Solche aggressiven Attacken ziehen sich durch die ganzen Jahre; sie werden im Laufe der Zeit immer intensiver und gewaltsamer: Anfangs bleibt es beim flüchtigen Anfassen, in späteren Jahren würgt er Frauen, bedroht Mädchen mit Messern und greift ihnen gewaltsam an die Scheide, entreißt ihnen Handtaschen und wirft diese dann fort. Schließlich kommt es 1969/70 zu einigen Notzuchthandlungen, für die er nie zur Verantwortung gezogen wird. Zu diesen Handlungen verspürt er «ganz plötzlich einfach das Bedürfnis. Ich wollte damit Frauen demütigen und erniedrigen. Insbesondere brachten mich volle Brüste immer in Rage. Solche Frauen, die hübsch und selbstbewußt sind, möchte ich körperlich und seelisch unterdrücken, damit ich über ihnen stehe.»

Die Steigerung seiner Aggressivität und dessen, was er seinen Haß auf Frauen nennt, führt er auf eine enttäuschende erste Beziehung zu einem Mädchen zurück: Mit sechzehn Jahren verliebt er sich in eine neunzehnjährige Krankenschwester – wie er sich überhaupt von älteren, zum Teil wesentlich älteren Frauen angezogen fühlt. «Meine Freundin hat eine große Brust, BH-Größe 7. Ich war damals unheimlich romantisch und sprach gleich vom Heiraten.» Nach vier Wochen beendet sie «total aus heiterem Himmel» die Beziehung, weil er, wie sie später vor Gericht aussagt, «anklammernd wie ein kleines Kind» gewesen sei. Er ist niedergeschlagen und unternimmt einen Suizidversuch. Von der Zeit an, so sagt er, hat er den Frauen nicht mehr getraut. Er hat eine ganze Reihe sexueller Kontakte, zum Teil auch etwas längere Beziehungen zu Mädchen, bleibt dabei aber emotional immer distanziert und relativ unbeteiligt. Während Hans-Joachim D. selbst sagt, funktionelle Schwierigkeiten beim Geschlechtsverkehr kenne er nicht, berichten zwei Mädchen vor Gericht, er sei unfähig gewesen, beim Geschlechtsverkehr zur Ejakulation zu kommen. Dies zeigt, wie sehr er sich in solchen Beziehungen kontrollieren, wie sehr er Distanz bewahren und Hingabe vermeiden muß. Die Mädchen, zu denen er Beziehungen hat, sind fast immer älter und wenig attraktiv, denn «hübsche Frauen hasse ich tödlich». Der Vater sieht es nicht gern, wenn er Freundinnen hat, und hat ständig etwas an ihnen auszusetzen. Er sagt ihm oft, er brauche doch nicht zu heiraten, er könne immer zu Hause bleiben. Seit der Vater von einer seiner Freundinnen gesagt hat, sie sehe aus wie ein Maulwurf, vermeidet er es ängstlich, seine Mädchen mit nach Hause zu bringen oder sich mit ihnen sehen zu lassen. «Ich habe den Vater deswegen gehaßt. Ich wollte doch immer, daß er mit mir zufrieden war.» Wie sehr ihn Beziehungen ängstigen, zeigt sich darin, daß er es immer darauf anlegt, die Mädchen «geistig zu piesacken und zu quälen». Er bringt sie z. B. mutwillig zum Weinen, erzählt Geschichten, die sie traurig machen oder verletzen, um sie dann wieder zu trösten. «Wenn mich der Vater geärgert hatte, dann mußte ich es an ihnen auslassen. Die Mädchen waren meine Blitzableiter.» Er hat seinen Freundinnen auch z. B. plötzlich ein Messer vorgehalten, um sie zu erschrecken. Wenn sie Angst haben, tut ihm dies gut. Oder er droht mit Selbstmord, um zu sehen, wie die Mädchen reagieren. «Wenn ich die Mädchen so in eine gewisse Abhängigkeit gebracht hatte, dann verließ ich sie plötzlich; sie sollten sich seelisch gequält fühlen, das gab mir Genugtuung.» Einmal nimmt er wieder ein Mädchen mit nach Hause, weil er denkt, sie könne dem Vater gefallen. «Der machte natürlich Trouble und hat sie total abgelehnt. Danach habe ich sie gepiesackt, brachte sie zum Weinen und einmal sogar so weit, daß sie mit mir in den Tod wollte. Mir war das gar nicht ernst. Daß ich das erreicht hatte, das war die Spitze, die ich gebracht hatte.» Mit solchen Verhaltensweisen will er sich vergewissern, daß die Mädchen zu ihm halten; er braucht das Gefühl, der Stärkere und Unabhängigere zu sein. Sexuell sadistische Phantasien im engeren Sinne haben ihn wenig beschäftigt. Mit achtzehn Jahren sieht er einmal einen Film über Hexenverfolgungen; danach hat er kurzzeitig Phantasien, Frauen physisch zu quälen. Wenn er sich solche Szenen vorstellt, dann sind es immer andere Männer, die so etwas mit Frauen machen, er selbst bleibt passiver Zuschauer. Solche Phantasien haben sich aber bald wieder verloren. «Das paßte nicht zu mir, ich hätte so etwas nie gekonnt und lehne das auch ab.»

Im April 1970 lernt er ein Mädchen kennen, mit dem er sich bald verlobt, obwohl die Beziehung zu ihr nicht intensiver ist als zu den früheren Freundinnen. Eine wichtige Rolle für die Verlobung spielt, daß der Vater sie akzeptiert. Hans-Joachim D. findet sie sexuell wenig anziehend und fühlt sich nach der Verlobung bald von ihr eingeengt und kontrolliert; er wird innerlich unruhiger und gespannter, hat das Gefühl, er müsse irgendwie raus und trinkt in dieser Zeit vermehrt Alkohol. Ende 1970 kommt es zu drei Notzuchthandlungen, derentwegen er im Februar 1971 inhaftiert wird. Er hat jedesmal ein Mädchen überfallen, gewürgt und mit einem Messer bedroht. In den beiden ersten Fällen bleibt es bei einem Versuch, weil es den Mädchen gelingt, ihn in ein persönliches Gespräch zu verwickeln, in dessen Verlauf jede Erregung von ihm abfällt. Beide Mädchen berichten, er habe einen völlig verzweifelten Eindruck gemacht und ihnen leid getan. Beim dritten Mal würgt er ein Mädchen bis zur Bewußtlosigkeit und hat mit ihr Geschlechtsverkehr. Dabei haben, wie er später angibt, Gedanken mitgespielt, er habe etwas «ganz Schlimmes» anstellen wollen, damit es «rauskommt» und er gefaßt werde. Der Verdacht fällt aber zunächst nicht auf ihn. Er ist in der Folge deprimiert und trägt sich mit Selbstmordgedanken. Eines Tages erzählt er seiner Verlobten unvermittelt, er habe eine Frau getötet. Als sie unbeeindruckt bleibt, weil sie es für einen Scherz hält, greift er ihr plötzlich an die Kehle und würgt sie. Er hat sie, wie er sagt, mit diesem falschen Geständnis auf die Probe stellen wollen, um zu sehen, wieweit sie zu ihm halte. Kurze Zeit darauf hat er einen Unfall: Er schießt sich mit einem Gewehr des Vaters in das Bein, «unbewußt

– bewußt, ich dachte, dann kommt die Polizei, und es kommt raus, ohne daß ich mich stellen muß». Im Krankenhaus legt er ein Geständnis ab und wird inhaftiert. In der Haft fühlt er sich erleichtert und kommt innerlich zur Ruhe. Er wird begutachtet und auf Grund des Gutachtens für ihn völlig überraschend im Dezember 1971 von einem Tag auf den anderen aus der Untersuchungshaft entlassen. Er reagiert mit zwiespältigen Gefühlen: Einerseits ist er froh, wieder in Freiheit zu sein, andererseits enttäuscht, daß sich keiner seiner annimmt; er hat Angst davor, wie es weitergeht, und Angst vor seinen Aggressionen.

Nach der Haftentlassung will er nicht mehr nach Hause, weil er dem Vater nicht mehr unter die Augen treten mag. Er nimmt sich vor, nun seinen eigenen Weg zu gehen und sich vom Vater zu lösen. «Der motzte mich immer an, das ging mir auf die Nerven, der bestimmte nur. Das ist mit ein Grund, warum ich hier sitze.» Er wohnt bei den Eltern seiner Verlobten, hat bald wieder in seinem Beruf Arbeit und fühlt sich zunächst wohl. Seine Verlobte fährt morgens mit ihm zur Arbeit und holt ihn abends wieder ab, so daß er keinen Moment allein ist. Im Laufe der folgenden Wochen wird er innerlich zunehmend gereizt, unruhig und gespannt. Dabei spielt einmal die Angst vor der Anfang März 1972 angesetzten Gerichtsverhandlung wegen der Notzuchtdelikte eine Rolle; zum anderen fühlt er sich durch die ständige Kontrolle seitens seiner Verlobten eingeengt und unfrei und ist auch in dem Zusammenleben mit ihr zunehmend unzufrieden. Er hat das Gefühl, aus allem ausbrechen zu müssen. Ende Februar 1972 verläßt er seine Arbeitsstelle, holt seine Ersparnisse von der Bank und fährt ohne Ziel los. Er spielt mit dem Gedanken, eine Straftat zu begehen und sich dann zu suizidieren («rüberzugehen»). «Ständig war die stille Wut in mir, ich mußte noch eine Straftat begehen, so rein aus Bock eine Straftat machen, damit Frauen leiden. Ich hatte einen Rochus auf den Vater, auf die Verlobte und auf das Gesetz: alle drei haben eine Tour, die ich nicht abkann: Der Vater das Bestimmende, die Verlobte die Tour, mir die Freiheit zu nehmen und mir die Schuld in die Schuhe zu schieben, und gegen das Gesetz habe ich einen unheimlichen Rochus, weil man mich reingesteckt und wieder so rausgelassen hatte.» Nachmittags sucht er vor seiner Abreise noch eine Prostituierte auf, kauft sich ein Messer und fährt nach Hamburg. Mit dem Messer, so sagt er, will er sich umbringen, «um Vater und Cornelia [die Verlobte] zu bestrafen, damit sie mich für immer verlieren». In Hamburg geht er in das Prostituiertenviertel, und gegen

Morgen geht er mit einer älteren Prostituierten auf das Zimmer, schon in der Absicht, sie in irgendeiner Weise gewaltsam zu attackieren. Er fragt sie, ob er mit ihr von hinten verkehren könne, um so unbemerkter an ihren Hals heranzukommen. Während er sie würgt, kann sie schreien und sich befreien. Ein Mann eilt herbei und schlägt ihn zusammen, ohne Anzeige zu erstatten. Er ist wieder allein, fühlt sich verzweifelt und denkt an Selbstmord. «Ich hatte eine Wut, daß es mit der Polizei in Hamburg nicht geklappt hatte, daß ich noch auf freiem Fuß war. Irgendwo hatte ich den Wunsch, wieder dem Gesetz ausgeliefert zu werden. Nur in einer Haftanstalt wäre ich wieder zur Ruhe gekommen. Ich war so fertig, daß ich unbedingt von der Straße weg wollte. Für mich war dies der einzige Weg, von meiner Braut wegzukommen.» Er fährt in den folgenden Tagen ziel- und planlos mit der Eisenbahn umher, über München, Berchtesgaden, Heidelberg nach Frankfurt. «In mir war eine unheimliche Unruhe, ich konnte nicht mehr so weitermachen, irgend etwas Entscheidendes mußte passieren.» Von seinem letzten Geld hat er sich in Frankfurt eine Fahrkarte nach Offenbach gelöst. Als er den Zug entlanggeht, sieht er in einem Abteil eine Frau sitzen. «Es war wie ein innerer Zwang, ich dachte: Die ist es.» Einen konkreten Plan hat er nicht. «Ich wollte nur einen unaufgeklärten Fall hinterlassen.» Vor dem Abteil zieht er sich noch Handschuhe an. «In dem Moment habe ich nicht mehr klar gesehen, es war wie im Traum, alles spulte so ab.» Den Tatablauf hat er im großen und ganzen noch im Gedächtnis, aber «gefühlsmäßig kann ich mich nicht erinnern». Mit dem Messer in der Hand tritt er in das Abteil, geht auf die Frau zu, «als wenn bei mir die Lampe ausgegangen ist», und sticht ihr in die Brust. Als die Frau schreit, zerrt er sie an den Haaren und versetzt ihr eine Anzahl tiefer Stiche in den Nacken. Kurz darauf kommen Mitreisende herbei und veranlassen seine Festnahme, die er widerstandslos über sich ergehen läßt. Während der Haftzeit hat er einen häufig wiederkehrenden Traum, wie ein Mann mit einem Messer in sein Zimmer kommt. «Ich habe dann ein Gefühl, als wenn mir einer in den Nacken schlägt. Das ist wie bei der Tat, nur bin ich das Opfer.» Er denkt sonst kaum an die Tat zurück. «Ich fühle mich nicht als Mörder, ich habe einen Feind erledigt und bin innerlich völlig frei.»

2. Psychodynamische Interpretation
Im Vergleich zu Gerhard B. (Fallgeschichte 6) finden wir hier wieder mehr an innerer Konfliktdynamik und Auseinandersetzung mit

Beziehungspersonen und nicht nur ein ständiges motorisches Ausagieren von Konflikten und inneren Spannungen. Zwar geht es auch hier um frühe Wut- und Haßgefühle, um Abhängigkeitsängste und destruktive Impulse, die bei Hans-Joachim D. aber nicht ständig sichtbar werden, sondern nur gelegentlich durchbrechen. Dies liegt nicht in erster Linie an stärker ausgebildeten inneren Kontrollfunktionen, sondern an der stabileren Umgebung mit der ständigen Zuwendung, die er in der Familie gefunden hat. Er muß nicht, wie Gerhard B., ständig agieren und seine Umgebung in Aufregung versetzen, um Aufmerksamkeit auf sich zu ziehen und überhaupt Bedürfnisse befriedigen zu können.

Obwohl eine Reihe von akuten Konflikten z. B. mit dem Vater sofort auffällt, ist es sehr schwierig, die zentralen Konflikte aufzudecken. Dies wird zunächst erschwert durch die beschriebene Haftdenaturierung: In seiner Realitätsabkehr bietet er jetzt das Bild eines kühlen narzißtischen Selbstschutzes: Er erscheint innerlich unbeteiligt, emotionsarm, gelegentlich unernst, fast euphorisch, selbstsicher, scheinbar autark und stabil. Im Zuge dieses narzißtischen Rückzuges geht er prahlerisch mit seinen Straftaten um und betont immer wieder, er habe mit der Tötung dem Gesetz «ein kleines Geschenk hinterlassen» wollen, nämlich eine unaufgeklärte Straftat, und wehrt damit verharmlosend das ihn ängstigende Destruktive in ihm ab; die Tötung wird zu einem Streich, zu einem Schnippchen, das er anderen schlägt. Hiermit demonstriert er etwas von einem narzißtisch grandiosen Selbstbild. Nichts findet man von den weichen, kindlichen Zügen, die andere aus früherer Zeit von ihm berichten – Züge von Kleinheit, Unselbständigkeit, Ängstlichkeit und Unterordnung, die er auf diese Weise abwehrt. Der narzißtische Rückzug und die veränderte Realitätswahrnehmung kommen deutlich in einer Geschichte zum Ausdruck, die er zu Tafel 20 des Thematischen Apperzeptionstests erfindet: «Das ist eine Moorlandschaft mit Gesträuch und Gebüsch. In der Mitte ist ein See, und durch die Landschaft führt eine Hochspannungsleitung. Da liegt einer im Gras und philosophiert, meditiert vor sich hin, er betrachtet sich die Tiere, die unter der Oberfläche schwimmen, und vergißt dabei ganz und gar die Zeit. Das ist ein schöner Schluß, er vergißt die

Zeit.» Diese Szene zeigt mit der Moorlandschaft das Bodenlose, Unsichere seiner Situation, die er ins Idyllische umkehrt. Die gefährlich triebhaften Anteile sind als Hochspannungsleitung in der Landschaft und als Tiere unter der Oberfläche aus ihm heraus verlagert; so hat er einen Zustand von Selbstzufriedenheit, Bedürfnislosigkeit und scheinbarer Unabhängigkeit erreicht, in dem die Zeit nicht mehr existiert.

Hans-Joachim D. ist der einzige unter all unseren Patienten, der eine intensive, wenn auch konfliktreiche Beziehung zu einem Vater hat, der sich dem Sohn in besonderem Maße zuwendet, ihn beeinflußt und nach seinem Bilde zu formen versucht. In den anderen Entwicklungsgeschichten sind die Väter entweder abwesend oder schwach, im Vergleich zur Mutter unbedeutend oder Väter, die durch Desinteresse, abweisende Strenge und Alkoholismus eine positive emotionale Beziehung zwischen Vater und Sohn nicht entstehen lassen. Bei diesen Patienten ist es auf den ersten Blick klar, daß die neurotische Mutter-Sohn-Beziehung das Grundthema ist. Bei Hans-Joachim D. dagegen dreht sich in seinem Erleben zuerst alles um den Vater, die Mutter scheint für ihn gefühlsmäßig gar nicht zu existieren. Dennoch hat es den Anschein, als sei die Vaterproblematik für das Verständnis seiner Entwicklung eher vordergründig und als habe sie die Funktion, frühere Konflikte mit der Mutter zu verdecken. Die Konflikte mit dem Vater sind ihm relativ angstfrei zugänglich, er kann sie als Probleme bewußt zulassen und spricht sie immer wieder an. Die Persönlichkeit des Vaters entspricht in vielem dem, was als «anale Charakterstruktur» bezeichnet wird: Er ist herrisch, bestimmend, kontrollierend und voll starrer Prinzipien, die er ohne Diskussion und Kompromisse durchsetzt. Vor allem dem Sohn gegenüber verhält er sich so, daß er ihn unterdrückt, sich seiner bemächtigt, jede Eigenart erstickt und Selbständigkeit unterbindet. Es entsteht der Eindruck, daß der Sohn, den er nach seinem eigenen Ideal zu formen versucht, für ihn eine Erweiterung seines Selbst bedeutet und er ihn zur Verstärkung der männlichen Position in der Familie benutzen will. Der Sohn hat sich diesen Bestrebungen des Vaters weitgehend untergeordnet und gefügt und hat sich früher gegen den Vater nie aufgelehnt. Dieses schutzsuchende Sichanlehnen an den Vater, das Hinnehmen der väterlichen Unterdrückung und Kontrolle bringen zum Ausdruck, daß er dauerhaft auf den Vater angewiesen bleibt, weil er die fehlenden inneren Kontrollinstanzen an den Vater delegiert. In dem Maße, wie der Vater für ihn Ich- und Über-Ich-Funktionen übernimmt, verzichtet der Sohn auf Autonomie. Damit sind die Voraussetzungen für ein Rivalisieren mit dem Vater nicht gegeben. Eine reife, zu innerer Selbständigkeit führende Identifikation mit dem Vater kann nicht stattfinden. Sein später zu beobachtendes, betont phallisch-aggressives Verhalten, sein demonstratives Herauskehren von Überlegenheit, Selbstsicherheit, Unabhängigkeit und Untangierbarkeit dienen der Abwehr von Ohnmachtsgefühlen, Abhängigkeitsängsten und feminin-passiven Wünschen; diese drücken sich zwar auch in seinem submissiven Verhalten, in seinen Liebes-, Abhängigkeits- und Hingabewünschen dem Vater gegenüber aus, sind aber allein aus der Vaterproblematik nicht erklärbar. Vielmehr scheint es so zu sein, daß er im Bezug auf seinen Vater sowohl etwas von seinen passiven Abhängigkeitswünschen als auch etwas von seinen aggressiven Tendenzen relativ angstfrei einbringen kann, was ihm in der Beziehung zu Frauen nicht gelingt. Das väterliche Objekt wird als weniger bedrohlich von ihm erlebt und ist nicht so mit zerstörerischen Impulsen besetzt, so daß Auflehnungs- und Rachephantasien ihm gegenüber, wie sie ihn in den letzten Jahren beschäftigen, keine so massive Bedrohung für sein Selbst darstellen.

Offenbar geht es um eine ähnliche, sehr frühe Problematik von Ablösung und Destruktivität, wie wir sie bei den anderen Patienten beschrieben haben. Dies zeigt sich sehr deutlich auch in den projektiven Tests: Im Rorschachtest schlägt sich die wenig integrierte, zerstörerische Dynamik in gehäuften Deutungen wie Explosionen und Vulkanausbrüchen nieder. Die Beziehung zum Vater hat für ihn eine doppelte Funktion: Einmal werden die frühen Ängste, Gefühle und Impulse partiell auf den Vater verschoben und wenigstens zeitweise in der Beziehung zum Vater entschärft; zum anderen mindert der Vater als der Verwalter seiner Kontrollen die Ängste vor seinen Impulsen.

Daß er sich so widerstandslos dem Vater fügt, erklärt sich nicht in erster Linie aus dem dominierenden Einfluß des Vaters; es hängt auch damit zusammen, daß der Vater ihm Sicherheit und Schutz vor Ängsten gibt, die sich auf seine Mutter und Frauen überhaupt beziehen. Offensichtlich ist auch die Beziehung des Vaters zu Frauen problematisch und nicht frei von Ängsten: Der Vater verbreitet zu Hause eine Atmosphäre strikter Männlichkeit, in der Frauen keinen rechten Platz haben; sie sind entweder «Arbeitspferde oder Kutschpferde», sie sind zweitrangig und stehen im Dienste des Mannes und sind Wesen, die man an die Zügel legen und kontrollieren muß, entweder «Maulwürfe» oder zerbrechliche Gestalten, die man zu schonen und zu verehren hat – in jedem Fall Geschöpfe, die man auf Distanz halten muß. Idealisierung und Entwertung der Frau dienen gleichermaßen der Abwehr von Nähe und Beziehung. Wenn der Vater, der seine Familie, ganz besonders den Sohn, als seinen Besitz betrachtet, später Bemühungen des Sohnes zu untergraben sucht, Freundinnen zu finden, dann drückt sich darin einerseits seine Unfähigkeit aus, etwas von sich herzugeben und aus seiner Kontrolle zu entlassen, andererseits aber auch unbewußt der Wunsch, von dem Sohn Gefährliches fernzuhalten.

Erst nachdem wir die Konflikte mit dem Vater besser verstehen, können wir uns den eigentlichen und zentralen Problemen zuwenden, die in der frühen Mutter-Kind-Beziehung begründet sind. Es gibt eine Reihe von Hinweisen darauf, daß das mütterliche Objekt für Hans-Joachim D. frühzeitig einen ängstigenden und bedrohlichen Aspekt hat, wenngleich seinem Bewußtsein diese Konflikte kaum zugänglich sind: Über seine Mutter spricht er gar nicht und hat zu ihr auch keinerlei Einfälle, auch kaum Assoziationen in den projektiven Tests. Für diese Problematik aufschlußreich ist die Deckerinnerung im Zusammenhang mit der Lumbalpunktion in der Kindheit, wie der Vater ihn davor bewahrt, daß die Frauen, nämlich die Ärztin und die Mutter, ihn zum Krüppel machen wollen. Diese von Frauen ausgelösten Ängste enthalten viele Elemente von Kastrationsangst. Schon in der Kindheit zeigt er eine ausgeprägte Blutphobie, später beschäftigen ihn Ängste vor Schmerzen und Verletzungsängste in bezug auf sich selbst und auf den Vater. Als Ausdruck von Ängsten vor Regression, Verschmelzung und Auflösung ist seine gelegentlich auftretende Unfähigkeit zu deuten, zur Ejakulation zu kommen, weil der Orgasmus als Kontrollverlust, als «totale Kastration» im Sinne von Auflösung und Selbstaufgabe erlebt wird. Als Ausdruck bzw. Abwehr von Kastrationsangst und als Flucht vor Nähe und Beziehung sind auch Handlungen zu bewerten wie das aggressive Unter-den-Rock-Fassen und das Wegreißen von Handtaschen; in solchen Handlungen wird die gefürchtete Kastration durch Identifikation mit dem Angreifer abgewehrt und der Frau ihre Machtlosigkeit bewiesen. Wir wissen über die Mutter wenig und können nicht sagen, was die Mutter dazu beigetragen hat, daß er die Frauen als bedrohliche, kastrierende, Männlichkeit vernichtende Wesen erlebt. Es spricht alles dafür, daß die Kastrationsangst nicht Ausdruck einer unaufgelösten ödipalen Konfliktsituation oder einer besonderen Reaktion der Mutter auf phallische Aktivitäten des Jungen darstellt. Allein schon die geschilderte Struktur des Vaters macht es unwahrscheinlich, daß dieser eine Situation von Rivalisieren um die Mutter hat aufkommen lassen. Vielmehr werden hier nach Art eines «Teleskoping» (KOHUT 1973) frühere Ängste in der Kastrationsangst aufgefangen und verstärkt. Nähere Hinweise auf die Wurzeln dieser frühen Ängste finden sich in einigen Inhalten seiner sexuellen Problematik: Die weibliche Brust spielt eine große Rolle und wird schließlich fetischartig überhöht und isoliert. Das Partialobjekthafte, das die mütterliche Brust für ihn verkörpert, zeigt sich in dem Nebeneinander zwiespältiger Gefühle: die Spaltung in gute Brust und böse Brust: Einerseits fühlt er sich von der Brust besonders angezogen und fasziniert; wie stark er sie libidinös besetzt, zeigt seine Aussage, er habe beim Liebesspiel über der Brust die Frau vergessen können. Andererseits erweckt sie aggressive, haßvolle Gefühle in ihm; ihr gelten in besonderem Maße seine Aggressionshandlungen. Die fetischartige Isolierung der Brust kommt in seinen Phantasien bei der letzten Tat zum Ausdruck; er sagt, er habe am liebsten die Brust abschneiden wollen, «die Brust wäre dann mit mir nach drüben gegangen, dann hätte ich etwas gehabt».

Diese fetischartige Isolierung der Brust weist auf eine schwelende

Aktualität von oralen Triebwünschen, Konflikten und Beziehungsmustern hin. Zeichen einer Fixierung auf die orale Problematik werden in den projektiven Tests deutlich: In der Rorschachkarte 3 kommt er auf zwei Brüste zu sprechen, wobei er besonders bemerkt, daß die Brustwarzen fehlen; er sieht also eine versagende Brust, fügt aber gleich hinzu: «Das macht nichts» und verleugnet damit gefühlsmäßige Reaktionen auf Versagungen, Enttäuschungen und Wut. Oral-aggressive Aspekte zeigen sich in gehäuften Deutungen von Mündern und Zähnen, wobei er den aggressiven Anteil durch Verniedlichung und Versachlichung zu mildern versucht: Er spricht von Zähnchen, Beißerchen und Mundwerkzeugen. Diese Einfälle zeigen, wie sehr sein Vorstellungsleben von unbewußten oralen Phantasien und projektiven Verzerrungen durchsetzt ist und die versagenden Aspekte und die aggressiven Gefühle abgewehrt und verleugnet werden. Ähnlich wie bei Gerhard B. in der Fallgeschichte 6 geht es um die frühen Prozesse der Objektbildung im Zuge der Ablösung und um die innere Auseinandersetzung mit den Objektvorläufern. Bei Gerhard B. ging es ständig um das projektive Wiederherstellen der primären Mutter-Kind-Beziehung in ihren verschiedenen Aspekten und um ein unkontrollierbares Ausagieren der damit verbundenen Gefühle und Impulse. Gegenüber den destruktiven Impulsen traten die libidinösen Bestrebungen ganz in den Hintergrund. Die Auseinandersetzung mit den getrennten Aspekten der Mutterbeziehung war so wenig verinnerlicht, das Selbst so wenig strukturiert, daß er kaum Möglichkeiten einer reiferen Abwehr und einer Verlagerung der Auseinandersetzung in die Phantasie besaß. Seine einzige Möglichkeit, das mütterliche Objekt zu schützen, war ein blindes Verschieben seiner Wut- und Haßgefühle auf beliebige Objekte. Die orale Problematik, die bei Hans-Joachim D. neben den aggressiven insgesamt mehr libidinöse Anteile erkennen läßt, muß nicht ständig in der äußeren Realität ausagiert werden, sondern wird als Beziehung zum Partialobjekt Brust weitgehend nach innen verlagert. Diese Verinnerlichung der Auseinandersetzung bedeutet einen besseren Schutz des mütterlichen Objekts und für reale Objekte überhaupt. Seine Beziehung zu dem «Fetisch» Brust hat die typischen Kennzeichen einer Partialobjektbeziehung:

Die Spaltung in gute Brust und böse Brust, das abrupte Umschlagen von libidinöser in aggressive Besetzung, die Introjektion sowohl der guten wie der bösen Brust in das Selbst und die Möglichkeit, sie projektiv wieder in die Außenwelt zu verlagern. Projektion und Introjektion haben zur Folge, daß das Partialobjekt «böse Brust» wie ein innerer Verfolger erlebt werden kann, der angegriffen und vor dem das Selbst geschützt werden muß. Die orale Triebdynamik ist so weitgehend in den von Aggressivität, Verfolgung, Vernichtung und oral verschlingender Libido durchsetzten Beziehungen zu den Partialobjekten gebunden, daß die reale Beziehung zu seiner Mutter von diesen Impulsen entlastet ist und eine gefühlsentleerte, scheinbare Beziehungslosigkeit resultiert. Die Fixierung an die innere Auseinandersetzung mit Partialobjekten zeigt sich in seiner emotionalen Beziehung zu einer Art Übergangsobjekt in Form eines Stofftieres bis hinein in das Erwachsenenalter. Die schutzsuchende Unterwerfung unter den als mächtig erlebten Vater erlebt er ebenso als eine Art Waffe und Sicherung gegen die bedrohliche Mutter wie seine sich entwickelnde phallisch-genitale Sexualität. Unter diesem Aspekt ist auch die an Kastrationsängste erinnernde Besorgtheit um seine und des Vaters Unversehrtheit zu sehen; es geht um Ängste vor Vernichtung und Auflösung, Verfolgung und Zerstörung. Die orale Thematik seiner Ängste kommt auch in der erwähnten Deckerinnerung zum Ausdruck, bei der es nicht um eine verschobene Kastrationsangst, sondern um das «Absaugen von Gehirn» geht.

Von dieser Problematik sind seine späteren realen Beziehungen zu Frauen geprägt. Äußerlich betrachtet, erscheint seine sexuelle Entwicklung zunächst nicht sonderlich auffällig: Er findet relativ leicht Kontakte, hat auch über längere Zeit Partnerinnen. Von gelegentlichen Schwierigkeiten, zur Ejakulation zu kommen, abgesehen, hat er keine Potenzprobleme. Aber auch in diesen äußerlich normalen Beziehungen zu Frauen finden sich Anzeichen seiner neurotischen Konflikte. Auffällig ist einmal die Partnerwahl: Es sind durchweg ältere, vollbusige Mädchen, die einen Mutteraspekt verkörpern, ferner Mädchen, die wenig reizvoll und attraktiv sind. Dies verringert insofern seine Ängste, als er weniger in Gefahr ist, von ihnen verlassen zu werden; ferner schützen sie ihn davor, sich an sie zu verlieren und abhängig zu werden. Angst vor Abhängigkeit und Selbstaufgabe charakterisiert seine Beziehung zu Frauen überhaupt. In all seinen Beziehungen bleibt er emotional kühl und distanziert, es ist für ihn wichtig, daß er jederzeit die Beziehungen beenden kann. Ständig muß er sich seiner Eigenständigkeit, Unabhängigkeit, Überlegenheit und Autonomie vergewissern. Hierzu dienen ihm Verhaltensweisen, die er als das Quälen, Ängstigen, Demütigen und «Piesacken» seiner Freundinnen bezeichnet. Nur wenn er auf diese Weise Frauen in den Griff bekommt, in seine Verfügungsgewalt und in Abhängigkeit bringen kann, ist seine Angst so weit gemindert, daß er potent sein kann.

Dieser anal-aggressive Abwehrmechanismus, Frauen klein und von sich abhängig zu machen und zu entwerten, reicht nicht aus, seine Ängste vor Frauen dauerhaft zu binden und sein Selbstwertgefühl zu stabilisieren, weil die oral-aggressive Triebdynamik mit Wut und Haß einerseits, Verfolgungs- und Zerstörungsängsten andererseits keine Entladung findet. Deshalb kommt es periodisch und unabhängig davon, ob er z. B. Partnerinnen hat oder nicht, zu aggressiven Überfällen auf Frauen, die von Jahr zu Jahr an zerstörerischer Intensität zunehmen. Objekte seiner Attacken sind vor allem auf ihn selbstbewußt wirkende, attraktive Frauen, gegen die ihm seine angstabwehrenden Verhaltensweisen wirkungslos erscheinen, denen gegenüber er sich wehrlos und ausgeliefert fühlt und die er um ihre Unabhängigkeit und weibliche Potenz beneidet. Die auf Projektion beruhende impulsive Aggressivität kann er nur so lange durchhalten, wie die Situation völlig anonym bleibt. Wird er dagegen, wie bei zwei von den angeklagten Notzuchtdelikten, von den Mädchen in ein Gespräch verwickelt, fällt er weinerlich und verzweifelt in sich zusammen.

Häufiger und intensiver werden seine aggressiven Überfälle, nachdem er eine stabilere Beziehung zu seiner Verlobten eingegangen ist. Wie wir schon bei anderen Patienten gesehen haben (Fallgeschichten 2 und 5) können Verlobung und Heirat eine schwere Belastung des narzißtischen Gleichgewichts bedeuten, eine Verschärfung der präödipalen Konflikte und eine Verschiebung der

Aggressivität bewirken. Bisher ist es ihm immer gelungen, Frauen aktiv in Distanz zu halten. Es ist ihm bis dahin gelungen, seine oralen Bedürfnisse und Impulse aus seinen realen Beziehungen dadurch herauszuhalten, daß er in Identifikation mit dem anal strukturierten Vater Frauen kontrolliert und von sich abhängig gemacht hat. Die im übrigen verleugnete orale Dynamik ist lediglich impulsartig periodisch durchgebrochen. In der Beziehung zur Verlobten werden Kontrolle und Distanzierung in Frage gestellt; er fühlt sich selbst eingeengt, kontrolliert und vereinnahmt und entwickelt Ausbruchstendenzen. Seine orale Problematik wird aktualisiert, die Bedrohlichkeit des bösen Partialobjektes wächst und die Bereitschaft, dieses nach außen zu projizieren, nimmt zu. So ist es erklärbar, daß die ersten gravierenden Delikte, die drei Notzuchthandlungen, zeitlich mit der Beziehung zu seiner Verlobten zusammenfallen. Wie sehr in dieser Zeit zugleich seine Ängste vor den eigenen destruktiven Impulsen wachsen und seine innere Spannung zunimmt, zeigt sich darin, daß er sich «unbewußt-bewußt» ins Bein schießt. Darin liegt nicht nur ein Selbstbestrafungsaspekt. Es drückt sich, ihm weitgehend bewußt, darin auch der Wunsch aus, in Gewahrsam genommen zu werden, sich in die «Obhut des Gesetzes» zu flüchten und damit väterlichen Autoritäten wieder unterzuordnen, in die er seine Kontrollinstanzen verlagert hat und von denen allein er sich Sicherheit vor seinen Impulsen verspricht. Wenn er wie unter einem Geständniszwang seiner Verlobten erzählt, er habe eine Frau getötet, dann deutet dies darauf hin, daß ihn schon in dieser Zeit Tötungsimpulse bewegt haben.

Die für ihn überraschende Haftentlassung zwei Monate vor dem Tötungsdelikt führt zu einer weiteren Zuspitzung. Neben der enger und ausschließlicher werdenden Bindung an die Verlobte – er zieht mit ihr zusammen – kommen noch andere Faktoren hinzu, die diese Zuspitzung erklären helfen: Er hat nun äußerlich den Bruch mit dem Vater vollzogen und sich damit seines äußeren wie inneren Halts entledigt. Ferner bedrängt ihn zunehmend die Angst vor dem bevorstehenden Gerichtstermin. Durch die permanente Anwesenheit seiner Verlobten fühlt er sich eingeengt. Dieses Gefühl von Beengung und Angebundensein scheint für die Tat ein zentraler

Beweggrund zu sein, wenn er als Rationalisierung für die Tötung angibt, er habe darin den einzigen Weg gesehen, von seiner Verlobten loszukommen. In den Tagen vor der Tat entwickelt sich eine gereizte, unruhevolle Ausbruchsstimmung, eine sich anstauende innere Wut, die er als «Rochus» auf Vater, Gesetz und Verlobte bezeichnet. Er kann den inneren Druck und die Spannung nur noch motorisch abreagieren und bricht in einer ausnahmezustandhaften inneren Verfassung aus seinem gewohnten Lebensrahmen plötzlich aus. Im Zusammenhang mit dem Abbruch von Objektbesetzungen kommt es zu einer regressiven Wiederbelebung des Größenselbst, welches nun realitätsfern und befreit von Einschränkungen des Über-Ichs die Führung bei seinen Aktivitäten übernimmt, einhergehend mit Allmachtsvorstellungen und grandiosen Phantasien. Die Wiederbesetzung des Größenselbst dient dazu, das defekte, schwache, den Konflikten nicht gewachsene und vom Zerfall bedrohte Ich zu bewahren und paranoiden Ängsten auszuweichen. Seine Wahrnehmung engt sich auf die Vorstellung ein, etwas Großes und Entscheidendes müsse passieren, was einen Schlußstrich unter alles Bisherige setzt. Die entscheidende und große Tat konkretisiert sich als die Vorstellung, eine Frau zu töten. Die starken projektiven Mechanismen bei der Wahl des Opfers (die plötzliche Gewißheit: «Sie ist es!», als er die Frau sieht) weisen darauf hin, daß er hier eigene mütterliche Anteile, das böse mütterliche Introjekt, hinausverlagert, wodurch projektiv eine fremde Frau zum Feind wird. Weil es eine Projektion von Introjekten ist, richten sich die feindseligen Impulse zeitweise auch gegen sich selbst in Form von Selbstmordgedanken. Wenn er in der Haft immer wieder träumt, daß er auf die gleiche Weise getötet wird wie die Frau, dann drücken sich darin nicht nur seine Straferwartungen aus; es liegt darin zugleich ein Stück Identifikation mit dem Opfer, das als Verkörperung seines Introjekts noch Teil seines Selbst ist. Die Tötungshandlung, in der er sich des mütterlichen Introjekts gleichsam entledigt, stellt den Versuch einer komplizierten Konfliktlösung dar: Zunächst befreit er sich von dem feindselig-bedrohlichen Aspekt des Mütterlichen, der in dieser Zeit, als es um die dauerhafte Bindung an seine Verlobte geht, eine besondere Aktualität gewinnt. Dieser Aspekt der Tat ist in seinem Ausspruch enthalten, er habe einen Feind vernichtet und fühle sich jetzt völlig frei. In seinen Vorstellungen geht es ferner darum, das Gesetz zu brechen und dem Gesetz etwas zu hinterlassen; die Tat ist zugleich auch eine Abrechnung mit seinem Vater bzw. mit der symbolischen Vertretung des Vaters durch das Gesetz. Die Tat bedeutet einerseits Protest gegen und Befreiung von der väterlichen Gesetzgebung und andererseits seine Gebundenheit und Abhängigkeit: Befreiung insofern, als er das Gesetz bricht, sich grandios darüber hinwegsetzt, Abhängigkeit insofern, als er es darauf anlegt, gefaßt und vom Gesetz in Gewahrsam und Strafe genommen zu werden. Er läßt keinerlei Vorsicht walten, wählt als Tatort ein belebtes Bordell und einen fahrenden Zug, in dem er mit anderen eingeschlossen ist. Nach der Tat erwartet er bereitwillig die Polizei und leistet keinerlei Widerstand.

Die Tötungshandlung unterscheidet sich insofern von seinen anderen Delikten, als die früheren Aggressionen bei ihm mit sexueller Erregung verbunden waren, die bei der letzten Tat völlig fehlt. Dieser Unterschied ist aber deshalb nicht so wesentlich, weil es ihm auch bei den früheren Handlungen nicht so sehr um phallische Unterwerfung oder anale Bemächtigung ging, sondern eher um das Ausleben von destruktiven, oral-sadistischen Impulsen; die sexuellen Aktivitäten waren dabei eher beiläufig, mögen aber eine Entschärfung der destruktiven Impulse bewirkt und ernsthafte Verletzungen der Frau verhindert haben. Hier wie bei Gerhard B. in der Fallgeschichte 6 ist die Abwehrformation der Deviationsbildung, welche es erlaubt, die destruktiven Impulse gegenüber Frauen an die Sexualität zu binden und sie nur in Verbindung mit sexuell devianten Wünschen zu kanalisieren, nicht oder nur ansatzweise und passager gelungen.

Eine Verbindung von Fetischismus und destruktiven Aktionen läßt sich immer wieder einmal beobachten. Bei Kenneth R. in der Fallgeschichte 2 (Seite 103 ff) haben wir die Verbindung von Fetischismus und sadomasochistischer Deviation beschrieben. Wir haben dort ausgeführt, daß beide Deviationen psychodynamisch eine sehr ähnliche Wurzel haben und daß in der Beziehung zum Fetisch die orale

Ablösungsproblematik aktualisiert und Verschmelzungswünsche partiell befriedigt werden. Bei Hans-Joachim D. haben wir gezeigt, daß in der partialobjekthaften Beziehung zu einer Art Fetisch oraldestruktive Impulse gebunden werden und Verfolgungsängste und Bedrohtheitsgefühle, die aus den mißlungenen Prozessen der Selbst-Objekt-Differenzierung stammen, abgewehrt werden. Diese Funktion des Fetischismus, destruktive Impulse zu binden und dadurch das Objekt zu schützen, wird in folgendem Beispiel deutlich.

Fallgeschichte 8

1. Zur Lebensgeschichte
Der 25jährige Bernd S. hat einen Fetischismus in bezug auf weibliche Lederhandschuhe, Handtaschen, Gürtel, Stiefel und Gesichtsmasken entwickelt, den er mit einem kindlichen Schlüsselerlebnis, einer Deckerinnerung, in Zusammenhang bringt: Er erinnere sich, wie die Eltern eines Abends herumalbern, sich balgen und die Mutter dem Vater einen Strumpf über das Gesicht zieht. Er sei damals maßlos erschrocken und habe gedacht, dem Vater sei etwas passiert. Seitdem ist er von den Händen einer Frau fasziniert, «das ist wohl so ein Symbol für mich. Ich habe immer die Vorstellungen, die Hände der Frau würden etwas tun, würden bestrafen, dann kommen Haßgefühle in mir hoch, zugleich aber ist es prickelnd und erregend.» Um die Pubertät herum beginnt er, der Mutter getragene Lederhandschuhe wegzunehmen und damit zu masturbieren. «Ich habe dabei gedacht, damit nehme ich ihr die Hände weg, die können dann nichts mehr tun.» Diese fetischistischen Tendenzen weiten sich im Laufe der Zeit aus auf Stiefel und Lederbekleidung. So gekleidete Frauen findet er reizvoll und bedrohlich zugleich. Das Stehlen von Lederhandschuhen geht über in ein Interesse an ledernen Handtaschen, die er Frauen auf der Straße entreißt. «Wenn ich das tue, dann habe ich das Gefühl, die Frauen zu bestrafen. Ich glaube bei allem, was ich tat, habe ich immer im Grunde meine Mutter bestraft.» Bisher hat er es nie gewagt, von seinen sexuellen Problemen zu reden; «das würde meine Mutter nie überleben». In seinen Masturbationsphantasien haben Frauenhände, Lederkleidung, Handschuhe, Handtaschen, dann auch Frauen mit Gesichtsmasken aus Leder oder Gummi eine

zentrale Bedeutung. In den letzten Jahren tauchen hin und wieder Vorstellungen auf, eine Frau zu fesseln und zu schlagen, auch von einer Frau geschlagen zu werden. Die Ausweitung der sexuellen Phantasien und die zunehmende Aggressivierung gehen einher mit einer starken inneren Beunruhigung und Spannung, die er mit übermäßigem Alkoholkonsum zu bekämpfen sucht. Es kommt schließlich innerhalb von zwei Wochen zu einer Serie von Aggressionstaten, die von Mal zu Mal aggressiver und gefährlicher werden. Insgesamt überfällt er sieben Mädchen und junge Frauen jeweils in erheblich angetrunkenem Zustand. Es sind immer Frauen, die ihn durch Stiefel, Gürtel, Handtaschen oder Lederbekleidung angezogen haben. Er würgt die Frauen, fügt ihnen Schnittverletzungen im Gesicht zu, drosselt sie mit einem Ledergürtel und schlägt sie nieder. Bei der letzten Tat verletzt er ein Mädchen lebensgefährlich durch mehrere Messerstiche in den Bauch.

2. Zur Interpretation
In der Deckerinnerung kommt zum Ausdruck, wie gefährlich und zerstörerisch er die Mutter in ihrer Beziehung zu Männern erlebt; es spiegelt sich darin die Projektion von oral-sadistischen Impulsen. Die Angst und die Destruktivität werden aus der Beziehung zu seiner Mutter und später aus der Beziehung zu Frauen dadurch herausgenommen, daß er die «gefährlichen Anteile» der Mutter gleichsam abtrennt und zum Fetisch macht. In Gestalt des Fetisch kann er das mütterliche Objekt magisch kontrollieren, über das Bedrohliche machtvoll bestimmen und es dadurch entschärfen. Deshalb muß er mit diesen Fetischen nicht nur zerstörerisch umgehen, indem er Handschuhe wegwirft, Handtaschen entreißt, sondern er kann in eine partialobjekthafte Beziehung eintreten mit einem lustvollen Ausagieren von Verschmelzungswünschen. Diese Bindung seiner Destruktivität an den Fetisch als Gegenstand gelingt ihm im Laufe der Zeit immer weniger. Anfangs entwendet er heimlich Handschuhe, später entreißt er Frauen ihre Handtaschen, und schließlich sind die Fetische nur noch der Auslöser für direkte zerstörerische Angriffe. Der Fetischismus als Abwehrformation verliert schrittweise seine Wirkung und löst sich auf, bis die ursprünglichen Impulse, die durch ihn abgewehrt werden sollten,

wieder durchbrechen: die Wut und der Haß auf das mütterliche Objekt, verschoben auf beliebige Frauen. Wie sehr sich Destruktion und Vernichtung unbewußt auf die Mutter richten, das zeigt sich in seiner Bemerkung, es würde seine Mutter umbringen, wenn sie von seinen sexuellen Phantasien wisse.

3.2.3 Zerstörung und Wut eines «kleinen Jungen»

Fallgeschichte 9

1. Die Lebensgeschichte
Der 38jährige Josef L. wird angeklagt, in der Zeit von 1956 bis 1968 zahlreiche Aggressions- und Tötungshandlungen begangen zu haben. 1950 wird er bereits zu acht Jahren Jugendstrafe verurteilt, weil er einen zwölfjährigen Jungen erschlagen hat. Zwischen 1956 und 1967 wird er insgesamt fünfmal teils wegen Eigentumsdelikten, teils wegen sexueller Handlungen mit kleinen Jungen bestraft. In dem letzten Verfahren werden ihm zahlreiche Delikte zur Last gelegt: 1956, unmittelbar nach seiner Haftentlassung, hat er versucht, einen dreizehnjährigen Jungen mit einem Stein zu erschlagen; in das Jahr 1961 fällt der Tötungsversuch an einem siebenjährigen Jungen; im gleichen Jahr erschießt er ein Liebespaar in einem Auto; 1967 geschehen zwei weitere Tötungsversuche an einem fünf- und an einem achtjährigen Jungen; 1968 schließlich tötet er einen siebenjährigen Jungen. Außerdem wird ihm eine Vielzahl sexueller Handlungen vorwiegend mit Jungen zwischen fünf und zwölf Jahren, gelegentlich auch mit kleinen Mädchen gleichen Alters vorgeworfen.

Wegen einer von uns durchgeführten medikamentösen Behandlung haben wir Gelegenheit, über die kurze Begutachtungszeit hinaus Josef L. sieben Monate lang im Untersuchungsgefängnis zu beobachten und regelmäßig mit ihm zu sprechen. Er ist ein schmächtiger, blasser, jungenhaft wirkender, stark kurzsichtiger Mann, der zumindest dann, wenn er nicht gerade in einer gereizten Verfassung ist, überaus höflich, beflissen und musterschülerhaft wirkt. Er lispelt, spricht mit einer hellen und leisen Stimme sehr schnell und überhastet. Auf der Krankenstation bereitet er durch ständiges Agieren

Schwierigkeiten: Abgesehen von seiner Neigung zu abrupt auftretenden Verstimmungen, in denen er gereizt und voll explosibler Aggressivität ist, intrigiert er und versucht, einen gegen den anderen auszuspielen. Zum Beispiel unternimmt er einen Suizidversuch mit Tabletten und beschwert sich hinterher beim Arzt über die Pfleger, weil sie es nicht verhindert haben, daß er an Tabletten herangekommen ist. Eine konsistente, eindeutig zu beschreibende Beziehung zum Gutachter hat sich nicht herstellen lassen. Josef L. kann auf eine verständnisvolle und einfühlsame Zuwendung nicht eingehen und tendiert in starkem Maße dazu, den anderen ständig zu manipulieren. Dieses Verhalten entspringt seiner überwiegend verhaltenen und mißtrauischen Einstellung. Er kann sich nie davon freimachen, überall Fallen zu wittern, und bleibt deshalb weitgehend verschlossen und kontrolliert. Auch für den Gutachter ist es schwierig, ihm gegenüber eine gleichbleibend positive Einstellung beizubehalten. Mit seinem aggressiven, eigensinnigen, «unartigen» Verhalten fordert Josef L. abweisende Regungen heraus, mit denen er wiederum sein Mißtrauen rechtfertigt. Dieses Verhalten charakterisiert ihn aber nur unvollständig. Daneben ist er zeitweise von einer kindlichen Zutraulichkeit und Abhängigkeit, ist lieb und «artig», manchmal geradezu anklammernd. Nach einem derartig kindlich-abhängigen Verhalten folgen regelmäßig gegenteilige Reaktionen derart, daß er beim nächsten Mal um so unleidlicher, aggressiver und feindseliger ist. Für den Gutachter ist diese Widersprüchlichkeit unmittelbar erlebbar als das Gefühl, zeitweise keinerlei Zugang zu ihm finden zu können, und dann wieder, sich seiner nicht erwehren zu können und ganz von ihm vereinnahmt zu werden.

Die Lebensgeschichte ergibt folgendes Bild: Josef L. ist in einer kinderreichen Familie als drittes Kind zusammen mit neun Schwestern aufgewachsen. Der Vater tritt in der Familie kaum in Erscheinung, so daß Josef L. in einer Welt lebt, die ausschließlich von Frauen geprägt ist. Die Familie lebt in beengten und ärmlichen Verhältnissen, ist aber nach außen hin intakt und geordnet. Der entscheidende Einfluß in der Familie geht von der Mutter aus, von der Josef L. nicht sprechen kann, ohne in Tränen auszubrechen. In dem Gespräch mit uns wirkt die Mutter resolut, dominierend und energisch. In ihrer barschen und burschikosen Art hat sie etwas Viriles. Ihr Denken und Handeln ist von starren Prinzipien gesteuert, sie wirkt kühl und sachlich. In ihrer Beziehung zu dem einzigen Sohn erinnert sie an die Mutter von Gerhard B. in der Fallgeschichte 6: Auf der einen Seite nimmt sie dem Sohn gegenüber eine überprotektive Haltung ein; sie kümmert sich sehr um ihn, und zwar vorwiegend kontrollierend, ist bestimmend und hat ihn nie recht aus ihren Fittichen entlassen und sich mit einer animalischen Mütterlichkeit schützend vor ihn gestellt. Auf der anderen Seite ist sie ihm gegenüber emotional distanziert und ohne Herzlichkeit und Wärme. Wie bei der Mutter von Gerhard B. fällt hier auf, daß in ihrer Schilderung des Sohnes ablehnende und haßvolle Gefühle zum Ausdruck kommen. Hierfür einige Beispiele: Als die Mutter den Sohn 1949 im Krankenhaus nach einem Unfall besucht, bei dem Josef L. sich eine Hirnquetschung mit zweitägiger Bewußtlosigkeit zugezogen hatte, schildert sie ihren damaligen Eindruck: «Da sagte ich noch zu einer Bekannten: der guckt vielleicht blöd, richtig doof hat er geguckt.» Als die Mutter merkt, daß der Sohn eine Freundin hat, reagiert sie unwillig und sucht die Eltern des Mädchens auf. «Ich sagte zu ihren Eltern: Ich wünsche nicht, daß er dort ist. Der macht sowieso nur Blödsinn. Das Mädchen war für den, ehrlich gesagt, zu schade; die war nämlich ein nettes und anständiges Mädchen. Das habe ich den Eltern gesagt, die haben komisch geguckt.» Nach dem ersten Tötungsdelikt 1950 kommt die Polizei ins Elternhaus, um nach Josef L. zu fragen. Die Mutter, die weder seinen Aufenthaltsort noch etwas von dem Delikt weiß, sagt zu dem Polizisten: «Die Polizei soll ihn doch suchen, oder wollen die warten, bis der einen umbringt.» Auf die Frage, ob sie denn dafür Anhaltspunkte habe, verneint sie dies und sagt: «Das habe ich nur so gesagt.»

Die Mutter berichtet mit Stolz von ihrer rigiden Sauberkeitserziehung: «Da habe ich stark darauf geachtet. Die Kinder wurden auf den Topf gesetzt, da gab es keinen Widerstand, die blieben drauf, bis sie was gemacht hatten.» Eine Trotzphase hat sie bei dem Jungen nicht beobachtet. «Mit so was kommt man bei mir nicht durch.» Durch Rigorosität und Unterdrückung ist auch die Beziehung zur Sexualität und Körperlichkeit gekennzeichnet. Es wird von der Mutter kontrolliert, daß kindliche sexuelle Interessen und ein unbefangenes Verhältnis zum Körper nicht aufkommen. «Ich habe darauf geachtet, daß die Kinder innerlich und äußerlich sauber blieben. Entgleisungen habe ich nicht geduldet», wobei sie unter Entgleisungen versteht, «z. B. daß die Kinder nackt herumlaufen und sich sehen». Die Mutter führt ein strenges Regiment. Die Strenge liegt nicht so sehr darin, daß sie die Kinder häufig schlägt, sondern in einer dauernden Atmosphäre von Kühle und Strenge. «Gewöhnlich brauchte ich die Kinder nur anzusehen, dann wußten die schon Bescheid.» Die Figur der Mutter hat für Josef L. etwas Übermächtiges und Erdrückendes; ihr gegenüber verhält er sich bis in die letzte Zeit hinein submissiv, ängstlich und gehorsam. «Er las mir immer jeden Wunsch von den Augen ab. Von mir ließ er sich immer was sagen, war nie frech. Er brachte mir Geschenke mit, war sehr anhänglich, obwohl ich doch streng war. Mir hat er immer pariert.» Der Vater, arbeitsam und viel unterwegs, spielt in der Familie keine Rolle. Eher weich und bestimmbar, ordnet er sich der Mutter unter. Wenn er mit ihr auftritt, wird er übersehen oder wirkt wie ein Anhängsel von ihr.

So lange Josef L. «Kind im Hause» ist, hat er mit der Anpassung wenig Schwierigkeiten: Der Mutter gegenüber verhält er sich mustergültig. Diese mustergültige Anpassung gilt auch für die Zeit, in der er sich später im Erwachsenenalter im Elternhaus aufhält: Von den Familienmitgliedern, Bekannten und Arbeitgebern wird er als ein weicher, mitfühlender, gutmütiger und hilfsbereiter «Junge» geschildert, der stets fleißig, ordentlich und solide ist, auf Sauberkeit achtet, verträglich und friedfertig ist, der nie trinkt und jedem Streit aus dem Wege geht. Von Kindheit an hat er eine engere Beziehung zu der ältesten Schwester, die auch in seinem späteren Leben als Orientierungsperson für ihn eine Rolle spielt. Auf der Volksschule zeigt er bei seiner guten Intelligenz (Intelligenzquotient nach dem Hamburg-Wechsler-Intelligenz-Test 113) und seiner verbalen Wendigkeit recht gute Leistungen. Im Kontakt mit anderen ist er ein unauffälliger Mitläufer, der nirgends aneckt. Nach der Volksschule bekommt er keine Lehrstelle und fängt als ungelernter Arbeiter bei der Post an.

Es findet sich ein gewisser zeitlicher Zusammenhang zwischen einem Verkehrsunfall 1949, bei dem er siebzehnjährig eine Hirnquetschung erleidet, und zunehmenden Schwierigkeiten, sich einzuordnen. Er selbst wie auch seine Angehörigen sind geneigt, alle späteren Auffälligkeiten mit diesem Unfall ursächlich in Zusammenhang zu bringen: Seine nun einsetzende Unstetheit, Unausgeglichenheit, Verstimmbarkeit, seine Neigung zu Jähzorn und die ungebundene, delinquente Lebensführung. Nach den Krankenhausunterlagen aus der damaligen Zeit hat er keine neurologischen Symptome. Im Luftenzephalogramm findet sich eine linksbetonte leichte Erweiterung der Hirnkammern – ein Befund, der auch in späteren Jahren konstant bleibt.

Ein halbes Jahr nach dem Unfall unterschlägt er bei der Post Geld und bekommt drei Wochen Jugendarrest. Als es deswegen Spannungen mit der Mutter gibt, läuft er mehrfach von zu Hause fort. Ein weiterer Grund für Streitigkeiten mit der Mutter ist der, daß sie ihm den Umgang mit einer Freundin verbietet und ihn bei ihren Eltern anschwärzt. Unterwegs unternimmt er einen Selbstmordversuch, kommt in ein Krankenhaus und wird wieder nach Hause geschickt. Wenige Tage darauf entwendet er zu Hause Geld, setzt sich nach Süddeutschland ab und arbeitet einige Wochen bei einem Bauern unter falschem Namen. Auf dem Bauernhof freundet er sich mit einem zwölfjährigen Jungen an. Als er eines Tages mit ihm auf dem Heuboden spielt, greift er aus einem plötzlichen Impuls heraus zu einer Axt, schlägt sie mehrfach auf den Kopf des Jungen und sticht mit einer Heugabel blindlings in den Körper des Jungen. Unmittelbar danach flieht er mit einem gestohlenen Fahrrad. «Ich bin vor mir selbst weggelaufen und habe gewünscht, daß ich verhaftet werde.» Nach zehn Wochen wird er aufgegriffen und zu acht Jahren Jugendstrafe verurteilt, die er bis Mai 1956 verbüßt. Über die Motivation zu dieser Tat finden sich in den damaligen Akten keine Angaben. Während der Haftzeit erkrankt er an einer Wirbelsäulentuberkulose und liegt einige Zeit im Gipsbett. Die Mutter und Schwestern besuchen ihn in der Haft regelmäßig; über die Tat wird nie gesprochen.

1956 wird er zu den Eltern entlassen und arbeitet fünf Monate lang regelmäßig in einer Stahlbaufirma. In dieser Zeit geschieht die erste der 1972 verhandelten Gewalthandlungen: Er ist mit seinem Fahrrad unterwegs und trifft einen dreizehnjährigen Jungen, mit dem er ins Gespräch kommt. Als sich der Junge über sein Fahrrad beugt, schlägt er plötzlich mit einem schweren Stein auf den Kopf des Jungen ein und läßt ihn schwer verletzt liegen. Als der Junge gefunden wird, ist seine Hose geöffnet. Josef L., der angibt, sich an die Tatausführung nicht erinnern zu können, bestreitet mit Nachdruck, sexuell etwas mit dem Jungen gemacht zu haben. «Es kam einfach über mich, daß ich in dem Moment was tun mußte. Ich hatte solche Angst, es war das erste Mal seit 1950, daß es da so über mich gekommen ist.» Am nächsten Tag fährt er noch einmal an den Tatort zurück, «ich hoffte, es sei alles nur ein Traum gewesen».

Kurz darauf entwendet er in seiner Firma Lohngelder und setzt sich nach Brüssel ab, arbeitet auf dem Bau und wird im Januar 1957 ausgewiesen, da er keine Arbeitspapiere hat. Er geht daraufhin in die Schweiz, wo seine ältere Schwester verheiratet ist. Wegen einiger Unterschlagungen wird er Anfang 1957 festgenommen und bleibt unter Verbüßung der zweijährigen Reststrafe bis 1959 in Haft.

Er kehrt dann wieder heim ins Elternhaus, fühlt sich dort aber nicht wohl, da er ständig stumme Vorwürfe von seiten der Mutter verspürt. Er arbeitet regelmäßig bei einigen Firmen als Kraftfahrer. Im August 1961 begibt er sich wieder auf Reisen, hält sich bei seiner Schwester in der Schweiz und in Süddeutschland auf, bis er im Oktober 1961 wegen sexueller Handlungen mit Jungen verhaftet wird und eine Strafe bis Ende 1963 verbüßt.

Vorher, im September 1961, geschehen drei der später verhandelten Gewalttaten: Er ist in der Gegend von Rottweil unterwegs auf der Suche nach einem Jungen. «Ich hatte so ein Gefühl, daß ich ein Kind haben mußte.» Er überredet einen siebenjährigen Jungen, in sein Auto zu steigen, und fährt mit ihm durch die Gegend. Unterwegs überkommt ihn «das komische Gefühl, es war Angst vor irgend etwas, das in mir hochkam». In einem Waldstück hält er an. Der Junge sagt aus, Josef L. habe ihm die Hose mit Gewalt ausgezogen und an seinem Geschlechtsteil gespielt. Dann nimmt er einen «Hasentöter», eine Schußwaffe, setzt sie an die Schläfe des Jungen und drückt ab. Er selbst wisse davon nichts. «Als ich wieder zu mir kam, hatte ich ihn im Würgegriff.» Er läßt den Jungen liegen und fährt fort. Wenig später kehrt er an den Tatort zurück, findet den Jungen aber nicht mehr vor.

Zehn Tage später in der Gegend von Mannheim fährt er mit einem Fahrrad planlos durch die Gegend. Er ist im Besitz einer Schußwaffe, die er schon seit Jahren besitzt. Er bezeichnet sich als «Waffennarr», er pflegt seine Pistole liebevoll und nimmt sie manchmal auch mit ins Bett, weil ihm die Waffe ein Gefühl von Sicherheit vermittelt. In einem Wald trifft er auf ein parkendes Auto, in dem ein Liebespaar sitzt. «In dem Moment überkommt mich wieder dieses Gefühl, das ich nicht beschreiben kann. Es entsteht plötzlich der Drang in mir, etwas zu tun. Mein Verstand ist dann völlig abgeschaltet, ich werde von diesem Drang geschoben.» Er erschießt die beiden durch das Wagenfenster, könne sich daran aber nicht erinnern. «Ich kam dann erst wieder zu mir, als ich sah, was ich angerichtet hatte. Ich meine dann immer, daß ich es gar nicht gewesen bin, wenn ich die Tat gemacht habe.» Er erinnert sich noch, wie «alles voll Blut» war.

Nach der Haftentlassung geht er im Januar 1964 in die Schweiz zu seiner Schwester und von dort, weil er keine Arbeit findet, zur Mutter nach Hamburg. Bei all seiner Unstetigkeit fällt auf, daß er im wesentlichen immer zwischen dem Elternhaus in Hamburg, seiner Schwester in der Schweiz und dem Karlsruher Raum, in dem er nach dem Kriege einmal gewohnt hat, hin- und herpendelt. Er bleibt bei all seiner Umtriebigkeit immer im Umkreis der vertrauten und bekannten Familie. In Hamburg arbeitet er, bis er im November 1965 wegen sexueller Handlungen mit kleinen Jungen verhaftet wird.

In dieser Zeit geschieht eine weitere Gewalttat. In seinem Urlaub ist er unterwegs in die Schweiz. Im September 1964 wird er beobachtet, wie er in einem erregten und gehetzten Zustand sich an einem Kindergarten in Emmendingen aufhält und mehrere Kinder anspricht. Er veranlaßt einen fünfjährigen Jungen, zu ihm ins Auto zu steigen, und fährt mit ihm mehrere Stunden umher. «Da kam wieder das Gefühl in mir hoch, wie ein Orkan, wie ein Rausch. Wenn ich dann von dem Drang befallen werde, dann geht es nicht mehr darum, was ich will, sondern darum, was ich muß.» Nach den Aussagen des Jungen hält er unterwegs an einem Rastplatz und masturbiert vor dem Jungen, was er selbst mit Nachdruck bestreitet. Weil der Junge weint, kauft er ein Schlafmittel, mischt es unter Apfelsaft und gibt dem Jungen zu trinken. Als der Junge schläfrig wird, legt er ihn in einem Waldstück ab und fährt davon. Tötungsabsichten bestreitet er. «Ich war froh, daß ich ihn los war. Manchmal kommt der Drang so plötzlich, dann komme ich nicht mehr zum Überlegen, meistens aber merke ich das, und dann schaffe ich es noch, daß ich die Kinder loswerde.»

Im Dezember 1967 ist er wieder einmal auf dem Wege in die Schweiz und spricht verschiedentlich Kinder an und nimmt einen fünfjährigen Jungen zu sich ins Auto. Mit ihm fährt er den ganzen Tag umher, lädt ihn zum Essen ein und kauft ihm Süßigkeiten. Während der Fahrt soll er ihn mehrfach am Geschlechtsteil berührt haben. In einer Raststätte sucht er mit dem Jungen eine Toilette auf und masturbiert vor ihm. Gegen Abend fährt er mit dem Jungen in ein Waldstück, «da war es wieder da, das Gefühl, als ob einer in mir drin sitzt, nicht, daß einer mit mir spricht, aber so, als ob er mich zwingt, als ob er meine Hände und Arme bewegt». Er schlägt mehrfach mit einem schweren Werkzeug auf den Kopf des Jungen ein und fährt fort, als er glaubt, der Junge sei tot.

Kurze Zeit darauf schreibt er in gebrochenem Deutsch einen anonymen Brief an die Polizei, weil er, so gibt er an, die Spur auf einen Ausländer habe lenken wollen. Der Brief hat folgenden Inhalt: «Wenn Sie diese Brief haben, bin ich wieder in Mannheim. Ich wollte D. nur totmachen. Aber er hat Glück. Ich habe auch im August 1964 in Rottweil versucht, zu erschießen eine kleine Junge. Auch er hatte Glück. Eine kleine Junge in der Nähe von Baden-Baden habe ich mitgenommen und wollte ihn mit Gift töten. Immer Kinder haben Glück. In N. habe ich erschossen Herrn X. und Frau Y. Da hatte ich Glück. Beide tot. Ich schon viele Verbrechen gemacht. Nie von Polizei erwischt. Ich noch mache viele Verbrechen. Polizei viel zu dumm. Ich will sein großer Mörder.»

Im Februar 1968 geschieht dann die letzte Gewalthandlung, die zu seiner endgültigen Verhaftung führt. Wieder hat er einen Jungen, vierjährig, in seinem Auto mitgenommen und fährt mit ihm durch die Gegend zu einer Baustelle. Mit einem Eisenrohr erschlägt er den Jungen. An der Kleidung des Jungen finden sich Spermaspuren. Josef L., der angibt, sich an die Tötungshandlungen nicht zu erinnern, bestreitet auch hier wieder energisch, daß es mit dem Jungen zu sexuellen Handlungen gekommen sei.

In seiner Lebensgeschichte ist keinerlei Kontinuität und Entwicklung erkennbar. Sein Leben ist eine Abfolge von Ausbrüchen, Straftaten, Inhaftierungen, ruhelosem Umherreisen, unterbrochen durch kurze Aufenthalte im Elternhaus. Das Ausmaß an Unreife und Unentwickeltheit zeigt sich besonders deutlich in seiner Sexualität. Der starke Einfluß der oppressiven Mutter auf die sexuelle Entwicklung liegt auf der Hand. Das Erziehungsziel zur «inneren Sauberkeit» bedeutet Unterdrückung von Sexualität. Auch hier hat sich Josef L. zunächst ganz gefügt und sexuelle Regungen so gut wie ganz über relativ lange Zeit nicht wahrgenommen. Kindliche sexuelle Erlebnisse hat er nicht in Erinnerung. Seine ersten beiden Begegnungen mit der Sexualität, als er zwölf und dreizehn Jahre alt ist, hat er als abstoßend in Erinnerung: Er wird von einem Schulkameraden zu einem Mädchen mitgenommen, das unbekleidet im Heu liegt. Er guckt nur ganz kurz hin und läuft ängstlich und angewidert fort. Wenig später wird er wiederum zu einem Mädchen mitgenommen und sieht zu, wie der Freund mit ihr Geschlechtsverkehr hat. Als er es auch versuchen will, hat er keine Erektion und wird ausgelacht. Diese Erlebnisse erfüllen ihn ebenso mit Ekel wie zufällige Beobachtungen von Paarungen bei Tieren. Die starke Ekelneigung in bezug auf Körperlichkeit und Sexualität hat sich nie verloren. Es ist schwierig, mit ihm über dieses Thema zu sprechen, er errötet dann und gerät ins Stottern. Sexualität ist etwas «Unsauberes», «Unordentliches», das er für sich selbst nicht akzeptieren kann und will. Mit sechzehn Jahren melden sich erste vage sexuelle Regungen, die aber nicht zur Masturbation führen. Er hat damals eine Freundin, wird in dieser Zeit auch einmal von einem Homosexuellen angesprochen, ohne daß bei

Josef L. sexuelle Regungen aufkommen.

In das Jahr 1950, als er sich nach dem ersten Tötungsdelikt auf der Flucht befindet, fällt ein erstes und einziges homosexuelles Verführungserlebnis, das wiederum Ekel, Angst und Abscheu bei ihm auslöst. Erst danach, mit achtzehn Jahren, beginnt er mit der Masturbation, die für ihn in hohem Maße konflikthaft geblieben ist: Bis heute kämpft Josef L. gegen die Masturbation an und macht sich starke Selbstvorwürfe, wenn ihm das nicht immer gelingt. Die Intensität, mit der er Sexualität perhorresziert und mit Panik auf sie reagiert, ist außergewöhnlich. Zu erwachsenen Frauen hat er nie eine erotische Beziehung hergestellt. Er kommt mit Frauen, wie er sagt, gut aus, solange sie für ihn geschlechtsneutral und asexuell bleiben. Die erwachsene, reife Erotik, gleich ob mit einem Mann oder einer Frau, ist für ihn immer etwas Unreinliches, Unakzeptables und Ängstigendes. Seine Ekelbereitschaft dem weiblichen Körper gegenüber rationalisiert er, indem er sich bei seinen wenigen Erfahrungen mit Frauen immer wieder daran erinnert, daß diese Frauen unsauber gewesen seien. Zu einem Geschlechtsverkehr ist es nie gekommen; er hat es nur wenige Male in einem Bordell versucht und dabei versagt. In seiner Ausdrucksweise zeigt sich, daß die Sexualität überhaupt und nicht nur in Verbindung mit Gewalttätigkeit von ihm als ein Durchbruch von etwas erlebt wird, das ihm gewissermaßen nicht selbst gehört, als etwas Fremdes, für das er Verantwortung ablehnen möchte. Während der Behandlung mit triebdämpfenden Medikamenten spricht er von sexuellen Regungen als von «sexuellen Überfällen» oder gebraucht Formulierungen wie: «Der Trieb drängt mich so stark, daß ich ganz ratlos bin; die Tatsache, daß die sexuellen Schübe ganz plötzlich kommen, ohne daß ich mich dagegen wehren kann, versetzt mich in Angst.»

Schon frühzeitig zeigen sich pädophile Tendenzen. Als Junge spielt er am liebsten mit jüngeren Kindern und wird deshalb von anderen geneckt. Er fühlt sich in Gesellschaft von Kindern freier und gelöster und hat eine bemerkenswerte Fähigkeit, sich in Kinder einzufühlen, Kinder an sich zu ziehen und sich in die Welt des Kindes hineinzuversetzen, von der er so viel in sein Erwachsenenalter mit hineingenommen hat. Im Gegensatz zum Umgang mit Erwachsenen fühlt er sich bei den Kindern nicht überfordert, nicht in Frage gestellt und bedrängt. «Ich brauche Kinder. Oft genug habe ich mich draußen zu Kindern geflüchtet, wenn ich merkte, daß die Angst vor unbekannten Dingen in mir aufkam, dann fühlte ich mich nicht wie ein

Erwachsener, sondern wie ein Kind und suchte bei Kindern Hilfe. Da bin ich innerlich auch wieder Kind und kann auch nur bei Kindern den inneren Ausgleich finden.» Es scheint für die Gewaltdelikte an Kindern von Bedeutung zu sein, daß Josef L. auch im Umgang mit Kindern nicht einen Bereich gefunden hat, in dem er seine Sexualität frei ausleben und verwirklichen kann. Es ist ihm bei seiner bis zur Unfreiheit gehenden Orientierung an herangetragenen Werten mit seiner und der geläufigen Auffassung von Kinderliebe nicht vereinbar, daß hier sexuelle Regungen eingehen. Die unfreie, subjektiv als zwanghaft geschilderte Art, wie er sich zu Kindern hingezogen fühlt, nicht von ihnen lassen kann und sie dennoch meist nach kurzer Zeit wieder fortschickt, um dann ein anderes Kind zu suchen – all dies hat in der Ablehnung der Sexualität seine Wurzeln, die er besonders dann als bedrohlich erlebt, wenn sich Sexualität in das einmischt, was ihm die einzig konfliktfreie Zuneigung ermöglicht: die Kinderliebe. «Kinder beschäftigen mich derart, daß ich mich vor mir selbst fürchte. Wenn ich nur ein Kind höre, dann kann ich nicht arbeiten, bin nervös, dann habe ich so ein Verlangen, ich möchte den ganzen Tag onanieren. In meinen Augen ist es gemein, in dieser Weise mit sexuellem Verlangen an Kinder zu denken, wie ich es manchmal muß. Deshalb befriedige ich mich, weil ich nicht einfach so an Kinder denken will. Nach der Onanie kann ich gut und anständig an Kinder denken. Ich glaube, daß mich keine Macht der Welt dazu bringen könnte, von den Kindern abzulassen.»

Josef L. trennt sehr dezidiert seine sexuellen Wünsche zu Kindern von den Impulsen zu Gewalthandlungen. Immer wieder versichert er, beides habe miteinander nichts zu tun. Es fällt hingegen auf, daß sich so gut wie bei allen aggressiven Taten auch Spuren sexueller Handlungen finden. Diesen Zusammenhang kann er sich womöglich noch weniger eingestehen als das Einfließen sexueller Wünsche in seine Kinderliebe. «In meinen Augen ist das Schlimmste, was es gibt, ein Kind zu mißhandeln oder zu töten.» Sadistische Wünsche und Phantasien haben ihn, wie er immer wieder versichert, nie beschäftigt. Die immer wieder aufkommenden und durchbrechenden aggressiven Impulse erlebt er als fremde, ihn überrumpelnde Zustände von Krankheit, die eigentlich nicht zu ihm gehören. Dies zeigt sich in den schon zitierten Äußerungen. «Es ist einfach dieser Drang in mir, von dem man vielleicht sagen könnte, daß er mir befiehlt... Ich weiß nicht, was das für ein Gefühl ist, als ob da einer treibt zu Gewalt, dann muß ich was tun, zuschlagen, töten, ich bin dann unruhig, irgendwie ist es unwiderstehlich. Es ist keine Wut, sondern ein Drang ... Wenn er langsam kommt, kann ich mich beherrschen, dann schicke ich das Kind fort und laufe durch die Gegend. Wenn ich dann gewaltsam gehandelt habe, dann ist das Gefühl weg, dann habe ich schreckliche Angst und gerate in Panik.» Auch in der Haft kennt er ähnliche «Überfälle». «Gestern überkam es mich wieder stoßweise so stark. Wäre ich nicht inhaftiert, bin ich fest davon überzeugt, daß es zu einer Gewalttat gekommen wäre. Ich habe nicht die Kraft, mich zu zügeln. Nur den Gittern ist es zu verdanken, daß ich nichts anstelle. In mir war nicht nur in sexueller Hinsicht der Teufel los.» Auch nachts im Traum ist er von solchen Vorstellungen verfolgt. «Da war auf einmal ein Fahrrad, mit dem ich durch die Gegend fuhr, immer bestrebt, ein Kind zu bekommen. Mit vielen Kindern sprach ich, aber sie entglitten mir immer auf geheimnisvolle Weise. Selbst im Traum war der Drang so groß, daß ich Angst hatte. Dann würgte ich ein Kind, aber es konnte noch schreien. Von diesen Schreien wurde ich wach und war in Schweiß gebadet. Obwohl sich alles in mir sträubte, mußte ich mich durch Selbstbefriedigung aus dieser Umklammerung lösen.» Solche Träume sind häufig, wie auch Träume, verfolgt zu werden, sich in Gefahr zu befinden und aus dieser Gefahr nicht herauszukommen.

Wir haben anfangs auf den abrupten Wechsel von Stimmungen hingewiesen, wie er zeitweise aufgeschlossen ist, viel redet und zugewandt ist und dabei etwas Appellierendes hat und die Aufmerksamkeit ständig auf sich gerichtet wissen will. Dann wieder gibt es Zeiten, in denen kaum mit ihm zu reden ist: Er ist unruhig, gereizt, voll aggressiver und selbstzerstörerischer Impulse – Zeiten, in denen er Suizidversuche unternimmt, Gegenstände schluckt, mit dem Kopf gegen die Wand rennt und sich von seiten der Pfleger oder Aufsichtsbeamten in paranoider Weise beeinträchtigt fühlt.

2. Psychodynamische Interpretation

Wir begegnen hier erstmals einer Entwicklung, bei der sich sexuelle Wünsche und Phantasien ausschließlich auf kleine Kinder richten. Zum besseren Verständnis schicken wir einige theoretische Überlegungen zur *Psychodynamik der pädophilen Deviation* voraus. Wir nehmen damit etwas von dem vorweg, was wir im Kapitel 3.4.1 im Zusammenhang darstellen. Es leuchtet unmittelbar ein, daß Menschen, die sich vorzugsweise zu kleinen Kindern hingezogen fühlen, wegen starker eigener kindlicher Anteile der Auseinandersetzung mit Erwachsenen ausweichen. Solche Männer können ihre problematisch gebliebene männliche Identität nur in der Begegnung mit der kindlichen Schwäche erleben. Wichtiger ist noch der narzißtische Aspekt der pädophilen Partnerwahl, der darin besteht, daß in der Beziehung zum Kinde die eigene kindliche Situation regressiv wiederhergestellt wird. Der Pädophile spiegelt sich in dem Kind, identifiziert sich teilweise mit ihm und erfüllt in der Beziehung zu ihm eigene Wunschphantasien: Er verhält sich so, wie er sich immer gewünscht hat, seine Mutter hätte sich ihm gegenüber verhalten; damit übernimmt er unbewußt zugleich die Rolle der Mutter. Wenn der Pädophile sich dem schwachen Kind zuwenden muß und nicht z. B. seine kindlichen Wünsche in der Beziehung zu einer mütterlichen Frau befriedigen kann, dann drückt sich darin seine starke Angst vor Abhängigkeit und Unterlegenheit aus; denn in der narzißtischen Beziehung zum Kind kann er Wünsche nach Umsorgtwerden und Geborgenheit befriedigen, ohne seine Selbständigkeit zu gefährden. In der pädophilen Situation geht es im wesentlichen um die Wiederholung und Verdichtung der eigenen Mutter-Kind-Beziehung vor allem mit den frühen Erfahrungen. Je ambivalenter, belasteter und negativer die Beziehung zur Mutter ist, desto mehr gehen neben liebevollen, fürsorglichen und zärtlichen Bestrebungen auch aggressive, haßvolle und zerstörerische Elemente in die Beziehung zum Kind ein. Diese qualitativ verschiedenen Aspekte der Mutter-Kind-Beziehung stehen unmittelbar nebeneinander: Sadistische Impulse sind eingelagert in zärtliche Regungen, die Übergänge sind abrupt. Das unverbundene Nebeneinander der Beziehungsaspekte und das abrupte Umschlagen der Affekte und Triebimpulse zeigen, daß es sich um sehr frühe präödipale Störungen in der Mutter-Kind-Beziehung handelt: eine Fixierung auf ein Entwicklungsstadium von Unabgelöstheit, in dem es noch kein einheitliches inneres Bild der Mutter gibt. Um sich das Bild einer idealen Mutter zu erhalten, werden alle negativen Erfahrungen und die Gefühlsreaktionen darauf von den positiven Erfahrungen und Gefühlen getrennt gehalten. Die Imago «gute Mutter» steht unverbunden neben der Imago «böse Mutter». Bleibt durch frühe Traumatisierungen die Selbstentwicklung unvollständig, dann kommt es nicht zu einer klaren Abgrenzung zwischen dem Selbst und den mütterlichen Imagines. Teile der Mutter sind als Introjekte dauerhaft ein unintegrierter Bestandteil des unvollständigen, aus unintegrierten Bestandteilen bestehenden Selbst. Liebevoll-zärtliche Beziehungen zu Kindern sind Handlungen gleichsam unter dem Einfluß der guten mütterlichen Introjekte, sadistisch-zerstörerische Taten sind Aktionen der bösen mütterlichen Introjekte. So wie der Pädophile in unaggressiven Handlungen mit Kindern eine liebevolle Zuwendung herstellt, wie er sie sich von seiner Mutter immer gewünscht hat, so wird bei sadistischen Handlungen alles Negative und Bedrohliche realisiert, das er von der Mutter immer gefürchtet und erwartet hat. Zugleich geht es um eine Entladung von destruktiven Haßimpulsen, eine befreiende Abfuhr aggressiver Aufladungen und einen Angriff auf das böse mütterliche Objekt. Es ist eine der Mutter geltende haßvolle Destruktion, die in die äußere Realität verlagert und auf das Kind verschoben wird. Bei der vielschichtigen und mehrfach determinierten Struktur solcher Impulshandlungen spielt häufig noch ein weiteres Moment hinein: In das kindliche Opfer wird ein abgelehntes und gehaßtes Stück des eigenen Selbst projiziert: das Kleine, Schwache, Kindliche und Abhängige. Diese eigenen Anteile werden in der sadistischen Aktion gleichsam eliminiert und vernichtet.

Diese theoretischen Zusammenhänge lassen sich bei Josef L. konkret nachzeichnen. Wir erinnern zunächst an die wechselhafte und widersprüchliche Beziehung zwischen ihm und dem Gutachter. Einmal sucht er in seiner zutraulichen Seite Anlehnung an das gute Objekt, das aber sogleich überlagert wird durch das böse innere Objekt; dies führt ständig zu Projektionen und zum Erleben paranoider Ängste. Dies ist ein durchgängiges Muster in seinen Beziehungsversuchen. Beziehungen erlebt er als Bedrohung, und sie erzeugen Ängste vor Selbstverlust und Zerstörung. Als Abwehr dieser Ängste versucht er ständig, den anderen zu manipulieren und so unter seine Kontrolle zu bringen. Bei seiner defekten Ich-Entwicklung braucht er andere, die eine Art Hilfs-Ich-Funktion bekommen, in die er projektiv Kontroll- und Über-Ich-Funktionen hineinverlagert. Seine Ich-Schwäche und sein Angewiesensein auf andere zeigt sich u. a. in seiner emotionalen Labilität, seiner Unfähigkeit zur Selbstkontrolle, den permanenten Verstimmungen, den impulsartigen, aggressiven und selbstdestruktiven Durchbrüchen, für die er zugleich den anderen verantwortlich macht.

In diesen Beziehungsmustern spiegeln sich Aspekte seiner präödipalen Mutterbeziehung wider. Wie wir die Mutter erlebt haben und wie sie uns geschildert wird, ist sie eine dominante, herrschsüchtige, kontrollierende, Eigenständigkeit unterbindende Frau mit einer ambivalenten Beziehung zu dem einzigen Sohn, in der neben Bemächtigungswünschen feindselige Gefühle enthalten sind. Anders als die Mutter von Gerhard B. in der Fallgeschichte 6 ist sie in ihrer ambivalenten Einstellung kontinuierlich und intensiv auf den Sohn bezogen und läßt ihn nicht allein. Anders als Gerhard B. ist er nicht frühzeitig seinen Haß- und Wutgefühlen auf die Mutter überlassen; Josef L. lebt vielmehr im ständigen Zugriff der Mutter. Es hat sich so wenig Ablösung und Abstand zwischen ihnen entwickelt, daß er gegen die Mutter gerichtete Gefühle nicht entwickeln kann. In der Beziehung zur Mutter sind noch so viele symbiotische Reste vorhanden, daß er seine oralen Haßgefühle frühzeitig abspalten muß. Die innere Unabgelöstheit von der Mutter zeigt sich schon äußerlich darin, daß er bei aller Unstetheit seiner Lebensführung ständig zwischen dem Elternhaus und der ältesten Schwester hin- und herpendelt; ferner wird in den Gesprächen mit ihm deutlich, daß er in seinem Denken, Fühlen und Erleben stark auf die Mutter hin orientiert ist und er ständig mit ihrem Urteil vor Augen lebt. Schließlich sind bei seinem ansonsten beziehungslosen Leben nachhaltigere Emotionen immer nur dann zu beobachten, wenn er von der Mutter spricht.

Weil die Abgrenzung der Mutter gegenüber unsicher geblieben ist, fehlen die die Entwicklung zur Selbständigkeit einleitenden Prozesse der analen Phase: Es finden sich keine Spuren eines Ablösungskampfes in seiner Kindheit und auch später, z. B. keine Trotzreaktionen, kein Eigensinn, keine Opposition. Daß er sich den Bestrebungen der Mutter, Eigenständigkeit zu unterdrücken, so total fügt, kann jedoch nur zu einer äußeren, an die Präsenz der

Mutter gebundenen Anpassung führen. Wichtige dynamische Anteile der Persönlichkeit, z. B. der Bereich des Triebhaften, der Aggressivität, können dadurch nicht umgeformt und eingearbeitet werden und bleiben folglich abgespalten, archaisch und in das Selbst nicht integriert. Nach MAHLER (1972) sind es gerade die massiven unentschärften aggressiven und destruktiven Bestandteile in der frühen Beziehung der Mutter-Kind-Einheit, die eine Ablösung erschweren oder verhindern, weil Ablösung zugleich eine Freisetzung dieser angstauslösenden Impulse gegen das Objekt bedeuten würde. Diese unintegrierte abgespaltene Destruktivität bei einer lückenhaften Ich-Entwicklung unterscheidet solche präödipalen Fixierungen von dem, was man landläufig Mutterbindung nennt, welche eine ödipale Fixierung auf einer reiferen Stufe der Ich-Entwicklung darstellt. Phänomenologisch zeichnen sich solche präödipalen Fixierungen gerade durch Bindungslosigkeit und Bindungsunfähigkeit aus. Da sich erst im Zuge der Ablösung von der Mutter die steuernden, orientierunggebenden Ich-Instanzen wie Eigenkontrolle, Ich-Ideal und Über-Ich herausentwickeln, bleiben diese bei Josef L. unentwickelt bzw. an die Mutter gebunden. Sie funktioniert für ihn nach Art eines Hilfs-Ich: Solange er in unmittelbarem Umkreis der Mutter lebt, ist er angepaßt, kontrolliert, hat er Pläne und Zielvorstellungen; auf sich gestellt ist er dazu unfähig, wird unstet, aggressiv und kriminell.

Diese Zusammenhänge sind zur Erklärung der Delinquenz wesentlicher als das Schädelhirntrauma mit siebzehn Jahren, das in einem unmittelbaren zeitlichen Zusammenhang mit der beginnenden Kriminalität steht. Es mag sein, daß ein passageres postkontusionelles Syndrom den Durchbruch asozialer Impulse gefördert und erleichtert hat. Die Annahme einer direkten kausalen Verknüpfung, z. B. einer hirnorganisch bedingten Kontrolleinbuße, läßt sich in keiner Weise belegen, zumal später keine Symptome einer hirnorganischen Veränderung nachweisbar sind. Es kann zudem nicht übersehen werden, daß dieser Unfall zeitlich in eine Lebensphase hineinfällt, in der von ihm die Übernahme einer Erwachsenenrolle erwartet wird, zu der er bei seiner bis dahin kindhaften Unterwerfung unter die Familienordnung nicht in der Lage ist.

Bei allen bisherigen Patienten, den devianten wie den nichtdevianten, wirkten sich die frühen Entwicklungsstörungen in der Weise aus, daß die zu einer männlichen Identität führenden Prozesse der sekundären Identifizierung mit dem Vater nicht oder nur rudimentär stattfinden konnten. Bei aller Schwäche und Brüchigkeit der männlichen Identität hatte die zum Teil starke genitale Besetzung die Funktion, sich selbst zu erleben und sich damit abzugrenzen von der bedrohlich-bemächtigenden mütterlichen Imago, stellte einen Schutz vor Verschmelzung dar und war, wie es J. McDougall (1972) ausdrückt, ein «Bollwerk» gegen die orale Mutter. Dieser Abwehrmechanismus funktioniert bei Josef L. nicht oder nur unzureichend und sehr passager: Die Niederschläge der primären Identifikation mit der Mutter sind so gut wie gar nicht durch männliche Elemente ersetzt, und die genitale Besetzung ist schwach. Wenn es auf der anderen Seite aber auch nicht zu einer weiblichen Identität gekommen ist, wie man es von transsexuellen Entwicklungen her kennt, so liegt dies daran, daß die symbiotische Beziehung zur Mutter nicht befriedigend und zu konfliktreich gewesen und folglich zu sehr mit oral-zerstörerischen Impulsen durchsetzt geblieben ist, die zwar abgespalten bleiben, aber eine angstfreie Rückkehr zur Symbiose verhindern. Unter dem ständigen unterdrückenden Einfluß der Mutter hat er so etwas wie Eigenständigkeit und ein Körperselbst nur in Ansätzen entwickeln können. Von daher erklärt sich die schwache genitale Besetzung. Im Dienste der Verleugnung seines Erwachsenseins steht seine starke innere Beschäftigung mit Kindern, sein schwärmerisch-überwertiges Angezogensein durch kleine Jungen. Diese Wünsche sind für ihn aber deshalb konflikthaft, weil hier seine triebhaft sexuellen Regungen eingehen, gegen die er sich zugleich heftig zur Wehr setzt. In diesem schuldbeladenen Abwehren von genitaler Sexualität überhaupt drückt sich nicht nur das sexualfeindliche mütterliche Über-Ich aus, sondern auch seine Angst vor den destruktiven Impulsen, die in sexuelle Regungen leicht eingehen. Wegen dieser gefährlichen Nähe neigt er dazu, die verschiedenen Gefühlszustände und Triebwünsche geradezu zwanghaft getrennt zu halten: die liebevoll-fürsorglichen Gefühle für Kinder, die sexuellen Wünsche ihnen gegenüber und die destruktiven Impulse, die, wie er immer wieder betont, nichts miteinander zu tun haben. Weil er diese Spaltung nicht durchhalten kann, resultiert daraus, daß er einerseits Kinder zwanghaft immer wieder aufsucht und sie zugleich wieder fortschickt und auf diese Weise Beziehungen zu ihnen verhindert.

Das Unruhevolle, Dranghafte, die innere Zerissenheit dieser Entwicklung erklärt sich daraus, daß er der Illusion nachhängt, er könne seine starken oralen Bedürfnisse in einer von Destruktivität freien und ungefährlichen Weise befriedigen, und irgendwie zugleich spürt, daß ihm dies unmöglich ist. Diese Illusion führt dazu, daß er immer wieder identifikatorisch in den Kindern aufgeht und in der Beziehung zu ihnen momentan ein Stück guter Mutter-Kind-Beziehung erlebt. Weil ihn aber daneben und viel stärker die Aspekte der bösen mütterlichen Imago beunruhigen und er die verschiedenen Introjekte nicht dauerhaft getrennt halten kann, kommt es zu den qualitativ verschiedenartigen Beziehungen zu Jungen: Einmal sind es liebevolle, zärtliche Bemühungen, in denen er sich verwöhnend um die Jungen kümmert, ohne dabei sexuelle Wünsche zuzulassen. Dann wieder sind es zärtlich-sexuelle Kontakte, die er aber konflikthaft erlebt, abwehrt und häufig abbricht, weil Erregung und die damit verbundene Schwächung der Kontrollen bei ihm generell die Gefahr von Zerstörung und Selbstverlust herbeiführt. Schließlich kommen in den Gewalthandlungen die aggressiven und destruktiven Regungen impulsartig zum Durchbruch, in denen sich sowohl die haßvollen Gefühlsanteile der Mutter gegenüber entladen als auch die introjizierten Bedrohungen seitens der Mutter. Diese verschiedenen Beziehungsformen können im Einzelfall' ineinander übergehen, am deutlichsten in dem Fall, als er den Jungen verwöhnend mit Saft füttert, dem er, vermutlich in Vergiftungsabsicht, ein Schlafmittel beigemischt hat. Die enorme Spannungsreduktion, das Gefühl der Entladung und Entlastung von einem extremen inneren Druck erklärt sich aus der Funktion der Gewalthandlungen für seine zumindest momentane psychische Stabilisierung: Es bedeutet für ihn symbolisch eine Befreiung, eine gewaltsame Entledigung der ihn einengenden, bedrohenden, in Abhängigkeit und Unvollständigkeit haltenden inneren Mutter und zugleich eine Vernichtung des

Kleinkindhaften in sich, also ein Stück momentane Selbstverwirklichung.

Diese Interpretation gilt nicht für die Tötung der beiden Erwachsenen. Da wir über innere Vorgänge im Zusammenhang mit dieser Tat nichts wissen, können wir über den Hintergrund nur hypothetische Überlegungen anstellen. Möglicherweise werden hier kindliche Mordphantasien an den Eltern verwirklicht. Vielleicht weckt der Anblick einer glücklichen Liebesbeziehung bei ihm narzißtische Neidgefühle, gegen die er sich nicht anders zu wehren weiß als durch Zerstörung. Sicherlich ist die Wehr- und Schutzlosigkeit des belauschten Paares von Bedeutung. Die Situation des unbemerkten Beobachters vermittelt ihm ein Gefühl von grandioser Überlegenheit und machtvoller Kontrolle. Die im eindringenden und «durchbohrenden» Anstarren des Voyeurs enthaltene Aggressivität setzt sich hier um in die destruktive Aktion. Gefühle von Überlegenheit, das Ausagieren von infantilen Größenvorstellungen und Allmachtsphantasien sind Aspekte, die auch in den Gewalthandlungen an Kindern enthalten sind. Mit Hilfe solcher Omnipotenzphantasien verleugnet er Gefühle eigener Ohnmacht und Ängste, schutzlos zu sein und zerstört zu werden. Größenselbstphantasien kommen in Gesprächen mit ihm immer wieder zum Ausdruck, wenn er die grandiose Einzigartigkeit und Einmaligkeit seines «Falles» unterstreicht, ferner vor allem in dem anonymen Brief an die Polizei, der von Vorstellungen, ein großer, allen überlegener, nicht zu ergreifender Mörder zu sein, geleitet ist.

Die folgende Fallgeschichte zeigt eine ähnliche psychodynamische Struktur. Auffällige Parallelen finden sich nicht allein in der Art der Delikte (impulsartige Tötungen von Jungen) und der homosexuell-pädophilen Deviation. Vergleichbar ist ferner die Art der Mutterproblematik, das Phänomen einer guten sozialen Anpassung in Gegenwart der Mutter und das Abgleiten in Unstetigkeit und Asozialität im Moment der äußeren Loslösung von der Mutter, schließlich die Gefühle von Befreiung und Entspannung durch die destruktiven Aktionen.

Fallgeschichte 10

Der 30 Jahre alte Gerd K. hat zwei zwölfjährige Jungen getötet. Der Zugang zu seinen zentralen Konflikten ist deshalb erschwert, weil Gerd K. von der Mutter ein idealisiertes Bild in sich bewahrt und die aggressiven Gefühle abwehrt; diese Idealisierung wird dadurch erleichtert, daß die Mutter seit sieben Jahren tot ist. Gerd K. ist ohne Vater großgeworden. Wir wissen über die Mutter wenig. Sie hat in ihm, wie er meint, ein Abbild des im Kriege gefallenen Vaters gesehen. («Für meine Mutter war ich so ein Souvenir von meinem Vater, ein kostbares Andenken, ihr Einundalles.») In dieser Wahrnehmung liegt nicht nur, daß er für die Mutter sehr wertvoll und wichtig ist, sondern auch, daß ihre Zuneigung nicht eigentlich ihm gilt und er für sie einen Besitz darstellt. Dem entspricht, daß die Mutter ihn sehr kontrolliert, für sich behält und ihn nicht hergeben mag. Je länger die Gespräche mit Herrn K. dauern, desto mehr verblaßt das idealisierte Bild der Mutter und desto deutlicher werden neben starken Liebes-, Geborgenheits- und Abhängigkeitswünschen der Mutter gegenüber auch Gefühle von Haß und Wut auf die Mutter bis hin zu Todes- und Beseitigungsphantasien, z. B. Gedanken, die Mutter zu erschlagen. Die Ambivalenz seiner Gefühle beschreibt er als «ein Hin und Her, wie Wellen oder Kreislaufstörungen, mal so, mal so».

Die Angst vor den aggressiven Gefühlen in dieser ambivalenten Mutterbeziehung hat dazu geführt, daß er sich verstärkt an die Mutter anlehnt und eine ungelöste Abhängigkeit und Einheit mit ihr zu bewahren versucht. Wenn er von sich als «Muttersöhnchen» spricht, meint er seine mädchenhaften Wesenszüge, die, regressiv verstärkt, für ihn die Bedeutung haben, die konflikthaft erlebte und ihn ängstigende männliche Seite in sich zu verleugnen. Als Kind und auch später ist er sehr weich, schüchtern, ängstlich und empfindsam und hat ein starkes Anlehnungs- und Liebesbedürfnis, weint sehr leicht und spielt lange mit Puppen. Wie sehr er mit seiner Mutter identifiziert ist, geht auch aus seiner exzessiven Beschäftigung mit Tieren hervor: Seit der Kindheit bis in das Erwachsenenalter hinein umgibt er sich mit einer Vielzahl von Tieren, um die er sich kümmert, die er hegt und pflegt, mütterlich umsorgt und für die allein er bei seinem ansonsten ungebundenen, fast beziehungslosen Leben Verantwortung übernimmt, denen gegenüber er seine sonst unabgesättigten Beziehungswünsche und Emotionen abreagiert. Im übrigen hat er große Schwierigkeiten, sich in die Gemeinschaft anderer einzugliedern: Er ist gehemmt, verschlossen, fühlt sich unter anderen Menschen beklommen; neigt zu Mißtrauen und dazu, sich abzukapseln, und wittert überall Feindseligkeiten. Wie sehr er in seinen Steuerungs- und Gewissensfunktionen an die Präsenz der Mutter gebunden ist, zeigt sich erstmals im Alter von zehn Jahren: Als sich die Mutter vorübergehend nicht um ihn kümmern kann, geht er nicht zur Schule, streunt umher, begeht Diebstähle und wird in ein Heim eingewiesen. Während der Heimzeit leidet er unter der Trennung von der Mutter und leidet unter der zwangsartigen Vorstellung, der Mutter sei etwas zugestoßen. Nach der Schulzeit denkt er daran, sich auch beruflich mit Tieren zu beschäftigen und macht eine Lehre bei einem Schafzüchter durch.

Nachdem er seine herzkranke Mutter jahrelang unterhalten und versorgt hat, stirbt sie, als er 23 Jahre alt ist. Erst jetzt wird offenbar, wie sehr er in seinem inneren Gleichgewicht auf die Mutter angewiesen ist. Bisher hat er in einer infantilen Abhängigkeit von der Mutter gelebt, die gleichsam ein Stück seines Selbst geblieben ist, die für ihn immer Kontrollfunktionen innehatte. Mit ihrem Tode gerät er aus dem Gleichgewicht, fühlt sich gleichsam unvollständig, entleert, innerlich orientierungslos, schutz- und beziehungslos. Diese Labilisierung dokumentiert sich in seinem äußeren Lebensweg: Seine Arbeitsanamnese wird unstet, er trinkt in zunehmendem Maße Alkohol und nimmt Drogen. Diese nun stark aufkommende Tendenz zum Rausch und zu Rauschmitteln ist ein Ausdruck starker regressiver Wünsche, sich zu betäuben, vor sich selbst zu fliehen, sich zurückzuversetzen in einen Zustand von Unselbständigkeit, Ich-Aufgabe und Verschmelzung. So kann er, der sein Leben lang stark von der Sehnsucht nach Rückkehr in seine Kindheit beherrscht ist, die Zeit vor der Verhaftung, als er plan- und ziellos, meist unter Drogen, in den Moment hineinlebt und träumt, als eine glückliche Zeit erleben und sie mit seiner Kindheit vergleichen. Dieses Flüchten in Besinnungslosigkeit und Rausch führt zu einem Zusammenbruch seiner Abwehr: Unter Drogen erlebt er starke Angstzustände, entwickelt Bedrohtheits- und Verfolgungsideen; er fühlt sich schutzlos und von Vernichtung bedroht. Er reagiert dann immer häufiger gereizt und aggressiv, was Anlaß zu wiederholten Bestrafungen gibt.

In seiner sexuellen Entwicklung zeigt sich ein Bemühen, seine durch die pathologische Mutterbeziehung in Frage gestellte männliche Identität ein Stück weit zu sichern. Seine homosexuelle Orientierung ist frühzeitig determiniert. Vom siebten Lebensjahr an hat er durchgehend homosexuelle Beziehungen zu Erwachsenen. Kontakte zu Gleichaltrigen und, je älter er wird, zunehmend zu jüngeren Partnern sind seine einzigen sexuellen Erlebnisse, ohne daß es zu längeren erotischen Bindungen kommt. Die Sexualität spielt von Kindheit an eine große Rolle. Seit der Pubertät masturbiert er häufig, in den letzten Jahren exzessiv, um eine ständige innere Unruhe und Spannung abzuführen. Kontakte zu Frauen hat er nie gefunden und auch kaum gesucht. Ausdruck der Unsicherheit seiner Männlichkeit ist eine ticartige Bewegungsstereotypie in der Pubertät: ein zwangsartiges flüchtiges Greifen an sein Genitale. Darin drückt sich aus, daß er sich immer wieder seiner männlichen Vollständigkeit und seiner genitalen Unversehrtheit vergewissern muß. Mit neunzehn Jahren scheitert sein einziger Versuch, sich an ein Mädchen zu binden: Er hat sich mit einem Mädchen angefreundet, geht aber körperlichen Kontakten aus dem Wege, weil er Angst hat, sich vor ihr auszuziehen. Wie stark seine Angst vor Frauen ist, zeigt sich darin, daß er sich nie mit ihr ohne Begleitung eines Freundes getroffen hat. Er löst schließlich die Beziehung, zumal seine Mutter mit Eifersucht reagiert. «Sie hatte Angst, mich zu verlieren.»

In der Beziehung zu seiner Mutter und im weiteren zu Frauen überhaupt sind seine Ängste, die männliche Identität zu verlieren, seiner Eigenständigkeit beraubt zu werden, sich in sie zu verlieren und das Getrenntbleiben nicht aufrechterhalten zu können, so stark, daß er solchen Kontakten ausweichen muß. Männlich aktiv, phallisch und unabhängig erlebt er sich nur in narzißtischen Beziehungen zu Jungen und Männern und kann sich nur hier angstfrei der Regression im Orgasmus überlassen. Wenn er sich schon als Kind heimlich und hinter dem Rücken der Mutter homosexuell verführen läßt und verführt, dann sucht er in der narzißtischen Bestätigung ein Gegengewicht zu der unabgelösten, emotional und körperlich engen Beziehung zur Mutter, ein Stück Unabhängigkeit, das er der Mutter vorenthält. Zugleich wiederholen sich in den Beziehungen zu Männern, und besonders später in den Beziehungen zu Jungen wichtige Aspekte seiner Mutter-Kind-Beziehung: Das unvereinbare Nebeneinander von Wünschen nach Abhängigkeit, Bindung, Beschütztwerden und Vervollständigung seines Selbst einerseits und den für ihn damit verbundenen Ängsten vor Vereinnahmung, Selbstauflösung, Vernichtung und dem Wunsch, sich aus diesen Fesseln zu befreien, andererseits. Seinen Bindungsängsten trägt er teils dadurch Rechnung, daß er homosexuellen Bindungen aus dem Wege geht und es immer wieder nur bei flüchtigen Kontakten beläßt; teils wehrt er die Ängste vor Abhängigkeit dadurch ab, daß er seit der Pubertät Phantasien entwickelt, die auf anal-sadistische Bemächtigungswünsche hindeuten: Es sind Vorstellungen, wie er kleine Jungen einfängt und entführt, sie gegen ihren Willen in geschlossene Räume bringt, sie in Ketten legt, gefügig macht und zum Analkoitus zwingt. Solche Phantasien treten hin und wieder und eher beiläufig auf, bekommen aber nie das Gewicht einer vorherrschenden sadistischen Orientierung. Diese Vorstellungen lösen bei ihm Angst und Beklemmungsgefühle aus. Bei der narzißtischen Struktur solcher pädophilen Beziehungen liegt in den analen Bemächtigungstendenzen neben der Abwehr zugleich auch die Befriedigung seiner Abhängigkeitswünsche, die seine Objektbeziehungen überhaupt kennzeichnen; ein Beleg dafür ist seine Äußerung: «Ich muß immer die Gewißheit haben, daß ich das Einundalles für einen Menschen bin, den ich mag.»

Es mag auf den ersten Blick überraschen, wenn wir von Gerd K. hören, er habe um die Pubertät herum heimlich phantasiert, sexuelle Kontakte mit seiner Mutter zu haben. Sicherlich ist dies bei ihm keine ödipale Inzestproblematik. Unverdrängte Inzestwünsche, wie wir sie auch später in einigen Fallgeschichten bei schweren präödipalen Persönlichkeitsstörungen wiederfinden, sind nicht Ausdruck einer nicht-aufgelösten erotischen Beziehung zu mütterlichen Objekten, sondern stellen eine Sexualisierung präödipaler Konflikte dar: einerseits die Befriedigung von Wünschen nach Vereinigung und Verschmelzung mit der Mutter, andererseits phallische Inbesitznahme und möglicherweise anale Beschmutzungs- und Erniedrigungswünsche.

Dieses Beherrschtsein von der unaufgelösten präödipalen Problematik führt dazu, daß Gerd K. in seinem Selbstgefühl unsicher, gespalten, permanent gespannt und zerrissen ist. Er kann weder seine abhängigen, kindlich-schwachen Seiten in sich noch seine aggressiven und destruktiven Bestrebungen akzeptieren und mit seinem Selbstbild in Einklang bringen, so daß er sich nach außen hin ständig versteckt. So wird Tarnung zu einem wichtigen zentralen Element in seinem Leben. Tarnung betrifft nicht allein den sexuellen Bereich; die zunehmende Aggressivierung seines Verhaltens in den letzten Jahren entspringt dem Gefühl der eigenen Schutzlosigkeit. «Ich mache auf eiskalten Burschen, um mich zu verstecken.»

Die ambivalente Mutter-Sohn-Beziehung wird in den sexuellen

Situationen mit den Jungen jeweils wiederhergestellt und mit den verschiedenen Gefühlsanteilen ausagiert, wie wir es bei Josef L. in der Fallgeschichte 9 bereits beschrieben haben: Dann, wenn er, wie zumeist, unaggressive, liebevoll erotische Beziehungen zu den Jungen hat, gehen dabei seine überwiegend zärtlichen Bestrebungen und Gefühlsanteile ein. Dann agiert er als gute liebevolle Mutter. Andererseits lebt er seine aggressiven, haßvollen Gefühle, die in die Mutter projizierten bedrohlich vernichtenden Anteile dann aus, wenn er mit sadistischen Phantasien in bezug auf Jungen masturbiert, und schließlich in den beiden Gewalthandlungen: Beide Jungen hat er vorher nicht gekannt, er hat sie irgendwo aufgelesen, sexuelle Handlungen initiiert und dann plötzlich den einen Jungen mit einem Hammer erschlagen und in einem Gewässer versenkt, den anderen Jungen erwürgt und in einem Gebüsch vergraben. Wie Josef L. gibt er für beide Tötungshandlungen eine Amnesie an, ohne die Taten zu bestreiten. Daß es sich in den Tatsituationen um ein momentanes, impulsartiges Ausagieren dieser tiefen Konflikte und Bedrängnisse handelt, deren er sich sonst nicht entledigen kann, darauf läßt u. a. seine Äußerung schließen, er habe sich wie befreit gefühlt, «wie wenn man eingeschnürt ist und sich von dieser Einschnürung befreit».

Wie wir schon bei früheren Fallgeschichten beschrieben haben, sind die Taten mehrfach determiniert: Einerseits vernichtet er in den herumstreunenden, willfährigen Jungen identifikatorisch ein gehaßtes Stück seines Selbst; andererseits deutet seine Assoziation der gesprengten «Einschnürung» darauf hin, daß die Taten eine momentane Befreiung seiner inneren Fesselung an die Mutter darstellen. Die Wehrlosigkeit und das Ausgeliefertsein dieser Jungen, die er gefügig gemacht und benutzt hat, konfrontieren ihn so sehr mit seiner eigenen inneren Situation und wecken daher die frühen Haßgefühle und destruktiven Impulse, so daß er in einem momentanen Gefühl von Allmacht die Ohnmacht und Abhängigkeit ausstößt und vernichtet.

3.3 Theoretische Schlußfolgerungen: Sadismus als sexuelle Deviation und Sadismus als impulsive Aktion

Betrachtet man sexuell motivierte Tötungshandlungen, so zeichnen sich zwei deutlich voneinander abgrenzbare und unterscheidbare Gruppen ab – eine Unterscheidung, die für die forensische Beurteilung und für therapeutische Konsequenzen bedeutsam ist. Auf der einen Seite sehen wir Entwicklungen, bei denen der oder den Tötungshandlungen eine jahrelange und intensive Beschäftigung mit sadistischen sexuellen Phantasieinhalten vorausgegangen ist. Es sind die *sadistischen Deviationen* im engeren Sinne. Diesen eher seltenen Phänomenen steht auf der anderen Seite eine Gruppe von Patienten gegenüber, bei denen eine solche Vorausbeschäftigung fehlt, die eine sadistische Deviation nie entwickelt haben; die Tötungshandlung ist ein mehr aus der Situation heraus entstehendes, eruptives Geschehen, eine *impulsive Aktion*, in der sich sexualisierte innere Spannungen entladen. Wir haben uns bisher darauf beschränkt, Analysen von Einzelfällen aneinanderzureihen, und fassen nun die Ergebnisse zusammen und formulieren ein theoretisches Konzept. Markante Unterschiede zwischen den beiden Gruppen lassen sich in verschiedenen Bereichen aufweisen: In der Biographie, der sexuellen Entwicklung, im psychopathologischen Erscheinungsbild, forensisch in bezug auf Tatausführung und Tatvorgeschichte und schließlich in der Psychogenese der Persönlichkeitsstörung.

1. Biographie und psychopathologische Phänomenologie

Die Lebensgeschichte der *sadistischen Devianten* läßt erkennen, daß sie, äußerlich betrachtet, sozial gut integriert sind, wenn auch ihre sozialen Beziehungen auffallend farblos, unlebendig, undynamisch und wenig intensiv erscheinen. Die soziale Anpassung besteht vorwiegend in einem passiven Sicheinfügen; dadurch haben sie mit ihrer Umwelt keine oder kaum Konflikte. Verwahrlosungssymptome, kriminelle Neigungen, Vorstrafen und Zeichen sozialer Instabilität fehlen vollständig. Das Delikt steht in einem krassen Gegensatz zu der sonstigen Lebensführung und der Einschätzung der Persönlichkeiten durch andere Menschen ihrer Umgebung. Sie entsprechen in keiner Weise dem gängigen Stereotyp des «Sadisten»: Es sind gerade nicht brutale Schläger, Rohlinge, gefühllose Tierquäler etc. Die relativ konfliktlose passive Anpassung läßt sich bis in die Kindheit zurückverfolgen: Bei keinem unserer Patienten hören wir von Erziehungsschwierigkeiten, von oppositionellem Verhalten, von Eigenwilligkeit und Auflehnung. Es ist eher im Gegenteil von Leichterziehbarkeit die Rede, von Weichheit, Fügsamkeit und feminin-passiven Zügen. So etwas wie Trotzphasen scheinen sie als Kinder nicht durchgemacht zu haben. Wenn wir die geringen, wenig intensiven und farblosen Kontakte zu anderen Menschen erwähnen, so charakterisiert dies auch die Beziehung zu den Eltern: In der Exploration ist über die Eltern von ihnen kaum etwas zu erfahren; die wenigen Angaben erwecken auf den ersten Blick den Anschein von völliger Autonomie und Selbstgenügsamkeit, die sich aber als ein Ausweichen vor Auseinandersetzungen mit den Eltern erweist. Zwar heißt es von diesen Patienten, daß sie ängstliche Kinder gewesen sind; diese Ängstlichkeit hat aber nie zu einem verstärkten Anklammern und zu einer verlängerten Abhängigkeit von den Eltern geführt. Auch im Verhalten dem Gutachter gegenüber fällt die geringe Beziehungsbereitschaft auf; auch dann, wenn sie sich in ihrem Geständniszwang erstmals offenbaren, von ihrer Deviation sprechen und die bisher immer verborgenen und verheimlichten Phantasien enthüllen, geschieht dies weniger auf Grund eines persönlichen Vertrauensverhältnisses zum Arzt; dieser ist für sie vielmehr eine Art Instanz und Vertreter einer Institution, der gleichsam zur Selbstoffenbarung benutzt wird, um dadurch Erleichterung und ein Stück Entspannung zu erreichen.

In der *zweiten Gruppe* finden wir ganz andere, in vielem gegensätzliche Biographien: Hier sind in unterschiedlicher Ausprägung die Anpassungsbemühungen wesentlich konfliktreicher und gelingen sehr häufig nicht. Wir hören von Verwahrlosungssymptomen, Dissozialität, kriminellen Tendenzen, Vorstrafen im nichtsexuellen Bereich, von Rastlosigkeit und Unstetheit. Das Mißlingen von Anpassung manifestiert sich zum Teil bereits in der Kindheit (Gerhard B. in der Fallgeschichte 6), zum Teil ist sehr auffällig, daß dissoziales Verhalten erst in dem Moment manifest wird, wenn die äußere Präsenz von Elternfiguren fehlt – sei es durch räumliche Trennung wie bei Josef L. in der Fallgeschichte 9 und Hans-Joachim D. in der Fallgeschichte 7, sei es durch den Tod der Mutter wie bei Gerd K. in der Fallgeschichte 10. Ihre Beziehungsprobleme unterscheiden sich stark von denen der sadistischen Devianten: Es ist hier weniger ein narzißtischer Rückzug in die Isolierung, geprägt durch Schüchternheit und Hemmung; quantitativ sind hier Kontaktmöglichkeiten nicht eingeengt. Die Instabilität ihrer Kontakte entspringt starken, aggressiv abgewehrten Bindungsängsten; Beziehungen konfrontieren sie mit ihren Abhängigkeits- und Autonomieproblemen. Deshalb bekommen ihre Kontakte, soweit sie sich darauf einlassen, eine aggressive Tönung und haben den Charakter von Kampfbeziehungen. Dies betrifft auch die Beziehung zum Gutachter, die im Vergleich zu den sadistischen Devianten dynamischer und geladener, von aggressivem Agieren und Kämpfen durchsetzt ist. Das gleiche gilt auch für die frühere und die aktuelle Beziehung zu den Eltern, besonders zu der Mutter. Die ständig aktuelle Auseinandersetzung mit ihr trägt kämpferische Züge und ist viel affektgeladener und konfliktreicher als bei den affektiv entleerten Elternbeziehungen der sadistischen Devianten. Die Auseinandersetzung mit der Umwelt, der die sadistischen Devianten durch narzißtischen Rückzug, Inaktivität, fügsame Passivität ausweichen, ist bei ihnen aktiv, agierend, aggressiv und verbunden mit einem Bedürfnis nach ständigem motorischem Abreagieren.

2. Die Sexualität

Am augenfälligsten sind die Unterschiede in der sexuellen Entwicklung: In der *ersten Gruppe* haben wir es mit einer bewußt erlebten sexuellen Deviation zu tun, d. h. mit einer thematisch auf bestimmte deviante Inhalte festgelegten Sexualität. Die sadistische Deviation ist entweder schon mit dem Auftreten genital sexueller Regungen determiniert und wird im weiteren Verlauf lediglich variiert und angereichert, oder sie wird durch besondere krisenhafte Erfahrungen in Gang gesetzt bzw. im Bewußtsein manifest. Das deviante Thema: Vorstellungen von Überwältigen, Schlagen, Foltern und Quälen, ist das eigentlich Erregende und das, was sexuelle Befriedigung ermöglicht. Andere sexuelle Befriedigungsformen sind entweder gar nicht möglich oder bleiben vergleichsweise reizlos und blaß. Charakteristisch für alle unsere Patienten ist die bewußte Reaktion auf und die Einstellung zu ihrer Deviation: Sie wird nach außen voller Scham verheimlicht. Sie reagieren mit Angst, wehren sich innerlich gegen die devianten Wünsche und versuchen, sie zu unterdrücken. Sie neigen dazu, die Deviation als etwas ihnen Fremdes, nicht zu ihnen Gehöriges und Krankes zu betrachten, das unheimlich ist. Das Verhältnis zur Sexualität und zum Körper ist unfrei, da sexuelle Aktivität nicht nur momentan Befriedigung und Entspannung bringt, sondern zugleich Reaktionen von Ablehnung und Selbstvorwürfen auslöst.

In der devianten Festlegung hat die Sexualität etwas Zwanghaftes; die fehlende Flexibilität und der Mangel an Anpassungsfähigkeit an reale Bedürfnisse von Partnern schließen erotisch befriedigende Objektbeziehungen von vornherein aus. Dieses Zwanghaft-Rituelle weist darauf hin, daß die Sexualität hier über den Lustgewinn hinaus eine besondere Funktion für die Stabilisierung der Persönlichkeit hat: In der Deviation werden die aggressiven und destruktiven Impulse gebunden und weitgehend durch die Verlagerung in die Phantasie entschärft, partiell befriedigt und entladen. Die Deviation ermöglicht daher so schwer präödipal narzißtisch gestörten Persönlichkeitsstrukturen wie Manfred W. in der Fallgeschichte 4, sich weitgehend reibungslos sozial einzuordnen. Bei den anderen Patienten sind sogar längerdauernde Partnerbeziehungen möglich, allerdings mit der Einschränkung, daß wichtige Bereiche der Emotionalität, Erotik und der libidinösen Bestrebungen ausgeklammert bleiben. Anders als bei solchen Devianten, bei denen sich die devianten Impulse lediglich auf Vorstellungen oder nichtsanktionierte Handlungen beschränken, ist hier die Deviation eine unzureichende Abwehr, die die stabilisierende Funktion auf die Dauer nicht erfüllen kann. Wir beobachten bei allen Patienten dieser Gruppe, wie das bloße Phantasieren immer weniger Entspannung und Befriedigung gibt und die devianten Impulse immer vehementer auf Verwirklichung drängen. Dem entspricht phänomenologisch das ständige Ausufern, die Progredienz im Sinne von GIESE (1962). Dies zeigt sich auch darin, daß sich im Vorfeld der eigentlichen Tötungshandlung regelmäßig rudimentäre Ansätze und Spuren finden, die wie abgebrochene Vorversuche der Tötungshandlungen wirken. Die Taten selbst laufen ritualisiert ab, wirken wie ein unmittelbares Eindringen von irrealen Phantasien in die Realität und sind mit orgastischer Befriedigung verbunden. Es fehlen jegliche objektbezogenen Affekte; das Geschehen läuft in einem Zustand von narzißtisch-rauschhafter Ichfremdheit ab. Es entsteht der Eindruck, daß sich die Entwicklung vom Phantasieren bis zum Töten mit einer gewissen Zwangsläufigkeit vollzogen hat.

Bei der *zweiten Gruppe* läßt sich eine sadistische Deviationsbildung, die, wie erwähnt, eine Abwehr- und Anpassungsfunktion besitzt, nicht beobachten. Wir sehen hier allenfalls passagere deviante Einfälle und Betätigungen, die aber kein stabiles inneres Gebilde werden. Statt dessen äußert sich die Unreife der Sexualität eher in einer Tendenz zu polymorphen sexuellen Verhaltensweisen. Charakteristisch ist ein permanentes Suchen nach einer sexuellen Befriedigung, die aber weder in der devianten Betätigung noch in partnerschaftlichen Beziehungen gefunden werden kann. Ebenso wie die libidinösen Wünsche unbefriedigt bleiben, sind die starken aggressiven und destruktiven Impulse weder in einer Deviation gebunden noch durch Verlagerung in die Phantasie entschärft. Folglich ist hier eines der zentralen Probleme die Steuerung und Kontrolle – nicht allein, aber auch im sexuellen Bereich. Im Vergleich zu den Sadistisch-Devianten finden sich zwar quantitativ sehr viel mehr Ansätze und Versuche von Beziehungen; diese mißlingen aber wegen des Einfließens haßvoll aggressiver Impulse, die nicht entschärft und deshalb

schwer kontrollierbar sind. Die Beziehungsstörungen führen zu
häufig wechselnden Beziehungen und einer vergleichsweise ausgie-
bigen sexuellen Erfahrung. Ebenso wie bei der Gruppe der Deviationen ist die Frequenz der sexuellen Betätigung sehr hoch, ohne
daß es zu anhaltender Entspannung und Befriedigung kommt. Bei
den Deviationen ist die ausbleibende Befriedigung teils ein Ausdruck zunehmenden Ungenügens der mehr und mehr als Surrogat
empfundenen Phantasien, teils Resultat der Abspaltung und des
Sichwehrens gegen die Deviation. In der anderen Gruppe hat die
Unfähigkeit zur Befriedigung einen anderen Hintergrund: Eine
permanente, sich periodisch verstärkende innere Unruhe und Anspannung ist hier unabhängig von der sexuellen Erregung zu beobachten. Die Sexualität wird zur Reduzierung dieser narzißtischen
Spannungen eingesetzt. Deshalb spielen hier innere Aufladungen
und Erregungen durch sexuelle Phantasien kaum eine Rolle im
Gegensatz zu der stark autoerotischen Fixierung bei den Deviationen. Diese Spannungsreduktion mit Hilfe der Sexualität gelingt aber
nicht oder nur unvollständig, weil die Anspannung aufrechterhalten
werden muß, um Ängste vor Regression und Ichverlust abzuwehren. Dies erklärt die Schwierigkeit einiger Patienten dieser Gruppe,
zum Orgasmus zu kommen. Die Tötungsakte sind abrupte Durchbrüche sexualisierter destruktiver Impulse. Die Art der Tötungshandlung ist wesentlich weniger ritualisiert, festgelegt und zwangsläufig. Die jeweiligen Opfer erscheinen zufälliger, beliebiger und
auswechselbarer, häufig gehen Beziehungsansätze zum Opfer voraus; es ist auch mehr an objektbezogenen Affekten in diesen Handlungen enthalten.

3. Psychodynamik

Wir haben es mit zwei psychopathologisch-deskriptiv voneinander
unterscheidbaren Gruppen zu tun: Auf der einen Seite die der
sadistischen Devianten; sie erscheinen als unmännlich, passiv,
weich, aggressiv-gehemmt, ängstlich, schüchtern, voller Selbstwertprobleme, eher subdepressiv, von geringer Konfliktwahrnehmung,

affektarm und wenig übertragungsfähig. Auf der anderen Seite die zweite Gruppe: Diese Persönlichkeiten erscheinen aggressiv, neigen zur Demonstration von Stärke, sind weniger selbstunsicher und ängstlich, allgemein wenig kontrolliert und gesteuert, sie verleugnen Abhängigkeit und Depression, nehmen Konflikte stärker wahr und verhalten sich in der Übertragung agierend. Es stellt sich die Frage, wie sich diese Unterschiede psychodynamisch erklären lassen, welche Konflikte in der frühkindlichen Entwicklung, welche Verarbeitungsweisen zugrunde liegen.

In beiden Gruppen handelt es sich gleichermaßen um präödipale Störungen, um Störungen in den frühen Prozessen der Trieb-, Ich- und Selbstentwicklung; die kritische Entwicklungsphase liegt bei beiden in dem späten oralen bzw. frühen analen Stadium. Es ist die Zeit, die MAHLER (1963) die zweite Geburt genannt hat: Nach der Zeit des primären Narzißmus und der Symbiose mit der Mutter beginnen die Prozesse der Individuation, die mit einer allmählichen und schrittweisen Ablösung von der Mutter einhergehen. Auf die besonderen Konflikte und Ängste in dieser Zeit sind wir im Kapitel 2.2 ausführlicher eingegangen. Es geht um die frühen Prozesse der Differenzierung und Strukturierung von Selbst und Objekt, in denen Verschmelzungserlebnisse mit der Mutter und das Erleben von Eigenständigkeit noch alternieren. Die Auseinandersetzung und Abgrenzung in bezug auf die Figur der Mutter ist das wesentliche Thema. Die Wahrnehmung des Vaters, der Elternbeziehung, Rivalitätsprobleme gehören reiferen Entwicklungsstufen an und spielen daher keine oder eine nur untergeordnete Rolle. Auf den eigenen Körper bezogene Ängste sind keine ödipalen Kastrationsängste, sondern Ängste vor Selbstverlust, Vernichtung und Entleerung. In Wechselwirkung zu den Ängsten stehen narzißtische Spannungen mit starken aggressiven Aufladungen. Unser Material reicht nicht immer aus, um zu erklären, warum die Prozesse der Ablösung und Individuation hier mißlingen. Es läßt sich nicht entscheiden, inwieweit besondere Dispositionen, besonders geartete traumatische Erfahrungen mit der Mutter ausschlaggebend gewesen sind. MORGENTHALER (1974) und LINCKE (1972) vertreten die Ansicht, daß das empathische Einfühlen der Mutter in die Bedürfnisse des Säuglings

unzureichend ist; dies erzeuge beim Kind ein Übermaß an oralem
Haß. Nach M. KLEIN (1932) wird die Sozialisierung früher aggressiver Impulse über Projektion, Spaltung und Introjektion eingeleitet,
wenn sich die Mutter auch diesen aggressiven Anteilen stellt und
eine Art «Behälter» für solche Projektionen darstellt. GILLESPIE
(1956) stellt die Hypothese auf, daß der Deviante den Schritt der
Ablösung von der Mutter, das Loslassen des Objekts aus der omnipotenten Kontrolle deshalb nicht schafft, weil die Angst entsteht,
das Objekt mit dem oralen destruktiven Haß zu zerstören.

Die Psychodynamik sadistisch Deviationen
Läßt man das Sadistisch-Deviante außer Betracht, dann finden sich
keine oder kaum Spuren einer frühen oralen Problematik und Destruktivität in der Persönlichkeit sadistisch Deviantenx. Was hingegen auffällt, ist ein mehr oder weniger ausgeprägter narzißtischer
Rückzug bis hin zu einer Verleugnung der Welt der Objekte. Sie
vermeiden Auseinandersetzungen im Zusammenhang mit Ablösung und Individuation auf Grund der oralen Destruktivität durch
narzißtischen Rückzug und Abkapselung. Mit dieser scheinbaren
Unabhängigkeit wird die Welt für sie konfliktlos und harmonisch.
Wie MAHLER (1972) gezeigt hat, gelingt es Patienten mit einer
destruktiven Triebwelt, durch den narzißtischen Rückzug der Desintegration des rudimentären Selbst entgegenzuwirken. Der Abzug
der Objektbesetzungen mit einer massiven Verleugnung von Wahrnehmungen und Reizen der Außenwelt hat zur Folge, daß die
inneren, von Aggressionen gesättigten Wahrnehmungen sich mit
Gewalt Zugang zum Sensorium verschaffen; durch die destruktiven
Energien entsteht eine neuerliche Bedrohung für das rudimentäre
Selbst. Die narzißtische Regression als Abwehr von aggressiven und
destruktiven Impulsen schützt zwar das Selbst, ist aber keine erfolgreiche Abwehr der inneren Destruktivität. Von Patienten, die in
dieser Situation nicht durch Abspaltung und Sexualisierung eine
Befreiung von dieser bedrohlichen destruktiven Erregung erreichen, erhalten wir Schilderungen von einem ständigen inneren
Kampf, dem sie sich hilflos ausgeliefert fühlen und der sie in eine
permanente Suizidalität versetzt. Die sadistischen Devianten sind

dieser ausweglosen Situation damit begegnet, daß sie durch die Ausgestaltung einer sadistischen Phantasiewelt die archaischen und nichtneutralisierten destruktiven Regungen, welche das Selbst mit Auflösung und Zerfall bedrohen, aufgefangen und gebunden haben. Die orale Problematik kommt erst in der devianten Thematik zum Ausdruck: Auf der einen Seite besteht die Angst, das erreichte Stück Selbständigkeit wiederaufzugeben und zu verlieren; auf der anderen Seite der Wunsch nach Wiederherstellung der primären Identifizierung mit der Mutter, nach lustvoller Verschmelzung in der Symbiose, nach Aufgabe der eigenen Ich-Grenzen, um sich so von unerträglichen inneren Spannungen zu befreien, die aus tiefen oralen Haßgefühlen der Mutter gegenüber stammen.

Das Charakteristische der Deviationen ist, daß die durch den narzißtischen Rückzug nicht in die Objektbeziehungen eingebrachten, frühen, überwiegend aggressiven Triebwünsche sexualisiert werden, das heißt, sie werden in der devianten Sexualität und nur in ihr gebunden, thematisiert und ausgelebt. STOLLER (1975) hat es auf die Formel gebracht, Perversion sei erotisierter Haß. Die deviante Sexualität wird abgespalten und zu einem isolierten Bereich mit einer Eigendynamik, gleichsam ohne Verbindung zu dem angepaßten und realitätsorientierten Teil der Persönlichkeit. Durch diese stabile Sexualisierung wird die übrige Persönlichkeit, das «soziale Ich», von diesen oral-aggressiven Konflikten weitgehend befreit. Diese durch die Sexualisierung erreichte Stabilisierung und Entlastung geht bei der Mehrzahl unserer Patienten so weit, daß Ich-Struktur und Objektbeziehungen weitgehend unpathologisch erscheinen. Obwohl keine eigentliche Ablösung und Individuation erreicht ist, wird durch die Sexualisierung eine Entlastung hergestellt, so daß die späte orale und frühe anale Phase keinen die weitere Entwicklung blockierenden Fixierungspunkt darstellen, sondern weitere Stufen der Ich- und Triebentwicklung wenigstens partiell vollzogen werden können. Dies zeigt sich z. B. darin, daß die frühen oralen Mechanismen Projektion und Introjektion nicht die Funktionen der Gesamtpersönlichkeit beeinflussen, sondern nur die devianten Handlungen und Vorstellungen. Auch reifere Ich-Leistungen können wir bei einigen Patienten nachweisen, z. B. Triebkontrolle, reifere Formen des Über-Ich in Form von ausgeprägteren Schuld- und Schamgefühlen, vor allem in bezug auf die in der Deviation manifest werdenden destruktiven Regungen. Wie erwähnt, reicht die weitere Entwicklung bei einigen Patienten so weit, daß Partnerbeziehungen frei von destruktiven Impulsen möglich sind. Die Sexualisierung versetzt den Devianten in die Lage, seine «desexualisierten Objektbeziehungen, seine zielgehemmten zärtlichen Gefühle, Idealbildungen und Ambitionen innerhalb des sozialen Rahmens, in dem er lebt, aufrechtzuerhalten» (MORGENTHALER 1975, S. 1080). Dies bedeutet jedoch nicht, daß die Devianten – zumindest diejenigen, mit denen wir es hier zu tun haben –, abgesehen von der Deviation, psychisch reif, ungestört und unbeeinträchtigt sind. Die zum Teil erheblichen Einschränkungen und das Partielle der Weiterentwicklung ihrer Ich-Struktur besteht darin, daß einmal sehr viel Dynamik, Intensität und Interesse in der Deviation gebunden wird und die übrigen Beziehungen und Aktivitäten relativ arm, unintensiv und eher farblos sind; zum anderen sind die in der Sexualität gebundenen und thematisierten Konflikte als ständige Bedrohung präsent, und es bedarf einer ständigen Anspannung, um beide Bereiche gegeneinander abzuschirmen.

Die Sexualisierung der Konflikte hat die Funktion einer Prothese oder Plombe, die die frühen Lücken der Selbstentwicklung ausfüllt. Nach MORGENTHALER (1974) ist die Deviation eine Art Pfropf, der die Kluft zwischen der archaischen, primärprozeßhaft organisierten Wahrnehmung und der äußeren, sekundärprozeßhaft organisierten Realität überbrückt und dadurch eine Stabilisierung und Komplettierung des Selbst möglich macht. Diese Stabilisierung durch Sexualisierung von Konflikten und ihre Abspaltung wird ermöglicht um den Preis einer latenten Zerrissenheit und Widersprüchlichkeit in der Persönlichkeit, die sich am deutlichsten ausdrückt in der Diskrepanz zwischen der deviant phantasierenden und der sozial handelnden Persönlichkeit. Diese Zerrissenheit kommt auch in widersprüchlichen narzißtischen Strukturen zum Ausdruck.

Anders als bei den narzißtisch gestörten Neurotikern werden bei den Devianten die narzißtischen Konfigurationen: Größenselbst und ideale Eltern-Imagines nicht verdrängt, sondern sexualisiert und abgespalten und behalten ihre Wirksamkeit in dem devianten Bereich und kommen dort zum Tragen. Größenselbstkonfigurationen äußern sich in der devianten Handlung und Phantasie in Form der omnipotenten Kontrolle und Bemächtigung des Objekts; es sind Aktionen unter der Regie des Größenselbst und nicht Aktionen des das übrige Verhalten steuernden Selbst. Außerhalb der sexuellen Deviation äußert sich die narzißtische Störung in einer unzureichenden Besetzung des Selbst: Es bestehen starke Selbstwertprobleme, ein geringes Zutrauen in eigene Leistungen, Schamgefühle und Identitätsunsicherheiten.

Die «Plombe» in Gestalt der sexuellen Deviation füllt also einerseits die Lücken in der frühen Entwicklung des Selbst und bindet andererseits die oral-sadistischen destruktiven Impulse, die bei anderen prägenitalen Störungen ohne die Abwehr der Deviation, z. B. bei den Borderline-Strukturen, durch eine ständige paranoide Verarbeitungsbereitschaft das soziale Leben behindern. Die «Plombenbildung» stellt eine Art magische Bewältigung dar: So wie das Kleinkind das Übergangsobjekt – «ein Stück realer Außenwelt, das so verzaubert wird, daß es wie die Mutter diese Ängste zu beschwichtigen vermag» (WINICOTT 1963) – sich verschafft, so kreiert der Deviante die Deviation, stabilisiert damit sein narzißtisches Gleichgewicht und bindet zugleich die destruktiven oralen Energien. Während das Kind für die kritische Phase der Differenzierung von Selbst und Objekt nur vorübergehend auf das illusionäre Übergangsobjekt angewiesen ist, braucht der Deviante ständig die magisch-illusionären Einschlüsse in Form der Deviation. Sie sind gleichsam ein Äquivalent der paranoiden Verarbeitung bei den Borderline-Strukturen und bewahren den Devianten davor, paranoid zu werden.

Wie gut dieser Abwehrmechanismus der Deviationsbildung funktioniert, das heißt, wie unbeeinträchtigt die soziale Persönlichkeit im übrigen zurechtkommt, das scheint von der Intensität der frühen Konflikte, gleichsam von der Größe der zu füllenden Lücke im Selbst abzuhängen. An dem einen Ende dieses Kontinuums befinden sich deviante Entwicklungen, wie sie in unseren Fallgeschichten nicht enthalten sind – Menschen, bei denen es vorübergehend in besonderen Krisen zu flüchtigen devianten Episoden kommt und die ansonsten völlig unbeeinträchtigt von solchen Konflikten sind, oder Deviante, denen es mühelos gelingt, die Deviation als etwas Beiläufiges von ihrem sozialen Handeln und Erleben fernzuhalten. An dem anderen Ende des Kontinuums finden wir Entwicklungen, wie wir sie hier beschrieben haben: Die durch die Deviation errichtete Abwehr scheint ständig von Zusammenbruch bedroht zu sein. Das allen Tötungshandlungen vorausgehende progressive Ausufern der Phantasiebeschäftigung mit den devianten Inhalten ist als verzweifelter Kampf gegen den Zusammenbruch zu interpretieren. Zusammenbruch bedeutet hier zweierlei: Einmal gelingt die thematische Abgrenzung der Konflikte in der Sexualität nicht mehr; dies zeigt sich darin, daß das deviante Thema die Persönlichkeit gleichsam überschwemmt und alle anderen Themen verdrängt. Zum anderen bedeutet Zusammenbruch das Einstürzen der Trennwand, mit deren Hilfe der Deviante so angespannt bemüht war, die imaginäre Welt der Deviation und die soziale Realität voneinander abzuschirmen. *Psychodynamisch gesehen bedeutet die delinquente Tat*, d. h. das Umsetzen devianter Phantasien in die Realität, das Einbrechen primärprozeßhaften Geschehens in soziales Handeln, *nicht die eigentlich intendierte Verwirklichung, das Ziel und den Höhepunkt devianter Bestrebungen, sondern signalisiert den Zusammenbruch der Abwehr.*

Auch innerhalb unserer Patientengruppe finden sich erhebliche Intensitätsunterschiede in der Persönlichkeitsstörung: Auf der einen Seite haben wir Patienten, bei denen die Abwehr in Form der Deviation lange Zeit ausreichend funktioniert und das soziale Ich weitgehend unbeeinträchtigt ist (vgl. Fallgeschichte 5) oder bei denen es sich mehr um eine, in der weiteren Entwicklung offenbar kompensierbare deviante Episode handelt (vgl. Fallgeschichte 1). Auf der anderen Seite haben wir Patienten, bei denen diese Abwehr von Beginn an insofern unzureichend funktioniert, als das soziale Ich zu keiner Zeit von schweren präödipalen Störungen entlastet ist (Fallgeschichte 2 und 4). Diese Heterogenität der Erscheinungsformen sadistischer Deviationen läßt sich nicht anders erklären als durch eine unterschiedlich große Lücke im Selbst und eine unterschiedliche Intensität oraler Destruktivität, gleichsam durch die unterschiedliche Größe der notwendigen Plombe.

Der Abwehrmechanismus der Sexualisierung, der auf einer genitalen Besetzung beruht, ist ein Prozeß, dessen Grundlage erst relativ spät in der phallisch-narzißtischen Phase gelegt wird. Die Sexualisierung als Abwehr und Bewältigungsversuch läßt sich so erklären, daß die Entdeckung der genitalen Sexualität ein Stück Eigenständigkeit und Unabhängigkeit von der Mutter bedeutet; es kommt zu lustvollen Beschäftigungen mit dem eigenen Körper, zur Entwicklung von Phantasien mit einem emotionalen Eigenleben. Deviante benutzen genitale Körperempfindungen und Aktivitäten, um sich als eigenständig und selbständig zu erleben; sie kompensieren damit, daß es ihnen in der analen Phase nicht gelungen ist, sich aktiv und aggressiv gegen die Mutter abzugrenzen. Die unvollständig gebliebenen Ablösungsprozesse von der Mutter zeigen sich in der weichen, passiv-femininen und unaggressiven Prägung der Persönlichkeit – Züge, die als Reste einer primären weiblichen Identifizierung bei unbewältigter Mutter-Selbst-Ablösung zu deuten sind. Diese partielle Femininität führt dazu, daß die Devianten ihre männliche Identität als stets gefährdet, brüchig und unvollständig erleben. Die Sexualisierung, die genitale Besetzung, hat für den Devianten auch die Funktion, sich seiner phallischen Unversehrtheit zu vergewissern, das Erleben der brüchigen männlichen Identität immer wieder aufzufüllen und die weiblich-passiven Anteile zu verleugnen. Nach MacDougall (1972) stellt die genitale Besetzung in der Deviation ein «Bollwerk» gegen die verschlingende Mutter dar. Die im Sadismus enthaltenen phallischen Elemente wie z. B. Stock und Messer, Aktivitäten wie Schlagen, Stechen oder Schießen sowie Ausdrucksformen von Kastrationsangst, die häufig zunächst am augenfälligsten sind, dürfen nicht dazu verleiten, in der sadistischen Aktion oder Phantasie lediglich eine Bewältigung ödipaler Konflikte und eine Abwehr von Kastrationsangst zu sehen. Daß es sich um sexualisierte orale Konflikte handelt, zeigt sich u. a. in der Bedeutung, die orale Erlebnisweisen und Triebäußerungen wie Rausch und Sucht in der sadomasochistischen Perversion haben, in der Rolle von Saugen, Beißen und Verschlingen. Die Aggressivität, die sich in der sadistischen Deviation äußert, ist genetisch eine Mischung aus oral-sadistischen Impulsen und phallischer Aggressivität. Das ständige Wiederherstellen gleicher devianter Abläufe entspricht dem Phänomen des Wiederholungszwangs, das auch bei anderen neurotischen Symptomen bekannt ist. Es erklärt sich daraus, daß das Symptom, ein Kompromiß zwischen Triebbefriedigung und Abwehr, den zugrundeliegenden Konflikt nicht wirklich auflöst, sondern nur vorübergehend entschärft. Der Ausdrucksgehalt der zwanghaft ritualisierten sadistischen Vorstellung oder Aktion besteht in der Entschärfung des jeweils wiederhergestellten Ablösungskonflikts in seiner Zwiespältigkeit: In dem Überwältigen, Wehrlosmachen, Schlagen, Vernichten der Frau wird einerseits der Wunsch befriedigt, sich zu befreien, liegt ein Sichwehren gegen Selbstauflösung, Vereinnahmt- und Verschlungenwerden – wobei das von der Mutter erwartete Verschlungenwerden der Projektion eigener oral-sadistischer Triebwünsche entspricht. Neben phallisch-narzißtischen Machtdemonstrationen geht es, wie erwähnt, vor allem um Aktionen des Größenselbst mit omnipotenter Kontrolle und Bemächtigung des Objekts. In der Thematik z. B. von Zerstückeln und der subjektiven Verfassung eines traum- oder tranceähnlichen, entrückten Zustandes drückt sich das Übergewicht des Primärprozeßhaften in diesem Geschehen aus. Andererseits werden auch Wünsche nach Verschmelzung, nach Wiederherstellung des Zustandes von primärer Identifizierung mit dem mütterlichen Objekt befriedigt: Durch die projektive Identifikation werden die Grenzen zwischen Täter und Opfer schwimmend. In dem rauschhaft-orgastisch erlebten Vernichtungsakt liegt ein Verschmelzungserlebnis. Durch die Täter-Opfer-Identität wird in dem Opfer zugleich ein projizierter Selbstanteil vernichtet; wegen dieses Aspektes von Selbstbestrafung und Selbstvernichtung, der in den Taten auch enthalten ist, wird das unreife Über-Ich außer Funktion gesetzt.

Wir fassen zusammen: *Der Ausgangspunkt in der Psychogenese sadistischer Deviationen sind heftige oral-aggressive und destruktive Impulse als Reaktion auf traumatische Erfahrungen in dieser Entwicklungsphase. Der erste Abwehrschritt besteht in einem frühen narzißtischen Rückzug mit Aufgabe von Objektbesetzung und einem Ausweichen vor Auseinandersetzungen mit elterlichen Objekten und Objektvorläufern. Der narzißtische Rückzug schützt zwar das Objekt, bietet aber kein Ventil für die Destruktivität. Die durch diese Destruktivität drohende Fragmentierung des Selbst macht einen zweiten Abwehrschritt notwendig: die Abspaltung und Sexualisierung zu der als ichfremd erlebten sadistischen Deviation. Die Sexualität tritt damit in den Dienst der Stabilisierung und Erhaltung des Selbst: Durch die Deviation, in der die archaischen Konflikte und Impulse thematisiert und gebunden sind, wird das soziale Ich von ihnen entlastet. Es resultiert eine latente Zerrissenheit und Spaltung in die sozial handelnde und die deviant phantasierende Persönlichkeit, aus deren Unvereinbarkeit eine permanente Spannung entsteht. Wird die destruktive Dynamik zu intensiv, dann gelingt das Getrennthalten von devianten imaginären Phantasien und sozialer Realität, von Primärprozeßhaftem, Archaisch-Destruktivem und Sekundärprozeßhaftem und Realitätsangepaßtem nicht mehr, und es kommt zur delinquenten Aktion. Die Tötungshandlung ist nicht das Ziel und der intendierte Höhepunkt der devianten Entwicklung, sondern Ausdruck für den Zusammenbruch der Abwehr. Deshalb ist der gängige Ausdruck «Lustmord» oder die juristische Formulierung einer «Tötung zur Befriedigung des Geschlechtstriebes» irreführend; denn es geht nicht darum, sich eine Steigerung an sexueller Lust und Vergnügen zu verschaffen. Eine solche Tat steht vielmehr am Ende eines langen und verzweifelten Kampfes gegen eine destruktive Dynamik, die sich schließlich nicht mehr eindämmen läßt. Die Tat geschieht im Zustand eines momentanen Zusammenbruchs des Selbst unter dem ständig steigenden Druck narzißtischer Spannungen und dem Ansturm archaischer Impulse. Wenn solche Aktionen mit orgastischer Befriedigung einhergehen, so ist es abwegig, darin ein «niederes Motiv» zu sehen; es drückt sich darin lediglich die spezifische Abwehrbemühung, der unbewußte Versuch aus, die Konflikte und Impulse durch Sexualisierung zu kanalisieren und zu entschärfen.*

Die Psychodynamik destruktiver Impulshandlungen
Das Gemeinsame in der Psychodynamik der ersten und zweiten Gruppe besteht darin, daß die grundlegende Störung bereits in den ersten Stufen der Objektbildung und Selbstentwicklung liegt, also genetisch in die orale bzw. frühe anale Phase fällt. Bereits in der frühesten Mutter-Kind-Beziehung sind offenbar so viele feindselige Elemente enthalten, daß eine in die Persönlichkeit nicht integrierbare, archaisch-destruktive, «mörderische» Dynamik resultiert, die die weitere Entwicklung in bestimmte Bahnen lenkt. Die Verarbeitungsweisen und Abwehrmechanismen dieser frühen Störungen unterscheiden sich in beiden Gruppen grundlegend. Bei den devianten Entwicklungen kommt es frühzeitig zu einem narzißtischen Rückzug, einem Aufgeben von Objektbesetzungen und einem Ausweichen vor Auseinandersetzungen mit Objektvorläufern. Die spezifischen Ängste und Konflikte im Zusammenhang mit der Ablösung werden lediglich in der devianten Vorstellung ausgedrückt und beeinträchtigen im übrigen die Persönlichkeit nicht. Bei den destruktiven Impulshandlungen kommt es zu diesem Ausweichen nicht; sie sind hingegen gefangen in einer ständigen, aggressiven Auseinandersetzung mit Objekten bzw. Objektvorläufern. Die Frage, warum es von Beginn an zu so grundverschiedenen Abwehrformationen kommt, läßt sich nicht sicher beantworten. Vom theoretischen Konzept her bietet sich die Annahme an, daß die Störung bei den Deviationen genetisch früher – in der Symbiose – liegt, bei der anderen Gruppe hingegen später: in der Zeit der Trennung und Ablösung.

Um die Psychodynamik dieser zweiten Gruppe besser zu verstehen, erinnern wir noch einmal an die spezifischen Beziehungsmuster und die Prozesse der Selbst-Objekt-Differenzierung in der präödipalen Entwicklung. Wenn sich die symbiotische Mutter-Kind-Einheit zu lockern beginnt, alternieren beim Kind Erlebnisse von Verschmolzensein und Getrenntsein. Die ängstigenden Zustände, sich von der Mutter getrennt zu fühlen, setzen entsprechend dem oralen Modus der Einverleibung Mechanismen der Verinnerlichung von mütterlichen Anteilen, Partialobjekten oder Imagines in Gang. Diese Anteile der Mutter stellen zunächst noch kein einheitliches und geschlossenes Bild der Mutter dar; statt dessen setzt sich das Bild der Mutter locker aus den verinnerlichten Erinnerungen an typische, qualitativ unterschiedliche Erfahrungen mit ihr zusammen: z. B. die nährende, die sich zuwendende, die wärmende, die zurückweisende oder die abwesende Mutter. Je nach den Affekten, die diese Erfahrungen in dem Kind auslösen, kann man vereinfachend von guten und bösen mütterlichen Imagines reden. Durch die Prozesse von Introjektion und Projektion beginnt sich allmählich die Vorstellung vom eigenen Selbst von der Vorstellung des mütterlichen Objekts abzugrenzen. Während dieser Prozesse gibt es noch kein zusammenhängendes Bild des eigenen Selbst, keine Selbstkohärenz und keine Objektkonstanz. Projektion und Introjektion bedeuten, daß die Grenzen von Selbst und Objekt noch durchlässig sind. Vorstellungen und Phantasien über das eigene Selbst vermischen sich mit solchen über das mütterliche Objekt. Bleibt durch frühe Traumatisierungen die Objekt-Selbst-Differenzierung unvollständig, dann kommt es nicht zu einer klaren Abgrenzung zwischen den Selbst-Imagines und den mütterlichen Imagines; Teile der Mutter sind dann als Introjekte dauerhaft ein unintegrierter Bestandteil des eigenen Selbst. Solche Introjekte sind ein Herd von Beunruhigung und Spannung, weil sie einerseits einen notwendigen Bestandteil des eigenen, lückenhaften Selbst darstellen; andererseits können sie als eine Art Fremdkörper oder Einsprengsel erlebt und bekämpft werden. Diese Entwicklungsstufe, auf der sich das Kind noch nicht mit einem ganzen und einheitlichen mütterlichen Objekt auseinandersetzt, sondern mit einem in gute und böse Imagines aufgespaltenen Objekt, hat M. KLEIN (1932) die «schizoide Position» genannt. In einer der wenigen psychoanalytischen Arbeiten zum Thema «Sexual Murderers» beschreibt WILLIAMS (1972) diese Struktur als für solche Persönlichkeiten charakteristisch.

Die Fixierung an diese «schizoide Position» ist das spezifisch Psychopathologische dieser zweiten Gruppe. Unsere Patienten erinnern in vielem an die Borderline-Strukturen, deren zentrales Problem die unscharfe Abgrenzung zwischen Selbst und Objekt im aggressiven Bereich ist. Sie leben in einer permanenten Auseinandersetzung mit den mütterlichen Introjekten, die sie ständig in äußere Objekte projizieren. In all ihren Beziehungsversuchen geht es um die verinnerlichten Fragmente der frühen Mutterbeziehung. Das Vorhandensein von guten mütterlichen Imagines und deren periodische Besetzung löst den Wunsch nach Verbindung mit einem idealen Objekt aus, läßt eine Sehnsucht nach friedlich seliger Geborgenheit entstehen. Dies ist prinzipiell unerfüllbar und unerreichbar, weil dieser Wunsch sich in realen Objektbeziehungen ohnehin kaum verwirklichen läßt, und erst recht nicht bei ihrer Neigung zur Projektion aggressiver Impulse. Die bösen mütterlichen Imagines stellen eine fast permanente Bedrohung dar, führen zu einem Gefühl von Verfolgtsein, einem Gefühl, in Umklammerung zu leben, sich zur Wehr setzen zu müssen gegen einen bedrohlichen Feind. Dies erklärt die paranoide Bereitschaft dieser Patienten. Die Introjektion dieser mütterlichen Imagines verhilft ihnen zu einem Stück sozialer Stabilität. Die Introjekte schützen vor Gefühlen wie Leere und Verlassenheit und übernehmen zeitweise wichtige Ich-Funktionen: Die guten mütterlichen Introjekte treten an die Stelle dessen, was in der reifen Entwicklung des Selbst das Ich-Ideal verkörpert, vermitteln Ziel- und Wertvorstellungen. Introjekte übernehmen ferner Über-Ich-Funktionen, ermöglichen zeitweise Triebkontrolle und binden die aggressiven Impulse. Auf der anderen Seite versuchen diese Patienten immer wieder, ohne die Introjektion mütterlicher Imagines zu leben, sich der bösen Imagines zu entledigen und sich von ihnen zu befreien. Diese Befreiung kann nicht in Form einer inneren Distanzierung geschehen, weil Introjekte, wenngleich unintegriert, so doch Bestandteile des Selbst sind; sondern die Befreiungsversuche haben den Charakter eines gewaltsamen Ausstoßens.

Diese Dynamik bestimmt die Persönlichkeit mehr oder weniger in allen Lebensbereichen. Anders als bei der Abwehrformation einer stabilen sadistischen Deviationsbildung ist der Konflikt hier nicht auf ein besonderes Thema – die Sexualität – beschränkt, sondern bestimmt das Verhalten weitgehend. Spätere Reifungsprozesse, die bei den sadistischen Deviationen partiell möglich waren, sind hier weitgehend ausgelassen: Durch ihre Objektkonflikte wirken sie insgesamt gestörter und in ihren Ich-Funktionen unreifer: Die Realitätskontrolle, die Über-Ich-Funktionen sind weniger ausgebildet, das Über-Ich bleibt in der Entwicklung auf der analen Vorform stehen; Kontrolle und Werturteile funktionieren zwar bei Präsenz der elterlichen Autoritäten, sind aber nicht ausreichend verinnerlicht. Ihr Kontaktverhalten ist charakterisiert durch die Versuche, Beziehungen aufzunehmen, die dann aber schon in den Ansätzen scheitern – einmal weil mit den gewählten Partnern projektiv Fragmente der frühen Mutter-Kind-Beziehung wiederhergestellt werden (die Prostituierten bei Gerhard B. in der Fallgeschichte 6, die kleinen Jungen bei Josef L. in der Fallgeschichte 9 und Gert K. in der Fallgeschichte 10), zum anderen, weil in den Beziehungsansätzen die destruktiven Impulse projiziert und ausagiert werden. Wegen der ungetrennten Selbst-Objekt-Problematik mobilisieren Beziehungsversuche starke Abhängigkeitsängste, die zu Verhaltensweisen führen, mit denen der Partner weggestoßen wird. Wie sehr diese Patienten auf der Stufe der Verteidigung ihres Selbst gegen die böse mütterliche Imago stehengeblieben sind und wie aktuell die präödipale Ablösungsproblematik geblieben ist, zeigt sich darin, daß die sekundäre Identifizierung mit dem Vater und die Herausbildung einer stabilen männlichen Identität nicht gelungen ist. Anders als bei den sadistischen Devianten, bei denen mit der Sexualisierung des Ablösungskonflikts und der «Plombenbildung» die Beziehung zu mütterlichen Objekten scheinbar erledigt ist, hat bei diesen Patienten die Beziehung zum inneren mütterlichen Objekt, aber auch zur realen Mutter noch eine ständig hohe Aktualität.

Die Probleme der Objektbeziehungen haben ihre Entsprechung in narzißtischen Problemen, in Störungen der Selbstbesetzung und des Selbsterlebens. Am auffallendsten ist die permanente narzißtische Anspannung und Unruhe, die bedingt ist durch das Gefühl von drohendem Selbst- bzw. Identitätsverlust. Das Bedrohende wird auf die Mutter bzw. die bösen mütterlichen Objekt-Imagines projiziert, denen die ständig aufgeladene aggressive Auseinandersetzung gilt. Die erwähnten Durchgangsstadien der narzißtischen Entwicklung, besonders Größenselbst- und Omnipotenzphantasien, sind hier zu dauerhaften oder periodisch in Krisen auftauchenden Bewältigungsphantasien geworden. Es sind gleichsam Gegengewichte zu dem mächtigen inneren Verfolger, die zur Abwehr von Gefühlen wie Wehrlosigkeit und Nichtigkeit dienen. Größenselbstaspekte waren bei den sadistischen Deviationen auf die sexuelle Situation beschränkt, hier sind sie durchgängiger und deshalb bewußtseinsnäher (vgl. die Fallgeschichten 6, 7 und 10). Die permanente narzißtische Spannung wird unterhalten von dem Widerspruch zwischen den Ansprüchen des wiederbelebten omnipotenten Größenselbst gegenüber dem primitiven Objekt und der Schutzlosigkeit und Ohnmacht ihm gegenüber. Es gelingt hier nicht, diese narzißtische Spannung im eigentlichen Sinne zu sexualisieren wie bei den sadistischen Deviationen; die Sexualität wird gleichsam sekundär dazu eingesetzt, innere Spannungen abzuführen – ein Bemühen, das wegen der Angst vor Regression und Verschmelzung nicht gelingt, so daß wirkliche Befriedigungserlebnisse ausbleiben. Die geringe Ausdifferenzierung von Triebwünschen und die Unfähigkeit, dauerhaft Entspannung zu finden, führen zu einem rastlosen Suchen nach Befriedigung; daraus erklären sich die polymorphen sexuellen Betätigungen. Insgesamt erinnert diese Gruppe mit ihrer Unruhe, dem «psychopathischen» Ausagieren präödipaler Konflikte, den Über-Ich-Defekten, den Verwahrlosungssymptomen, dem allmächtigen Sichhinwegsetzen über soziale Normen und Einschränkungen an die Gruppe der psychopathischen Delinquenten im Sinne der Psychoanalyse.

Bei den sadistischen Devianten sind die Taten ein Durchbruch zwanghaft wiederholter, ritueller Phantasien in die Realität; indem die Abwehr zusammenbricht, werden die Aktionen mit rauschhafter sexueller Befriedigung erlebt. Die Wünsche nach Abgrenzung und nach Auflösung und Verschmelzung werden momentan gleichermaßen befriedigt. Die in der sadomasochistischen Aktion enthaltene Destruktivität drückt sich vor allem in Form oral-sadistischer Vereinnahmung und phallischer Aggressivität aus. Bei der zweiten Gruppe muten die Taten explosibler an, sind weniger vorbereitet, geschehen vielmehr abrupt und impulsiv. Weil dem Grundkonflikt kein Thema, kein eigener Bereich und Inhalt zugewiesen ist, bleibt er ständig aktuell und kann jederzeit durchbrechen, wenn sich auf Grund innerer oder äußerer Gegebenheiten Auslöser finden. Die Taten sind Wiederholungen elementarer Auseinandersetzungen zwischen den archaischen mütterlichen Objektvorläufern bzw. den Introjekten und dem primitiven Selbst. Dort, wo es sich um Tötungen von erwachsenen Frauen handelt, haben die Taten die Funktion, sich gewaltsam eruptiv von dem bösen mütterlichen Introjekt zu befreien, den inneren Verfolger auszustoßen und gewaltsam zu vernichten. Dort, wo kleine Jungen getötet werden, ist die Tat gleichsam eine Aktion des bösen mütterlichen Introjekts, welche die Repräsentanz des kleinen, unselbständigen und ohnmächtigen Selbst vernichtet. Die Taten sind nicht wie bei den sadistischen Deviationen mit dem Gefühl sexueller Befriedigung verbunden, sondern mit dem Erlebnis einer enormen Entspannung und Erleichterung, weil die Umklammerung des ohnmächtigen, von Vernichtung bedrohten Selbst gesprengt wird. Der Aspekt einer lustvollen, rauschhaften Verschmelzung, der in sadistischen Aktionen auch enthalten ist, fehlt hier; es geht dagegen um eine Sprengung der Umklammerung, um projektive Verlagerung, Ausstoßung und Zerstörung – sei es des bösen mütterlichen Introjekts, sei es des gehaßten ohnmächtigen Selbst. Die Aggressivität trägt deshalb hier nicht den Charakter von oral-sadistischem Verschlingen, sondern äußert sich als zerstörerische, anal-sadistische Destruktivität.

Wir fassen zusammen: *Der Ausgangspunkt ist auch hier eine archaische Destruktivität, ein starker oraler Haß, der die Entwicklungsprozesse der Trennung von Selbst und Objekt blockiert. Die Persönlichkeiten erinnern in vielem an Borderline-Strukturen: Für sie existiert noch kein einheitliches, vom Selbst getrenntes Objekt; charakteristisch ist die Fixierung auf die «schizoide Position» im Sinne von M. KLEIN. Das (mütterliche) Objekt ist gespalten in gute und böse Imagines, die nur zum Teil und zeitweise als vom Selbst unabhängig erlebt werden, zum Teil als Introjekte Bestandteile des eigenen, lückenhaft entwickelten Selbst darstellen. Versuche, Objektbeziehungen herzustellen, sind Versuche, die eigene präödipale Mutter-Kind-Beziehung wiederherzustellen. Dabei spielen projektive Mechanismen eine große Rolle, die die Nähe zu paranoidem Erleben erklären. Da diese präödipalen Ängste, Konflikte und Impulse kein spezifisches Thema gefunden haben wie bei den Deviationen und nicht in einem stabilen Symptom gebunden sind, wirken diese Persönlichkeiten schutzloser und gestörter, obwohl sie in ihren Objektbeziehungen reifer sind als die Devianten. Sie sind wenig kontrolliert, ständig gehetzt von dem bösen inneren Verfolger, der immer wieder nach außen projiziert wird. Charakteristisch sind eine permanente narzißtische Spannung und eine Angst vor Regression, Entspannung und Kontrollverlust. Eine gesteigerte sexuelle Aktivität dient der Abfuhr der Dauerspannung. Frühe narzißtische Konfigurationen sind entweder dauerhaft aktuell oder werden in besonderen Krisen mobilisiert. Die impulsive Tötungshandlung ist eine Art Ausstoßung, eine Befreiung vom inneren Verfolger, ein gewaltsames Sprengen einer Umklammerung oder eine gewaltsame Vernichtung von Selbstanteilen. Anders als bei den sadistischen Aktionen äußert sich die Aggressivität nicht oder weniger in Form oral-sadistischer, als vielmehr in Form anal-sadistischer Destruktivität.*

3.4 Spezielle Opferwahl

3.4.1 Sexuell motivierte Tötungen von Kindern

Tötungen von Kindern aus sexuellen Motiven lösen besonders heftige Reaktionen von Erschrecken und Empörung aus, und es bedarf einer besonderen Anstrengung, innere Widerstände und Abwehrreaktionen gegen ein Verständnis zu überwinden.

Wir beginnen mit einigen *Bemerkungen zur Psychodynamik der kindlichen Partnerwahl*, der *Pädophilie*. Die pädophile Partnerwahl hat zwei Motivationen. Die eine hat sie mit anderen sexuellen Deviationen gemeinsam: die Abwehr von Ängsten, die von der reifen Sexualität und der Frau ausgehen. Diese Ängste äußern sich häufig in dem Gefühl, genital minderwertig zu sein, einen zu kleinen Penis zu haben, eine Frau nicht befriedigen zu können – also in Form von Potenz- und Kastrationsängsten. Das kindliche Genitale gibt dem Pädophilen das Gefühl, vollwertig zu sein und mindert diese Ängste. Die kindliche Partnerwahl wird häufig so rationalisiert, daß der kindliche Körper und das kindliche Genitale im Gegensatz zum Erwachsenen «sauber» und «rein» seien.

Die zweite Motivation der kindlichen Partnerwahl liegt in dem Wunsch, die eigene kindliche Situation regressiv wiederzuerleben. In dem Kind kann sich der Mann wiedererkennen und sich mit ihm identifizieren. In der Beziehung zum Kind erfüllt er unbewußt eigene Wünsche, indem er sich so verhält, wie er sich immer gewünscht hat, seine Mutter hätte sich ihm gegenüber verhalten. In dieser narzißtischen Partnerwahl ist das Kind ein Teil des eigenen Selbst. Der Erwachsene befriedigt identifikatorisch in dem Kind eigene Bedürfnisse, indem er unbewußt die Rolle der Mutter übernimmt. Es sind Wünsche nach Zärtlichkeit, Hautkontakt, Verwöhnung, Geborgenheit und liebevoller Beschäftigung der Mutter mit seinem Genitale – Erlebnisse, die regressiv wieder herbeigesehnt werden. Problematischer wird es, wenn der Erwachsene versucht, die Rollen zu tauschen und von dem Kind wünscht und erwartet, daß es sich, gleichsam als Mutter, ihm als dem Kind zärtlich zuwendet, da das Kind auf diese Projektion mütterlicher Anteile nicht vorbereitet ist. A. E. MEYER (1976) hat diese Vorgänge der wechselnden Identifizierung mit dem Kind einerseits, mit der Mutter andererseits anschaulich als «Selbstvertauschungsagieren» bezeichnet.

Die allermeisten pädophilen Beziehungen sind liebevoll und unaggressiv. Kommt es zu aggressiven und destruktiven Handlungen bis hin zur Tötung, dann begegnen wir den gleichen oder sehr ähnlichen Strukturen, die wir bei den bisherigen Patienten beschrieben haben. Die Wahl eines kindlichen Opfers hat zwar einen spezifischen Ausdrucksgehalt; die psychodynamischen Hintergründe, Persönlichkeitsstörungen und die Psychogenese sind aber sehr ähnlich: Es sind entweder sadistische Impulshandlungen oder Taten im Zusammenhang mit einer sexuellen Deviation.

Aggressive Handlungen an Kindern, Verletzungen, Tötungen stellen ein verdichtetes Geschehen dar, bei dem qualitativ verschiedene Aspekte der frühen Mutter-Kind-Beziehung wiederbelebt werden und oft unmittelbar nebeneinanderstehen: Sadistische Impulse sind häufig eingelagert in zärtliche Regungen und Handlungen, die Übergänge sind abrupt. Wir haben dies bei Josef L. in der Fallgeschichte 9 anschaulich zeigen können. Dieses unverbundene Nebeneinander der Beziehungsaspekte und das abrupte Umschlagen der Affekte und Triebimpulse erklärt sich durch den Mechanismus der projektiven Identifikation: Projektion und Identifikation im Zusammenhang mit den guten mütterlichen Introjekten stellen eine liebevoll-zärtlich-erotische Beziehung zum Kind her; es sind die umsorgenden, zärtlichen, beschützenden Aspekte der frühen Mutter-Kind-Beziehung; es sind gleichsam die guten mütterlichen Introjekte, die hier agieren. Die zerstörerischen Handlungen sind gleichsam Aktionen der bösen mütterlichen Introjekte. Es kommt zu einer oszillierenden, schwankenden und instabilen Identifikation, in der der Täter einmal mit der bösen sadistischen Mutter identifiziert ist und Momente später mit dem geängstigten, gequälten Kind, um Sekunden später wie die böse und haßerfüllte Mutter zu empfinden. Es kommt dabei zu einer lustvollen Entladung aggressiver Impulse. Es ist eine der Mutter geltende haßvolle Destruktivität, die in die äußere Realität verlagert und auf das kindliche Opfer verschoben wird. Wie erwähnt, kommt bei der vielschichtigen Struktur solcher Handlungen häufig noch ein weiteres Moment hinzu: In das kindliche Opfer wird ein abgelehntes und gehaßtes Stück des eigenen Selbst hineinprojiziert: das Schwache, Kindliche, Abhängige. Diese eigenen Anteile sollen in der sadistischen Aktion gleichsam eliminiert und vernichtet werden.

Fallgeschichte 11

1. Die Lebensgeschichte
Der 24 Jahre alte Heinz Sch. hat im Dezember 1971 einen dreijährigen Jungen getötet. In den Explorationsgesprächen ist er in hohem Maße gespannt und ängstlich. Seine Äußerungen sind unter dieser Anspannung gehetzt, er steht unter einem starken Rededrang, und die Gespräche haben für ihn die Funktion, Affekte abzureagieren. Er bemüht sich selten um eine grammatikalisch richtige Satzbildung, sondern drückt impulshaft aus, was ihm in den Sinn kommt. In den ersten Kontakten ist er mißtrauisch und fast feindselig, lockert erst im Laufe der Zeit auf, spricht dann aber offen mit einer kindlichen Zutraulichkeit über sich. Seine Ausdrucksweise ist sehr einfach, der Wortschatz minimal, er orientiert sich bei fehlender Abstraktionsfähigkeit ausschließlich am konkreten Detail. Wenn das Gespräch Inhalte berührt, die ihn emotional stark tangieren, wird er unruhig und fahrig; er kann sich dann nicht konzentrieren und äußert wiederholt, er habe das Gefühl, verrückt zu werden, «durchzudrehen».

Er ist der älteste von vier Söhnen in einer sozial randständigen Arbeiterfamilie, die in der DDR lebt. Die Mutter wird von ihm als sehr schwierig, zänkisch, unverträglich und unausgeglichen geschildert. Sie soll, seit er sich erinnern kann, viel aushäusig gewesen sein und Beziehungen zu anderen Männern unterhalten haben. Er hat die Mutter als Herd ständiger Unruhe und Zankerei in Erinnerung («mit der Mutter war laufend etwas gewesen»). Die Mutter kümmert sich nicht um die Familie und die Kinder, die ihr lästig sind und im Wege stehen («ich hatte immer das Gefühl, die Mutter zu stören»). Sie hat ihn häufig und hart geschlagen, so daß er Angst vor ihr hat. Wegen ihrer Männerbekanntschaften hat er sie früher gehaßt und verachtet, jetzt, so sagt er, ist sie ihm gleichgültig. Als er älter wird, setzt er sich gegen die Mutter zur Wehr, wenn sie schlagen will. Er erinnert sich an eine Reihe grober und liebloser Zusammenstöße mit der Mutter. Immer wieder aber kommt er auf ein Erlebnis zu sprechen, das ihn nachdrücklich beeindruckt hat: Als er zehn Jahre alt ist, veranlaßt ihn der Vater, daß er der Mutter heimlich folge, um auszuspionieren, was sie treibe. Als die Mutter dies merkt, schlägt sie ihn, versucht, ihn festzubinden und in den Keller zu sperren. Als er sich dagegen wehrt, greift die Mutter zu einem Beil und wirft es hinter ihm her.

Sein Verhältnis zum Vater ist besser und kameradschaftlich; er hilft ihm bei der Arbeit und bekommt dafür ab und zu kleine Geldbeträge. Den Vater schildert er als ruhig, ausgeglichen und wortkarg. Im Vergleich zur Mutter spielt er in der Familie eine nur untergeordnete Rolle. Heinz Sch. erlebt den Vater als schwach und unbedeutend. («Er war zufrieden mit dem, was er hatte. Mit dem Vater ist nichts los. Ich sagte oft zu meinem Vater: Wenn das meine Frau wäre, hätte ich sie längst rausgeschmissen.») Der Vater kann sich der Mutter gegenüber nicht durchsetzen, ordnet sich unter, versorgt den Haushalt und die Kinder. Die Ehe der Eltern ist schlecht, es gibt ständig Streit und Tätlichkeiten.

Auf der Schule hat er Lernschwierigkeiten und muß zweimal eine Klasse wiederholen. In der Gemeinschaft ist er ein Einzelgänger, der nie einen Freund gehabt hat. Er fühlt sich ausgestoßen, zieht sich zurück und meidet die anderen. Er geht ungern zur Schule, weil er viel gehänselt wird und eine Art Sündenbock und Prügelknabe ist. Zu Hause mag er aber wegen der ständigen Spannungen auch nicht sein. So fährt er viel mit seinem Fahrrad in der Gegend umher ohne Ziel und Plan. Er kann sich nicht gut mit sich selbst beschäftigen und nicht stillsitzen.

Einen Beruf hat er nicht gelernt, er arbeitet zunächst als Transportarbeiter. In seinem Leben ist es ihm nicht gelungen, sich zu verwurzeln und festen Fuß zu fassen. Es beginnt mit dieser Zeit eine rastlose, umtriebige Lebensführung, die nach außen hin ebenso wechselhaft wie nach innen monoton und entwicklungslos ist. Wenn er sich zu Hause aufhält, fühlt er sich unwohl, es kommt zu Auseinandersetzungen, die Anlaß zu gereizten Verstimmungen sind. Er phantasiert sich dann weit fort. In solchen Verstimmungen, denen fast immer ein Zwischenfall mit der Mutter vorangeht, verläßt er das Elternhaus immer in Richtung Bundesrepublik, hegt dann Hoffnungen, Kontakte und Geborgenheit zu finden («ich habe immer darauf gewartet, daß jemand kommt und mich aufgenommen hätte»).

Wenn er aber von zu Hause fort ist, fühlt er sich ebenso unwohl und verlassen, lebt ohne Ziel, kommt mit sich nicht zurecht und strebt immer wieder nach Hause, um dann erneut fortzulaufen. Bis zuletzt ist er innerlich dem Elternhaus verhaftet. Sein Leben ist ein Hin- und Herpendeln zwischen Elternhaus, Bundesrepublik und Haft.

1963 flüchtet er erstmals in die Bundesrepublik und gelangt auf Umwegen zu einem Onkel in die Gegend von Andernach, hält es dort aber nicht aus, entwendet ein Fahrrad und gelangt über verschiedene Heime auf seinen Wunsch wieder in die DDR. Anlaß zu diesem ersten Fortlaufen ist eine von ihm angezettelte Schlägerei mit einem Freund der Mutter. Kurz darauf versucht er erneut zu flüchten, als die Mutter ihm mit Heimunterbringung droht. Von 1964 bis 1965 verbüßt er eine Strafe wegen Republikflucht in einem Erziehungsheim. Dort fühlt er sich, ähnlich wie auf der Schule, unwohl und ausgestoßen. Damals leidet er an einer entstellenden Akne, die er auf eine Injektion einer Ärztin zurückführt. Die Figur der Ärztin spielt dann ebenso wie eine Staatsanwältin, von der er sich ungerecht behandelt fühlt, in seinen späteren sadistischen Phantasien eine Rolle. Dies zeigt, wie sehr er in ältere Frauen, in Mutterfiguren Bedrohliches hineinprojiziert («ich wäre an der Spritze fast kaputtgegangen»).

Sein weiterer Lebensweg ist kurz zusammengefaßt. In die Jahre 1965/1966 fallen erneute Versuche, in die Bundesrepublik zu gelangen. Er verbüßt deshalb erneut eine Strafe. Wenn er zu Hause ist, arbeitet er als Transportarbeiter. 1970 wird er bestraft, weil er einem Mädchen mit einem Messer in die Brust gestochen hat.

Das Verhalten der Mutter, die häufig Männer mit nach Hause bringt, weckt frühzeitig seine sexuelle Neugierde. Von der Pubertät an fühlt er sich zu älteren, mütterlichen Frauen hingezogen, wobei dunkle Haare und ein großer Busen, äußere Merkmale auch seiner Mutter, ihn besonders anziehen. Bei ihnen sucht er Wärme und Geborgenheit. Sein erstes sexuelles Erlebnis besteht in einer Verführung durch eine ältere Nachbarin. In diesem Verhältnis fühlt er sich schlecht. «Ich dachte, die ist doch auch eine Mutter, hat ein Kind, das kannst du doch nicht mit einer Mutter machen.» Seine Mutter erfährt von dieser Beziehung und reagiert mit Verboten und Strafen. «Sie war nur neidisch darauf, gönnte mir das nicht.»

Um das fünfzehnte Lebensjahr herum treten in seinen sexuellen Phantasien erstmals sadistische Vorstellungen auf, ältere Frauen, vor allem ihre Brüste, zu schlagen. In dieser Zeit hilft er dem Vater, der nebenberuflich als Totengräber tätig ist. Es kommt zu einer Reihe von unentdeckt gebliebenen nekrophilen Handlungen, die in seine sadistische Phantasiewelt eingebaut werden. Sein Interesse für ältere Frauen kommt auch hier zum Ausdruck; er fühlt sich nur von weiblichen Leichen im Alter zwischen 30 und 40 Jahren angezogen. Er berührt sie am Genitale und schlägt mit Fäusten auf sie ein, besonders auf die Brust. Wenn er sich bei diesen Handlungen vorstellt, die Leichen seien lebendig, er schlage sie mit Peitschen und es fließe Blut, hat er einen Orgasmus. In seinen Phantasien wird das Stechen mit einem Messer und das Fließen von Blut immer bedeutsamer. Er schildert eine Reihe vampiristischer Handlungen an Leichen, wie er versucht, Blut zu bekommen und es zu trinken – Handlungen, die er sehr detailliert beschreibt. Es bleibt unklar, inwieweit hier die Grenzen von Phantasie und Wirklichkeit verschwimmen. Seine Wünsche, Blut zu trinken, befriedigt er, indem er sich im Schlachthof Ochsenblut besorgt und sich selbst verletzt und von seinem eigenen Blut trinkt. Er findet vorübergehend Anstellung in einer Schlachterei und bemerkt, wie er von dem Schlachten der Tiere fasziniert ist und zugleich erschreckt darauf reagiert. («Ich habe mich dabei ertappt, wie ich das aufregend fand, das sind doch Abnormitäten. Das wollte mir nicht in den Kopf, daß man selbst auch so ist.»)

Das sadistische Phantasieren ist einerseits lustvoll und mit Befriedigung verbunden, andererseits machen ihm diese Phantasien Angst, und er versucht, sie zu unterdrücken, indem er sich bemüht, Beziehungen zu Mädchen zu finden. Er leidet darunter, daß er bei diesen Bemühungen um Kontakt nie Erfolg hat («mein Schlimmstes war, daß die anderen mich nicht mochten und ich kein Mädchen hatte»). Für diese Kontaktschwierigkeiten macht er seine äußere Erscheinung verantwortlich und führt das, was er als seine «Wut», seinen «Haß auf Frauen und Mädchen» bezeichnet, darauf zurück, daß sie ihn häßlich und abstoßend finden. Immer wieder versucht er, «normal» zu sein, ein Leben zu führen wie die anderen. Er träumt davon, eine Frau zu finden, zu heiraten und Kinder zu haben. Eine Zeitlang geht er in Diskotheken, findet aber keinen Anschluß. Er berichtet von einem Mädchen, das «hinter ihm her» war, das ihn «normal» machen wollte. Mit ihr hat er auch ein sexuelles Erlebnis, das er als sein schönstes bezeichnet: Bevor er mit ihr im Wald Geschlechtsverkehr hat, kommt es zu einer erst mehr scherzhaften Rangelei, in deren Verlauf er sie dann schlägt. («Wir balgten herum und plötzlich wurde es ernst, da habe ich sie verhauen, habe zugeschlagen. Es war eine reine Vergewaltigung.»)

Während der Haftzeiten in den Jahren 1967 bis 1970 kommt es zu einer starken Intensitätszunahme der devianten Phantasien: Ohne Kontakte und Ablenkungen ist er ständig diesen Phantasien überlassen. Von der dranghaften inneren Unruhe versucht er sich durch sehr häufiges Masturbieren zu befreien. Als er aus der Haft entlassen wird, ist er noch isolierter. Er geht keiner geregelten Arbeit nach und ist häufig unterwegs in der Hoffnung, ein Mädchen zu finden und zu überwältigen. Er wird noch im gleichen Jahr verhaftet, weil er einem Mädchen ein Messer in die Brust gestochen hat. Im Gefängnis kommt es erneut zu einer immer stärkeren Beschäftigung mit sexuellen Phantasien. Er hat nun Angst, daß etwas passiert, wenn er herauskommt. («Ich hatte Angst, daß mal was in Wirklichkeit passiert, ich habe gewußt, eines Tages wird was passieren. Wenn der Trieb kommt, dann ist es aus. Das wird jeden Tag stärker.»)

Im Dezember 1971 wird sein Ausweisungsantrag genehmigt, und er kommt in die Bundesrepublik. Er gelangt auf Umwegen wieder zu seinem Onkel nach Andernach. In seiner gespannten, reizbaren und unruhigen Verfassung gibt es bald Streit und Tätlichkeiten mit dem Onkel. Er verläßt dessen Haus und besorgt sich eine Arbeit. Jeden Tag ist er unterwegs auf der Suche nach einem Mädchen, beschäftigt sich ständig mit seinen sadistischen Phantasien, ist innerlich aufgeregt, masturbiert bis zu fünfmal am Tage, ohne befriedigt zu sein («ich hatte nichts davon»). In der Pension, in der er wohnt, sieht er eines Nachmittags einen dreijährigen Jungen spielen, spricht ihn an und nimmt ihn mit auf sein Zimmer. In dem Zimmer spielt und balgt er mit dem Jungen herum. Er erinnert sich noch, wie er auf dem Bett sitzt und der Junge zu ihm sagt: «Onkel, warum guckst du so traurig.» «Ich habe dann nicht mehr aus noch ein gewußt. In diesem Moment kam mir der Gedanke: wie ich klein war, bin ich auch so herumgelaufen wie dieser Junge. Ich habe ihn in die Arme genommen und gedrückt, da war ich ein bißchen glücklicher. Dann bin ich wohl durchgedreht. Erst hatte ich ihn nur im Arm wie eine Mutter, plötzlich habe ich ihn gewürgt, ich weiß nicht, wie das kam, es ist mir unerklärlich.» In steigender Erregung hat er den Jungen auf den Boden und an die Wand geworfen. Er erinnert sich, daß er sein Messer nimmt und den Jungen in Brust und Bauch sticht, er erinnert sich an das Blut und wie er dann von dem Blut trinkt. «Ich hatte mich nicht mehr in der Gewalt, mein Gefühl war stärker. Bei mir hat etwas ausgesetzt, ich war gar nicht richtig da. Wie im Film, so rollte das alles ab.» Nach der Tat wäscht er sich, läuft fort und wirft das Messer in den Rhein. Die Tat ist für ihn unerklärlich. Immer wieder kommt er darauf zu sprechen. «Wenn es eine Frau gewesen wäre, dann wäre mir das verständlich, es ist rätselhaft, wie es dazu gekommen ist.» Während der Haft hat sich wenig geändert. Er bemüht sich, über die Tat nicht nachzudenken, die sadistischen Phantasien sind nach wie vor da. Er ist stark fixiert auf den Wunsch nach Kastration. Einerseits erhofft er sich davon, daß ihm geholfen wird. Andererseits fällt auf, daß in diesem Kastrationswunsch auch selbstbestrafende, masochistische Züge enthalten sind, wenn er z. B. immer wieder sagt, er wolle das selbst machen ohne Narkose («vielleicht gehe ich dabei drauf, aber das macht nichts»). Im Zusammenhang mit der Kastration äußert er auch wiederholt und unvermittelt den Wunsch, man solle bei dieser Gelegenheit doch gleich eine Frau aus ihm machen.

2. Psychodynamische Interpretation

Zunächst könnte man meinen, es sei für eine differenziertere Wahrnehmung und Aufschlüsselung seiner Konflikte hinderlich, daß er intellektuell wenig begabt ist (der Intelligenzquotient nach dem Hamburg-Wechsler-Intelligenztest beträgt 87; Zeichen einer hirnorganischen Leistungsbeeinträchtigung finden sich nicht); er ist verbal wenig geschult, unbeholfen und hat kaum Introspektionsmöglichkeiten. Diese Schwierigkeiten werden dadurch ausgeglichen, daß er seine Einfälle, Phantasien, Erlebnisse und Assoziationen ungefiltert, frei von nachträglicher Verarbeitung, ungebrochen von jeder Reflexion von sich gibt. Wir haben versucht, durch die häufige Wiedergabe von Zitaten die Spontaneität, Direktheit und Deutlichkeit, mit der er sich darstellt, zu vermitteln. Seine Ängste und Konflikte kommen unmittelbar in archaischen Bildern und Wendungen zum Ausdruck – eine Spontaneität, die einen Ausdruck von Hilflosigkeit und Ungeschütztheit darstellt; sein hohes Angstniveau, seine geringe Impulskontrolle und das Fehlen von Reaktionsbildungen zeigen die unvollständige Ausbildung seiner Ich-Funktion.

Die Lebensgeschichte erweckt den Eindruck des Ausweglosen, fast Zwangsläufigen dieses Geschehens und zeigt, wie schutzlos er seinen vehementen Triebimpulsen ausgeliefert ist. Bei der Interpretation der bisherigen Lebensgeschichten standen wir häufig vor der Schwierigkeit, daß die zentralen Konflikte entweder abgedeckt, durch Reaktionsbildung und Charakterformation abgewehrt und dem subjektiven Bewußtsein nicht mehr zugänglich waren; oder aber sie waren durch spätere Reifungsschritte und Verarbeitungsweisen überlagert und in ihren Äußerungsformen verwandelt. All diese Schwierigkeiten haben wir hier nicht. Es bedarf keiner besonderen Interpretationsarbeit, um zu zeigen, daß es um die Figur der Mutter und um die ungelöste und für ihn unlösbare Auseinandersetzung mit ihr geht. Ebenso deutlich ist, daß es sich nicht um ödipale Konflikte handelt. Im Rorschachtest wird deutlich, daß er ein differenzierteres inneres Abbild vom Vater, das ihm Orientierung für Annäherung und Auseinandersetzung mit Männlichkeit ermöglicht, nicht ausgebildet hat. Damit fehlen Voraussetzungen zur Identifikation und Ausbildung eines Über-Ich. Es sind auch nicht die Beziehungsaspekte der analen Phase zur Mutter, die durch Trotz und Opposition bzw. Unterwerfung, Kontrolle oder Auflehnung gegen Kontrollen gekennzeichnet sind. Vielmehr spielen hier Aspekte und Konflikte eine Rolle, die mit der Mutterbeziehung in der oralen Phase und der damit zusammenhängenden Verschmelzungs- und Ablösungsproblematik in Verbindung stehen. Es geht nicht um die Auseinandersetzung des kindlichen Selbst mit dem mütterlichen Objekt, vielmehr um sehr frühe Beziehungsformen, die vor der Trennung von Selbst und Objekt liegen. Die Mutter wird vorwiegend unter dem Aspekt der Bedürfnisbefriedigung oder -versagung wahrgenommen. Diesen Aspekt verkörpert vor allem die mütterliche Brust als Inbegriff von Bedürfnissen nach Sättigung, Wärme, Nähe, Geborgenheit. Mit Erfahrungen von starken Versagungen hängt seine widersprüchliche, gespaltene Gefühlseinstellung zur mütterlichen Brust und allgemein zur Mutter zusammen; dies führt dazu, daß die Brust nicht nur liebevoll begehrt, sondern auch mit aggressiven und feindseligen Gefühlen angegriffen wird. (Das getrennte Nebeneinander der Imagines guter Brust und böser Brust.) Die in der oralen Phase bedeutsamen Teile der Mutter wie die Brust (Partialobjekte) werden in Gestalt von Introjekten zu einem Teil des rudimentären Selbst. Solche Introjekte stellen einen dauernden Herd von Beunruhigung und Bedrohung dar und können in der Projektion als böse, verfolgende Objekte erlebt werden. Eine Fixierung auf die orale Spaltung haben wir in dieser Ausprägung bei den anderen Patienten nicht gesehen: Das Nebeneinander von Verschmelzungswünschen, Wünschen nach Rückkehr in eine symbiotische Einheit mit der Mutter und immer wiederkehrenden Versuchen, sich von der introjizierten Mutter zu befreien, indem sie nach außen projiziert und dort attackiert und vernichtet wird. Diese Mechanismen bestimmen ihn weitgehend: Ohne ein differenziertes, klar abgegrenztes Selbst ist er zu Objektbeziehungen unfähig. In äußere Objekte projiziert er immer wieder die mütterlichen Introjekte und erlebt sie als böse und gefährlich. Er hat keine inneren Instanzen ausgebildet, die ihn von äußeren Objekten unabhängig gemacht und ihm Orientierung und Leitbild hätten sein können. Aus dieser Unselbständigkeit heraus und seiner Unfähigkeit, allein zurechtzukommen, bleibt er innerlich an das Elternhaus gekettet. Seine Fortlaufereien sind aktionistische Ausbrüche, d. h. eine unmittelbare, unverarbeitete Umsetzung von Mißstimmung in Motorik, aber keine Akte von Selbständigkeit. Er wird bestimmt von diffusen Ängsten und inneren Spannungen, die mit Verfolgung, Entleerung, Selbstverlust zusammenhängen. Immer auf der Suche nach einer idealen beschützenden Beziehung – er drückt es so aus, er habe ständig gehofft, jemanden zu finden, der ihn aufnimmt –, strebt er die Wiederherstellung der oralen Mutter-Kind-Beziehung an, bei der er selbst im Mittelpunkt steht und der andere für nichts da ist als für die Befriedigung seiner Bedürfnisse.

Besonders in seinen sexuellen Phantasien wiederholt er in einer ursprünglichen, ungefilterten Umsetzung die unreife Beziehung zu seiner Mutter in ihrer Gespaltenheit: Einerseits tendiert er zu älteren, mütterlichen Frauen, fühlt sich von ihnen angezogen, sucht dort Wärme und Geborgenheit, träumt von einem großen Busen, der bei ihm eine fetischartige Isolierung erfährt. Andererseits erlebt er Mutterfiguren als bedrohlich und angstauslösend, fürchtet, von ihnen vernichtet zu werden, projiziert sogleich die bösen Introjekte. Die gespaltenen Gefühle in der Auseinandersetzung mit den mütterlichen Introjekten, das Nebeneinander von guter Mutter, böser

Mutter, guter Brust, böser Brust, kommt zum Ausdruck, als er einem Mädchen in die Brust sticht. Es ist die impulsartige Verletzung und Vernichtung des im Grunde Begehrten. In seiner Erinnerung an die Mutter, die ein Beil nach ihm wirft, kommt bildhaft die angstauslösende, bedrohliche und vernichtende Seite der Mutterfigur zum Ausdruck. Ähnliche projektive Verzerrungen konkretisieren sich in der Gestalt der Ärztin, die ihn mit einer Spritze «kaputtmachen», einer Staatsanwältin, die ihn «fertigmachen» will. Die von GREEN (1975) erwähnte Dynamik ist hier deutlich: Ständig auf der Suche nach dem guten Objekt, der guten Mutter, kommt er nirgends zur Ruhe, weil das böse Objekt sogleich das gute Objekt verdrängt.

Die destruktiven Gefühlsanteile der oralen Ambivalenz werden zumindest partiell in seinen sadistischen Phantasien und Impulsen gebunden, bei denen vordergründig phallisch-aggressive Triebwünsche die oral-sadistischen Impulse überdecken. Zwar kommen in seinen Phantasien auch Handlungen wie Vergewaltigen, Schlagen und Stechen vor. Im wesentlichen geht es aber um Einsaugen, Einverleiben, Drücken, Pressen, Würgen, um die Brust und um Verschlingen z. B. in Form von Bluttrinken. Wie man es aus kultischen Handlungen bei Naturvölkern kennt, ist das Trinken von Blut eine archaische Form der Identifizierung mit einem idealisierten Objekt, der magischen Einverleibung von dessen Lebenskraft und bewunderten Eigenschaften.

Auch in den projektiven Tests herrschen in einer Intensität und Direktheit, wie man sie sehr selten sieht, oral-sadistische Einfälle vor: Emotionale Zuwendung kommt nur in einer oral-aggressiven, säuglingshaften Form zum Ausdruck als Einverleiben, Aussaugen und Kaputtmachen. Im Rorschachtest sieht er Brüste, Körper, die ausgesaugt werden, und Körper, die ausbluten. Wenn er sich einer Frau emotional zuwendet und seine Triebwünsche auf sie richtet, dann wird die Frau in seiner Wahrnehmung gleichsam zu einem Behälter, in dem etwas ist, was er haben und aussaugen will. Die oral-sadistischen Impulse lösen außerordentlich starke Ängste aus, und zwar vor allem Ängste, zerstört und verschlungen zu werden, aber auch Ängste, selbst zu zerstören und zu verschlingen. So erlebt er seine Art der Beziehungsaufnahme unbewußt als zerstörerisch und fühlt sich durch die Projektionsabwehr seiner destruktiven Impulse von Zerstörung bedroht. Hier liegt die Erklärung seiner dauerhaft paranoiden Bereitschaft.

Diese Ängste vor seinen sadistischen Vernichtungsimpulsen erklären, daß seine sadistischen Triebwünsche zeitweise auf weibliche Leichen beschränkt bleiben. Die nekrophilen Tendenzen verstehen wir als Ausdruck seiner außerordentlich starken Angst vor der erwachsenen lebenden Frau. Nur wenn diese reglos und leblos ist, muß er nicht fürchten, von ihr vernichtet und verschlungen zu werden und kann sich ihr mit seinen oral-sadistischen Triebwünschen nähern, kann etwas von ihr einverleiben. Wie gering seine phallisch-genitalen Interessen sind, zeigt sich darin, daß er im Unterschied zu den eigentlich nekrophilen Devianten nie versucht und nie den Wunsch verspürt hat, mit den Leichen zu koitieren. Auf einer anderen Ebene liegt eine Befriedigung bei seinen nekrophilen Handlungen auch darin, daß hier ein Kompromiß zwischen seinen Vernichtungsimpulsen und seinen Ängsten, diese zu realisieren, gefunden wird: Er kann phantasieren, die Frau getötet zu haben, hat es aber in Wirklichkeit nicht zu tun brauchen. Schließlich wird die Angst, vernichtet zu werden, die seine Auseinandersetzung mit Frauen bestimmt, besänftigt, indem er erlebt: Nicht ich, sondern die Frau ist tot.

Aus der Angst vor seinen oral-sadistischen Impulsen lassen sich seine masochistischen Selbstbestrafungstendenzen ableiten, die u. a. in seinen wiederholten Forderungen nach Kastration zum Ausdruck kommen, besonders wenn er hinzufügt, man solle oder könne ihn ohne Narkose kastrieren. Über den Aspekt der Selbstbestrafung hinaus hat die Kastrationsthematik für ihn eine komplexe Bedeutung. Offensichtlich bedeutet hier Kastration etwas qualitativ anderes als Bestrafungsangst für phallisch-aggressives Verhalten oder für Inzestwünsche der Mutter gegenüber im Rahmen ödipaler Konflikte. Dies zeigt sich deutlich bei den Assoziationen, die er im Zusammenhang mit der Kastration hat: Bei der Kastration kann man sterben; ein anderes Mal gibt er an, man habe seinen Kastrationsantrag in der DDR zurückgewiesen, weil dort Kastration dasselbe sei wie Mord. Es beschäftigt ihn also weniger der Verlust des männlichen Genitale als vielmehr die Vorstellung, dabei «totzugehen». Wir haben dies auch bei anderen sadistischen Entwicklungen als charakteristisch beschrieben: Wenn sich Ängste in Gestalt von Kastrationsängsten äußern, dann geht es weniger um Verlust von Potenz und Männlichkeit, sondern um die Angst, sich aufzulösen, vernichtet zu werden. Für diese Ängste hat die Psychoanalyse den Ausdruck «totale Kastration» geprägt.

Das Kastrationsthema hat hier noch weitere Aspekte, die sich in seinen wiederholt geäußerten Wunschvorstellungen verdichten, aus ihm zugleich mit der Entfernung seiner Genitalien eine Frau zu machen. Noch gefangen in dem Stadium einer unabgelösten Beziehung zur Mutter ist er über die primäre Identifikation mit ihr kaum hinausgekommen. Eine Kastration und eine Umwandlung zur Frau würden die Wünsche erfüllen, seine weiblichen Anteile zu verstärken und eine vollständigere Identität und Einheit mit der Mutter herzustellen. Ferner drückt die Forderung nach Kastration und Geschlechtsumwandlung den Wunsch aus, seine an die Genitalität gekoppelte Aggressivität loszuwerden. Schließlich ist noch ein letzter Aspekt zu erwähnen. Die Vorstellung der mit dem Beil bewaffneten Mutter und der mit einer Spritze ihn bedrohenden Ärztin zeigen phallisch-aggressive Aspekte des verinnerlichten Mutterbildes; es ist das, was die Psychoanalyse die phallische Mutter nennt. Die Phantasie, sich in eine Frau zu verwandeln, bringt passive Hingabe- und Liebeswünsche der phallischen Mutter gegenüber zum Ausdruck.

Die Tat selbst steht nur äußerlich im Widerspruch zu seinen Phantasien. In der Tatsituation stellt er in verdichteter Form die Mutter-Kind-Beziehung mit ihren widersprüchlichen Gefühlsqualitäten her. Er projiziert seine zentralen Konflikte und agiert sie in einer komplizierten Verschiebung der Rollen aus. Seinen Schilderungen ist sehr deutlich zu entnehmen, wie er sich einerseits in dem Jungen wiedererkennt und sich mit ihm identifiziert. («In diesem Moment kam mir der Gedanke: Wie ich klein war, bin ich auch so herumgelaufen wie dieser Junge.») Seine eigenen Worte geben wieder, wie er sich andererseits als Mutter fühlt, den Jungen in die Arme nimmt und streichelt. («Ich hatte ihn im Arm wie eine Mutter.») Er gibt dem Jungen das, was er sich von seiner Mutter ersehnt: Liebe, Geborgenheit und Zärtlichkeit. Zugleich werden in ihm die haßvollzerstörerischen Seiten seiner Mutterbeziehung wach. Auf Grund der projektiv-identifikatorisch hergestellten Einheit von Opfer und Täter bzw. des oszillierenden Identifizierens mit dem Täter und dem Opfer werden im eigentlichen Tatgeschehen komplexe Wünsche befriedigt. In der impulsiven Vernichtungshandlung agiert er einerseits die bedrohlich-vernichtende Seite des Mütterlichen an sich selbst, dem Kinde, aus. Die Tat ist gleichsam eine Aktion des bösen mütterlichen Introjekts. Die Tat bedeutet für ihn eine lustvolle Befreiung von seinen vehementen Triebimpulsen, die eigentlich, wie seine sadistischen Phantasien zeigen, auf ältere Frauen als Verkörperung des gehaßten mütterlichen Introjekts gerichtet sind, die er aber hier, momentan mit der Mutter identifiziert, dem von der Mutter gehaßten Kind gegenüber entlädt. Er befriedigt damit auch seine Selbstbestrafungsimpulse. Damit vernichtet er – ähnlich wie Heinz G. in der Fallgeschichte 1 das kleine Mädchen in sich selbst – das Kleinkindhafte, Infantile, Abhängige in ihm selbst. Die Vernichtungshandlung endet mit einer Art Verschmelzung zwischen Mutter und Kind, indem er das Blut trinkt und das Kind damit in sich aufnimmt.

Wir weisen zum Schluß noch auf einen letzten Aspekt hin. Wir haben bisher zwei Gruppen beschrieben: Auf der einen Seite die sadistischen Devianten. Wir haben dort gezeigt, daß die Entwicklung einer Deviation eine Abwehrformation darstellt: Durch die Abspaltung und Sexualisierung von Konflikten werden die zerstörerischen, die Selbstkohärenz gefährdenden Impulse absorbiert. Die sadistische Deviation stellt einen Stabilisierungsfaktor dar, fungiert als eine Art Plombe, die eine Überbrückung von archaischer Triebwelt und Realität herstellt und das Selbst vor dem Zerfall in der Psychose bewahrt. Auf der anderen Seite haben wir eine Gruppe beschrieben, bei denen die aggressiven Aktionen eine impulsartige Entladung von Destruktivität darstellen. Sadistische Triebwünsche sind bei ihnen durch Unterdrückung, Verleugnung, Reaktionsbildung und Abkapselung wenigstens zeitweise abgewehrt, wenngleich dadurch eine dauerhafte Kontrolle nicht gewährleistet ist.

Die psychische Struktur von Heinz Sch. läßt sich weder der einen noch der anderen Gruppe zuordnen: Zwar hat er eine sadistische Deviation entwickelt. Die Entwicklung seines Selbst ist aber so rudimentär, daß Realitätswahrnehmungen ständig mit archaischen Phantasien vermischt sind. Die Stabilisierungsfunktion der sexuellen Deviation, die darin liegt, daß die destruktiven Triebwünsche in die sexuelle Vorstellungswelt verbannt werden und damit die realitätsorientierte Anpassung nicht mehr beeinträchtigen, ist bei ihm nicht erfolgreich. Auch gelingen ihm die Abwehrversuche nicht, die für die andere Gruppe charakteristisch sind: Unterdrückung, Verleugnung, Reaktionsbildung und Abkapselung. Er ist deshalb ständig von diesen Impulsen besetzt, ihnen ausgeliefert und hat keine inneren Verarbeitungsmöglichkeiten. Er ist permanent unruhig, aggressiv aufgeladen, gespannt, unfähig, irgendwo Befriedigung zu finden. So ist er ständig bedroht, von den Impulsen überflutet zu werden, ständig in Gefahr von Selbstzerfall in der Psychose. Äußerungen wie die, Angst zu haben, «verrückt zu werden», «durchzudrehen», haben wir bei anderen Patienten nicht gehört. Wir konnten beobachten, wie er bei ihn emotional belastenden Themen dekompensiert, einen fahrigen, gehetzten und verwirrten Eindruck macht. Auch paranoide Verarbeitungen liegen bei ihm näher als bei anderen. Wiederholt zeigt er ein Verhalten, das kaum noch von einem psychotischen Zustand zu unterscheiden ist.

3.4.2 Sexuell motivierte Tötungen alter Frauen

Bei den Männern, die aus sexuellen Motiven Kinder töten, finden wir eine charakteristische, auf präödipale Störungen zurückgehende Dynamik, die sich, vereinfacht gesagt, beschreiben läßt als permanente Auseinandersetzung des defekten Selbst mit den bösen mütterlichen Introjekten. In der Tatsituation wird die präödipale Mutter-Kind-Beziehung wieder in Szene gesetzt. Das Tatgeschehen ist, wiederum sehr vereinfacht ausgedrückt, eine *Aktion unter der Regie des bösen Introjekts*, gleichsam die Tat des momentan lebendig gewordenen inneren Abbildes der bösen Mutter. Den sexuell motivierten Tötungshandlungen an alten Frauen liegt eine sehr ähnliche Psychodynamik zugrunde. Auch hier ist der Grundkonflikt die Auseinandersetzung mit den bösen mütterlichen Introjekten bzw. dem inneren Mutterbild. Im Tatgeschehen geht es hier aber um weniger komplizierte Verschiebungen; es werden aggressive und destruktive Impulse freigesetzt, die aus der gespannten Auseinandersetzung des Selbst mit den mütterlichen Introjekten stammen und auf Mutterfiguren verschoben werden. Die Taten sind zu interpretieren als *Aktionen gegen die bösen mütterlichen Introjekte* bzw. gegen das verinnerlichte Mutterbild mit dem Ziel, sich der Mutter zu bemächtigen oder sich ihrer zu entledigen und sie zu vernichten. Wie eng verwandt die Psychodynamik ist, aus der heraus es zu Tötungen von Kindern oder alten Frauen kommen kann, das zeigte die Fallgeschichte 11. Hier ist zwar ein kleiner Junge getötet worden; Heinz Sch. hat aber zuvor immer wieder phantasiert, ältere Frauen zu verletzen. Es erscheint eher zufällig und beliebig, daß die destruktiven Impulse sich auf den Jungen als das Opfer richteten.

Fallgeschichte 12

1. Die Lebensgeschichte
Alfred B., ein 28jähriger Seemann, hat eine 53jährige Frau getötet: Er ist ein kleiner, untersetzter, kräftiger, sehr jungenhaft wirkender Mann. In seiner zunächst abwartenden, etwas mißtrauischen und wortkargen Art wirkt er im ersten Eindruck grob und einfach. Erst in langen Gesprächen zeigt sich, daß er über eine erstaunliche Sensibilität und Differenziertheit der inneren Wahrnehmung verfügt und weit mehr gefühlsbetont und weich ist, als es zunächst schien. Auch wenn er zunehmend mehr Beziehung aufnimmt, bleibt er in den Gesprächen verhalten und bei sich und vermittelt den Eindruck einer düster depressiven Resignation.
   Er stammt aus der DDR, die Familie lebt in einem kleinen Dorf. Der Vater ist als Zimmermann tätig und hat nebenbei etwas Landwirtschaft. Alfred B. ist außerehelich geboren, während der Vater im Kriege war. Sein leiblicher Vater ist ein französischer Kriegsgefange-

ner, mit dem die Mutter, wie sie dem Sohn später erzählte, eine intensive Liebesbeziehung gehabt hat. Sein Vater, der ihn nach jahrelanger Abwesenheit im Kriege zu Hause vorfindet, hat ihm von Beginn an zu verstehen gegeben, daß er ihn nicht als seinen Sohn akzeptiert. Die Beziehung ist vom Vater aus aggressiv gespannt und haßvoll ablehnend. Er schlägt den Sohn häufig («mich hat der Vater halb totgeschlagen; die Leute im Dorf wollten schon Anzeige erstatten»). Der Vater redet ihn nie mit Vornamen an, sondern pfeift nach ihm, wenn er etwas von ihm will. Auch die Mutter leidet unter dem Jähzorn des Vaters, er hat sie «meinetwegen gequält und geschlagen». Die Mutter ist nachts, so erinnert er sich, manchmal schreiend durch die Wohnung gelaufen und hat gerufen: «Hilfe, er will mich umbringen.» Zur Mutter hat der Vater bei den häufigen Streitereien oft gesagt: «Hau doch ab mit ihm, das ist doch dein Junge.» Die Beziehung zur Mutter wird als sehr gut geschildert, sie ist der einzige Mensch in seinem Leben, zu dem er wirklich Kontakt hat. («Wir sind uns beide sehr ähnlich.») Die Mutter hat früher versucht, ihn vor dem Vater zu schützen und vom Vater fernzuhalten, und hat ihn sehr verwöhnt und verhätschelt. Er kann auch heute von seiner Mutter nicht erzählen, ohne zu weinen.

Die Eltern haben als gemeinsames Kind noch eine vier Jahre ältere Tochter, die der verwöhnte Liebling des Vaters ist, so daß sich in der Familie zwei Parteien bilden: auf der einen Seite Vater und Tochter, auf der anderen Mutter und Sohn. Solche Gruppierungen sind in Familien zwar verbreitet, hier nimmt diese Parteienbildung jedoch ein krasses Ausmaß an bis hin zu offener Feindseligkeit.

Als Kind hat Alfred B. weiche Züge, die er später mehr und mehr zu verdecken sucht: Er ist sehr zärtlichkeitsbedürftig, weint leicht, ist ängstlich, malt und liest viel, lebt in einer eigenen Phantasiewelt – Züge, die vom Vater abschätzig kommentiert werden: Er sei kein Junge, sondern eine «Bangbüx». Als Kind zeigt er eine Reihe neurotischer Symptome: Er neigte und neigt bis heute zu starker Dunkelangst, zu Alp- und Verfolgungsträumen, ist schreckhaft; er ist bis zum sechzehnten Lebensjahr Bettnässer – auf den Tag genau bis zu dem Zeitpunkt, als er das Elternhaus verläßt. Das Bettnässen wiederum ist Anlaß zu Bestrafungen seitens des Vaters, der ihm vorwirft, er sei nur zu faul zum Aufstehen. Weitere Verhaltensstörungen zeigen an, daß er frühzeitig gegen den Vater opponiert: Es kommt häufiger zu kleinen Diebereien im Elternhaus und in der Nachbarschaft, zu Schulversäumnissen – Verhaltensweisen, die von der Mutter, so gut es geht, gedeckt werden. Schon frühzeitig trinkt er Alkohol, und zwar immer dann, wenn er dem Vater in der kleinen Landwirtschaft helfen muß, um sich Mut zu machen. Schon in seiner Kindheit ist von abrupten Verstimmungen und Jähzornausbrüchen die Rede, die sich später vor allem dann zeigen, wenn er Alkohol getrunken hat. Hierfür ein Beispiel: Er ist sehr tierlieb, mag vor allem Katzen gern und ist früher mit den Katzen ins Bett gegangen. Einmal hat er seine Lieblingskatze in einem Wutausbruch grausam mißhandelt und in einen Brunnen geworfen. «Ich habe die Katze fast totgeschlagen in meiner Wut, hinterher habe ich geheult.»

Auf der Schule zeigt er trotz guter intellektueller Begabung schlechte Leistungen, da er wenig Interesse am Lernen hat. Er bleibt der Schule häufig fern, geht allein in die Wälder, angelt und ist dann «richtig glücklich». Er hat eine Sammlung von Gräsern und Blättern, beschäftigt sich mit Holzschnitzereien. Er liest sehr viel, vor allem Werke der Romantiker. «Ich habe mich mit dem Tod und Todessehnsucht beschäftigt und immer wieder über Selbstmord nachgedacht.» In der Gemeinschaft anderer gilt er in seiner Kindheit als «Hanswurst», er macht viel Dummheiten, «überall, wo was los war, war ich dabei», ist häufig in Schlägereien verwickelt und versucht so, sich den Respekt der anderen zu verschaffen. Er ist aber ein Einzelgänger geblieben, einen Freund hat er nie gehabt. Wie erwähnt, hat er sich später bemüht, seine weichen Züge und musischen Interessen – er ist, gemessen an seinem Bildungsstand, belesen, malt talentiert und schreibt Gedichte – zu überdecken und durch betont männliche Aktivitäten zu kompensieren: Er ist Ringer und Gewichtheber und als Kraftsportler auch erfolgreich.

Nach der Schule hat er den Wunsch, zur See zu fahren. Er will von zu Hause fort, will etwas erleben und sein Fernweh und seine Abenteuerlust befriedigen. Die Ausbildung macht ihm zunächst Freude, er liebt das ungebundene und freie Leben. Bald bekommt er aber Schwierigkeiten: Er ist unausgeglichen, verstimmbar, lebt momentane Stimmungen und Impulse aus und trinkt viel Alkohol. Im alkoholisierten Zustand kommt es zu einer Reihe von Explosionen und auch zu Suizidversuchen. Innerlich ist er unruhig, kann nicht stillsitzen und hält es nirgends lange aus. Er braucht ständig harte körperliche Betätigung, um sich ausgelastet zu fühlen. Nach der Marineschule geht er aus einem plötzlichen Impuls heraus in die Bundesrepublik, fährt hier zur See und kehrt dann nach einem Streit mit einer Tante wieder in die DDR zurück und wird an der Grenze verhaftet. Er leidet dort schwer unter dem Eingeschlossensein, reagiert mit einem Suizidversuch und Selbstbeschädigungen und beginnt damals mit der Angewohnheit, sich die Scham- und Brusthaare auszureißen. Nach der Haft flieht er erneut in die Bundesrepublik und fährt wieder zur See. Abgesehen von einigen «Kurzschlußhandlungen unter Alkohol» fühlt er sich dort ganz wohl. Auf den Schiffen gilt er als guter Kamerad und ist als «Arbeitstier» geschätzt. 1966 läßt er wieder aus einem Impuls heraus alles stehen und liegen, verläßt das Schiff und setzt sich in die DDR ab. «Ich weiß nicht, was in solchen Momenten in mir vorgeht, dann bin ich gar nicht mehr ich selbst, immer diese Unruhe, die Sehnsucht nach einem Heim, nach einer Familie.» In der DDR wird er erneut inhaftiert. Aus der Haftzeit berichtet er wieder von intensivem Auszupfen der Körperbehaarung und von stundenlangem Zwangslachen, «ich bin fast durchgedreht». Nach zwei Jahren Haft wird er in die Bundesrepublik ausgewiesen und arbeitet bei der Binnenschiffahrt. Bei seinem unruhevollen Hin- und Herpendeln spielt Heimweh nach seiner Mutter eine wichtige Rolle. Es ist charakteristisch, daß er weitgehend unfähig ist, Konflikte in sich zu verarbeiten, vielmehr muß er innere Spannungen impulsiv motorisch abreagieren.

Seine sexuellen Erinnerungen reichen bis in die Kindheit zurück. Er hat den Eindruck, daß das Bündnis zwischen Vater und Schwester und zwischen ihm und seiner Mutter eine erotische Färbung hat. Er hat häufiger gesehen, wie Vater und Schwester im Bett lagen und zärtlich miteinander waren. Die Mutter hat sich ihm gegenüber in körperlicher Hinsicht sehr frei verhalten: Sie geht vor ihm auf den Nachttopf, er hilft ihr morgens beim Ankleiden, sie ist körperlich sehr zärtlich zu ihm und badet ihn bis über die Pubertät hinaus. Ihre Zärtlichkeiten sind ihm unangenehm, er schämt sich dessen, mag sich vor der Mutter nicht ausziehen, wie er auch später in sexueller Hinsicht sehr schamhaft geblieben ist. Er erinnert sich, wie die Mutter ihn einmal an das Genitale gefaßt und gesagt hat: «Jetzt kriegt er schon Haare.» Die Mutter führt ihm gegenüber vulgäre Redensarten, z. B. beim Decken einer Kuh sagt sie: «So, jetzt hat er ihr aber einen verpaßt.» Er ist damals acht Jahre alt. Später, als er sich mit Mädchen verabredet, sagt die Mutter: «Mach ihr mal tüchtig einen.» Ihm ist es unangenehm, «es war, als ob sie unbefriedigt war». Er hat rückblickend den Eindruck, daß die Mutter an ihm als männlichem Wesen starkes Interesse gehabt hat. Häufiger hat sie ihm gesagt, er erinnere sie an seinen leiblichen Vater. In der Kindheit hat er häufiger Geschlechtsverkehr der Eltern erlebt, auch daß die Mutter andere Freunde hatte, erinnert sich aber an keine besonderen Reaktionen darauf. Unter Überwindung starker innerer Sperren gesteht er, daß er in der Pubertät und auch später bei der Masturbation häufiger an die Mutter als Sexualpartner denke. In den ersten Jahren nach der Pubertät hat er regelmäßig sexuelle Kontakte zu Tieren, vornehmlich zu Kühen. Die Mutter weiß davon. Er hat sich deswegen immer sehr geschämt und noch Jahre später sich mehrmals täglich das Genitale gewaschen, weil er sich schmutzig fühlt. Dies dient ihm als Rationalisierung dafür, daß er sich Mädchen gegenüber zurückhält. Vom siebzehnten Lebensjahr an hat er hin und wieder heterosexuelle Beziehungen, tendiert dabei zu älteren Frauen. «Die entsprechen meiner Mutter. An sich verstehe ich das nicht, weil ich die Frauen, die schlank sind, viel schöner finde. Ich brauche Frauen, bei denen ich das Gefühl habe, daß ich der Stärkere bin und sie beschützen muß.» Gerade bei älteren Frauen, meist Prostituierten, hat er Funktionsstörungen, er kommt meistens nicht zur Ejakulation. Seitdem plagen ihn starke sexuelle Versagensängste; deshalb, «aus Verzweiflung», hat er hin und wieder sexuelle Kontakte zu Tieren. «Bei den Tieren, da brauche ich keine Angst zu haben.» Während der Seefahrt geht er häufiger ins Bordell. Er mochte noch nie, wenn die Mädchen ihn an das Genitale fassen, mag sich auch vor ihnen nicht nackt zeigen, hat den Eindruck, ein zu kleines Glied zu haben. Später schämt er sich wegen der ausgerissenen Genitalbehaarung. Die einzige sexuell konfliktlose Zeit verlebt er in Afrika, als er Kontakte zu sehr jungen Negerinnen hat. Ihnen gegenüber hat er keine Ängste, auch keine Potenzstörungen, weil er sich überlegen fühlt.

Mit 24 Jahren geschieht das erste Sexualdelikt. Er hat einige Tage lang Urlaub und sucht eine alte Prostituierte auf. Auf dem Zimmer sagt sie: «Nun zieh dich mal aus», «da war es bei mir aus. Ich schämte mich wegen der Körperhaare und konnte nicht. Ich bin dann einfach weg.» Danach ist er deprimiert, hat die Nacht kaum geschlafen. «Ich wollte da ein Mädchen finden, hatte nur noch den Gedanken, irgendwie muß es klappen.» In einem Wald überfällt er ein fünfzehnjähriges Mädchen, zieht es in einen Graben, knebelt und fesselt es und zwingt es zum Geschlechtsverkehr. Unmittelbar danach stellt er sich der Polizei. Er wird zu neun Monaten Freiheitsstrafe verurteilt und entflieht aus der Haft. Auf der Flucht kommt es zu den nächsten Taten: Er dringt in ein Bauernhaus ein, in dem er eine alte Frau gesehen hat, und will sie zum Geschlechtsverkehr zwingen. Er wirft sie zu Boden, «es ging aber nicht, ich fühlte das, da habe ich das erst gar nicht versucht, ich hatte auch plötzlich Ekel und bin fortgelaufen». Kurz darauf überfällt er ein dreizehnjähriges Mädchen, knebelt und fesselt es und hat mit ihr Geschlechtsverkehr. «Es war nur das Besitzenwollen, das Gefühl von Machtausübung, das mich erregte.» In ähnlicher Weise hat er unter Drohungen mit einem Messer ein zwölfjähriges Mädchen vergewaltigt. Er stellt sich wieder der Polizei und wird zu vier Jahren Freiheitsstrafe verurteilt.

Während der Haftzeit kommt es zu einer aggressiven Aufladung und Brutalisierung seiner sexuellen Phantasien. Erstmals tauchen haßvolle Phantasien auch in bezug auf seine Mutter auf, die nach wie vor in seinen Masturbationsvorstellungen eine zentrale Rolle spielt. «Obwohl ich die doch so gern mag, habe ich manchmal tiefe Haßgefühle auf sie bekommen. Das hat mich ganz durcheinandergebracht, ich verstehe das nicht.» Es hat sich in dieser Zeit ein «Haß auf Frauen aufgestaut», er hat Phantasien, Frauen zu erniedrigen, mehr durch Worte, weniger durch physisches Quälen, gelegentlich aber auch Gedanken, Frauen zu schlagen und zu fesseln. Solche Phantasien sind durch die Gespräche unter Mitgefangenen in Gang gesetzt oder zumindest verstärkt worden. Die aggressiven Phantasien sind aber nicht sein eigentliches Problem. Diese würden sich, so meint er, schnell verlieren, wenn er eine dauerhafte Bindung fände. «Ich möchte jemanden haben, der mich an die Hand nimmt und sagt: ‹Komm mit.› Dann wäre alles gut.» Während der Haftzeit hat er eine intensive Korrespondenz zu einer schwer körperbehinderten Krankenschwester aufgenommen und hat gehofft, mit ihr Zukunftsperspektiven entwickeln zu können. «Dies kam mir entgegen, ich wollte immer Frauen um mich haben, die meine Hilfe brauchen.»

Im Dezember 1973 wird er aus der Haft entlassen. Als erstes sucht er die Krankenschwester auf, die ihn aber schroff abweist. Dies ist für ihn «ein Hammer auf den Kopf, alles war mir erdrückend». Er fängt an zu trinken, «ich wollte mich nur vollaufen lassen». Am selben Abend lernt er eine 53jährige, heruntergekommene Frau in einem Lokal kennen. Er ist froh, jemanden zum Reden zu haben. Er betrinkt sich und erinnert sich nicht, wie er auf ihr Zimmer gekommen ist. Er weiß noch, daß er sich dort mit ihr unterhalten, ihr Fotografien von seiner Mutter gezeigt hat. Später versucht er, mit ihr Geschlechtsverkehr zu haben, hat aber keine Erektion und schläft dann ein. Etwa zwei Stunden später wird er wach und versucht erneut den Geschlechtsverkehr. «Da hat sie mich mit der Hand weggedrängt und irgend

etwas gesagt, Versager oder so. Dann ist die große Lücke.»
Die Tatrekonstruktion hat ergeben, daß er sie gewürgt, mit seiner Krawatte erdrosselt und sie mehrfach in die Brust gebissen hat. Er muß dann eingeschlafen sein. Erinnern kann er sich erst wieder von dem Zeitpunkt an, als er morgens wach wird, Blut an seinen Händen wahrnimmt und die Tote neben sich sieht. Er läßt seine Sachen in dem Zimmer, rennt kopflos fort, irrt den Tag über umher und stellt sich dann der Polizei. In einer selbstzerstörerischen Stimmung legt er ein detailliertes Geständnis ab, in dem er geradezu mit Brutalität gegen sich selbst die Tat als eine kalte, geplante Aktion darstellt und eine lückenlose Schilderung des Tatablaufes gibt, die sich aber in wesentlichen Punkten mit den objektiven Befunden nicht deckt. Daß dieses Geständnis psychodynamisch die Funktion einer Selbsthinrichtung hat und nicht «die Wahrheit enthüllt», das ist für den psychologisch geschulten Hörer des Vernehmungstonbandes, welches in der Hauptverhandlung abgespielt wird, spätestens am Schluß deutlich: Nachdem die Schilderung präzise, mit fester Stimme ohne erkennbare Emotionen gesprochen ist, bricht er plötzlich ab, bricht in Tränen aus und sagt nach einer Pause: «Meine Mutter.» Dieses Geständnis wird ihm in der Hauptverhandlung zum Verhängnis, und zwar unter der Mithilfe eines für psychologische Zusammenhänge blinden psychologischen Sachverständigen. Dem Gericht, offensichtlich entlastet darüber, endlich einmal dem leibhaftigen Stereotyp eines «eiskalten Killers» und dem zu begegnen, was man sich landläufig juristisch unter einem «Motiv» vorstellt, sind weder der psychodynamische Hintergrund noch die hohe affektive Aufladung, der impulsartige Durchbruch tiefer neurotischer Konflikte in der Tatsituation, begünstigt durch erhebliche Trunkenheit, nahezubringen.

2. Psychodynamische Interpretation

Bereits die besonderen Umstände, unter denen die Mutter ihn empfängt und zur Welt bringt, enthalten die Voraussetzungen für so viele Konflikte, daß eine pathogene Familiensituation fast unausweichlich erscheint: Der Vater kehrt als der Betrogene aus dem Kriege zurück, die Mutter hat sich mit einem Kriegsgefangenen eingelassen; in der dörflichen Umgebung hat sich dies schnell herumgesprochen. Für den Vater gibt es in dieser Situation kaum eine andere Möglichkeit, als den Sohn, die lebendige und stets präsente

Erinnerung an Untreue, Betrug, Kränkung, abzulehnen und zu hassen. Mißachtung und Mißhandlung des Sohnes sind für ihn auch ein Stück Rache an seiner Frau. In dieser Situation ist es verständlich, daß sich die Mutter dem Sohn in besonderer Weise zuwendet – einmal, um ihn vor dem Vater in Schutz zu nehmen, zum anderen aber auch, um ein Stück glücklicher Erinnerung und eigener Vergangenheit für sich zu bewahren. Von Beginn an ist der Sohn dazu da, eine bestimmte Funktion in der Auseinandersetzung zwischen den Eltern einzunehmen. Beide brauchen ihn für ihren Narzißmus: Der Vater richtet seinen Stolz auf, indem er den Sohn fortstößt. Die Mutter bewahrt in ihm ein Stück ihres Selbst. Wir haben einige Anhaltspunkte dafür, daß die Mutter in der Beziehung zu dem Sohn keine klaren Grenzen zwischen sich und dem Sohn gezogen hat: Sie und der Sohn sind eine geschlossene Einheit dem Vater gegenüber. Sie bezieht ihn in ihre Körperverrichtungen mit ein. In ihrem von dem Sohn erinnerten sexuellen Gerede identifiziert sie sich offenbar mit dem Männlichen, dem Phallisch-Aggressiven, wenn sie z. B. vom Stier sagt: Der hat ihr einen verpaßt. Auch bei ihrem Interesse an der genitalen Reifung des Sohnes und an seinen sexuellen Aktivitäten entsteht der Eindruck, daß der Sohn stellvertretend für sie phallisch-aggressive Wünsche befriedigen soll.

Im Erleben des Sohnes ist die Beziehung zum Vater durch Gefühle von Enttäuschung, Angst, Haß eindeutig und klar bestimmt. Der Vater ist in seiner Erinnerung nicht nur ablehnend und strafend, sondern darüber hinaus gewalttätig und bedrohlich. Vielschichtiger und für ihn problematischer ist seine Beziehung zur Mutter. Auf der einen Seite ist er stark an sie gebunden. Sein Leben, das ein ständiger Aufbruch ist, voller Unrast und Bewegtheit, wird bestimmt durch ein Grundgefühl von Heimweh, den Wunsch nach Rückkehr zur Mutter. Auch wenn er unterwegs ist, bleibt die Mutter in seinen Vorstellungen und Phantasien häufig gegenwärtig. Vor allem auch im sexuellen Bereich wird sich zeigen, daß er von der Mutter nie losgekommen ist. Auf der anderen Seite hat er sich gegen das Gebundensein an die Mutter gewehrt: Er verläßt frühzeitig das Elternhaus, mag es nicht, wenn die Mutter zärtlich zu ihm ist, in den letzten Jahren hat er ihr gegenüber zunehmend haßvolle Gedanken entwickelt. Seine Versuche, die Bindung an die Mutter zu bewältigen, bestehen darin, daß er seine weichen, ängstlichen, zärtlichkeitsbedürftigen, «weiblichen» Seiten zu überdecken versucht durch aggressives, nach außen hin derbes, Unabhängigkeit demonstrierendes Verhalten. Es liegt darin eine Imitation des Vaters, die deshalb äußerlich und aufgesetzt bleibt, weil die ödipale Rivalität mit dem Vater nicht ausgetragen und nicht durch Identifikation aufgelöst werden konnte. Die aus der mangelnden Ablösung von der Mutter resultierenden Konflikte führen zu einem Zustand permanenter innerer Gespanntheit, die er teils motorisch abreagiert und vor der er teils in einen narzißtischen Rückzug ausweicht, wenn er sich in seine Phantasiewelt flüchtet. Wie intensiv seine Beziehungs- und Abhängigkeitsängste sind, zeigt sich, als er seine Lieblingskatze in einem seiner Wutausbrüche roh mißhandelt, wie überhaupt seine Anfälle von Jähzorn als ein Sichaufbäumen gegen Abhängigkeit zu interpretieren sind. Es sind nicht allein Ängste vor Enttäuschungen, die ihn daran hindern, Beziehungen einzugehen, Abhängigkeiten zu ertragen, sondern Ängste vor haßvoll-zerstörerischen Impulsen gegen drohenden Verlust von Eigenständigkeit. Seine motorische Unruhe, die Eruptivität und die frühen antisozialen Verhaltensweisen dienen auch der Abwehr depressiver Gefühle, die sich in seiner Beschäftigung mit Tod und Selbstmord manifestieren. Wie so häufig in unseren Fallgeschichten hören wir auch hier von verlängertem Bettnässen, in dem wir nicht nur Opposition und Leistungsverweigerung den Eltern gegenüber sehen, sondern auch ein lustvolles Regredieren auf ein sehr frühes und elementares Erleben von Feuchtigkeit und Körperwärme.

Sehr deutlich drückt sich die Mutterproblematik in seiner sexuellen Entwicklung aus. Am Beginn stehen Erinnerungen an unverdeckt sexuelles Reden und Verhalten der Mutter, das er nicht als verlockend und verführerisch, sondern als abstoßend und ihn bedrängend in Erinnerung hat. Wenn er in den Jahren nach der Pubertät immer wieder sexuelle Kontakte zu Kühen hat, dann bedeutet dies hier unseres Erachtens mehr als ein im ländlichen Milieu bekanntlich nicht seltenes Ausweichen auf ein Ersatzobjekt. Ein Zusammenhang mit seiner Mutterproblematik läßt sich daraus ableiten, daß er die Äußerung der Mutter über den Stier und die Kuh erinnert, daß die Mutter ferner von seinen Tierkontakten weiß und sie duldet. In dem zwanghaften Waschzeremoniell seines Penis liegt möglicherweise unbewußt auch eine Reinigung von dem in den sodomitischen Handlungen verborgenen Inzest. In seinen Masturbationsphantasien spielt die Mutter eine zentrale Rolle. Seine partnerbezogenen Wünsche richten sich vorwiegend auf ältere, mütterliche Frauen. Mit ihnen stellt er die Mutter-Kind-Beziehung wieder her: Ebenso wie er früher die Zärtlichkeiten der Mutter ablehnt, mag er sich von Frauen nicht anfassen und angucken lassen. So wie er aus Angst, vereinnahmt zu werden, gegen Anlehnung an und Abhängigkeit von der Mutter sich zur Wehr setzt, hat er bei älteren Frauen, und nur bei ihnen, Schwierigkeiten, zum Orgasmus zu kommen. Es sind Widerstände, etwas von sich zu geben, sich momentan regressiv aufzulösen, Ängste, sich zu verlieren und zu verschmelzen. Gerade deshalb, weil es unbewußt um die Mutter geht, ist er unfähig, partnerschaftliche Beziehungen auch nur in Ansätzen zu realisieren. Die sexuellen Versagensängste und die Vorstellung, ein zu kleines Genitale zu haben, die sein Leben überschatten, sind bei ihm nur zum Teil ein Ausdruck dafür, daß er einer nicht überwundenen ödipalen Rivalität mit dem Vater verhaftet ist. Die nie ganz vollzogene Ablösung von der Mutter, die Reste einer primären Identifikation mit ihr und der Mangel an sekundären Identifikationen mit männlichen Bezugspersonen haben zur Folge, daß er in seinem Körperselbst und seiner männlichen Identität unsicher geblieben ist. Eine weitere Erklärungsmöglichkeit dieser Kleinheitsgefühle liegt darin, daß er, zumindest beim Kontakt zu älteren Frauen, unbewußt die Mutter-Kind-Beziehung und damit auch die Relation Größe-Kleinheit wiederherstellt: Er erlebt sich wieder als der ohnmächtige Junge gegenüber der großen, übermächtigen Mutter. Dieser letzte Aspekt kommt auch in der zwanghaften Angewohnheit zum Ausdruck, sich die Körperhaare und vor allem die Schambehaarung auszureißen. Diese Handlung ist zunächst einmal ähnlich zu interpretieren wie andere Formen von Selbstbeschädigung, z. B. rhythmisches Kopfwerfen, Selbstverletzungen der verschiedensten Art – als autoaggressive, aus Beziehungen herausgenommene Entladung von aggressiven und motorischen Spannungen. Darüber hinaus liegt es nahe, diese Handlungen als unbewußte Versuche zu interpretieren, sich und den eigenen Körper wieder zu verkindlichen, um einerseits die kindliche Beziehung zur Mutter zu bewahren, andererseits vor phallisch-aggressiver Aktivität auszuweichen.

Wir haben bereits erwähnt, daß die enge, unabgelöste Mutterbeziehung von ihm zwiespältig erlebt wird. Neben Tendenzen, in diese Beziehung zurückzukehren, finden sich immer wieder Aktionen, die zum Ziel haben, sich loszusagen, Selbständigkeit zu gewinnen, die Mutter gleichsam abzuschütteln. Solche Tendenzen finden sich auch im sexuellen Bereich: Er entwickelt nicht nur zunehmend Haßgefühle in bezug auf erwachsene und ältere Frauen. Neben seiner Tendenz zu älteren Partnerinnen fühlt er sich durch sehr junge, kindliche Mädchen sexuell angezogen. Ihnen gegenüber fühlt er sich mächtig, überlegen und hat keine Potenzprobleme. Es geht im Grunde immer um das gleiche präödipale Beziehungsmuster, das im wesentlichen eine Kampfbeziehung beinhaltet zwischen einem mächtigen, großen, bedrohlichen und auch gefährlichen und einem schwachen, ängstlichen, kleinen, ausgelieferten Teil. Im Kontakt mit dem kleinen Mädchen wechselt er lediglich in die andere Position über. Wenn er sich um eine Beziehung zu der versehrten, stark körperbehinderten Krankenschwester bemüht, dann liegt dies auf der gleichen Ebene. Daß es neben Aggressionshandlungen gegenüber älteren Frauen auch zu Notzuchttaten an kleinen Mädchen kommt, zeigt, daß die Wahl solcher Opfer psychodynamisch einer gleichen Problematik entspringt. Wir haben dies auch in der Fallgeschichte 11 gesehen.

Es gibt zusätzliche Details aus der Tatsituation, die den Anteil der Mutterproblematik an dem Tatgeschehen verdeutlichen: Auf dem Zimmer zeigt er der Frau Bilder seiner Mutter und spricht von der Mutter. Wenn er älteren Frauen immer nur in Gestalt von Prostituierten begegnet, dann mag dies, abgesehen von seinen Kontaktschwierigkeiten, auch damit zusammenhängen, daß sein inneres Mutterbild auch «hurenhafte» Züge trägt: Die Mutter, die sich mit anderen Männern abgibt, obszöne Reden führt, an männlicher Genitalität und Potenz besonders interessiert ist. Zum eruptionsartigen

Durchbruch der destruktiven Impulse kommt es in dem Moment, als die Frau sein sexuelles Versagen mit einer herabsetzenden Bemerkung kommentiert. Er sieht sich wieder in der Position des kleinen, ohnmächtigen, der großen Mutter nicht gewachsenen Kindes. Die Tötung hat psychodynamisch die Funktion, sich von der bösen inneren Mutter gewaltsam zu befreien, indem er sie vernichtet und ausstößt. In Briefen aus der Strafhaft berichtet er, selbst überrascht, davon, daß er erstmals in seinem Leben lange Zeit an die Mutter nicht mehr denkt und Gedanken an sie ihn auch nicht mehr berühren. «Sie ist für mich wie tot.»

Fallgeschichte 13

1. Die Lebensgeschichte
Der 26jährige Heinz S. hat siebzehnjährig eine 79 Jahre alte Frau zu vergewaltigen versucht und sie getötet. Ein Jahr später liegt ein Notzuchtversuch an einer 42jährigen Frau vor. Kurz nach der Haftentlassung kommt es zu einer ähnlichen Handlung an einer 66jährigen Frau. Das Tötungsdelikt hat er erst acht Jahre später während einer Haftzeit von sich aus gestanden.
  Er berichtet von sehr schwierigen Verhältnissen im Elternhaus. Der Vater ist Klempner, der unter Alkohol aggressiv reagiert, Mutter und Kinder verprügelt, mit Messern und Gegenständen attackiert. Er erinnert sich, daß der Vater ihn wiederholt bedroht hat: «Ich bring dich um, ich schneide dir den Hals durch.» Er hat den Eindruck, daß der Vater ihn haßt, daß er in der Familie die Funktion eines Sündenbockes innehat und die anderen Geschwister vorgezogen werden. Er erinnert sich, wie der Bruder einmal von dem Großvater ein Fahrrad geschenkt bekommt. Heinz S. reagiert mit Neid, in Anwallung von Wut hat er den Bruder vom Rad gestoßen und ist dafür vom Vater «halb totgeprügelt» worden. In früheren Jahren hat er Angst vor dem Vater, später wendet er sich von ihm ab. Als der Vater 1970 im Alkoholdelir stirbt, reagiert er mit Erleichterung. Wichtig ist noch ein anderer Wesenszug des Vaters: Wenn er nüchtern ist, dann ist er weich, weinerlich und schwach, er hat dann zu Hause nichts zu sagen. Über die Mutter sind seine Angaben weniger reichhaltig. Er schildert sie als eine recht resolute Frau, die die Familie ernährt und zusammengehalten hat. Aufschlußreicher als seine Angaben sind

seine Einfälle zu den Elternfiguren in den projektiven Tests. Dort erlebt er die Mutter als eine Spinne, die ihn gleichsam einwickeln und bewegungslos machen kann, den Vater als ein konturenloses Weichtier. Es findet sich bei ihm frühzeitig oppositionelles Protestverhalten auf die lieblose und zuwendungsarme Beziehung zu den Eltern in Form von kleinen Diebereien. Bis zum sechzehnten Lebensjahr ist er Bettnässer. Er hat nie Selbstvertrauen entwickelt, fühlt sich wertlos und unfähig, hat kein Zutrauen zu eigenen Leistungen. Er ist isoliert, hat in andere Menschen kein Vertrauen, ist mißtrauisch, wittert überall Feindseligkeiten, fühlt sich abgelehnt und ausgestoßen. Seine Gespanntheit und das Mißtrauen steigern sich, wenn er Alkohol trinkt, bis zu einer paranoiden Kampfbereitschaft. «Wenn ich getrunken hatte, dann bin ich schon gegen die stärksten Kerle angegangen, vielmals ohne Grund. Ich habe dann das Gefühl, wie wenn der was gegen mich hat. Wenn ich in der Arbeit ein halbes Jahr lang war, dann mußte ich einfach weg. Es ist hintenrum über mich erzählt worden, es waren immer welche da, die mich in- und auswendig gekannt haben.» Auf der Schule hat er Einordnungsschwierigkeiten, ist der Kleinste und Schwächste, fühlt sich ausgestoßen, zumal die anderen Kinder von der Armut seines Elternhauses und der Trunksucht des Vaters wissen. Nach der Schule macht er eine Elektrikerlehre durch, legt die Prüfung aber nicht ab aus Angst, es nicht zu schaffen. Mit siebzehn Jahren hat er ein erstes sexuelles Erlebnis, bei dem er vor lauter Angst zu «versagen» mit Impotenz reagiert. Er fängt daraufhin an, unmäßig zu trinken, wird unter Alkohol aggressiv und wird allmählich vom Alkohol immer mehr abhängig. Dies führt zusätzlich zu Schwierigkeiten mit seinen Eltern. Die Mutter wird ihm gegenüber immer feindseliger und sagt wiederholt zu ihm: «Du bist wie der Alte.» In seiner Arbeit wird er unzuverlässig, wechselt häufig die Stellen und arbeitet schließlich nur noch unregelmäßig. Mit siebzehn Jahren tötet er die 79jährige Frau. Diese Tat bleibt zunächst unentdeckt. In der Folgezeit verliert er immer mehr sein Gleichgewicht, ist innerlich gespannt und unruhig, versucht, sich mit Alkohol zu betäuben und unternimmt unter Alkohol mehrere Suizidversuche. Für einige Zeit wird er in ein psychiatrisches Landeskrankenhaus eingewiesen; von seinen Problemen spricht er nicht. Es gibt nur eine einzige kurze Zeit in seinem Leben, in der er nicht trinkt, regelmäßig arbeitet und sich wohler fühlt. Es ist die Zeit, als er, erstmals vom Elternhaus getrennt, bei einem Onkel wohnt. «Da war ich weit genug von Hause fort.» Mit dem Tod des Vaters kehrt er wieder zur Mutter zurück.

Am Beginn seiner sexuellen Entwicklung stehen Erinnerungen an die Sexualität der Eltern, die sich tief in ihn eingegraben haben: Bis zum vierzehnten Lebensjahr schläft er wegen beengter häuslicher Verhältnisse mit den Eltern in einem Zimmer. Er hat dort häufig miterlebt, wie der Vater mit der Mutter schlafen will, die Mutter sich aber aggressiv und mit derben Redensarten verweigert, z. B.: «Du kommst bloß, um deinen Sack zu leeren.» Der Vater hat dann oft gebettelt: «Du machst es nur mit anderen, aber nicht mit mir.» In diesen Auseinandersetzungen bleibt die Mutter jeweils Sieger. Diese Szenen haben ihn sexuell erregt. Mit dreizehn Jahren masturbiert er jede Nacht mehrmals, «bis kein richtiger Samenerguß mehr kam und das Glied geschwollen und wund war». Aus dieser Zeit berichtet er auch von anderen Handlungen, mit denen er sich selbst beschädigt: Er drückt brennende Zigaretten auf seiner Hand aus, hat die Angewohnheit, Streichholzköpfe so lange auf seiner Haut zu reiben, bis schmerzhafte Wunden entstehen.

Damals entwickelt sich in ihm die Vorstellung, sein Geschlechtsteil sei nicht normal geschaffen: Er hat eine Phimose, die später operativ beseitigt wird. Zudem leidet er unter der Vorstellung, sein Glied sei zu klein. Diese Vorstellung beschäftigt ihn ständig. Sechzehnjährig, kurz vor dem Tötungsdelikt, lernt er ein Mädchen kennen. Als sie ihn zu verführen versucht, gerät er in Panik und bekommt keine Erektion. Das Mädchen reagiert mit Verärgerung. Er schleicht sich davon «wie ein geprügelter Hund, ich war depressiv und richtig geschockt». Er traut sich nun nicht mehr unter Menschen, die er kennt, weil er annimmt, das Mädchen habe diese Blamage überall herumerzählt. In dieser Situation beginnt er mit dem Trinken. Wenn er betrunken ist, geht er häufiger in Bars, lädt Animiermädchen ein, masturbiert in ihrer Gegenwart heimlich, geht aber sexuellen Kontakten aus dem Wege, «diese Mädchen hatten doch sexuelle Erfahrungen und konnten vergleichen». In dieser Lebenssituation tötet er die alte Frau. Er kennt sie seit langem. Sie ist früher die Hebamme im Ort gewesen, die auch ihn zur Welt gebracht hat. Eines Abends auf dem Heimweg, als er Alkohol getrunken hat, sieht er sie in ihrem Garten. Plötzlich kommt ihm der Gedanke, diese Frau zum Geschlechtsverkehr zu zwingen. «Ich dachte, die hat kein Gefühl mehr, ob ich ein großes oder kleines Glied habe, weil sie doch so alt ist.» Unvermittelt schlägt er sie zu Boden und versucht, sie zum Geschlechtsverkehr zu zwingen. Als sie sich wehrt, würgt er sie und wirft sie in die Jauchegrube. In der Folgezeit betrinkt er sich noch häufiger und wird noch ängstlicher und sensitiver. In dem Gefühl, daß alle Bescheid wissen, isoliert er sich. Seine sexuellen Wünsche konzentrieren sich auf ältere Frauen über 40 Jahren. «Ältere Frauen sind viel attraktiver, die sind nicht so kindisch, durch den vielen Geschlechtsverkehr haben die auch nicht mehr so viel Gefühl, merken nicht mehr so, ob du ein großes oder kleines Glied hast.» In späterer Zeit, nach dem Tod des Vaters, kommt es öfter vor, daß er abends, wenn er betrunken nach Hause kommt, zur Mutter ins Bett steigt und versucht, mit ihr zärtlich zu werden und Geschlechtsverkehr zu haben. Die Mutter hat ihn immer böse abgewehrt. Er weiß dies nur aus Vorwürfen, die die Mutter ihm am nächsten Morgen macht, erinnert sich selbst wegen seiner Trunkenheit an diese Ereignisse nicht.

Etwa ein Dreivierteljahr nach der Tötung kommt es zu einer erneuten Gewalttätigkeit gegenüber einer älteren Frau. Auch sie kennt er seit längerem. Als er eines Tages bei ihr zu Besuch ist, kommt ihm plötzlich die Idee, mit ihr Geschlechtsverkehr haben zu wollen. Er will sie aber vorher bewußtlos machen, «damit sie nicht merkt, daß ich so ein kleines Glied habe». Er schlägt ihr mit einer Bierflasche über den Kopf. Als sie schreit, läuft er fort. Vor der Polizei motiviert er diese Handlung als versuchten Raub, weil er über die sexuellen Hintergründe nicht sprechen will.

Nach der Strafverbüßung gerät er bald wieder in den gleichen Lebensstil. Hin und wieder hat er unter Alkohol Mädchen angesprochen und sich mit ihnen verabredet. Er vermeidet es aber, mit ihnen allein zu sein aus Angst, es könnten sich sexuelle Situationen ergeben, die er zugleich so sehr herbeiwünscht. Beim Anblick von Mädchen hat er spontane Erektionen, schämt sich deswegen und denkt, die anderen sehen das. 1971 ist er, als er getrunken hat, einmal in ein Bordell zu einer älteren Prostituierten gegangen. Er erinnert sich, daß sie zu ihm gesagt hat: «Was willst du mit dem kleinen Ding.» Sie hat ihm das Geld nachgeworfen und ihn fortgejagt. Danach geht er Mädchen ganz aus dem Wege. Kurze Zeit später kommt es zur nächsten Straftat. In betrunkenem Zustand dringt er in das Haus einer alten Frau ein und will sie zum Geschlechtsverkehr zwingen. Er würgt sie, wirft sie zu Boden und faßt ihr unter den Rock. Die Frau wehrt sich und sagt, ihr Sohn komme gleich nach Hause. Daraufhin läuft er fort. Während der Haftzeit gesteht er das jahrelang zurückliegende Tötungsdelikt. «Ich habe es nicht mehr ausgehalten.»

2. Psychodynamische Interpretation

Die Tendenz zu alten Frauen, verbunden mit aggressiven Impulsen, ist hier ausgeprägter als in der vorigen Fallgeschichte. Solche Handlungen wiederholen sich mit sehr ähnlichen Abläufen. Es ist hier schwieriger, die psychische Entwicklung nachzuzeichnen, da Heinz S. in der Wahrnehmung und Reflexion von Gefühlen und Vorstellungen deutlich eingeengter und weniger differenziert ist. Dennoch haben wir Informationen, die gerade in der Parallelität zur Fallgeschichte 12 die familiäre und psychische Situation erhellen. Die Persönlichkeit der Eltern und ihre Beziehung zueinander kommen am prägnantesten in den «Urszenen» zum Ausdruck: Der Vater ist ein im Grunde weicher, schwacher, in der Beziehung zur Mutter unterlegener Mann, der ständige Verlierer. Die Einfälle im Rorschachtest zeigen das Weiche, Zerfließende, Konturenlose des inneren Vaterbildes. Die Mutter ist die Überlegene, Starke, die sich aggressiv verweigert und den um Zuwendung bettelnden Vater klein macht und zurückstößt. Seine Assoziationen im Rorschachtest zeigen die gefährliche und bedrohliche Seite, die er an der Mutter wahrnimmt: eine Spinne, die umgarnt, nicht losläßt, einengt, bewegungslos macht. Es ist bemerkenswert, daß er ausschließlich solche Szenen erinnert, in denen die Beziehung von Mann und Frau ein Kampf ist – und zwar ein Kampf, in dem der schwache Mann der starken Frau immer wieder unterliegt. Es handelt sich hier offensichtlich um eine Erinnerungsselektion und wohl auch um eine Wahrnehmungsverzerrung, die seinen zentralen Konflikt komprimiert zum Ausdruck bringt. Er hat in seiner Kindheit immer wieder erlebt, wie der Vater sich dadurch gegen die Mutter zu wehren und sich ihr gegenüber zu behaupten versucht hat, daß er Alkohol trinkt und dann in betrunkenem Zustand aggressiv und gewalttätig wird. Ein solcher Vater, der in dem Sohn nur Gefühle von Angst und Verachtung weckt, eignet sich nicht als Identifikationsfigur. Ähnlich wie in der Fallgeschichte 13 hat der Sohn in dieser Familie eine Art Sündenbockfunktion. Den Grund dafür können wir hier jedoch nicht sicher rekonstruieren. Möglicherweise ist es das Problem der Mutter, daß sie Männlichkeit und Eigenständigkeit in ihrer Umgebung schwer ertragen kann und die Männer deshalb klein und abhängig machen muß. Dies würde erklären, warum sie ihren Sohn frühzeitig so wie den Vater wahrgenommen und behandelt hat. Die psychischen Schwierigkeiten in Kindheit und Jugend sind denen von Alfred B. in der Fallgeschichte 12 sehr ähnlich: Die ständige innere Gespanntheit, das beziehungslose Abreagieren und Umsetzen dieser Spannungen in Motorik und Körperfunktionen, das Bettnässen, frühe antisoziale Verhaltensweisen, die Selbstbeschädigungstendenzen, die hier noch ausgeprägter und massiver sind, der Alkoholabusus und die allgemeine Unstetheit und Beziehungsunfähigkeit. Hier wie dort steht anstelle einer gefestigten männlichen Identität ein lediglich oberflächliches und aufgesetztes Imitieren väterlichen Verhaltens. In der Fallgeschichte 12 ist die Entwicklung in der oralen Phase offenbar weniger gestört gewesen. Im Vergleich zu Heinz S. ist Alfred B. weniger ängstlich, mißtrauisch und weniger oral aggressiv. Für Heinz S. hat die Umwelt überwiegend den Anstrich des Feindseligen und Bedrohlichen. Dies bedingt seine paranoide Haltung und aggressive Bereitschaft. Wie unmittelbar sich seine innere Gespanntheit immer wieder in der konkreten Auseinandersetzung mit der Mutter auflädt, zeigt, daß er sich wesentlich stabiler fühlt und besser einordnet, als er einmal für kurze Zeit das Elternhaus verlassen hat. Solange er im Umkreis der Mutter lebt, ist seine Selbständigkeit und Aktivität gelähmt, weil seine regressiven Wünsche und die damit zusammenhängenden Ängste ihn blockieren und in seiner Selbstverwirklichung behindern.

Wir haben es bei den beiden Patienten, bei Heinz S. und Alfred B., mit einer sehr ähnlichen Grundproblematik zu tun: mit dem Verharren in einer präödipalen Beziehung zur Mutter. Wenn hier auch mit den Inzestwünschen und den Kastrationsängsten ödipale Aspekte sichtbar werden, so stellen diese offenbar eine Abwehr der präödipalen Störungen dar, die mit ihrer abgekapselten destruktiven Dynamik eine ständige Bedrohung für das Selbst und das mütterliche Objekt darstellen. In den sexuellen Phantasien und Aktivitäten wird deutlich, daß sie sich von dem Muster der präödipalen Mutter-Kind-Beziehung nicht ausreichend befreien können: Es geht um die Beziehung zu älteren Frauen, um die Position des kleinen, ohnmächtigen Jungen gegenüber der großen Mutter, um sexuelle Versagensängste, Impotenzerlebnisse und die überwertige Vorstellung, ein zu kleines Genitale zu haben. Die darin enthaltenen Ängste vor der bedrohlichen Frau sind weniger ödipale Kastrationsangst, sondern eine Angst, festgehalten und gefangengenommen zu werden, aus dem Netz der «Spinne» nicht mehr herauszukommen. Es geht nicht um die Beschädigung des Penis, sondern um «totale Kastration», d. h. Selbstverlust. Ihre zentralen Konfliktthemen, die um Abhängigkeit und Unterwerfung gehen, äußern sich in dieser Zwiespältigkeit: Auf der einen Seite sehnen sie sich nach Geborgenheit und Beschütztwerden; auf der anderen Seite aber haben sie Angst, wenn sie diesen Gefühlen nachgeben, ihre Freiheit zu verlieren, sich selbst aufzulösen und von Vernichtung bedroht zu sein. Aus diesem Zwiespalt entstehen Wut und Haß auf die Mutter – eine abgekapselte mörderische Dynamik, die, verschoben auf ältere Frauen, durchbrechen kann.

3.4.3 Prostituiertentötung

Bei Männern, die gewohnheitsmäßig Prostituierte aufsuchen oder vom Prostitutionsmilieu in besonderem Maße fasziniert werden, findet sich häufig eine neurotische Problematik, in der es um bestimmte Aspekte der Mutter-Sohn-Beziehung geht. Das Angezogensein von Prostituierten als neurotisches Symptom ist psychodynamisch uneinheitlich, kann mehrfach determiniert sein und unterschiedliche Konfliktebenen zum Ausdruck bringen. Zumeist ist ein solches Symptom Ausdruck für eine *verdrängte ödipale Inzestproblematik*. In manchen Fällen ist dieser Zusammenhang leicht aufzudecken, durchsichtig und den Patienten leicht bewußt zu machen, wie folgendes Beispiel verdeutlicht:

Fallgeschichte 14

Ein 28jähriger Patient ist der einzige Sohn einer attraktiven, sexuell sehr aktiven Mutter, die nach ihrer Scheidung – der Patient war damals sechs Jahre alt – ständig wechselnde Liebschaften hat. Die erotischen Erlebnisse der Mutter hat er von früh auf mitbekommen. Die Mutter verhält sich ihm gegenüber kokett, in körperlicher Hinsicht freizügig und verführerisch. In der Pubertät spielen manifeste Inzestwünsche in seinen Masturbationsphantasien eine große Rolle. Später wird die Einstellung der Mutter gegenüber zwiespältiger: Auf der einen Seite spricht er zärtlich liebevoll von ihr und hängt sehr an ihr, auf der anderen Seite hat er für sie eine gewisse Verachtung wegen ihres «hurenhaften Lebenswandels». Sein Problem im Erwachsenenalter ist folgendes: Geradezu zwanghaft sucht er Prostituierte auf und bevorzugt die Wahl älterer, heruntergekommener Prostituierter. In Freundschaften mit «sauberen und anständigen» Mädchen verliert die Sexualität jeweils sehr schnell an Reiz, ohne daß dabei Potenzprobleme oder -ängste auftreten. Er sucht den Arzt auf, weil ihn neben der dranghaften Zunahme dieses Verlangens bis zum Selbsthaß gehende Schuldgefühle quälen.

Im Unterschied zu all den bisher beschriebenen Entwicklungen hat er so viel sekundäre Identifizierungen mit dem Vater aufbauen können, daß er eine stabile männliche Identität erreicht hat. Er ist von der Mutter soweit abgelöst, daß er sie als ein von ihm getrenntes Liebesobjekt begehren kann. In der unaufgelösten ödipalen Situation liegen die Wurzeln seiner Probleme. Die Scheidung der Eltern und das Fortgehen des Vaters haben bei ihm unbewußt gleichermaßen Triumphgefühle, weil er die Mutter nun ganz für sich hat, und Schuldgefühle, weil er den Vater vertrieben hat, ausgelöst und so zu einer Fixierung der ödipalen Liebe zur Mutter geführt. Wenn er partnerschaftliche emotionale Bindungen zu Frauen eingeht, bekommen diese Beziehungen zu viel Ähnlichkeit mit seiner Bindung an die Mutter und aktualisieren seine Inzestwünsche. Wegen der damit verbundenen Schuldgefühle wird die Sexualität aus diesen Beziehungen verdrängt. Vielleicht spielt auch, ähnlich wie beim Don Juan, eine Enttäuschung mit hinein, daß solche Kontakte nur ein Ersatz für seine auf die Mutter bezogenen Wünsche sein können. Das dranghafte Aufsuchen von Prostituierten ist ein Symptom, das, wie jedes neurotische Symptom, gleichermaßen der Abwehr und der Befriedigung verbotener Triebwünsche dient: Wenn er flüchtige, gefühlsentleerte Kontakte zu Prostituierten in einem besonders schmutzigen Milieu bevorzugt, dann haben solche Begegnungen so wenig Ähnlichkeit mit seinen erotischen Wünschen der Mutter gegenüber, daß er Sexualität hier ausleben kann. Seine starken Schuld- und Schamgefühle zeigen, daß diese Abwehr jedoch nur partiell wirksam ist. Das

Versteckt-Inzestuöse dieser Kontakte verrät sich, wenn er in die Mutter hurenhafte Züge projiziert. Wie nicht selten enthält auch dieses neurotische Symptom einen Bestrafungsaspekt, und zwar in Form des Schmutzigen und Finanziell-Ruinösen dieser Unternehmungen.

Ein weiteres, häufig beschriebenes Beispiel stellen Männer dar, die in stabilen Partnerbeziehungen impotent sind und nur bei Prostituierten oder in äquivalenten Beziehungen potent sind. All diesen Phänomenen liegt eine Zweiteilung des Mutterbildes zugrunde: auf der einen Seite die «reine» Frau, die durch sexuelle Wünsche nicht befleckt werden darf; auf der anderen Seite die «triebhafte», «schmutzige» Frau, der allein gegenüber Triebwünsche zugelassen werden. Die Aufspaltung des Frauenbildes in reine und schmutzige Wesen zeigt, daß die Sexualität anal stigmatisiert ist. Genitale Sexualität gilt als schmutzig, schweinisch; über sie kann, wenn überhaupt, nur in Form der Zote gesprochen werden. Diese unreife Einstellung zur genitalen Sexualität reicht weit in das Gebiet des Normal-Psychologischen hinein. Dem entspricht die große Verbreitung der Prostitution. Es ist das Resultat eines gängigen Erziehungsstiles, bei dem mehr Wert auf Triebkontrolle als auf Triebbefriedigung gelegt wird. Die Verbreitung dieser Sozialisationsweisen läßt sich daran ablesen, daß die Einteilung der Mädchen in reine und unreine ein fast durchgängiges Phänomen in der puberalen Einstellung des Jungen zumindest in den Mittelschichten ist. Ähnliches kommt auch in vielgebrauchten Redensarten zum Ausdruck; z. B. beinhaltet die Wendung vom «Sauberbleiben» eine Aufforderung zur Asexualität.

Für das psychodynamische Verständnis der Prostitution als neurotisches Symptom ist wichtig, daß auch das «leichte Mädchen», die schlechte Frau, die Hure, Anteile der Mutter verkörpern kann, und zwar deshalb, weil auch die Mutter vom Kind irgendwann als ein Mensch mit Triebwünschen, als sexuell aktives Wesen erlebt oder phantasiert wird. Daß die Kontakte zu Prostituierten Aspekte der Mutterbeziehung enthalten können, zeigt sich z. B. auch im Verhalten von Prostituierten, die den Mann häufig mit «Kleiner» anreden, ihn also verkindlichen. Der Mann erlebt, wie er sich in die Hand einer Frau begibt, die sich mit seinem Körper befaßt, lustvoll an ihm herumspielt, Ausscheidungsvorgänge kontrolliert, Reinlichkeitszeremonien vollzieht etc. Psychodynamisch bedeutsam ist ferner, daß Männer Aggressionen hier ausleben können, die in der Beziehung zur Mutter verdrängt werden müssen – Aggressionen wegen der frustrierenden Situation der ödipalen Mutter-Kind-Beziehung. Ebenso wie die Mutter sich aus den erotischen Wünschen des Sohnes ihr gegenüber heraushält und diese unerfüllt läßt, bleibt die Prostituierte letztlich unbeteiligt. Diese aggressiven Wünsche werden dadurch befriedigt, daß der Mann sich gleichsam an der Frau rächt, indem er sie kauft, befleckt, benutzt, sie dann stehenläßt und verachtet. Auf einen weiteren Aspekt hat MOSER (1974) hingewiesen: Die «Untreue» der Prostituierten erweckt unbewußt Assoziationen an die Mutter, die den Sohn mit dem Vater «betrügt». Dieser Aspekt spielt besonders bei solchen Männern eine Rolle, die es reizvoll finden, mit einer Prostituierten jeweils dann sexuell zu verkehren, wenn diese gerade von einem anderen Mann kommt.

Dort wo regelmäßige Prostituiertenbesuche Ausdruck von überwiegend ödipalen Konflikten sind und der heimlichen Befriedigung von unbewußten Inzestwünschen dienen, werden die libidinösen und aggressiven Gefühle in dem üblichen Ritual ausreichend befriedigt. Aus solchen Konstellationen heraus kommt es in der Regel nicht zu Aggressionsdelikten. Gewalthandlungen oder Tötungen von Prostituierten liegen dagegen meist *präödipale Störungen der Mutter-Sohn-Beziehung* mit einer stark narzißtischen Problematik und einer destruktiven Dynamik zugrunde. Solche Delikte werden häufig durch aktuelle narzißtische Kränkungen in der Tatsituation ausgelöst, die das narzißtische Gleichgewicht erschüttern und momentan Gefühle wie Bedrohtsein, Ausgesaugt- und Entleertwerden aktualisieren und destruktive Reaktionen auslösen. Solche typischen Kränkungen sind: erhöhte Geldforderungen, abfällige Bemerkungen über die Potenz oder das Genitale des Mannes, provokatives oder plötzlich abweisendes Verhalten der Frau. Das Durchbrechen präödipaler destruktiver Impulse ist besonders in solchen Fällen deutlich, bei denen die Aggression das Ausmaß der einfühlbaren Reaktion auf solche Kränkungen weit übersteigt und überschießende, «sinnlos»-destruktive Aktionen in Gang gesetzt wer-

den, die bis zur völligen Vernichtung führen. Dies zeigt folgende
Fallgeschichte:

Fallgeschichte 15

1. Die Lebensgeschichte
Der 26jährige Harald A. hat im Laufe eines Jahres zwei Prostituierte
getötet. Die Situation im Elternhaus während seiner Kindheit und
Jugend stellt sich folgendermaßen dar: Der Vater ist von Beruf Bäkker. Mit ihm hat er sich noch nie verstanden. Er fühlt sich vom Vater
abgelehnt. («Die Eltern mußten heiraten, weil ich unterwegs war.»)
Der Vater spricht ihn kaum je an, nennt ihn nie beim Vornamen, sagt
z. B., wenn der Sohn anwesend ist, zur Mutter, was er dem Sohn
sagen will. Das Wesentliche in dieser Beziehung scheint zu sein, daß
der Vater keine Beziehung zu dem Sohn herstellt, ihn nicht als Person akzeptiert, sondern in ihm eine Art Parasit sieht, der Geld kostet
und lästig ist. Er rechnet dem Sohn immer vor, was er kostet und was
er mit seiner Arbeit in der elterlichen Landwirtschaft einbringt. Der
Sohn fühlt sich als billige Arbeitskraft ausgenutzt. Die Beziehung zur
Mutter ist etwas besser. Er schildert sie als eine kühle und strenge
Frau, die ihn aber gelegentlich vor dem Vater in Schutz nimmt. Er
hängt an der Mutter bis heute, denkt viel, wenn er etwas tut, wie die
Mutter das wohl beurteile. «Ich bin heute noch nicht richtig erwachsen.» Aus dem Gefühl heraus, daß die Eltern ihn nicht mögen und ihn
ausnutzen, wendet er sich an eine Tante und an die Großmutter, bei
denen er sich als Kind häufig aufhält; sie sind gut zu ihm und stecken
ihm auch ab und zu etwas zu. Gegenüber den jüngeren Geschwistern
fühlt er sich isoliert und zurückgesetzt. Es ist auffällig, daß er aus der
Kindheit vorwiegend Szenen destruktiven Inhaltes erinnert: Der
Hund der Familie wird überfahren und liegt mit herausgerissenen
Augen auf der Straße. Ein Bruder stirbt unmittelbar nach der Geburt.
(«Die Mutter lag da mit Zwillingen, auf einmal war der eine weg.») Als
er dreizehn Jahre alt ist, wird ein anderer Bruder überfahren, er
beobachtet den Unfall, bei dem der Bruder einen bleibenden Hirnschaden erleidet. In seiner Jugend verletzt er den Großvater aus
Versehen mit einer Heugabel im Gesicht, so daß der Großvater aus
einer Wunde blutet. Seit der Kindheit hat er bis heute folgende Einschlafgewohnheiten: Er kann nicht allein schlafen, sondern steckt

sich in seinen Schlafanzug ein Kopfkissen oder nimmt ein Keilkissen vor dem Einschlafen zwischen die Beine und umarmt es.

Auf der Volksschule zeigt er entsprechend seiner guten Intelligenz überdurchschnittliche Leistungen, ist aber ein isolierter Außenseiter: Er hat kaum Kontakte, hat Durchsetzungsschwierigkeiten («ich habe alles mit mir machen lassen»), kann in der Gruppe nicht reden, errötet, wenn er angesprochen wird, und hat Angst vor anderen, die ihn häufig verprügeln. «Ich selbst konnte keinem etwas tun.» Er bleibt anderen gegenüber gehemmt, mißtrauisch und verschlossen und wittert ständig Bedrohungen von außen. Er hat sich immer untergeordnet und nachgegeben. Er zieht sich zurück, liest sehr viel und lebt in Tagträumereien. Während seiner Lehre in einer Sparkasse bekommt er kaum Taschengeld, kann deshalb nicht mithalten, wenn Arbeitskollegen etwas unternehmen. Deshalb unterschlägt er einen geringen Geldbetrag und muß die Lehrstelle aufgeben. Er zieht sich noch mehr zurück, zumal, wie er meint, in dem kleinen Ort alle über die Unterschlagung Bescheid wissen. Der Lehrabbruch hat ihn in seinem Selbstbewußtsein stark getroffen. «Dabei war ich der Beste in der Schule und war nur noch Hilfsarbeiter.» Er beginnt damals, häufig und viel Alkohol zu trinken. Unter Alkohol fühlt er sich besser. «Ich habe dann keine Hemmungen und werde auch nicht mehr rot. Wenn ich betrunken war, dann habe ich so rumgesponnen, dummes Zeug erzählt, habe dann richtig angegeben und bin auch frech geworden.» Weil er im Heimatort «als Trinker verschrien» ist, will er fort und verpflichtet sich für vier Jahre zur Bundeswehr. Dort fühlt er sich zunächst recht wohl, hat Kameraden, mit denen er reden kann. Ihm gefällt die Uniform, sie stärkt sein Selbstgefühl. Er entwickelt Ehrgeiz, bei der Bundeswehr etwas zu werden, um seinen Eltern zu zeigen, daß er wer ist. Aber bald hat er auch dort Schwierigkeiten. «Von anderen wurde ich nicht für voll genommen, nur ausgelacht. Deshalb habe ich so viel getrunken und wurde wieder als Trinker bekannt.» Er soll vorzeitig entlassen werden, als er in betrunkenem Zustand «aus Jux, um zu knallen», zu Silvester eine Pistole entwendet. Um der Blamage einer Entlassung zu entgehen, desertiert er und wird bestraft. Nach diesem gescheiterten Versuch, sich vom Elternhaus zu lösen, kehrt er zurück, findet die gespannte Atmosphäre aber unerträglich und betäubt sich mit Alkohol. Gelegentlich wird er, wenn er betrunken ist, aggressiv. Einmal hat er «einen Zigarettenautomaten mit einem Brecheisen kurz und klein geschlagen». Immer wieder bricht er von zu Hause aus und fährt für kurze Zeit in das nahegelegene Frankfurt, kommt aber dort allein nicht zurecht und kehrt zu den Eltern zurück. Etwa ein Jahr vor der Tat hat er einen Bankkredit in Höhe von 1500 DM aufgenommen, «um einen drauf zu machen, den großen Mann zu spielen, Bardamen aufzusuchen und was zu erleben». Unter Alkohol wird er immer streitsüchtiger und gereizter, «mit mir war nicht gut Kirschenessen, und alle gingen mir aus dem Wege». Nüchtern ist er gutmütig, möchte Schwachen helfen, ist weich und sensibel. «Wenn andere reden oder lachen, dann beziehe ich das gleich auf mich und bin gekränkt.»

Seine sexuelle Entwicklung ist bestimmt durch eine prüde Atmosphäre im Elternhaus. Bei der Masturbation hat er Angst, die Mutter könne etwas merken. Die Mutter hat auch einige Male Flecken im Bett gesehen und von «Sauerei» gesprochen und ihn geschlagen. In der Pubertät lebt er viel in sexuellen Tagträumereien, schwärmt Mädchen aus der Entfernung an, die für ihn unerreichbar sind, da er sehr schüchtern ist und ständig errötet. «Ich habe deshalb nie gewagt, ein Mädchen anzusprechen, die haben mich immer nur ausgelacht.» In seinen Vorstellungen beschäftigt er sich mit älteren Frauen, die er idealisiert. Ältere Frauen sind für ihn etwas «Erhabenes» und «Verehrungswürdiges». Während der Bundeswehrzeit verliebt er sich in ein vierzehnjähriges, noch sehr kindliches Mädchen, das sich schnell von ihm distanziert, als er schüchterne Annäherungsversuche unternimmt. Mit 22 Jahren hat er seinen ersten Geschlechtsverkehr mit einem Animiermädchen, dem er im Laufe eines Abends in einer Bar 700 DM spendiert hat. Dieses Erlebnis hat er in sehr schöner Erinnerung und betont, daß diese Frau ihn auch gern gemocht und den Geschlechtsverkehr «aus Liebe» gemacht habe. Wiedergesehen hat er sie nicht. In der Folgezeit ist er ständig auf der Suche nach Frauen. «Für mich gab es nur noch zwei Dinge: Arbeit und Mädchen.» Im Bordell ist er nie gewesen, er verabscheut die geschäftsmäßige Atmosphäre. Statt dessen sucht er Lokale auf, in denen sich meistens ältere Gelegenheitsprostituierte aufhalten. Diesen Frauen gegenüber ist er spendabel, läßt sie gelegentlich bei ihm nächtigen, wenn sie ohne Unterkunft sind, gibt ihnen Geld und Geschenke, hat aber nie für einen Geschlechtsverkehr bezahlt. Darauf legt er großen Wert. Einmal lebt er acht Tage lang mit einer ehemaligen Prostituierten in einem Hotel zusammen. Er hat damals daran gedacht, sie zu heiraten. «Sexuell konnte die gar nicht genug bekommen, da konnte ich nicht richtig mithalten. Die hat mich sexuell richtig angelernt.» Als sein Geld verbraucht ist, verläßt sie ihn heimlich. Er ist zunächst wütend, fühlt sich ausgenutzt, versucht dann, sie wiederzufinden, und trägt sich mit Suizidgedanken, als er sie nicht findet.

Am Tage der ersten Tat hat er den Tag über wieder einmal getrunken und nachmittags in einem Lokal eine Frau kennengelernt. Dort tanzt er mit ihr und wird zärtlich. Sie erzählt ihm, sie sei in Not, ihr Freund sei in Haft, sie wisse nicht, wie sie sich durchschlagen solle. Er gibt ihr «aus Mitleid» Geld, um ihr zu helfen. Später nimmt sie ihn mit auf ihr Zimmer. Dort findet sie einen Brief ihres Freundes vor. Als Harald A. zärtlich werden will, während sie diesen Brief liest, weist sie ihn ab und sagt, er solle sie in Ruhe lassen. Als er weiter drängt, beißt sie ihn in den Finger. «Da hat es bei mir ausgesetzt.» Er würgt sie, bis sie sich nicht mehr regt. «Ich war völlig in Panik und fertig.» In der nächsten Zeit trinkt er nur noch, um seine Unruhe und Angst zu betäuben. «Es war eine schreckliche Zeit. Ich habe nur durchgesoffen. Ich dachte auch daran, mich zu stellen, und stand schon vor der Polizei, dann ließ ich aber wieder davon ab.» Er trägt sich mit Selbstmordgedanken. In Lokalen findet er hin und wieder Kontakte zu Frauen. Einmal geht er mit einer zehn Jahre älteren Frau in ihre Wohnung. Während des Geschlechtsverkehrs erzählt er ihr, er habe eine Frau umgebracht. Die Frau glaubt ihm nicht, will aber nun die sexuellen Handlungen nicht mehr fortsetzen. «Da bin ich durchgedreht», er springt auf das Fensterbrett und will sich hinunterstürzen.

Die zweite Tat geschieht während der Weihnachtszeit. «Weihnachten ist für mich immer ein schreckliches Fest, da kommt mir das Ganze hoch. Mich widerte das Leben an, das ich führte.» Abends sucht er seine Arbeitsstelle auf, bei der er seit Monaten tätig ist und wo man ihn wegen seiner guten Arbeitsleistungen schätzt. Dort entwendet er 300 DM und betrinkt sich. In einem Lokal lernt er eine ältere Prostituierte kennen und spendiert Getränke für sie. Sie erzählt ihm, sie sei knieleidend, könne aber keinen Arzt bezahlen. Aus diesem Grunde gibt er ihr 50 DM. Später in einem Hotelzimmer trinken und reden sie zusammen. Als er zärtlich wird, fordert sie für ihn überraschend 100 DM. «Dabei hatte ich Sekt mit auf das Zimmer genommen, damit es gemütlicher wird.» Es entsteht ein Wortwechsel, in dessen Verlauf sie ihn als «impotenten Hund» beschimpft. «Da ist der Film gerissen.» Die Tatrekonstruktion ergibt, daß er sie erwürgt, ein Trinkglas auf ihrem Gesicht zerdrückt und eine Sektflasche in ihren Hals und in ihren After gesteckt hat. Er selbst erinnert sich an den Tatablauf nicht. Er läuft aus der Wohnung, ruft seinen Arbeitgeber an, gesteht den Gelddiebstahl und droht, zu kommen und alle zu erschießen. Daraufhin telefoniert er mit der Frau, der gegenüber er vor einiger Zeit schon die erste Tat gestanden hat, und sagt ihr, es sei etwas Furchtbares geschehen. Wenig später wird er verhaftet.

2. *Psychodynamische Interpretation*

Betrachtet man die letzten Fallgeschichten, bei denen es um die Tötung von alten Frauen und/oder Prostituierten geht, dann finden sich sehr auffällige Entsprechungen und Ähnlichkeiten. Die Väter werden als abschreckend erlebt, nicht weil sie besonders streng oder autoritär sind, sondern weil sie zu den Söhnen keinerlei Beziehungen herstellen, sie als Unperson behandeln. In ständigem Konflikt mit der Ehefrau gefangen, sind diese Väter passiv, schwach, unterlegen und kompensieren dies durch Aggressivität und Gewalttätigkeit unter Alkohol. Die Beziehung der Eltern ist eine Kampfbeziehung, in der kein Raum für Wärme und zärtliche Regungen ist. Der Beziehungslosigkeit zum Vater entspricht ein fehlendes oder konturenloses inneres Vaterbild.

Die Mütter sind in der Familie dominierend. Sie haben etwas Hartes, Beherrschendes, Abweisendes und sind darauf bedacht, alles zu kontrollieren und sich ihrer Umgebung zu bemächtigen. Es scheint das Problem dieser Mütter zu sein, daß sie Männlichkeit in ihrer Umgebung nicht akzeptieren können, sondern mit Abweisung, Verachtung und Kampf reagieren. Für den Umgang mit den Söhnen hat dies zur Folge, daß sie diese einerseits nicht freigeben, nicht zulassen können, daß die Söhne selbständig werden, weil die Mütter alles und alle unter ihrer Kontrolle und Verfügung haben müssen. Andererseits verhalten sie sich den Söhnen als männlichen Wesen gegenüber abweisend. Dieser männerverachtenden Haltung entspricht, daß diese Mütter von den Söhnen mit prostituiertenhaften Zügen wahrgenommen werden. Wenn die Mütter die Trennung, die innere Ablösung von den Söhnen nicht zulassen, dann geschieht dieses Behaltenwollen nicht aus narzißtischen Bedürfnissen. Wahrscheinlich sind es Ängste vor eigenen unkontrollierten Triebimpulsen, die sie dazu verleiten, alles kontrollieren zu müssen.

Die Auswirkungen dieser Elternkonstellationen auf die Persönlichkeitsentwicklung, die Art der Persönlichkeitsstörung und den psychodynamischen Ausdrucksgehalt dieser Tötungshandlungen haben wir in den Interpretationen der Fallgeschichten 12 und 13 beschrieben. Wir beschränken uns hier daher darauf, einige Besonderheiten zu erwähnen.

In der Schilderung seiner Beziehung zu den Eltern und zu anderen Personen erwähnt Harald A. besonders, was er von ihnen bekommen und nicht bekommen hat. Die Kontakte zu den Prostituierten werden immer so angebahnt, daß er den Frauen etwas zusteckt. Beziehungen sieht er allein unter dem Aspekt oraler Versorgung oder Versagung. In den auffälligen Einschlafgewohnheiten erhält das Kissen bis ins Erwachsenenalter hinein die Funktion des Übergangsobjekts, das ihn vor paranoiden und depressiven Ängsten zu schützen vermag. Das auffällige Haften massiver destruktiver Erinnerungen aus der Kindheit signalisiert starke Vernichtungsängste und eigene destruktive Impulse, die er weitgehend verleugnen und reaktionsbildend abwehren kann mit seiner überaus friedfertigen, aggressionsunfähigen Haltung. Sein ständiges Erröten in Gegenwart von Frauen dient unbewußt ebenso dem Ausweichen vor realen Beziehungen wie das Phänomen, daß er Frauen in seiner Vorstellung idealisiert, sie zu verehrungswürdigen Wesen macht, denen er in der Realität nicht begegnen kann. In den Ängsten vor realen Beziehungen sind einmal Ängste vor der bemächtigenden, ihn beschädigenden und vernichtenden Frau enthalten, sodann aber auch Ängste vor den eigenen destruktiven Impulsen. In seinen Beziehungsansätzen zu den älteren Prostituierten ist auffällig, wie er die reale Situation aus diesen Ängsten heraus verleugnet: Er fühlt sich nur dann sicher, wenn er die Frau zu einem schwachen, hilfsbedürftigen Wesen macht, demgegenüber er sich als gutmütiger Helfer darstellen kann. Dadurch, daß er die Beziehung Wohltäter-Hilfsbedürftige herzustellen sucht, verliert die Frau etwas von ihrem Bedrohlichen und ist nicht mehr so sehr in Gefahr, das Objekt seiner aggressiven Impulse zu sein. Dieses Verhalten erinnert an die Abwehr des Depressiven, der durch bemutterndes Verhalten das Liebesobjekt schützt. Zu den beiden Tötungshandlungen kommt es dadurch, daß die Frau diese Illusion zerstört und ihn mit der realen Situation Prostituierte-Freier konfrontiert. Es entladen sich nun zerstörerische Impulse, die zu der realen Kränkung in keinem Verhältnis mehr stehen.

Wir geben zum Schluß noch eine letzte Fallgeschichte wieder, die trotz einer ähnlichen Grundproblematik einige Besonderheiten aufweist.

Fallgeschichte 16

Ernst G., ein 44jähriger Diplom-Kaufmann, selbständiger Unternehmensberater, steht vor Gericht, weil er im Laufe von drei Jahren in zwölf Fällen Prostituierte gewaltsam attackiert und mit massiver Drohung und mit Schlägen zum unentgeltlichen Geschlechtsverkehr und zur Fellatio gezwungen hat. Ähnliche Delikte sind im gleichen Zeitraum in Holland und in der Schweiz Gegenstand von Ermittlungsverfahren.

Die Vorgeschichte zeigt wiederum eine massive, noch hochaktuelle Mutterproblematik: Die Ehe der Eltern ist früher äußerst gespannt gewesen, die Mutter eine dominierende, unverträgliche und zänkische Frau, die alle Familienmitglieder zu tyrannisieren versucht. Der Vater ist ein ängstlicher, weicher und schwacher Mann, der gegen die Mutter nicht ankommt. Im Elternhaus herrscht eine lieblose Atmosphäre. Ernst G. hat Zärtlichkeiten oder auch nur Freundlichkeiten unter den Eltern nie erlebt. Die Eltern kämpfen zwar ständig gegeneinander, können aber auch nicht auseinandergehen. Sie sind aufeinander angewiesen und bilden eine Kampfgemeinschaft mit einer neurotischen gegenseitigen Abhängigkeit. Der Patient hat als Kind unter diesen Verhältnissen sehr gelitten. Die Tendenz der Mutter, alles und alle zu kontrollieren und sich anderer Menschen zu bemächtigen, richtet sich auch gegen ihn als den einzigen Sohn. Er lebt geradezu in der Umklammerung durch eine Mutter, die alles überwacht und verbietet, die Kontakte zu anderen Kindern unterbindet, da sie den Sohn ganz für sich haben will und eifersüchtig auf alle Beziehungsversuche des Sohnes reagiert.

Wir finden hier in prototypischer Ausprägung die charakteristische Eltern-Kind-Konstellation wieder, die wir wiederholt beschrieben haben: Die Ehe der Eltern als Kampfbeziehung (sadomasochistische Kollusion nach J. Willi (1975) zwischen einem schwachen und passiven Vater und einer beherrschenden aktiven Mutter, die in ihren zwanghaften Überwachungstendenzen den Sohn nicht entlassen, keine festen Grenzen zwischen sich und dem Sohn zulassen kann. Es ist eine unabgelöste narzißtische Beziehung, in der die Mutter in ihrem Sohn ein Stück eigener abgewehrter Triebhaftigkeit kontrolliert. Im Unterschied zu den bisherigen Fällen fehlt jedoch das Entwertende, Abweisende und Herabwürdigende in der Beziehung zum Sohn. Im Gegenteil hat die Mutter etwas Einzigartiges und Großes in den Sohn hineinprojiziert und immer Besonderes von ihm erwartet. Deshalb ähnelt seine psychische Entwicklung nur teilweise den bisherigen Fallgeschichten. Als Kind ist er zwar verschüchtert, ängstlich, weich und sehr beeindruckbar, hat starke Kontaktschwierigkeiten. Er ist aber immer bestrebt gewesen, fehlende Zuwendung und das Mißlingen seiner Versuche, sich in die Gruppe von Gleichaltrigen einzugliedern, durch ausgeprägtes Leistungsstreben auszugleichen. Bei guter Intelligenz hat er schulische Erfolge, ist wendig, differenziert und produktiv. Um die Pubertät herum verlagert er die starke Leistungsorientiertheit auf sportliche Betätigung und hat dort gute Erfolge. Dies bringt ihm Anerkennung, dadurch kommt er aus seiner Isolierung heraus und findet besser Anschluß.

Auffällig bei ihm ist ein offenbar von der Mutter induziertes und von ihm übernommenes Gefühl von eigener Größe. Die Gespräche mit ihm erschöpfen sich auf weite Strecken darin, daß er seine weltgewandte Überlegenheit, die Einmaligkeit seiner Erfolge als international anerkannter Mann der Wirtschaft, seine Bedeutung und seinen Einfluß demonstriert. Mit Hilfe dieses irrealen Selbstkonzeptes gelingt es ihm weitgehend, seine Unselbständigkeit und unabgelöste Abhängigkeit von der Mutter zu überspielen. Äußerlich gesehen hat es daher den Anschein, als habe er sich frühzeitig und relativ konfliktlos aus der mütterlichen Umklammerung lösen und eine Distanz zum Elternhaus gewinnen können. Sein Lebensweg ist sehr erfolgreich: Er macht Abitur, studiert, baut sich eine gute berufliche Position aus. Er hat in seinem Leben immer sehr viel gearbeitet, ist ein Mensch, der ständig in Bewegung sein muß, der große Pläne, Projekte und Beschäftigungen braucht, der nicht untätig sein und stillsitzen kann. Seine allgemeine Unruhe und Nervosität ist auch ein Ausdruck dafür, daß er von Kindheit an den Aktivitäts- und Leistungsbereich zur Kompensation seiner Schwierigkeiten und Konflikte einsetzt; so verfügt er über eine nur geringe Konfliktwahrnehmung.

Die sexuelle Entwicklung steht unter dem Einfluß der triebfeindlichen, kontrollierenden Mutter. In der Pubertät und der frühen Jugendzeit hat er sexuelle Bedürfnisse kaum wahrgenommen, hat alle Aktivität in Sport und schulische Leistungen investiert. Bereits mit fünfzehn Jahren macht er die Bekanntschaft seiner späteren Ehefrau. Diese Beziehung führt aber nur äußerlich zu einer Lösung vom Elternhaus; denn er verlagert lediglich seine Mutterproblematik in diese Beziehung. Auch seine Frau stammt aus konflikthaftem Elternhaus. Beide haben sich mit einer ähnlichen Problematik zusammengetan und sich gegenseitig in den Bewältigungsversuchen ihrer Konflikte unterstützt. Von der Ehefrau wird deutlich empfunden, daß er sehr stark mütterliche Seiten in ihr sucht und sieht, sie ständig mit der Mutter vergleicht und seine Zuneigung nur dadurch zum Ausdruck bringt, daß er ihr zu verstehen gibt, sie sei in allem besser als seine Mutter. Vom siebzehnten Lebensjahr an hat er regelmäßig sexuelle Beziehungen zu der Frau. Er heiratet sie mit zwanzig Jahren. Aus der Ehe stammt eine Tochter. Die sexuellen Beziehungen sind nie besonders leidenschaftlich und intensiv. Emotional ist er in seiner Familie stark verwurzelt, sie bedeutet ihm viel, ist sein Ruhepunkt bei der starken beruflichen Belastung. Das Idyllisch-Friedfertige, Spannungsarme dieser Beziehung erklärt sich daraus, daß er hier seine regressiv-symbiotischen Wünsche befriedigt – und zwar mit einer Frau, die einerseits positive mütterliche Qualitäten verkörpert: Sie ist fürsorglich, ist ganz auf ihn ausgerichtet, gibt ihm Geborgenheit und emotionale Wärme. Andererseits hat er eine Frau gewählt, die in ihrem Wesen einen Kontrast zu seiner Mutter darstellt: In ihrer weichen, ängstlichen, empfindlichen, schutzbedürftigen und etwas kindlichen Art ist sie eine Frau, die er bei all ihren mütterlichen Qualitäten nicht fürchten muß und mit der er sich nicht aggressiv auseinanderzusetzen braucht.

Es sieht zunächst so aus, als habe er damit seine problematische Mutterbeziehung gut kompensiert. Daß dies nicht so ist, zeigt sich darin, daß es neben der unauffälligen, biederen Normalität seiner sozialen und sexuellen Beziehungen noch einen anderen, verheimlichten Bereich gibt: Es kostet ihn sehr große Überwindung, sich selbst und dem Gutachter einzugestehen, daß die so überaus harmonisch geschilderte Beziehung zu seiner Frau letztlich für ihn unbefriedigend geblieben ist. Sein ganzes Leben hat er sich wie eingeklemmt und gefangen gefühlt, so als müsse er immer gegen alles ankämpfen. Früher ist es gegen die Mutter gewesen, dann gegen die

Ehefrau – nicht, weil diese ihn aktiv kontrolliert, sondern weil sie ihn durch ihre Abhängigkeit und Schwäche angebunden und unfrei gehalten hat. Auch die sexuellen Beziehungen sind wenig befriedigend. Er hat die ganzen Jahre hindurch heimlich regelmäßig masturbiert, hat starke Ausbruchsphantasien, die er aber mit starken Schuldgefühlen abwehrt. Auch hierin liegt ein Grund für die permanente Unruhe und Gespanntheit. Immer wieder kommt es bei ihm, der als überaus gutmütig und friedfertig gilt, zu unkontrollierten Wutausbrüchen, mit denen er sich Luft verschafft.

Von jeher ist er stark fasziniert durch das Prostitutionsmilieu, insbesondere durch Prostitution auf sehr niedrigem Niveau, den sogenannten Straßenstrich. Wenn er, wie häufig, von Berufs wegen unterwegs ist, sucht er dieses Milieu auf, läuft stundenlang durch die Straßen, ohne zunächst aber Kontakte zu den Prostituierten aufzunehmen. Er beschränkt sich anfangs nur auf Gucken und das Aufnehmen dieser Atmosphäre. Etwa drei bis vier Jahre vor seiner Verhaftung wird seine innere Spannung immer unerträglicher. In die Faszination beim Anblick von Prostituierten mischt sich immer mehr ein diffuses, heftiges Wutgefühl. «Ich habe sie gehaßt wie die Pest.» Wut, so rationalisiert er, hat er, weil diese Frauen schmutzig und niedrig sind, nur Geld haben wollen und mit den Männern spielen und sie ausnutzen. «Es sind Frauen, die herausfordern, alles beherrschen; ich hatte immer das Gefühl, gegen sie ankämpfen zu müssen, sie zu bezwingen.» Er geht dazu über, Prostituierte anzusprechen, sie in seinem Auto mitzunehmen, ihnen dann Geld zu verweigern und sie mit Beschimpfungen aus dem Auto zu werfen. Schließlich werden seine steigenden Wutgefühle dadurch nicht mehr besänftigt. Er wird gegen diese Frauen aggressiv und zwingt sie zu sexuellen Handlungen. Es ist ihm dabei, wie er sagt, nicht um die sexuelle Befriedigung gegangen, sondern um die Befreiung von seinen diffusen Wutgefühlen. Diese Taten bekommen immer mehr den Charakter des Dranghaften und Unwiderstehlichen. «Ich hatte das Gefühl, die muß ich besiegen, dann ist alles gut.» Im Zusammenhang mit den Wutgefühlen äußert er einmal: «Wenn meine Mutter stirbt, dann bin ich geheilt, dann ist alles gut.» Er ist zugleich betroffen über solche Phantasien.

Obwohl ihm im Gegensatz zu den bisherigen Fallgeschichten eine reifere und stabilere Anpassung gelingt, ist seine psychische Struktur von präödipalen Störungen mitbestimmt. Auch er lebt mit seiner ständig aktuellen, unabgelösten Beziehung zur Mutter. In seiner Ehe hat er einen zunächst recht stabilen Kompromiß erreicht: Einerseits kann er die positiven Seiten seiner Mutterbeziehung fortsetzen und seine symbiotischen Wünsche befriedigen, andererseits verdrängt er die aggressiven und ängstigenden Seiten. Diese verdrängten Impulse agiert er Prostituierten gegenüber aus: Zum einen sind es auf Prostituierte verschobene Haßgefühle gegenüber der Mutter, zum anderen dienen diese Handlungen unbewußt der Entlastung vom Druck seines unreifen Über-Ich, indem er die schmutzig-triebhaften Impulse in die Prostituierten projiziert und dort attackiert und bestraft. Diese Kanalisierung seiner aggressiven und destruktiven Impulse ermöglicht ihm nicht nur eine stabile Beziehung zu seiner Ehefrau, sondern überhaupt seine erfolgreiche, unneurotisch wirkende soziale Anpassung.

Die dargestellten Fälle und auch die theoretischen Überlegungen machen plausibel, warum die Beziehung zwischen Prostituierter und Freier zumeist latent oder manifest aggressiv aufgeladen ist. Der Beruf der Prostituierten ist deshalb der gefährlichste Berufsstand. Gerade die Anonymität der Beziehung erleichtert die Projektion. Die mythischen Gestalten der «großen Hure» und Urmutter mit den dämonischen, verschlingenden, gefährlichen Zügen erinnern an die Phantasien von der präödipalen Mutter. Potenziert wird diese aggressive Aufladung dadurch, daß auf seiten der Prostituierten häufig komplementäre Wünsche befriedigt werden: Prostituierte sind häufig frigide oder lesbisch, verachten Männer und sind darauf aus, Männer auszunehmen und zu benutzen, sie klein zu machen, abzufertigen und sich an ihnen zu rächen. Die oft erwähnte Ventilfunktion der Prostitution liegt weniger darin, daß sie einen Überschuß an sexuellen Energien auffängt. Ventilfunktion hat sie vielmehr deshalb, weil hier spezifische neurotische Konflikte kanalisiert und ausgelebt werden können, von denen dann partnerschaftliche Beziehungen und soziales Handeln entlastet werden. Von daher erklärt sich, warum der Prozeß der sexuellen Liberalisierung, demzufolge es leichter geworden ist, außereheliche sexuelle Kontakte anzuknüpfen, nicht zu einer Verringerung der Prostitution geführt hat, geschweige denn zu ihrem Verschwinden.

4 Die Konsequenzen

4.1 Die forensische Beurteilung der Schuldfähigkeit

Wir haben uns bisher bemüht, aus der Lebensgeschichte die Persönlichkeitsentwicklung von Patienten zu rekonstruieren und die für die Straftaten wesentlichen psychodynamischen Prozesse herauszuarbeiten – in der Absicht, so etwas wie einen Verstehenszusammenhang aufzuzeigen. Mit dem Schritt von diesen Bemühungen um ein Verstehen zur forensischen Beurteilung der Schuldfähigkeit begibt man sich auf eine andere Ebene der Betrachtung. Dieser Wechsel der Ebenen, der zugleich ein Verlassen der im engeren Sinne ärztlichen Betrachtungsweise beinhaltet, ist immer dann unvermeidlich, wenn forensische Fragestellungen auftauchen. Das Urteil über die Verantwortlichkeit des Handelns ergibt sich keineswegs bereits aus dem Zusammenhang, der sich zwischen einer Handlung und den Ängsten, Konflikten und Impulsen einer Persönlichkeit aufzeigen läßt. Der immer wieder erhobene Vorwurf gegen psychodynamische Bemühungen im Gerichtssaal, diese führten zwangsläufig zu einer blinden und uferlosen Exkulpierung allerorts, ist gegenstandslos und unberechtigt. «Aus gewöhnlich schwacher Kenntnis der Tiefenpsychologie erwächst das so verbreitete wie stereotype Vorurteil der Psychiater, der Psychoanalytiker müsse mit dem Begriff des Unbewußten auf jeden Fall Unzurechnungsfähigkeit und Exkulpation verbinden» (BRÄUTIGAM 1972, S. 777).

In einem Brief an JUNG schrieb FREUD am 29. 2. 1912: «Unzurechnungsfähigkeit ist bekanntlich keine Auskunft aus der Tiefenpsychologie» (1974, S. 541). Auf einer gleichen Ebene liegt die ebenso gängige wie abwegige Meinung, die psychoanalytische Betrachtungsweise impliziere die Vorstellung eines vollständigen Determinismus und verbreite die Ansicht einer Zwangsläufigkeit und Unausweichlichkeit bestimmter Persönlichkeitsentwicklungen und Handlungen. Der Anspruch einer psychodynamischen Betrachtungsweise ist demgegenüber sehr viel bescheidener: Sie unternimmt lediglich den Versuch, nachträglich die intrapsychischen Prozesse, den dynamischen Hintergrund für ein konkretes Handeln, die Straftat, aufzuzeigen. Sie will und kann daraus nicht die Aussage ableiten, daß es so und nicht anders kommen mußte. Verläßliche Prädiktoren für kriminelle Aktionen lassen sich aus der Kenntnis einer Persönlichkeitsstruktur nicht ableiten. Wir sind gar nicht selten in der ärztlichen Sprechstunde in dem Konflikt, daß sich sexuell Deviante mit aggressiven Phantasien an uns wenden und wir deren reale Gefährlichkeit und Gefährdung nicht verläßlich abschätzen können.

Die psychodynamische Methode ist im Prinzip ebenso wie jede andere wissenschaftliche Theorie der Persönlichkeit geeignet, den Schritt zur forensischen Beurteilung der Schuldfähigkeit zu vollziehen. Eine solche Beurteilung findet in dem fest abgesteckten Rahmen des Schuldstrafrechts und des geltenden Gesetzes statt, und jeder, der forensisch tätig ist, hat sich an diesen Rahmen zu halten, muß sich innerhalb der gesetzten Grenzen bewegen und die im Gesetzbuch beschriebenen Beurteilungskriterien übernehmen. Sonst ist eine Verständigung mit dem Gericht und damit eine sinnvolle forensische Arbeit nicht möglich. Wenn wir diese Grenzen und die vorgegebenen Kategorien näher betrachten, dann zeigt sich, daß heute nach der Reform des Strafrechts differenziertere Möglichkeiten der Beurteilung vorgezeichnet sind als früher – und zwar durch neue Beurteilungskriterien, die einer psychodynamischen Betrachtungsweise entgegenkommen und sie geradezu notwendig machen.

Die hier interessierenden Veränderungen der Rechtsprechung beziehen sich auf das Problem, ob überhaupt und inwieweit Persönlichkeitsstörungen, die nicht den klassisch-psychiatrischen Krankheitsbildern (Geistes- und Gemütskrankheiten, schwere hirnorganische Veränderungen, schwere Intelligenzdefekte etc.) zuzuordnen sind, zu einer Verminderung oder Aufhebung der Schuldfähigkeit führen können, insbesondere schwere neurotische Entwicklungen und sexuelle Deviationen. Die Auseinandersetzung um diese Fragen hat eine längere Vorgeschichte. Die alte, bis vor kurzem gültige Rechtsprechung hatte die Möglichkeit einer Schuldunfähigkeit für im psychiatrischen Sinne nicht kranke Persönlichkeitsstörungen ursprünglich nicht vorgesehen. Der alte § 51 des Strafgesetz-

buches lautete:
Eine strafbare Handlung ist nicht vorhanden, wenn der Täter zur Zeit der Tat wegen Bewußtseinsstörung, wegen krankhafter Störung der Geistestätigkeit oder wegen Geistesschwäche unfähig ist, das Unerlaubte der Tat einzusehen oder nach dieser Einsicht zu handeln.

Die Zweifel an der Berechtigung dieser starren Kategorisierung in krank/nichtkrank, verantwortlich/nichtverantwortlich wuchsen, und lange vor der Strafrechtsnovellierung wurde die Handhabung des § 51 flexibler. Diese Zweifel tauchten vor allem bei einigen sexuell devianten Straftätern auf, die den Eindruck besonderer «Gestörtheit» und «Krankhaftigkeit» machten, obwohl sie in die klassischen Krankheitskategorien der Psychiatrie nicht hineinpaßten. Von einem solchen Devianten kann man bezüglich der im § 51 enthaltenen Begriffe schwer sagen, er leide an einer Bewußtseinsstörung; denn in der Regel erinnert er sich an alles und nimmt seine Handlungen bewußt wahr. Auch eine «Geistesschwäche», ein erheblicher Intelligenzdefekt, liegt in der Regel nicht vor. Unter einer «krankhaften Störung der Geistestätigkeit» versteht man gewöhnlich Psychosen, also Geistes- oder Gemütskrankheiten, unter denen ein solcher sexuell Devianter ebenfalls nicht leidet. Einen ersten Schritt zur gesetzlichen Anerkennung der Tatsache, daß es u. a. auch im sexuellen Bereich so etwas wie eine «Krankheit» gibt, wurde durch ein Urteil des Bundesgerichtshofs vom 27. 11. 1959 getan. Es heißt dort:

Als krankhafte Störung der Geistestätigkeit können alle Störungen der Verstandestätigkeit sowie des Willens-, Gefühls- oder Trieblebens in Betracht kommen. Das gilt u. a. für eine naturwidrige geschlechtliche Triebhaftigkeit, wenn ihr Träger, insbesondere infolge Entartung seiner Persönlichkeit, nicht ausreichend widerstehen kann.

Dieser Ansatz, demgegenüber von seiten der Kriminalpsychiatrie Bedenken angemeldet und Unbehagen artikuliert wurde (vgl. WITTER 1970), wurde bei der Strafrechtsreform aufgegriffen und präzisiert. Der § 51 wurde ersetzt durch die §§ 20 und 21, in denen es heißt:

Ohne Schuld handelt, wer bei Begehung der Tat wegen einer krankhaften seelischen Störung, wegen einer tiefgreifenden Bewußtseinsstörung oder wegen Schwachsinn oder einer schweren anderen seelischen Abartigkeit unfähig ist, das Unrecht der Tat einzusehen oder nach dieser Einsicht zu handeln.

Die Reaktion der forensischen Psychiatrie war entweder die, daß erneut Bedenken gegen diese Neuerung formuliert wurden, Furcht vor «chaotischen Zuständen» (HADDENBROCK 1972), vor Auflösungsprozessen ausgedrückt wurden. «Bei welchem Trieb- oder Hangtäter aber läßt sich schon . . . eine ‹schwere seelische Abartigkeit› überhaupt ausschließen? Der Zwang zur In-dubio-pro-reo-Entscheidung . . . bedeutet aber einen unausweichlichen Trend zur Dekulpierung», schreibt HADDENBROCK 1972 im Handbuch der forensischen Psychiatrie (S. 846). Oder aber man war bemüht darzulegen, daß es sich bei der Änderung des Gesetzestextes lediglich um eine terminologische Neubenennung der alten Verhältnisse handle, die dem psychiatrischen Sprachgebrauch besser angepaßt sei (WITTER 1972); inhaltlich aber bleibe alles beim alten. Die Angst vor dem «Chaos» scheint bei einigen Strafrechtlern geringer zu sein. BAUMANN (1966) schreibt über die weitere Fassung des § 51: «Mag doch ruhig ein Täter durch die (groben) Maschen des Gesetzes schlüpfen. Wichtig ist, daß niemand in diesen Maschen hängen bleibt, der für seine Tat nichts kann» (S. 391).

Der Terminus «schwere seelische Abartigkeit» in den §§ 20 und 21, der ausdrücklich auch auf Neurosen und sexuelle Deviationen zielt, stellt die forensische Psychiatrie vor die Aufgabe, sich erneut und nachdrücklich Gedanken darüber zu machen, was als «schwere» und was als «nicht-schwere» seelische Störung anzusehen ist. Diese Aufgabe ist schwierig und allein wissenschaftlich-theoretisch wohl kaum zu lösen. Denn das, was man im strafrechtlichen Sinne als Exkulpierungsgrund akzeptiert und was nicht, ist weniger eine Frage der wissenschaftlichen Definition als vielmehr Ausdruck einer Konvention und stillschweigenden Übereinkunft. RAUCH (1962) schreibt dazu: «Wir halten uns dabei . . . an gewisse Regeln oder Konventionen, die ihrerseits nicht wissenschaftlich stichhaltig begründet werden können» (S. 305). Wahrscheinlich kann es, so sieht es im Moment aus, auch gar nicht anders sein. Die Aufgabe bestünde dann gegenwärtig darin, die von Konventionen abgesteckten Grenzen angesichts der neuen Formulierung im Gesetzestext weiter zu stecken. Praktische Erfahrungen in Gerichtsverhandlungen zeigen, daß von seiten der Juristen dazu auch eine Bereitschaft vorhanden ist. Vereinfacht und vergröbert ausgedrückt, sieht die *bisherige Konvention* so aus: Mit einer vollständigen Exkulpierung kann derjenige rechnen, der an einer Psychose oder zumindest einem psychoseähnlichen Zustand, an einer schweren hirnorganischen Krankheit leidet, intellektuell hochgradig minderbegabt ist oder im Vollrausch oder in einer Vergiftung eine Straftat begangen hat. Menschen mit der Diagnose «Psychopathie» oder «Neurose» oder «sexuelle Deviation» sind in der Regel voll verantwortlich, können «in schweren Fällen» allenfalls mit einer Teilexkulpierung rechnen.

WITTER hat in dem von ihm mitherausgegebenen, 1972 erschienenen Handbuch der forensischen Psychiatrie versucht, dieses System von Konventionen wissenschaftlich zu untermauern, und hat ein Beurteilungskonzept vorgelegt, das in seiner übersichtlichen Katalogisierung dem Bedürfnis des Juristen nach Systematik und Klarheit entgegenkommt, das aber in seinen Grundprämissen angreifbar ist:

1. WITTER geht aus von der fundamentalen Unterscheidung psychischer Auffälligkeiten in zwei Klassen: die quantitativen und die qualitativen psychischen Abnormitäten. WITTER stützt sich dabei auf den Psychopathiebegriff der klassischen Psychiatrie im Sinne von Kurt SCHNEIDER (1923). Danach ist Psychopathie eine Spielart, eine Variation des «normalen Menschen», die dadurch ausgezeichnet ist, daß sie quantitativ ein Zuviel oder Zuwenig bestimmter Charaktereigenschaften hat: Der «willensschwache Psychopath» hat unterdurchschnittlich wenig Willen; der «Gemütsarme» hat weniger Gemüt als der «Normale», der «Substanzarme» weniger Substanz, der «Selbstunsichere» weniger Selbstvertrauen. Bezüglich der forensischen Beurteilung gibt es hier keine Probleme. «Kurz zusammenfassend läßt sich bezüglich der Verantwortungsfähigkeit von psychopathischen Persönlichkeiten sagen, daß ‹reine Psychopa-

thie›, also allein eine abnorme Persönlichkeitsstruktur, die Verantwortungsfähigkeit nur äußerst selten erheblich einschränkt und soviel wie nie ausschließt» (WITTER 1972, S. 995). Dieses Konzept läßt sich nur so lange durchhalten, wie man sich mit der Beschreibung von «Charaktereigenschaften» und deren Bemessung und Gewichtung begnügt, einmal ganz abgesehen von dem methodisch fragwürdigen Unterfangen einer solchen Gewichtung: Wie und woran kann man Willen, Haltfähigkeit, schließlich gar Substanz messen? Für neurosenpsychologische Denkansätze gibt diese Unterteilung in quantitative und qualitative Abweichungen keinen Sinn. Dies wird aus unseren Fallgeschichten deutlich geworden sein: Das spezifisch Pathologische dieser Persönlichkeitsstrukturen läßt sich gerade nicht beschreiben als ein Gemisch aus zu wenig Gemüt, zu wenig Willen und zuviel Trieb o. ä., sondern beruht in einer *qualitativ* besonderen inneren Dynamik.

2. Als Kriterium für die Unterscheidung in quantitative und qualitative, d. h. nichtkranke und kranke oder krankhafte seelische Abnormitäten nennt WITTER das «Verstehen» von Handlungs- und Erlebnisweisen, deren Einfühlbarkeit – ganz im Sinne der klassischen Psychopathologie von Karl JASPERS (1923). Verständlich ist, was die «sinngesetzlichen Zusammenhänge des Erlebens» nicht beeinträchtigt, krank, was einen «Einbruch in die Sinnkontinuität der Lebensentwicklung» darstellt (WITTER). Unklar bleibt dabei letztlich, was als «Sinn» und wonach «Sinngesetzlichkeit» definiert wird. Es gibt Richtungen in der Psychiatrie, z. B. die Daseinsanalyse, die herausgearbeitet haben, daß die auf den ersten Blick unverständlich erscheinende Welt des Schizophrenen durchaus Sinn und Verständlichkeit hat, wenn man sich intensiver in sie hineinversetzt. Jeder Wahn hat für die Persönlichkeit eine bestimmte Funktion und steht in einem «Sinnzusammenhang». Je intensiver ein psychopathologisches Phänomen bearbeitet wird, desto eher wird so etwas wie ein Zusammenhang in der Entwicklung, eine Sinnkontinuität nachweisbar sein. Als objektiver Maßstab für Krankheit und Nicht-Krankheit eignet sich dieses Kriterium deswegen nicht, weil es beliebig davon abhängt, wo und wann man in seinem Bemühen um Verständnis Halt macht. Über die von uns beschriebene Gruppe

von Straftätern heißt es bei WITTER lapidar, man finde bei ihnen stets Kontaktarmut, Bindungsschwäche und Gemütsarmut gepaart mit einer sexuellen Triebanomalie, die nicht weiter zurückführbar oder erklärbar sei. So gesehen ist die «Sinnkontinuität» gewahrt, wenn es zu Tötungshandlungen kommt. Betrachtet man dagegen aus einer anderen Perspektive die frühen und schweren Persönlichkeitsstörungen und deren Auswirkungen, die vielfältigen Ängste, Konflikte, Abwehrbemühungen und schließlich den Zusammenbruch, dann gibt die Frage nach «Sinn» oder «Nicht-Sinn» nicht viel her. WITTERS Konzept unterscheidet sich nicht wesentlich von dem älteren und zu Recht kritisierten Kriterium der «Persönlichkeitsfremdheit», nach dem eine Tat dann als krankhaft bewertet wird, wenn sie «persönlichkeitsfremd» genannt wird. So bleibt denn auch am Ende alles beim alten.

Dieses Beurteilungskonzept kommt mit den Formulierungen des alten § 51 ohne weiteres aus. Bei der Diskussion um die Neufassung des § 51 wurde erwogen, ob der Begriff der «schweren seelischen Abartigkeit» nur als Voraussetzung einer erheblich verminderten Schuldfähigkeit (§ 21) gelten solle. Schließlich hat sich die Gesetzgebung jedoch dazu entschieden, daß aufgrund einer «schweren seelischen Abartigkeit» auch Schuldunfähigkeit gegeben sein kann. Diese gesetzliche Formulierung trägt der Erfahrung Rechnung, daß es Menschen gibt, die, obwohl nicht geisteskrank, nicht schwachsinnig, nicht unter Alkohol oder Drogen und nicht hirnkrank, dennoch so schwer gestört sind, daß sie als «krank» angesehen werden müssen. Sicherlich ist dies selten, darf aber von seiten der forensischen Psychiatrie nicht von vornherein negiert werden, will sie nicht von sich aus den Rahmen, der vom Gesetz gesteckt ist, enger ansetzen.

Ein befriedigendes Konzept, das mit wissenschaftlichen und objektiven Kriterien eine differenzierte forensische Beurteilung begründet, gibt es bisher nicht. Der Vorschlag von ALEXANDER und STAUB (1929), die strafrechtliche Verantwortlichkeit nach dem Grad der «Ich-Beteiligung» an einer Tat zu bemessen, ist ebenso unbefriedigend und läßt beliebigen Spielraum für individuelle Meinungen und Auslegungen. Die forensische Beurteilung erfolgt nach Konventionen, und Änderungen der gesetzlichen Vorschriften ziehen

Änderungen der Konventionen nach sich, die sich allmählich auf ein neues Gleichgewicht einpendeln. In diesem langsamen Prozeß der Veränderung ist es zweckdienlich, Einzelfälle genau zu dokumentieren und ihre forensischen Beurteilung zur Diskussion zu stellen.

Bei den in diesem Buch dargestellten Patienten haben wir uns in drei Fällen entschlossen, dem Gericht Schuldunfähigkeit vorzuschlagen; es sind die Fallgeschichten 4, 6 und 11. Dies schien uns vertretbar, weil es sich auch im Vergleich zu den übrigen um schwerste pathologische Strukturen handelt. In den Fallgeschichten 6 und 11 wurde diese Beurteilung auch von den Gerichten akzeptiert; die Patienten wurden freigesprochen und in Landeskrankenhäuser untergebracht; Manfred W. (Fallgeschichte 4) wurde dennoch zu lebenslänglicher Haft verurteilt. Wenn wir uns bei keinem der übrigen Patienten dazu entschließen konnten, eine uneingeschränkte Verantwortlichkeit anzunehmen, sondern eine erheblich verminderte Schuldfähigkeit angenommen haben, dann ist sicher zu berücksichtigen, daß wir in diesem Buch Patienten mit besonders pathologischen Persönlichkeitsstrukturen ausgewählt haben; wir haben diese Auswahl vorgenommen, um möglichst deutlich charakteristische psychopathologische Vorgänge aufzuzeigen. Dieses bedeutet nicht etwa, daß wir die Ansicht vertreten, sexuell motivierte Tötung sei eo ipso und «automatisch» ein Zeichen für verminderte Schuldfähigkeit. Daß unsere forensische Beurteilungen als nicht so ungewöhnlich angesehen wurden, zeigt sich darin, daß sieben von neun Mitgutachtern sich der Beurteilung angeschlossen und nur zwei für eine volle Verantwortlichkeit eintraten und daß alle Gerichtsurteile mit einer Ausnahme (Fallgeschichte 4) unsere Beurteilungen übernahmen. Die Bereitschaft seitens der Gerichte, solche Beurteilungen anzunehmen, ist in den letzten Jahren deutlich gewachsen und bringt zum Ausdruck, daß sich in der Einstellung der Richter ein Wandel vollzieht, der seine Entsprechung in der Neuformulierung des Gesetzes hat: eine größere Aufgeschlossenheit für psychodynamische Zusammenhänge – ein Wandlungsprozeß, gegen den sich zur Zeit die Kriminalpsychiatrie noch stärker zur Wehr setzt als die Richter.

4.2 Therapeutische Probleme

Wir haben eingangs davon gesprochen, daß eine Untersuchung unter psychodynamischen Gesichtspunkten zugleich auch therapeutische Prozesse berührt oder ins Blickfeld bringt, daß auch eine Begutachtungssituation eine Arzt-Patient-Beziehung darstellt, in die von seiten der Patienten oft therapeutische Erwartungen eingehen, die in der Regel dann aber unerfüllt bleiben. Wir haben es wiederholt erlebt, daß Beschuldigte in ihrer Geständnisarbeit von vernehmenden Kriminalbeamten mit Argumenten unterstützt und ermutigt wurden, die ehrlich gemeint und in gutem Glauben geäußert wurden, sie seien krank und müßten ärztlicher Hilfe zugeführt werden. Die so geweckten Hoffnungen erwiesen sich meist als trügerisch. MOSER (1971) sagt sehr scharf von einer solchen Begutachtung, die sich auf die Diagnose beschränkt, ohne Hilfe zu avisieren, daß sie «von einer generellen Unaufrichtigkeit der Situation getragen ist, in der der Abnorme dadurch, daß er Vertrauen entwickelt, sich sein eigenes Gefängnis-, Zuchthaus- oder Sicherungsverwahrungsgrab gräbt. Wir meinen weiter, daß dieses fundamentale Erlebnis des Getäuschtwerdens für viele Täter die definitive Zerstörung der Möglichkeit des Vertrauens überhaupt bedeutet» (S. 222). Das therapeutische Dilemma ist am Beispiel von Jürgen Bartsch deutlich geworden: Über ihn sind Artikel, Essays, Bücher und Theaterstücke geschrieben worden; aber es hat sich keine Möglichkeit finden lassen, institutionelle und individuelle Voraussetzungen zu schaffen für den langwierigen und mühsamen Versuch einer systematischen Psychotherapie, obwohl sich namhafte Persönlichkeiten intensiv darum bemüht haben. Jürgen Bartsch steht für viele, die namenlos und von niemandem beachtet ohne die Chancen einer Behandlung in den Institutionen – seien es Haftanstalten, seien es die Enklaven in Landeskrankenhäusern, in denen Straffällige untergebracht sind – sich selbst und ihrem Schicksal überlassen und verlassen sind. Wenn man sich als Arzt oder Psychologe mit diesen Menschen beschäftigt, z. B. als Gutachter – und es gibt gute Gründe der Resignation, es nicht zu tun –, dann kann man sich mit dieser

Situation nicht einfach abfinden.

Überblickt man das Spektrum derzeit möglicher Behandlungsarten, seien sie somatischer oder psychotherapeutischer Art, dann findet sich wenig Anlaß zu Optimismus.

1. Somatische Therapiemöglichkeiten

Medikamentöse Behandlung mit Antiandrogenen
Mit Hilfe der Antiandrogenmedikation gelingt es im allgemeinen, eine erhebliche Dämpfung bis hin zur Ausschaltung sexueller Bedürfnisse zu erreichen. Bei Sexualstraftätern ist diese Form der Behandlung außerordentlich verbreitet, weil sie den Interessen des Gerichts, dafür zu sorgen, daß die Öffentlichkeit vor Sexualdelikten geschützt wird, entgegenkommt. Es ist verständlich, daß eine konkrete, am Erfolg meßbare Behandlungsmethode einen Richter eher dazu veranlassen wird, eine Strafe zu mildern oder eine Haftentlassung anzuordnen, als die vage Aussicht auf eine im konkreten Fall oft nicht realisierbare Psychotherapie. Die medikamentöse Triebdämpfung, die nur so lange anhält, wie das Medikament eingenommen wird, ist auf die Dauer keine ausreichende Behandlung. Es ist immer wieder darauf hingewiesen worden, daß die Antiandrogenmedikation nur als begleitende Maßnahme für psychotherapeutische Behandlungen sinnvoll eingesetzt werden sollte (PETRI 1969, 1975; SCHORSCH 1972). Antiandrogene können dann indiziert sein, wenn die devianten Phantasien sich so ausgebreitet haben, daß alle übrigen Aktivitäten und Interessen wie gelähmt sind. Daß teils aus Gedankenlosigkeit, teils aus Unkenntnis und teils wegen des Fehlens therapeutischer Institutionen gerade für Sexualstraftäter die medikamentöse Triebdämpfung sehr viel breiter und zum Teil ungezielte Anwendung findet, liegt auf der Hand.

Operative Kastration
Der verstümmelnde Effekt dieses Eingriffes läßt es zweifelhaft erscheinen, inwieweit hier noch von Behandlung gesprochen werden kann. Bei unseren Patienten ist diese Maßnahme noch aus anderen

Gründen kontraindiziert. Wir haben gesehen, wie hier das Thema
«Kastration» als Angst vor der «totalen Kastration» in dem Sinne
von Verlust nicht nur der Männlichkeit und Potenz, sondern der
eigenen Identität überhaupt, als Angst vor Vernichtung eine zentrale Bedeutung in der Psychodynamik hat. Eine operative Kastration
bedeutet in solchen Fällen, buchstäblich mit dem Messer massive
Ängste freizusetzen. Wohin dies führen kann, zeigt das Schicksal
von Jürgen Bartsch. Die Ermittlungen über die Hintergründe seines
Todes während einer solchen Operation sind noch nicht abgeschlossen. Wahrscheinlich sind, abgesehen von einer fehlerhaften
Narkose, zusätzlich schwere Ängste vor diesem Eingriff, die Jürgen
Bartsch immer wieder geäußert hat, wichtig für die Erklärung,
warum es bei einem jungen Menschen aus physischer Gesundheit
heraus zum Kreislaufversagen gekommen ist.

Stereotaktische Gehirnoperation
In neuerer Zeit hat die stereotaktische Hirnoperation, d. h. das
gezielte Ausschalten bestimmter Hirnareale, als Behandlungsmethode für sexuelle Deviationen viel von sich reden gemacht. Eine
kritische Durchsicht ihrer bisherigen Ergebnisse und der Untersuchungen über die Wirkungsweise hat ergeben, daß sich derzeit über
den Wert dieser Methode kaum etwas Verläßliches aussagen läßt:
Die theoretischen Grundlagen sind unklar, Wirkungen und Nebenwirkungen sind nicht hinlänglich untersucht, so daß über eine Indikation für eine solche Operation heute noch keine Aussage gemacht
werden kann. Einzelheiten können in der Stellungnahme von RIEBER et al. (1976) nachgelesen werden. Das Interesse, das die Stereotaxie gerade im forensischen Bereich erweckt, ist begreiflich, wenn,
wie es gelegentlich geschieht, in unkritischer Weise eine schlagartige Beseitigung nahezu aller Probleme nicht nur im Zusammenhang
mit Sexualstraftätern in Aussicht gestellt wird (DIEKMANN und
HASSLER 1976). Patienten, mit denen wir uns in diesem Buch beschäftigt haben, sind bisher nach dieser Methode nicht operiert
worden. Bei Jürgen Bartsch wurde ein solcher Eingriff erwogen,
letztlich aber abgelehnt. Abgesehen davon, daß der Erweis der
Wirksamkeit und der Unschädlichkeit dieses Eingriffs noch aus-

steht, sehen wir eine Gefahr darin, daß wegen der leichten Handhabbarkeit und den geringen Kosten dieser Operation die Ansätze zur Institutionalisierung dringend notwendiger psycho- und soziotherapeutischer Maßnahmen im Rahmen des Strafvollzuges unterlaufen und zunichte gemacht werden.

2. Ansätze zur Psychotherapie

Verhaltenstherapeutische Ansätze zur Behandlung sexuell Devianter gibt es bisher nur wenige, und die wenigen beschränken sich meist darauf, mit aversionstherapeutischen Techniken das deviante Sexualverhalten zu löschen. Am Hamburger Institut für Sexualforschung läuft ein Forschungsprogramm, in dem vorwiegend verhaltenstherapeutische Verfahren für Sexualstraftäter ausgebaut und erprobt werden (BULLA und ARENTEWICZ 1975). Patienten mit sadistischen Gewaltdelikten sind bisher nicht behandelt worden. Jedoch arbeiten wir zur Zeit mit Unterstützung der Deutschen Forschungsgemeinschaft an einer Ausweitung dieses Therapieprojektes, in dem eine Kombination von verhaltenstherapeutischen Methoden mit einer psychoanalytischen Kurztherapie vorgesehen ist. Wir versprechen uns davon in Zukunft eine optimistischere Einschätzung der Therapiechancen für Sexualdelinquenten als bisher.

Überlegungen zu einer psychoanalytischen Therapie

Die Schwierigkeiten
Nach STÜRUP (1968) könnte jeder dritte inhaftierte Sexualdelinquent mit psychoanalytischen Methoden erfolgreich behandelt werden; dies entspricht auch unserem Eindruck. Wenn in der Bundesrepublik bisher kaum Ansätze dieser Art zu finden sind, dann liegt das an Schwierigkeiten, von denen wir besonders drei hervorheben wollen: Orthodoxie der Psychoanalyse, ungeeignete Institutionen und mögliche Risiken in der Behandlung.

Daß das Interesse der Psychoanalyse an diesen Patienten bisher gering war, liegt zum Teil an der gesellschaftlichen Situation der Psychoanalyse. Wir haben eingangs erwähnt, daß die Psychoanalyse nur sehr allmählich Zugang zu den offiziellen Institutionen bekommt. Ein weiteres Problem liegt in der *Orthodoxie der Psychoanalyse*: Die Psychoanalyse als Wissenschaft und die ausbildenden Gremien vermitteln ihren Schülern eine Art Über-Ich; in vieler Hinsicht hilfreich und für die Psychohygiene des Analytikers notwendig, führt es aber, wie Über-Ich-Entwicklung stets, zur Einbuße an Wandlungsfähigkeit und Kreativität. Diese Orthodoxie hat zur Folge, daß jungen Analytikern geraten wird, die psychoanalytische Behandlung zunächst in der klassischen Form mit neurotischen Patienten intensiv zu erlernen und erst danach an die Entwicklung neuer Behandlungskonzepte zu denken. Dann ist es nur oft schon zu spät. Die lange Ausbildungszeit und die hohen Ausbildungskosten einerseits, der Mangel an Psychoanalytikern andererseits bedingen eine bestimmte Auswahl von Arbeitsplatz und Patientengut. Die Behandlung von Neurotikern ist angenehmer und lukrativer, bringt schnellere Erfolgserlebnisse, und Mißerfolge fallen weniger eklatant ins Auge.

Schwerwiegendere Hindernisse liegen in den Behandlungsumständen und den *Institutionen*. Man kann fragen, ob es denn wirklich einen so großen Unterschied darstellt, wenn ein Analytiker einen Patienten in einer Klinik psychotherapiert oder aber einen Strafgefangenen in einer Haftanstalt. Wie unterschiedlich die Ausgangsbedingungen sind, verdeutlichen wir durch eine Gegenüberstellung: Im klassischen Behandlungsmodell schließen Analytiker und Patient, die sich gegenseitig ausgesucht haben, eine Art Vertrag. Danach sucht der Patient diesen Analytiker drei-, vier- oder fünfmal in der Woche zu einer bestimmten Stunde für exakt 50 Minuten auf und hat Gelegenheit, sich selbst in der Beziehung zum Analytiker zu erleben: in seinen Phantasien, spontanen Einfällen, Körperempfindungen, Gefühlsreaktionen, Kindheitserinnerungen, Träumen. Das Ergebnis ist, daß Teile seiner Entwicklungsgeschichte wiedererlebt, rekonstruiert, neu bewertet und aus der Kräfte zehrenden Verdrängung entlassen werden. Es ist von Analytikern immer wieder hervorgehoben worden, daß diese Mischung von genauem Reglement

(Einhaltung der Termine, Sitzanordnung, Grundregel, alles mitzuteilen) Freiwilligkeit und Selbstbestimmung einen der Kunstgriffe darstellt, mit dem der analytische Prozeß in Gang kommt. Gegenüber steht eine Situation, die sehr viel zufälliger ist. Da ist ein Analytiker, der sich, aus welchen Gründen auch immer, entschlossen hat, Delinquente zu psychotherapieren, und in dem von ihm gewählten oder ihm zugewiesenen Gefängnis bei der Auswahl der prognostisch erfolgversprechenden Patienten auf einen neurotisch schwer gestörten Sexualmörder trifft. Ihre gegenseitige Wahl ist eingeschränkt. Die Motivation des Häftlings ist weniger eindeutig. Auch wenn er erheblich unter seinen neurotischen Symptomen, z. B. seinen Mordphantasien, leidet, so ist das vorherrschende Motiv für ihn die Wiedererlangung seiner Freiheit. Beginnt die Therapie, so hat die für die Analyse wichtige Voraussetzung von Freiheit und Selbstbestimmung in der Unfreiheit des Gefängnisses geradezu etwas Absurdes. Der Therapeut steht weiter vor der Frage, ob er von seinem Patienten eine vertrauensvolle Öffnung erwarten darf, ob er ferner auf eine Lockerung seiner Abwehr hinarbeiten darf, wenn er sich vergegenwärtigt, daß er den Patienten nach der Sitzung wieder in eine Umgebung entläßt, in der Verschlossenheit, Mißtrauen und Verteidigungsbereitschaft wichtig und unter Umständen für das Überleben sogar notwendig sind. Die Übernahme des klassischen Modells ist daher nicht möglich. Der Psychotherapeut muß entsprechend den jeweiligen Bedingungen ein Behandlungskonzept entwickeln, das die vielen erschwerenden Einflüsse einbezieht, neutralisiert oder kontrolliert. Generell wird man sagen müssen, daß es Bedingungen gibt, unter denen Psychotherapie nicht mehr möglich ist. Aus dieser Einsicht heraus wurde der Aufbau von sozialtherapeutischen Anstalten vorgeschlagen. Erst mit solchen Einrichtungen wäre eine Umgebung geschaffen, die Grundvoraussetzungen für eine Psychotherapie von Sexualdelinquenten erfüllt.

Ganz anderer Natur sind *therapeutische Probleme inhaltlicher Art*, die sich um die schwierigen Begriffe von Schuld und Sühne durch Annahme der Strafe drehen. Was geschieht mit dem straffällig gewordenen Patienten, wenn Psychotherapie an die Stelle von Strafe tritt, was tut man diesen Menschen damit an? «Was wollen Sie mit

Therapie erreichen, wollen Sie, daß diese Leute sich umbringen?» Dieser Frage liegt die Annahme zugrunde, daß ein Patient, der der Möglichkeit zu Strafe und Buße beraubt ist und nun in der Therapie das volle Ausmaß seiner Schuld begreift, in eine Verzweiflung geraten muß, in der er nur noch Selbstmord begehen kann. Diese Vorstellung geht davon aus, daß die Therapie zwar zu einer Trieb- und Ich-Entwicklung führt, aber das Gewissen archaisch und rachefordernd läßt. Das ist nach unseren Beobachtungen nicht zu erwarten und nicht der Fall. Das Befreitsein von Mordimpulsen stellt eine solche Erleichterung und Befreiung dar, daß diese Patienten ihr soziales Leben nun erst eigentlich beginnen.

Psychotherapeutische Ansätze
Bei den von uns beschriebenen Patienten bleiben bei allen Übereinstimmungen so viel Unterschiede, daß die Frage der Behandelbarkeit nicht allgemein, sondern in jedem Fall geklärt werden muß. Um die in einer Therapie sich entwickelnde Beziehung zwischen Therapeuten und Patienten zu verstehen, müssen wir die Fixierungspunkte der von uns beschriebenen Patienten im Auge behalten: für die Gruppe der sadistisch Devianten die Prozesse der Teilobjekt-Besetzung in der Symbiose, bei den Impulstätern die Prozesse der Ablösung und Individuation mit der Integration der mütterlichen Teilobjekte und der Abgrenzung des Selbst von den Objekten. Vor allem bei den *devianten Patienten* treffen wir auf Menschen, deren Vorstellen, Denken und Handeln nicht von einem reifen, realitätsangepaßten Ich gesteuert werden, sondern deren Erleben stark beeinflußt ist von frühen archaischen, vorwiegend aus der oralen Entwicklungsphase stammenden Phantasien und Ängsten. Sie sind ständig dadurch beunruhigt, daß sie die Welt mit ihren Beziehungsangeboten im Sinne dieser alten, schrecklichen, bedrohlichen Phantasien und Ängste erleben. Sie haben verschiedene Möglichkeiten entwickelt, ihr Ich und Selbst gegen diese ständige Bedrohung, Verfolgung, Fragmentierung und Zerstörung zu verteidigen. MAHLER (1972) spricht deshalb auch bei den Mechanismen dieser Patienten nicht von Abwehr-, sondern von Erhaltungsmechanismen: narzißtischer Rückzug, Entdifferenzierung der Wahrnehmung, Ab-

spaltung und Sexualisierung in der Deviation.

Bei dem Beziehungsangebot muß der Therapeut darauf gefaßt sein, daß er archaische Ängste, Phantasien und Impulse auslöst und aushalten muß. So wie der Säugling allmählich entdeckt, daß er die Mutter zur Reduzierung von Spannungen einsetzen kann und sie als «Behälter» für Wut und Haß benutzt, kann der Patient in der Beziehung zum Therapeuten entsprechende Erfahrungen nachholen. Die Beziehung des Patienten zum Therapeuten wird anfangs zwangsläufig narzißtisch sein. Nur in dem Maße, in dem sich in der therapeutischen Beziehung allmählich eine reifere Objektbeziehung entwickelt, verlieren die frühen Erlebnisformen mit ihren archaischen und destruktiven Impulsen soweit ihre Besetzung, daß sie nicht permanente Quellen narzißtischer Spannungen sind, die die Entwicklung einer Deviation notwendig gemacht haben.

Wir betrachten unter diesem Aspekt noch einmal den Patienten Manfred W. (Fallgeschichte 4): Wenn er auch der am schwersten gestörte Patient dieser Gruppe ist, so stellt er jedoch keineswegs einen Sonderfall dar. Wir beschrieben bei ihm die Regression auf ein beinahe autistisches Dasein mit dem Abzug der libidinösen Besetzung der Welt der Objekte, was zur Folge hatte, daß seine Welt entseelt wurde und seine Objekte Maschinencharakter bekamen. Wir konnten zeigen, wie für ihn die Realität und die äußeren Wahrnehmungen immer unwichtiger und die von innen kommenden Erregungen mit vorwiegend destruktiver Dynamik vorherrschend wurden. In der sadistischen Deviation erhielten diese aggressionsgesättigten Erregungen eine Konkretisierung und quasi Belebung und stellten damit eine Überbrückung dar zwischen archaisch-magischer und äußerer Realität.

Man mag darüber streiten, ob bei einem Patienten mit einer derart schweren psychischen Störung eine Behandlung auch nur einen Mindesterfolg verspricht. Wir haben ihn hier auch mehr aus exemplarischen Gründen noch einmal erwähnt. Dieser Patient hat durch seine Regression in einen quasi autistischen Zustand sein Selbst vor der Fragmentierung und Auflösung bewahrt. Wie sehr er auch außerhalb der sexuellen Erregung durch die hohe narzißtische Spannung auf psychische Erhaltungsmechanismen zurückgreifen muß, geht aus der außerordentlichen Kontaktscheu und Ängstlichkeit hervor. Wir hatten erwähnt, in welche Ängste er durch das Beziehungsangebot des Untersuchers gestürzt wurde, diesen nicht ansehen konnte und fast mutistisch wurde. Hier deutet sich aber auch der Weg an, der therapeutisch zu beschreiben ist. Der Therapeut sollte mit aller Vorsicht, zugleich aber mit allen Mitteln versuchen, den Patienten aus seiner autistischen Schale herauszulocken. Dieser muß über die Beziehung zum Therapeuten das Objekt als Behälter von Unlust und Wut wie auch als Vermittler von Befriedigungserlebnissen wiederentdecken. Erst dann kann er ganz allmählich die Realität stärker wahrnehmen. Das Heraustreten aus der autistischen Schale gelingt nur allmählich und wird sofort wieder aufgegeben, wenn der Therapeut die aggressive Triebwelt deutet, bevor der Mechanismus der Spaltung von Gut und Böse entwickelt ist und in die Deutung einbezogen werden kann. Ist dies gelungen, gerät der Patient ähnlich dem Kind in dieser Entwicklungsphase in schwere paranoide Ängste um das eigene Wohl und später in schwere depressive Ängste um das Wohl des sich entwickelnden inneren Objekts. Er wird also in eine schwere Krise hineingeführt, die nur in einem langwierigen therapeutischen Prozeß überwunden werden kann. Hier, wie bei den anderen Patienten, muß erst eine neue Basis für die phallisch-genitale Sexualität geschaffen werden. Das Ziel des therapeutischen Prozesses, das, vereinfacht gesagt, darin besteht, die Kluft zwischen dem in der Deviation gebundenen und abgekapselten Erleben und der Realität zu verringern und einen Teil dieses Erlebnis in Objektbeziehungen einzudringen – dieses Ziel zu erreichen, scheint uns bei den anderen devianten Patienten weit weniger schwierig.

Geht es bei den Patienten wie Manfred W. zunächst darum, Spaltung, Introjektion und Projektion in der Beziehung zu einem Objekt wieder möglich zu machen, so geht es bei den *Patienten der zweiten Gruppe* darum, die Fixierung auf der schizoiden Position bzw. der frühen analen Entwicklungsphase aufzuheben und die Integration eines destruktiv-mörderischen Selbstanteils zu ermöglichen. Der Patient erlebt in der Therapie, wie er etwas Böses in sich, das ihn ängstigt und bedroht, loszuwerden versucht, indem er es projektiv in andere verlegt und dort angreift und vernichten will. So kann er allmählich mehr Objektbeziehung bei nachlassenden paranoiden Ängsten zulassen. Im Verlaufe des therapeutischen Prozesses erlebt der Patient, wie er sich des Objekts zu bemächtigen versucht und wie er es kontrollieren will. Dieses muß ebenso bearbeitet werden wie die Aufspaltung in Allmacht des Analytikers und Ohnmacht und Wertlosigkeit des Patienten. Durch solche Prozesse kann sich allmählich Autonomie entwickeln.

Über die Behandlung von impulsiven Sexualmördern hat WILLIAMS (1964) berichtet und Behandlungsvorschläge gemacht. WILLIAMS schildert ein außerordentlich aktives psychotherapeutisches Vorgehen. Die Spaltungsprozesse, die sich u. a. darin manifestierten, daß das Bewachungspersonal des Gefängnisses verteufelt, der Therapeut idealisiert wurden, hat er sehr direkt angegangen, um die haßvoll-mörderischen Gefühle und Impulse in die Übertragung zu bekommen. Die ungünstigen Einflüsse durch seltene Sitzungsfrequenz und durch die Unfreiheit der Patienten hat er dadurch kompensiert, daß er die Abwehr der Patienten durch besondere Anordnungen durchbrach: Mit der Auflage, Träume aufzuzeichnen, und mit der Injektion von Amphetaminen gelang es ihm, die frühen feindselig-mörderischen Anteile, die Haßgefühle und Zerstörungsimpulse der ersten zwei Lebensjahre wieder bewußt zu machen. Die Auseinandersetzung mit dieser archaisch-aggressiven Triebwelt ermöglichte ihre Integration. Damit wurden die Patienten sich nicht nur ihrer Haßgefühle gegenüber der Mutter, sondern ihrer trotz aller Enttäuschungen bestehen gebliebenen Sehnsucht nach einer liebevoll-zärtlichen Beziehung zu ihr bewußt. Die Patienten konnten in eine ambivalente Beziehung dem mütterlichen Objekt gegenüber eintreten mit einem Nebeneinander von Liebes- und Haßgefühlen, von Erhaltungs- und Zerstörungswünschen. Indem das böse mütterliche Objekt seinen Introjektcharakter verlor, wurden die Patienten depressiver, aber es löste sich zugleich die innere Spannung der frühen analen Dynamik zwischen einem Festhalten des Objekts und einem Ausstoßen und Loswerden. Diese «unorthodoxen» Methoden von WILLIAMS geben zu der Überlegung Anlaß, ob nicht neuere Psychotherapieverfahren, die ohne Bearbeitung der

Abwehr und unmittelbarer zu frühen, unbewußten Schichten vorstoßen und in denen seelische Prozesse weniger an Worte und mehr an Körperempfindungen gebunden sind, für diese Patienten nicht besser geeignet sind.

Alle diese Überlegungen zeigen, daß es eine Vielzahl sinnvoller und erfolgversprechender Ansätze für ein psychotherapeutisches Vorgehen mit solchen Patienten gibt, die aber bisher noch gar nicht oder sehr unzureichend in konkrete Erfahrungen umgesetzt worden sind. Es kann nicht deutlich genug gesagt werden, daß das Gelingen all solcher Versuche auf ein therapeutisches Milieu angewiesen ist, welches in Form sorgfältig geplanter sozialtherapeutischer Anstalten geschaffen werden muß. In dem ständigen Hinausschieben der Verwirklichung solcher Einrichtungen, das zudem noch einhergeht mit einem Ausbau und einer Propagierung von chirurgischen Eingriffen, die etwas ausschalten und zerstören, drückt sich in subtilerer Form eine Einstellung aus, die wir eingangs als das sadistische Umgehen der Gesellschaft mit den Straftätern beschrieben haben.

Literaturverzeichnis

ABRAHAM, K.: Bemerkungen über einen Fall von Fuß- und Korsettfetischismus. Zbl. Psychoanal. *2*, 129 (1910)
AICHHORN, A.: Verwahrloste Jugend (1925). Bern 1951
ALBRECHT, E.: Der Staat – Idee und Wirklichkeit. Stuttgart-Degerloch 1976
ALEXANDER, F., H. STAUB: Der Verbrecher und sein Richter. Ein psychoanalytischer Einblick in die Welt der Paragraphen (1929). In: A. MITSCHERLICH (Hrsg.): Literatur der Psychoanalyse. Psychoanalyse und Justiz. Frankfurt a. M. 1971
AMENDT, G., G. AMENDT: Arbeit mit jugendlichen Strafgefangenen. Sexualaufklärung in Einzel- und Gruppengesprächen. Vortrag auf der 12. Wissenschaftlichen Tagung der Deutschen Gesellschaft für Sexualforschung am 9.–11. 10. 1975 in Braunschweig. Sexualmedizin: im Druck
AMNESTY INTERNATIONAL: Bericht über die Folter. Frankfurt a. M. 1975
BAK, R. C.: Fetishism. J. Amer. Psychoanal. Ass. *1*, 285 (1953)
BAK, R. C.: The phallic woman: the ubiquitous fantasy in perversion. Psychoanal. Stud. Child *23*, 15 (1968)
BAK, R. C.: Object-relationship in schizophrenia and perversion. Int. J. Psychoanal. *52*, 235 (1971)
BAUMANN, J.: Der Schuldgedanke im heutigen deutschen Strafrecht und vom Sinn staatlichen Strafens. Universitas *21*, 385 (1966)
BECKER, N., E. SCHORSCH: Geldfetischismus. Mschr. Kriminologie u. Strafrechtsform *55*, 205 (1972)
BENEDEK, T.: Parenthood as a developmental phase. J. Amer. Psychoanal. Ass. *7*, 389 (1959)
BERG, S.: Der Sadist. Gerichtsärztliches und Kriminalpsychologisches zu den Taten des Düsseldorfer Mörders. Dtsch. Z. Ges. Gerichtl. Med. *17*, 247 (1931)
BERGLER, E.: Curable and Incurable Neurosis. New York 1961
BOOR, W. DE: Über motivisch unklare Delikte. Berlin, Göttingen, Heidelberg 1959
BRÄUTIGAM, W.: Forschungsrichtungen und Lehrmeinungen in der Psychoanalyse. In: H. GÖPPINGER, H. WITTER (Hrsg.): Handbuch der forensischen Psychiatrie, Bd. I, S. 773. Berlin–Heidelberg–New York 1972
BRESSER, P. H.: Grundlagen und Grenzen der Begutachtung jugendlicher Rechtsbrecher. Berlin 1965
BULLA, R., G. ARENTEWICZ: Verhaltenstherapie bei sexuellen Abweichun-

gen. Vortrag auf der 12. Wissenschaftlichen Tagung der Deutschen Gesellschaft für Sexualforschung am 9. - 11. 10. 1975 in Braunschweig
DIEKMANN, G., R. HASSLER: Zum gegenwärtigen Stand der chirurgischen Behandlung psychiatrischer Erkrankungen. Deutsches Ärzteblatt *18*, 1217 (1976)
DOUGLASS, F.: The Life and Time of Frederick Douglass. London 1962
EHEBALD, U.: Patient oder Verbrecher. Reinbek 1971
FENICHEL, O.: The Psychoanalytic Theory of Neuroses. Norton, New York 1945
FREUD, A.: Das Ich und die Abwehrmechanismen bei Kindern (1936). München 1964
FREUD, S.: Drei Abhandlungen zur Sexualtheorie (1905). Ges. Werke Bd. V (Bd. I-XVIII Hogarth Press, London 1952-1968)
FREUD, S.: Ein Kind wird geschlagen (1919). Ges. Werke Bd. XII
FREUD, S.: Zur Dynamik der Übertragung. Ges. Werke Bd. VIII
FREUD, S., C. G. JUNG: Briefwechsel. Frankfurt a. M. 1974
FREY, E.: Der frühkriminelle Rückfallverbrecher. Basel 1951
FROMM, E.: Anatomie der menschlichen Destruktivität. Stuttgart 1974
GIESE, H.: Psychopathologie der Sexualität. Stuttgart 1962
GILLESPIE, W. H.: A contribution to the study of fetishism. Int. J. Psychoanal. *21*, 401 (1940)
GILLESPIE, W. H.: Notes on the analysis of sexual perversions. Int. J. Psychoanal. *33*, 397 (1952)
GILLESPIE, W. H.: The general theory of sexual perversions. Int. J. Psychoanal. *37*, 396 (1956)
GÖPPINGER, H., H. WITTER (Hrsg.): Handbuch der forensischen Psychiatrie. Berlin, Heidelberg, New York 1972
GREEN, A.: Aktuelle Probleme der psychoanalytischen Theorie und Praxis. Psyche *29*, 516 (1975)
GREENACRE, P.: Certain relationships between fetishism and the faulty development of the body image. Psychoanal. Stud. Child *8*, 79 (1953)
GREENACRE, P.: Further considerations regarding fetishism. Psychoanal. Stud. Child *10*, 187 (1955)
GREENACRE, P.: Further notes on fetishism. Psychoanal. Stud. Child *15*, 187 (1960)
GREENACRE, P.: Perversions: general considerations regarding their genetic and dynamic background. Psychoanal. Stud. Child *23*, 47 (1968)
HADDENBROCK, S.: Die juristisch-psychiatrische Kompetenzgrenze bei Beurteilung der Zurechnungsfähigkeit im Licht der neueren Rechtsprechung. Z. St. W. *75*, 466 (1963)

HADDENBROCK, S.: Strafrechtliche Handlungsfähigkeit und «Schuldfähigkeit» (Verantwortlichkeit); auch Schuldformen. In: H. GÖPPINGER, H. WITTER (Hrsg.): Handbuch der forensischen Psychiatrie Bd. II, S. 863. Berlin, Heidelberg, New York 1972
Handbuch der forensischen Psychiatrie, herausgegeben von H. GÖPPINGER und H. WITTER. Berlin, Heidelberg, New York 1972
HIRSCHFELD, M.: Sittengeschichte des Weltkrieges. Leipzig, Wien 1930
HORKHEIMER, M.: Autorität und Familie in der Gegenwart (1936). In: Kritische Theorie der Gesellschaft, Bd. III, S. 320. Ed. Marxismus-Kollektiv. Frankfurt a. M. 1968
HUNT, M.: Sexual Behaviour in the 1970s. New York 1970
JACOBSON, E.: Das Selbst und die Welt der Objekte (1964). Frankfurt a. M. 1973
JASPERS, K.: Allgemeine Psychopathologie. 3. Aufl. Berlin 1923
KERNBERG, O. F.: Borderline personality organisation. J. Amer. Psychoanal. Ass. *15*, 641 (1967)
KERNBERG, O. F.: Narzißtische Persönlichkeitsstörungen. Psyche *29*, 890 (1975)
KLEIN, M.: The Psychoanalysis of Children. London 1932
KOHUT, H.: Formen und Umformungen des Narzißmus. Psyche *20*, 561 (1966)
KOHUT, H.: Die psychoanalytische Behandlung narzißtischer Persönlichkeitsstörungen. Psyche *23*, 321 (1969)
KOHUT, H.: Narzißmus. Frankfurt a. M. 1973
KRAFFT-EBING, R. v.: Psychopathia sexualis. 16./17. Aufl. Stuttgart 1924
KRIS, E.: Neutralization and sublimation: observations on young children. Psychoanal. Stud. Child *10*, 30 (1955)
LEFERENZ, H., H. J. RAUCH: Über die Beurteilung der Zurechnungsfähigkeit. In: Arbeiten zur Psychiatrie 239 (1947)
LESSING, T.: Haarmann. Die Geschichte eines Werwolfs. München 1973
LEVIN, M.: Zwang. Frankfurt a. M. 1958
LINCKE, H.: Wirklichkeit und Illusion. Psyche *11*, 821 (1972)
MAHLER, M. S.: Thoughts about development and individuation. Psychoanal. Stud. Child *18*, 307 (1963)
MAHLER, M. S.: Symbiose und Individuation. Stuttgart 1972
MAUZ, G.: Das Spiel von Schuld und Sühne. Düsseldorf, Köln 1975
MCDOUGALL, J.: Primal scene and sexual perversion. Int. J. Psycho-Anal. *53*, 371 (1972)
MENNINGER, K.: Strafe – ein Verbrechen? München 1970
MEYER, A. E.: Zur Psychoanalyse der Perversionen. Sexualmedizin *3*, 169

(1976)
MILGRAM, S.: Some conditions of obedience and disobedience to authority. Human Relations *18*, 57 (1965)
MITSCHERLICH A., F. MIELKE: Medizin ohne Menschlichkeit. Frankfurt a. M. 1949
MOOR, P.: Das Selbstporträt des Jürgen Bartsch. Frankfurt a. M. 1972
MORGENTHALER, F.: Die Stellung der Perversionen in Metapsychologie und Technik. Psyche *12*, 1077 (1974)
MOSER, T.: Repressive Kriminalpsychiatrie. Vom Elend einer Wissenschaft. Eine Streitschrift. Frankfurt a. M. 1971
MOSER, T.: Lehrjahre auf der Couch. Frankfurt a. M. 1974
NAEGELI, E.: Das Böse und das Strafrecht. München o.J.
OSTERMEYER, H.: Strafrecht und Psychoanalyse. München 1972
PAYNE, S.: Some observations on the ego-development of the fetishist. Int. J. Psychoanal. *20*, 161 (1939)
PETRI, H.: Exhibitionismus. Theoretische und soziale Aspekte und die Behandlung mit Antiandrogenen. Nervenarzt *40*, 220 (1969)
PETRI, H.: Analytische Kurztherapie bei sexuellen Deviationen. Mit Bemerkungen zur Antiandrogentherapie. In: V. SIGUSCH (Hrsg.): Therapie sexueller Störungen, S. 180. Stuttgart 1975
PETRILOWITSCH, N.: Abnorme Persönlichkeiten. 3. Aufl. Basel, New York 1966
PFÄFFLIN, F.: Die Ideologie psychiatrischer Gutachten über Sexualstraftäter. Vortrag auf der 12. Wissenschaftlichen Tagung der Deutschen Gesellschaft für Sexualforschung am 9. - 11. 10. 1975 in Braunschweig
PFÄFFLIN, F.: Die Ideologie psychiatrischer Gutachten. In: Beiträge zur Sexualforschung, Stuttgart, im Druck
Psychoanalyse und Justiz. In: A. MITSCHERLICH (Hrsg.): Literatur der Psychoanalyse. Frankfurt a. M. 1971
RAUCH, H. J.: Einfluß psychopathologischer Strömungen auf die forensische Psychiatrie. In: Psychopathologie heute, S. 304 (1962)
REICH, W.: Massenpsychologie des Faschismus. Kopenhagen, Prag, Zürich 1933
REIK, T.: Geständniszwang und Strafbedürfnis. Probleme der Psychoanalyse und der Kriminologie (1925). In: Psychoanalyse und Justiz, S. 9. Frankfurt a. M. 1971
REIWALD, P.: Die Gesellschaft und ihre Verbrecher. Zürich 1948
RIEBER, I., A. E. MEYER, G. SCHMIDT, E. SCHORSCH, V. SIGUSCH: Stellungnahme zur stereotaktischen Hirnoperation an Menschen mit abweichendem Sexualverhalten. Sexualmedizin *5*, 442 (1976)

SACHS, H.: Zur Genese der Perversionen. Int. Z. Psychoanal. 9, 172 (1923)
Schering Symposion über Sexualdeviationen und ihre medikamentöse Behandlung. Oxford 1972
SCHNEIDER, K.: Die psychopathischen Persönlichkeiten. Wien 1923
SCHORSCH, E.: Sexualstraftäter. Stuttgart 1971
SCHORSCH, E.: Die sexuellen Deviationen beim Menschen – Kritik an der Typologie. In: Schering Symposion über Sexualdeviationen und ihre medikamentöse Behandlung, S. 33. Oxford 1972
SCHRENCK-NOTZING, C.: Kriminalpsychologische und psychopathologische Studie. Leipzig 1902
SPENGLER, A.: Sadomasochisten und ihre Subkultur. Eine empirische Studie. In: Beiträge zur Sexualforschung, Stuttgart, im Druck
SPITZ, R.: Vom Säugling zum Kleinkind. Stuttgart 1967
STOLLER, R. J.: Perversion. The Erotic Form of Hatred. New York 1975
STÜRUP, G. K.: Will this man be dangerous? In: REUCK, A. V. S. DE, R. PORTER: The Mentally Abnormal Offender. London 1968
WILLI, J.: Die Zweierbeziehung. Reinbek 1975
WILLIAMS, A. H.: The psychopathology and treatment of sexual murderers. In: I. ROSEN (Hrsg.): The Pathology and Treatment of Sexual Deviation, S. 351. London, New York, Toronto 1964
WINNICOTT, D. W.: Übergangsobjekte und Übergangsphänomene. Psyche 23, 666 (1963)
WITTELS, F.: Die Welt ohne Zuchthaus. Stuttgart 1928
WITTER, H.: Grundriß der gerichtlichen Psychologie und Psychiatrie. Berlin, Heidelberg, New York 1970
WULFF, M.: Fetishism and object choice in early childhood. Psychoanal. Quart. *15*, 450 (1946)

Nachwort

Von Herbst 1975 bis Herbst 1976 haben Eberhard Schorsch und ich an »Angst, Lust, Zerstörung« gearbeitet, an Wochenenden und in gemeinsamen Ferien, er als Psychiatrieprofessor, habilitiert mit einer Arbeit über Sexualstraftäter, und 10-jähriger forensischer Praxis, ich als Psychoanalytiker mit Erfahrungen als psychologischer Zusatzgutachter.
Schorsch war der Motor; mit seiner Dynamik, seinem wissenschaftlichen Ehrgeiz und dem Bestreben, seine Erfahrungen als Gutachter auszuwerten, trieb er das Projekt voran. Uns beide motivierte die Vorstellung, nach dieser Arbeit noch mehr verstehen zu können von den oft sinnlos erscheinenden Delikten, von Tat und Täter.
Beim Wiederlesen des Buches bin ich überrascht, wie aktuell der Text im Großenganzen noch ist. Wir haben Zusammenhänge gesehen bzw. hergestellt, die in der gängigen Theorie so noch nicht konzeptualisiert oder rezipiert waren.
Von den für die Konzepte zur präödipalen und narzißtischen Entwicklung wichtigen Autoren kannten wir Mahler, Klein, Winnicott, Kohut, Morgenthaler, Stoller und Kernberg. Die von Bion ausgehenden Gedanken zur Repräsentanzenbildung und -zerstörung waren uns hingegen unbekannt. Winnicotts Überlegungen zur Entwicklung des psychischen Raums waren uns fremd; seine Theorie des Übergangsobjekts hatten wir in seiner Tragweite nicht begriffen. Und dennoch hat unser Text auch aus heutiger Sicht keine großen Lücken oder Mängel. Seinem Wiedererscheinen kann ich ohne Scheu entgegensehen.

Im Vorfeld haben uns drei Komplexe bewegt; sie sind als wiederkehrende Motive im Test gut zu erkennen:
1. Der erste Komplex betrifft die Auseinandersetzung mit den Widerständen gegen jegliche Versuche, die Taten aus der Geschichte und der seelischen Entwicklung der Täter, also psychologisch zu verstehen, weil das Sich-dem-Schrecklichen-Nähern Angst erzeugt. In der Öffentlichkeit ist die Ambitendenz besonders deutlich: Angezogensein bis hin zur Faszination einerseits, Abgestoßensein und Schrei nach Vergeltung andererseits. Die Widerstände vonseiten der Gerichte waren subtiler, aber nicht wenig

mächtig, als wollten wir mit dem Verstehbarmachen die Straftaten bagatellisieren oder entschuldigen. Am unangenehmsten waren die Widerstände der »Kriminalpsychiatrie«, wie Schorsch sie zu nennen pflegte, die sich von einer um Verstehen bemühten Begutachtung schlicht bedroht fühlte. Man wird meinen, daß sich in 25 Jahren mediengeförderter Aufklärung hier viel geändert hat; wenn wir uns aber vor Augen halten, wie stark die Abwehr von Tief-Unbewußtem in die Widerstände gegen die Annäherung an die Straftat Sexuelle Tötung eingeht, werden wir uns keine Illusionen machen.

2. Die Entdeckung, daß dann, wenn man sich den Klischees entzieht, in den Tätern Menschen zum Vorschein kommen, die an bestimmten Punkten ihrer seelischen Entwicklung unter ungünstigen Bedingungen gescheitert sind, und daß eine sexuelle Tötung »nur« die spektakulärste Entladung einer destruktiven Dynamik ist, die sich auch in rätselhafter tödlicher Erkrankung oder im Suizid äußern kann.

3. Der dritte Komplex betrifft die Beobachtung, daß sich die Täter in zwei verschiedene Gruppen unterteilen lassen, in solche mit brüchiger perverser Abwehrstruktur und solche mit brüchiger Borderline-Abwehrstruktur und der Versuch, daraus Folgen für die Prognose und die Therapie abzuleiten. Diese Zweiteilung scheint sich wissenschaftlich bewährt zu haben, sie hat offenbar Bestand (Pfäfflin 1997).

Wie der Untertitel des Buches zeigt, sind wir 1975 vom Sadismus ausgegangen und haben ihn gleichsam zur Grundlage des Werks gemacht. Heute würden wir statt von Sadismus von destruktiver sexueller Gewalt sprechen, auch wenn es natürlich dabei bleibt, daß im klassischen literarischen Sadismus die Tötung der/des Gequälten den Höhepunkt der sadistischen Lust darstellt. Als zentraler Gedanke war uns wichtig, daß es nicht die Gier nach höchster sexueller Lust ist, die zur Zerstörung führt, sondern umgekehrt destruktive Aggressivität sexualisiert worden ist.

Für die 1. Tätergruppe bedeutet das, daß ihre stabilisierende sadistisch-perverse Abwehr, die zunächst die Trennung von Wahn und Wirklichkeit aufrechterhalten hatte, zerbrochen ist. Die perversen Phantasien im Vorfeld der Taten hatten eben die wichtige Funktion eine die Kohärenz des Selbst bedrohende Lücke in der Struktur auszufüllen. Mit der Metapher der Plombe hatte Morgenthaler diese Funktion sehr evident gemacht.

Wie jüngere Veröffentlichungen zum Thema perverser sexueller Tötung zeigen, ist das Konzept von der Überbrückungsfunktion perverser Phantasien bei Menschen mit einer das Selbst bedrohenden inneren Lücke noch nicht ausreichend rezipiert. Das Gleiche gilt für Handlungen, die auf sehr frühe Verschmelzungsphantasien zurückgehen und zur partiellen kannibalistischen Einverleibung anderer führen können. Andere Mechanismen, wie der emotionale Rückzug, die Spaltung in eine nach außen und eine nach innen lebende Person, die Überbesetzung der Phantasien gegenüber der Realität oder auch das Vorherrschen von psychotischen Mechanismen im Tatgeschehen, womit der Angriff zwar einen anderen trifft, aber projizierten Selbstanteilen gilt, wird jetzt allgemein geteilt.
Bei der 2. Gruppe, den Impulstätern, war es von Anfang an schwierig, vom Sadismus auszugehen; noch deutlicher begegnet uns hier sexualisierte destruktive Gewalt. Wir fanden es wichtig zu zeigen, daß es zur Tötungshandlung kommt, wenn Spaltung, Projektion und Kontrolle als Abwehr der Gefahren für Selbst und Objekt durch das übergroße destruktive Potential zusammenbricht. Beide Tätergruppen, so kann man sagen, haben eine Anpassung versucht, die für ihre Ich-Struktur zu anspruchsvoll war; weder mit Rückzug und Überbesetzung der Phantasie einschließlich deren Sexualisierung noch mit permanentem aggressiven Agieren konnten sie der katastrophischen Entladung entgehen.

Entstehung und Ursache dieser pathologischen Entwicklung haben wir in dem Nichtgelingen des Separationsprozesses im 2. und 3. Lebensjahr als Folge von unempathischem mütterlichem Verhalten und reaktivem oralem Haß gesehen. Die die Tötung einschließende Störung hatten wir als phantastische Umgestaltung von Verschmelzungssuche einerseits und Trennungsversuch andererseits verstanden.
Auch wenn wir damit auf frühe Traumata dieser Menschen hingewiesen haben, so sind wir doch nicht expressis verbis auf die Bedeutung von traumatischen Erfahrungen im Entwicklungsprozeß der Täter eingegangen. Heute wissen wir, daß solche Erfahrungen, egal, ob sie ganz früh als kumulierte Traumata in einer gestörten Mutter-Kind-Beziehung entstanden sind oder später als Ich-überfordernde seelische Katastrophen erfahren wurden, keine Repräsentanz im Psychischen gefunden haben und deshalb innerlich nicht bewältigt werden konnten. Wir konnten die unerträgliche narzißtische Spannung dieser Menschen beschreiben, haben sie mit oralem Haß wegen

der frühen Mängel in Verbindung gebracht, haben aber nicht verstanden, daß hier Erfahrungen in einem nicht integrierbaren, nicht bearbeitbaren, nicht vergeßbaren Zustand im Seelischen existierten, für die das zerstörerische Ausagieren nur mühsam und nicht immer mit Erfolg vermieden werden konnte.

Abschließend möchte ich meine Freude zum Ausdruck bringen über das Wiedererscheinen von »Angst, Lust, Zerstörung«. Ich freue mich auch für all die, die Eberhard Schorsch kannten und ihm auf diese Weise wiederbegegnen können.

Nikolaus Becker
Hamburg, im Juli 2000

Prof. Dr. med. Eberhard Schorsch, 1935–1991
Medizinstudium; 1968 Facharzt für Psychiatrie; ab 1970 am Institut für
Sexualforschung in Hamburg; ab 1974 Professor und Institutsleiter ebenda.

Dipl. Psych. Nikolaus Becker, geb. 1936
seit 1974 Psychoanalytiker, DPV und Dozent am Michael-Balint-Institut
für Psychoanalyse, Psychotherapie und analytische Kinder- und Jugend-
lichenpsychotherapie.

Personenregister

Abraham, K. 58
Aichhorn, A. 166
Albrecht, E. 47
Alexander, F. 17, 52, 295
Amendt, G. 49
Arentewicz, G. 300

Bak, R. C. 59
Baumann, J. 292
Becker, N. 32
Benedek, T. 152
Berg, S. 18
Bergler, E. 72
Boor, de W. 30, 34
Bräutigam, W. 289
Bresser, P. H. 29, 30
Bulla, R. 300

Diekmann, G. 299
Douglass, F. 46

Ehebald, U. 32

Fenichel, O. 58
Freud, A. 66, 132
Freud, S. 20, 58, 131, 289
Frey, E. 28
Fromm, E. 47

Giese, H. 222
Gillespie, W. H. 59, 225
Green, A. 250
Greenacre, P. 59, 66

Haddenbrock, S. 34, 292
Hassler, R. 299
Hirschfeld, M. 46
Horckheimer, M. 50
Hunt, M. 43

Jacobson, E. 68, 70, 152
Jaspers, K. 294
Jung, C. G. 289

Kernberg, O. F. 152
Klein, M. 224, 234, 238
Kohut, H. 59, 70, 146, 152, 186
Krafft-Ebing, R. v. 55
Kris, E. 66

Leferenz, H. 34
Lessing, T. 20
Lincke, H. 224

Mahler, M. S. 64, 70, 209, 224, 225, 303
Mauz, G. 29
Mc Dougall, J. 76, 210, 230
Menninger, K. 17
Meyer, A. E. 241
Meyer-Levin 19
Milgram, S. 46
Mitscherlich, A. 46
Moor, P. 19
Morgenthaler, F. 59, 76, 136, 224, 227
Moser, T. 33, 34, 35, 275, 297

Naegeli, E. 17

Ostermeyer, H. 24

Payne, S. 58
Petri, H. 298
Petrilowitsch, N. 28, 29
Pfäfflin, F. 30, 35

Rauch, H. J. 34, 292
Reich, W. 50
Reik, T. 101
Reiwald, P. 17
Rieber, I. 299

Sachs, H. 58
Schneider, K. 28, 293
Schorsch, E. 32, 36, 298
Schrenck-Notzing, C. 50
Spengler, A. 55
Spitz, R. 166
Staub, H. 17, 52, 295
Stoller, R. J. 226
Stürup, G. K. 300

Willi, J. 284
Williams, A. H. 234, 306
Winnicott, D. W. 110, 228
Wittels, F. 17
Witter, H. 29, 30, 32, 291, 292, 293, 294, 295
Wulff, M. 110

Sachregister

Abbild, inneres
 der Mutter 168, 206, 212, 233, 234, 252, 255, 266
 des Vaters 247, 270, 280
 kohärentes 168
Abhängigkeit
 Angst vor 142, 146, 148, 182, 184, 189, 205, 216, 236, 263
 von der Mutter 75, 109, 168, 213, 283
Ablösung von der Mutter s. Separation

Abspaltung s. Abwehrmechanismus, psychischer
Abwehr
 von Beziehung 130, 171, 185, 281
 -reaktion 16, 18
 reife 187
 -schwäche 95
 Zusammenbruch der 26, 80, 153, 214, 229, 232, 237, 295
Abwehrmechanismus, psychischer

 der Abspaltung 77, 98, 99, 108, 111, 112, 113, 119, 136, 137, 148, 153, 164, 173, 208, 209, 210, 225, 226, 227, 228, 232, 253, 303 f
 der Distanzierung 112, 113, 190
 der Ich-Einschränkung 133, 134
 der Identifikation mit dem Angreifer 186,
 der Introjektion 67, 68,

69, 75, 188, 191, 211, 225,
226, 234, 235, 249, 305
der Neutralisierung 134
der Projektion 17, 67, 68,
69, 72, 75, 121, 133, 135,
138, 148, 187, 188, 189,
190, 191, 194, 207, 225,
226, 231, 234, 235, 236,
238, 239, 240, 249, 250,
251, 252, 274, 283, 286,
305
der Rationalisierung 191,
203, 240, 259
der Reaktionsbildung 65,
137, 247, 253, 281
der Regression 75, 95, 96,
97, 102, 109, 110, 117,
119, 135, 147, 148, 149,
186, 191, 204, 206, 213,
214, 215, 223, 225, 237,
239, 240, 263, 264, 271,
304
der Selbstreduktion 108,
133, 134, 137
der Sexualisierung 41, 42,
44, 47, 48, 49, 57, 75, 76,
77, 98, 108, 112, 119, 164,
173, 174, 216, 218, 223,
225, 226, 227, 230, 232,
236, 237, 253, 303
der Spaltung 67, 68, 119,
148, 186, 188, 211, 225,
232, 234, 238, 274, 305,
306
der Sublimierung 134
der Symbolisierung 72
der Überkompensation
137
der Verdichtung 206, 241,
252
der Verdrängung 25, 77,
95, 151, 152, 153, 227,
272, 273, 274, 286, 301
der Verleugnung 99, 110,
112, 133, 139, 148, 165,
187, 190, 210, 212, 213,
224, 225, 230, 253, 281
der Vermeidung 112, 146
der Versachlichung 187
der Verschiebung 173,
184, 187, 189, 195, 207,
252, 255, 272, 286
Alkohol 86, 88, 123, 179,
257, 258, 266, 280, 295
–abusus 159, 163, 183,
194, 214, 267, 268, 269,
270, 271, 277, 278

bei der Tat 142, 162, 261
Allmacht s. Omnipotenz
Ambivalenz 70, 74, 75, 78,
155, 206, 208, 213, 216,
306
anale 64, 119
orale 251
Anal
–e Ambivalenz 64, 119
–e Bemächtigung 192, 216
–beschmutzend 77, 216
–e Beziehungsform 77, 78
–e Charakterstruktur
183
–libidinöse Triebe 65, 77,
167
–e Phase 63 ff, 67, 76,
77, 78, 79, 110, 119, 208,
225, 226, 230, 233, 248,
305
–retentiv 119
–sadistisch 64, 65, 80, 116,
238, 239
–Verkehr 116, 160, 216
Angst
Achtmonats- 68
archaische 72, 303
Autoritäts- 86, 94, 175
Bestrafungs- 66, 78, 79,
95, 96, 251
Destruktions- 78, 99, 168,
190, 210, 213, 281
paranoide 133, 191, 207,
281, 305
Potenz- 49, 145, 189, 240,
252
präödipale 63, 93, 184,
238, 305
Verfolgungs- 85, 92, 95,
188, 189, 214
Verlust- 60, 62, 65, 66,
74, 95, 112, 146, 165
Versagens- 103, 108
sexuelle Versagens- 87,
88, 94, 96, 259, 264, 267,
272, 273
vor Ablösung 74, 75, 80,
225, 233
vor Kontrollverlust 78,
80, 90, 119, 186, 239, 280
vor Regression 186
vor Selbstauflösung 100,
133, 186, 188, 215, 226
vor Selbstentleerung 165,
249
vor Sexualität 84, 97
vor Vernichtung 56, 95,

165, 171, 188, 189, 207,
214, 215, 225, 299
vor Verschmelzung 74,
75, 80, 94, 96, 100, 119,
184, 186, 210, 237, 264
–zustände 122, 167
Anpassung
soziale 73, 134, 137, 164,
165, 212, 220, 254, 285,
286
passive 86, 94, 104, 108,
112, 132, 133, 136, 146,
147, 198, 209, 218, 219
Antiandrogene s. Therapie,
somatische
Autismus
kindlicher 132
schizophrener 130
Autistisch 122, 304, 305
Autoaggressivität s. Verhaltensstörungen, kindliche
Autoerotik 51, 106, 114,
169, 223
Autonomie 49, 50, 53, 65,
75, 78, 94, 95, 109, 119,
146, 147, 184, 189, 219,
220, 306

Begutachtungssituation 18,
32, 37, 122, 139, 174, 297
Behandlung s. Therapie
Besetzung 225, 228, 235,
304
aggressive 173, 188
genitale 75, 76, 210, 230
libidinöse 64, 166, 186,
188, 304
narzißtische 63, 74, 76,
79, 111, 148, 169, 170
Bestrafung 174, 214
–ängste 66, 78, 79, 95,
96, 251
–swünsche 66, 78
Beziehung
Abwehr von 171, 185,
281
anale 77, 78
Arzt-Patient- 18, 24, 37,
297, 303, 304, 305
Kampf- 220, 265, 270,
280, 282, 283
narzißtische 113, 132, 134,
168, 206, 215, 283, 303
ödipale 63
orale 68, 110, 150, 249
pädophile 51, 74, 216,
217, 236, 241, 242, 243

partialobjekthafte 187,
193, 194
-slosigkeit 108, 109, 122,
124, 130, 132, 280
-smuster 129, 134, 169,
208, 211, 233, 265
symbiotische 53, 170, 210,
284
zum Gutachter 121, 196
Blut 126, 200, 245, 261
-phobie 185
-trinken 245, 246, 250,
253
Borderline-Strukturen 133,
228, 234, 238

Charakter
-eigenschaft 293, 294
-formation 165, 248
-struktur 183

Deckerinnerung 185, 188,
193, 194
Depression 158
-abwehr 165, 224, 263
depressiv 95, 103, 149, 156,
255, 268, 281, 305, 306
Destruktivität 41, 48, 49,
50, 53, 77, 79, 80, 98,
164, 167, 182, 184, 194,
195, 205, 211, 232, 237,
238, 239, 241, 242, 254
archaische 49, 100, 233,
238
orale 80, 111, 170, 172,
187, 225, 226, 230, 238
sexualisierte 41, 44, 48,
49, 57, 108
unentschärfte 49, 56, 69,
93, 209
Determinismus 31, 289
Deviation, sexuelle
Ablehnung 52, 56, 124,
221, 223
Entlastung durch 53, 55,
108, 134
Psychodynamik 58 ff,
73 ff, 205 ff, 225 ff, 232 ff,
240 ff
Stabilisierungsfunktion
56, 76, 80, 100, 112, 136,
150, 192, 221, 222, 226,
227, 232, 253, 254
Verheimlichung 52, 54,
111, 221
Disposition, organische 130,
131, 224

Distanzierung s. Abwehr-
mechanismus, psychischer
Drang 89, 98, 114, 125, 126,
136, 200, 204
Vernichtungs- 164, 201,
204, 205
dranghaft 166, 211, 246,
273, 285
duale Einheit s. Symbiose

Elektroenzephalogramm
s. Hirnstrombild
Ejakulation s. Orgasmus
Enzephalitis 165
Epilepsie s. hirnorganische
Anfälle
Erhaltungsmechanismus 303,
304
Erröten 86, 105, 123, 124,
202, 278, 281
Exhibitionistisch 60, 154,
161, 169
Exkremente 65, 77

Faschismus 44, 46, 48, 50
Fetischismus 33, 51, 58, 109,
110, 111, 114, 118, 192,
193, 194
Brust- 186, 187, 249
Schuh- 110, 193
Wäsche- 104, 118
Fixierung
auf orale Beziehungsform
109, 150, 152, 187, 188,
209, 249
auf schizoide Position
234, 238, 305
der ödipalen Liebe 273
präödipale 209
Folter 45, 47
Forensische Beurteilung 23,
29, 37, 218, 289 ff
Konvention 295, 296
Forensische Psychiatrie 20,
21, 28, 30, 31, 33, 34, 35,
36, 37, 291, 292, 293,
295, 296
Frotteur 169
Gefühl
-abwehr 146
-sabzug 146, 147
Ohnmachts- 93, 94, 95,
111, 119, 212, 217, 237,
306
Genital
-e Besetzung 75, 76, 210,
230

-es Minderwertigkeitsge-
fühl 259, 264, 268, 269,
272
-e Reifung 262
-e Unversehrtheit 215
Gerichts-
-urteil 22, 155, 197
-verhandlung 23, 24, 32,
144, 293
Geschlechtsumwandlung s.
transsexuell
Geschlechtsverkehr
analer 116, 160, 216
erster 87, 105, 112, 141,
160, 278
erzwungener 145, 161,
179, 259, 260, 269, 282,
285
Geständnis 91, 122, 129,
155, 179, 180, 261, 280
-arbeit 101, 297
-zwang 101, 115, 153,
190, 219
Gewissen s. Über-Ich
Größenselbst s. Omnipotenz
Gutachten, psychiatrisches,
psychologisches 21, 27, 28,
30, 31, 35, 101
Funktion 23

Haft 160, 244, 246, 260
Deformation 174, 182
Verhalten in der 174,
180, 205
Haß 125, 161, 187, 207,
217, 262, 304, 306
auf Frauen 142, 163, 171,
176, 177, 193, 245, 260,
265
auf die Mutter 115, 156,
168, 173, 195, 208, 213,
242, 263, 272, 286
oraler 109, 150, 152, 182,
189, 208, 224, 225, 226,
238
Hirnorganisch 130, 165,
293, 295
-e Anfälle 157, 175, 176
-e Leistungsminderung
247
-e Wesensänderung 175,
209, 290
Hirnschaden 175, 209, 276
frühkindlicher 131, 155,
157, 158, 164, 165
postkontusioneller 197,
198, 209

Hirnstrombild 130, 131, 144, 158
Homosexualität 34, 58, 160, 170, 202
Homosexuell 25, 33, 46, 156, 161, 170, 172
−e Handlung 33, 160, 169, 170, 215
−e Identität 170
−e Orientierung 170, 214
−e Prostitution 154, 159
−es Verführungserlebnis 203, 215
pädophile Deviation 212

Ich
−dyston 52, 56, 57
−Entwicklung 62, 63, 73, 76, 134, 166, 173, 207, 209, 225, 226, 302
−fremd 98, 108, 111, 124, 125, 136, 203, 204, 221, 222, 232, 295
−funktion 71, 150, 164, 165, 168, 182, 209, 235, 247
Hilfs- 207, 209
−Ideal 71, 77, 99, 147, 148, 209, 235
−Identität 133, 134
Körper- 66, 210, 264
−Leistung 63, 64, 65, 76, 77, 108, 137, 150, 226
−schwäche 207
soziales 136, 164, 226, 229, 232
−synton 52, 53
Ich-Einschränkung s. Abwehrmechanismus, psychischer
Idealisierung 62, 147, 250, 306
der Elternfiguren 71, 72, 73, 118, 120, 147, 206, 213, 227
der Frau 187, 278, 281
Identifikation 25, 65, 114, 152, 231, 241, 251
oszillierende, von Täter und Opfer 75, 78, 100, 135, 191, 231, 253
primäre 79, 97, 109, 110, 111, 170, 210, 225, 230, 231, 252, 264
sekundäre 61, 62, 65, 79, 94, 184, 190, 210, 236, 248, 263, 264, 270, 273

−sprozesse 152, 166
Identifikation mit dem Angreifer s. Abwehrmechanismus, psychischer
Identität 49, 105, 110, 112, 132, 173, 210, 236, 299
ärztlich-therapeutische 22, 33
homosexuelle 170
männliche 62, 63, 75, 79, 100, 145, 210, 214, 215, 271, 273
männliche, Unsicherheit 60, 94, 108, 206, 210, 228, 230, 236, 264
Imago 68, 69, 70, 71, 73, 168, 169, 170, 171, 172, 173, 206, 207, 210, 211, 233, 234, 235, 236, 238, 248
Impotenz s. Potenzstörung
Impuls
aggressiver 64, 78, 93, 95, 97, 98, 108, 111, 119, 121, 134, 148, 169, 173, 191, 204, 205, 206, 211, 221, 222, 225, 235, 241, 255, 270, 281, 286
archaischer 42, 134, 136, 209, 232, 303, 304
destruktiver 49, 74, 76, 80, 93, 96, 98, 99, 109, 114, 134, 136, 150, 152, 153, 164, 169, 173, 174, 182, 184, 187, 190, 192, 193, 207, 210, 211, 217, 221, 222, 223, 225, 227, 228, 231, 233, 236, 251, 253, 254, 255, 263, 266, 276, 281, 282, 286, 304, 306
Mord- 190, 302
oraler 76, 111, 150, 151, 152, 190, 192, 193, 194, 210, 231, 250
Individuation 64, 66, 69, 70, 73, 74, 134, 224, 225, 226, 303
Intelligenz s. Test, Intelligenz-
Introjekt 168, 169, 190, 191, 207, 211, 234, 235, 238, 241, 249, 250, 253, 255, 306
Introjektion s. Abwehrmechanismus, psychischer
Introspektion s. Konflikt-

wahrnehmung
Inzest 264, 272, 274
−wünsche 79, 216, 252, 271, 273, 275

Kastration
operative 247, 298, 299
−sangst 60 ff, 66, 77, 79, 80, 92, 96, 100, 110, 133, 185, 186, 188, 225, 230, 240, 252, 271, 272
−skomplex 58
−swunsch 247, 251, 252
totale 96, 186, 252, 272, 299
Körper-Selbst s. Körper-Ich
Koitus s. Geschlechtsverkehr
Konflikt
Ausagieren von 168, 172, 182, 187, 195, 217, 237, 252
Bewältigung von 98, 113
−Dynamik 29, 134, 182
−Lösung, symbolische 100, 110, 191, 225
neurotischer 93, 286
−Wahrnehmung 165, 174, 223, 224, 247, 284
Kontroll-
−funktion 99, 136, 182, 207
−instanzen 184, 190
Kontrolle 80, 96, 97, 100, 119, 150, 175, 180, 185, 207, 208, 209, 211, 222, 236, 247, 254, 280
magische 69, 73, 95, 97, 194
omnipotente 212, 225, 228, 231
Realitäts- 235
Kriminalpsychiatrie
s. forensische Psychiatrie

Latenz 68, 71
Luftenzephalogramm 130, 131, 144, 157, 198

Magisch 76, 80, 111, 113, 119, 121, 138
−e Bewältigung 76, 228
−es Denken 72, 124, 174
−e Einverleibung 250
−e Kontrolle 69, 73, 95, 97, 194
−e Realität 55, 304
−e Welt 56, 73

Masochismus 50, 53, 55, 75, 79
masochistisch 171, 247, 251
–e Selbstanteile 75, 118
–e Vorstellung 119, 161, 169
Masturbation 87, 89, 117, 123, 128, 160, 193, 201, 202, 203, 204, 205, 215, 246, 268, 275, 285
–sphantasie 51, 54, 104, 123, 124, 126, 144, 177, 193, 217, 246, 259, 260, 264, 273
Moralische Bewertung 26, 27, 30, 140
im Gutachten 18, 33, 35
Mord 26
–lust 16, 56, 232
–phantasie 85, 93, 95, 167, 212, 213, 302
Sexual- 16, 19
Motiv 46, 111, 151, 261, 302
niedriges 26, 232
Motivation 25, 26, 45, 46, 47, 129, 171, 199, 240, 302

Narzißmus 62, 70, 262
primärer 67, 70, 133, 134, 147, 224
narzißtisch 63, 121, 124, 148, 168, 222
–e Allmacht 70, 138, 151, 172
–es Bedürfnis 280
–e Besetzung 63, 74, 76, 79, 111, 148, 169, 170
–e Bestätigung 167, 215
–e Beziehung 71, 72, 75, 113, 132, 134, 168, 206, 215, 283, 303
–e Entwicklung 63, 70, 73, 74, 76, 145, 150, 236
–es Gleichgewicht 70, 76, 133, 134, 146, 147, 148, 153, 189, 228, 275
–e Konfiguration 70, 71, 72, 73, 74, 147, 150, 227, 228, 239
–e Kränkung 97, 140, 151, 152
–e Krise 53, 71, 72, 239
–e Partnerwahl 113, 206, 240
–er Rückzug 108, 139, 182, 220, 225, 226, 231, 232, 233, 263, 303
–er Selbstschutz 147, 182
–e Spannung 57, 74, 76, 136, 151, 153, 223, 224, 232, 236, 237, 239, 304
–e Störung 80, 109, 130, 146, 148, 152, 221, 227, 228, 236
–e Struktur 97, 216, 227
Nekrophilie 246, 251
Neurotisches Symptom 26, 100, 118, 231, 256, 272, 273, 274, 302
Neutralisierung s. Abwehrmechanismus, psychischer
Notzucht 26, 138, 154, 161, 171, 174, 177, 179, 180, 189, 190, 245, 250, 259, 260, 265, 266, 269

Objekt
–besetzung 97, 166, 191, 225, 231, 233
–beziehung 56, 64, 67, 70, 71, 73, 74, 76, 108, 120, 121, 130, 136, 138, 147, 168, 216, 221, 226, 227, 235, 236, 238, 239, 249, 304, 305, 306
–bildung 168, 187, 224, 233
Ersatz- 264
–imago 68, 236
–konstanz 130, 234
Liebes- 273, 281, 282
–libidinös 70, 71
mütterliches 85, 69, 74, 173, 185, 187, 194, 195, 205, 216, 231, 232, 234, 236, 238, 248, 271, 306
Partial- 68, 110, 186, 187, 188, 190, 193, 194, 233, 249, 303
primitives 237
–repräsentanz 70
Übergangs- 68, 76, 110, 188, 228, 281
verfolgendes 249
–vorläufer 132, 133, 148, 187, 232, 233, 237, 238
ödipal
–e Konflikte 60, 61, 62, 63, 77, 93, 96, 108, 171, 186, 206, 230, 248, 252, 271, 272, 274
–e Liebe 216, 273

–e Mutterproblematik 92, 113, 274
–es Rivalisieren 63, 93, 108, 184, 186, 224, 263, 264
–e Phase 62, 65, 66, 70, 71
–e Situation 63, 273
Omnipotenz 70, 71, 72, 73, 74, 95, 97, 100, 109, 111, 119, 135, 137, 138, 146, 148, 150, 151, 153, 165, 168, 169, 172, 190, 191, 212, 217, 227, 228, 231, 236, 237, 305
Onanie s. Masturbation
Opfer 29, 76, 114, 171, 182, 224, 255
Anonymität 90, 138
Identifizierung von Täter und 99, 114, 171, 231, 253
kindliches 207, 241, 242
–Verhalten 128, 138, 144, 145
–Wahl 171, 191, 240 ff, 265
oral
–e Abhängigkeit 66, 149
–e Ambivalenz 250
–e Beziehungsform 68, 109, 110, 150, 152, 187, 188, 209, 249
–e Destruktivität 80, 111, 170, 172, 187, 225, 226, 230, 238
–e Fixierung 150, 152, 187, 249
–e Gier 167, 168, 169
–er Haß 109, 150, 152, 182, 189, 208, 224, 225, 226, 238
e Modalität 67, 226, 233
–e Phase 63, 66 ff, 72, 73, 76, 132, 168, 224, 225, 226, 233, 248, 271, 303
–sadistisch 80, 192, 194, 228, 231, 237, 238, 239, 250, 251
–e Thematik 77, 80, 114, 188, 190, 192, 225
–e Versagung 167, 281
–e Versorgung 281
Orgasmus 84, 105, 106, 135, 163, 215, 245
bei Tötung 107, 114, 127, 128, 145, 232

-unfähigkeit 117, 119, 161, 177, 186, 188, 223, 259, 264

Pädophilie 203, 205, 207, 212, 216
Psychodynamik der 205 ff, 240 ff
Paranoid
  -e Ängste 133, 191, 207, 281, 305
  -e Reaktion 205, 238, 251, 267, 271
  -e Verarbeitung 228, 235, 254
Partialobjekt 68, 110, 186, 187, 188, 190, 193, 194, 233, 249, 303
Partnerwahl 96, 188
  kindliche 205, 240 ff
  narzißtische 113, 205, 240
  neurotische 112
Persönlichkeitsfremd s. ich-fremd
Perversion s. Deviation, sexuelle
phallisch 62, 109, 151, 188, 192, 215, 216, 230, 251, 305
  -aggressiv 62, 79, 80, 99, 112, 114, 119, 121, 167, 184, 231, 237, 250, 251, 262, 265
  -aktiv 167, 186
  -e Mutter 110, 252
  -narzißtisch 60, 77, 79, 230, 231
Phallus
  mütterlicher 110
  -Symbol 79
Phantasie
  archaische 254, 303
  deviante 54, 59, 228, 229, 232, 233, 237, 246, 252, 260, 298
  Masturbations- 51, 54, 104, 123, 124, 126, 144, 177, 193, 217, 246, 259, 260, 264, 273
  Mord- 85, 93, 95, 167, 212, 213, 302
Omnipotenz- 190, 263
  sexuelle 43, 49, 117, 194, 195, 205, 216, 225, 244, 246, 249, 260, 271
  Tötungs- 90, 125, 222

Überwältigungs- 89, 97
  vom großen Verbrecher 172, 202, 212
Pornographie, sadomasochistische 43, 44, 48, 49
Potenz 151, 189, 266, 275, 299
  -angst 49, 145, 189, 240, 252
  -störung 54, 59, 89, 188, 203, 259, 261, 265, 266, 267, 268, 272, 273, 274, 279
Prägenital s. Präödipal
Präödipal 62, 184, 305
  -er Entwicklungsprozeß 58, 72, 233
  -e Mutterproblematik 74, 76, 77, 79, 96, 171, 208, 238, 255, 286
  -e Störung 66, 75, 76, 93, 100, 108, 112, 113, 170, 189, 206, 209, 216, 221, 224, 228, 229, 233, 236, 237, 238, 254, 265, 271, 272, 275, 286
Primärprozeß 72, 73, 76, 113, 114, 153, 173, 227, 229, 231, 232
Projektion s. Abwehrmechanismus, psychischer
Prostitution 54
  heterosexuelle 160, 161, 163, 169, 170, 171, 180, 181, 236, 259, 265, 266, 269, 272 ff, 278, 279, 280, 281, 282, 286
  homosexuelle 154, 159
  Ventilfunktion der 286
Psychodynamisch
  -e Beurteilung 32, 290, 297
  -es Denken 20, 31, 33, 35, 37, 289
  -er Hintergrund 19, 20, 92, 241, 255, 261, 281
  -e Interpretation 92 ff, 105 ff, 132 ff, 145 ff, 164 ff, 182 ff, 205 ff, 223 ff, 225 ff, 247 ff, 270 ff, 180 f
  -es Konzept 18, 19, 27, 28, 34, 58, 60
  -er Mechanismus 20, 32, 289, 296
  -e Theorie sexueller Deviationen 58 ff, 73 ff,

232 ff, 240 ff
Psychopathie 28, 29, 30, 31, 33, 34, 293, 294
Psychopathologisch 166, 234
  -e Beschreibung 18, 32, 223, 294
  -e Persönlichkeitsstruktur 20, 24, 27, 32, 131, 218, 296
  -e Terminologie 18, 35
Psychose 28, 32, 72, 254, 291, 293, 294
  kindliche 132
  schizophrene 136
  Zerfall in der 253, 254

Rationalisierung s. Abwehrmechanismus, psychischer
Rausch 135, 222, 230, 237, 238, 293
  Alkohol- 214
  Drogen- 214, 294
  Tötungs- 120, 143, 145, 201
Reaktion 17, 18, 24, 65
  kollektive 15, 16, 17, 18, 19, 43, 240
Reaktionsbildung s. Abwehrmechanismus, psychischer
Regression s. Abwehrmechanismus, psychischer
Ritual 55, 76, 78, 80, 115, 221, 231, 237, 275
  -isiertes Spiel 51, 55, 79
  -isierte Tötung 135, 171, 222, 223

Sadismus 41, 42, 44, 45, 49, 50, 75, 113, 123, 153, 230
  als impulsive Aktion 133, 218 ff, 233 ff, 241
  als sexuelle Deviation 41, 123, 218 ff
  als soziales Handeln 45, 46, 47, 50
  Psychodynamik 59, 73 ff, 107, 233 ff
sadistisch
  -e Affekte 42
  -e Aktionen 46, 47, 48, 55, 56, 73, 79, 99, 100, 107, 112, 135, 138, 207, 230, 238, 239, 241
  anal- 64, 65, 80, 116, 238, 239
  -e Beziehung 50

-e Destruktivität 53
-e Dynamik 41, 49
-es Gewaltdelikt 42, 51, 136, 300
-e Impulse 42, 45, 90, 120, 133, 151, 152, 164, 206, 241, 251
oral- 80, 192, 194, 228, 231, 237, 238, 239, 250, 251
-e Phantasie 16, 41, 42, 43, 51, 53, 73, 88, 89, 90, 91, 97, 98, 99, 101, 102, 106, 107, 111, 112, 113, 114, 118, 119, 121, 124, 125, 126, 128, 135, 143, 144, 153, 161, 179, 204, 217, 218, 219, 226, 230, 231, 244, 245, 246, 247, 250, 253
-e Reaktion 43, 48, 49
-e Thematik 43, 44, 49, 119
Sadomasochismus 43, 44, 50, 51, 52, 53, 55, 58, 59, 74, 80
Sadomasochistisch 75, 77, 78, 100, 115, 192, 230, 237
-e Beziehung 48, 50, 51
-e Entwicklung 62, 113
-es Gruppenarrangement 51, 56, 78
-e Kollusion 283
-e Subkultur 53, 54, 55, 56
-e Triebwünsche 51, 52, 55, 104, 118
Sekundärprozeß 71, 227, 232
Selbst
-aufgabe 74, 100, 119, 132, 135, 186, 211, 224, 225, 231, 236
Besetzung des 74, 147, 228, 236
-bestimmung 41, 119
-bestrafung 115, 190, 231, 247, 251, 253
-bild 52, 216, 234
defektes 112, 168, 225, 255
-entwicklung 71, 73, 168, 207, 225, 233, 235, 254
Fragmente des 135, 232, 303, 304
-kohärenz 130, 133, 136,

147, 169, 234, 253
-konfigurationen s. narzißtische Konfigurationen
-konzept 77, 109, 137, 146, 148, 283
Lücke im 77, 80, 113, 227, 228, 229, 234, 238
realitätsorientiertes 100, 114, 148, 164, 226
-wertprobleme 85, 97, 113, 132, 147, 167, 172, 216, 223, 228
Selbstanteile 99, 107, 137, 183, 239
gehaßte 207, 217, 242
kindliche 97, 206, 212, 216, 238, 240, 253
masochistische 75, 118
projizierte 148, 217, 231, 242
sadistische 56, 75, 305, 306
weibliche 94, 97, 99, 100, 114, 191, 230, 252
Selbstmord s. Suizid
Selbstreduktion s. Abwehrmechanismus, psychischer
Separation 63, 64, 66, 69, 70, 71, 72, 73, 74, 75, 76, 80, 94, 100, 109, 110, 134, 147, 149, 184, 187, 193, 208, 209, 224, 225, 226, 230, 231, 233, 236, 248, 263, 264, 280, 303
Sexualisierung s. Abwehrmechanismus, psychischer
Sexualstraftäter 15, 17, 35, 36, 56, 298, 299, 300, 302
Sexuell
-e Entwicklung 52, 58, 70, 87 ff, 104, ff, 111, 116 ff, 123 ff, 141 ff, 169, 177 ff, 188, 202 ff, 214 ff, 218, 220 ff, 258 ff, 263, 268 ff, 278 ff, 284 ff
-e Handlung mit Kindern 195, 200, 201, 202
-es Interesse, kindliches 61, 109, 158, 159, 197, 202, 259
-e Liberalisierung 286
-e Verhaltensweisen, polymorphe 222, 237
Sodomie 51, 259, 264
Spaltung s. Abwehrmechanismus, psychischer
Sublimierung s. Abwehrme-

chanismus, psychischer
Sündenbock 86, 243, 266, 271
-funktion der Straftäter 17
Suizid 107, 128, 225, 257, 263, 302
-gedanken 85, 91, 179, 181, 191, 279
erweiterter 115
-versuche 178, 180, 196, 199, 205, 257, 258, 267
Symbiose 67, 68, 75, 149, 209, 210, 224, 226, 233, 303
symbiotisch 109, 208, 286
-e Beziehung 53, 170, 210, 284
-e Einheit von Mutter und Kind 111, 146, 233, 249, 252
-e Einheit von Täter und Opfer 78
-e Verschmelzung 64, 150, 152, 226, 253
Symbolisierung s. Abwehrmechanismus, psychischer
Schamgefühle 52, 53, 55, 56, 94, 104, 105, 111, 112, 122, 124, 132, 136, 221, 227, 228, 258, 259, 274
Schizoide Position 234, 238, 305
Schuld 21, 27, 302
-fähigkeit 21, 22, 27, 29, 31, 34, 36, 37, 155, 289 ff
-gefühle 52, 53, 55, 56, 66, 78, 86, 92, 94, 101, 108, 111, 113, 136, 150, 151, 227, 273, 274, 285
-strafrecht 31, 32, 290
Stereotaktische Hirnoperation s. Therapie
Stereotyp s. Vorurteil
Straf-
-erwartung 79, 101, 114, 191
-motivation 79
Strafe 34, 65, 192, 244, 302
lebenslange 21, 27, 296
Strafrecht 21, 27
Reform 36, 290, 291
Straftat 31, 43, 182, 202, 266
Funktion 16, 21

Test, psychologischer
  Intelligenz- 83, 103, 117,
  122, 130, 158, 176, 198,
  247, 257, 283, 290, 291,
  292
  projektiver 109, 112, 130,
  133, 146, 184, 185, 187,
  250, 267
  Rorschach- 112, 130, 184,
  187, 248, 250, 270
  TAT 130, 182
Therapeutisch 20, 32, 297,
  303
  –e Institution 297, 300,
  302
  –e Möglichkeit 29, 37, 38,
  101, 102, 218, 297
  –er Prozeß 37, 103, 297,
  298, 305, 306
  Sozialtherapeutische Anstalt 299, 302, 307
Therapie 20, 111, 297 ff
  psychoanalytische 300 ff
  somatische mit Antiandrogenen 203, 298
  mit Kastration 298, 299
  mit stereotaktischer Hirnoperation 299
  Verhaltens- 300
Tötung
  Prostituierten- 171, 172,
  174, 272 ff, 275, 280
  von alten Frauen 254 ff,
  280
  von Kindern 212, 213,
  238, 240 ff, 255
Transsexuelle Tendenzen
  105, 119, 210, 252
Transvestieren 43, 115
Traum 72, 126, 143, 144,
  151, 153, 161, 174, 181,
  191, 199, 205, 231, 245,
  300, 306
  Tag- 86, 95, 101, 117,
  118, 125, 128, 144, 177,
  256, 277, 278
  Verfolgungs- 95, 205,
  256
Traumatisierung 94, 108,
  109, 131, 147, 150, 153,
  164, 206, 207, 224, 231,
  234
Trieb 26, 80, 101, 166

archaischer 136, 226, 255,
  306
  –entwicklung 63, 76, 168,
  224, 226, 302
  –kontrolle 167, 226, 235,
  274
  Partial 169
  –struktur 33
Triebtäter s. Sexualstraftäter
Trotz 64, 65, 122, 157,
  208, 219, 248

Übergangsobjekt 68, 76,
  110, 188, 228, 281
Über-Ich 45, 55, 62, 65, 71,
  77, 78, 79, 98, 99, 101,
  136, 147, 151, 152, 164,
  184, 190, 207, 227, 235,
  248, 300, 302
  anales 65, 235
  –Defekt 237
  kollektives 16, 17, 152
  mütterliches 210
  sadistisches 16
  unreifes 63, 65, 78, 148,
  166, 231, 286
  Vorformen des 62, 63,
  235
Überkompensation s. Abwehrmechanismus, psychischer
Übertragung 223, 224, 306

Vampirismus 80, 245
Verantwortlichkeit s.
  Schuldfähigkeit
Verdichtung s. Abwehrmechanismus, psychischer
Verdrängung s. Abwehrmechanismus, psychischer
Verfolger, innerer 188, 238,
  239
Vergewaltigung s. Notzucht
Verhaltensstörungen, kindliche 155, 157, 166, 167,
  257, 263
  Bettnässen 103, 109, 116,
  122, 158, 167, 176, 256,
  263, 267, 271
  Fortlaufen 166, 244, 249
  Nägelkauen 103, 158

oppositionelle 219, 248,
  257, 263, 267, 271
  Schulversäumnis 257
  Selbstbeschädigung 258,
  265, 268, 271
  Stottern 84, 95, 202
  Tic 215
Verleugnung s. Abwehrmechanismus, psychischer
Vermeidung s. Abwehrmechanismus, psychischer
Versachlichung s. Abwehrmechanismus, psychischer
Verschiebung s. Abwehrmechanismus, psychischer
Verschmelzung 67, 73, 74,
  109, 110, 111, 135, 153,
  214, 225, 231, 233, 238,
  248
  –sangst 74, 75, 80, 94, 96,
  100, 119, 184, 186, 210,
  237, 264
  symbiotische 64, 150,
  152, 226, 253
  –swünsche 74, 77, 94, 100,
  114, 193, 194, 216, 237,
  249
Verwahrlosung 157, 165,
  219, 220
  neurotische 165, 166
  psychopathische 165, 166,
  237
Vorurteil 35, 219, 261, 289
  kollektives 23
Voyeur 169, 212

Wut 64, 89, 125, 181, 182,
  187, 189, 190, 266, 285,
  304, 305
  auf Frauen 163, 173, 180,
  245
  auf die Mutter 93, 168,
  172, 173, 195, 208, 213

Zurechnungsfähigkeit s.
  Schuldfähigkeit
Zwang 175, 181, 222
  –shaft 170, 171, 204, 210,
  211, 221, 223, 231, 237,
  247, 264, 273, 283
  –slachen 258
  Wiederholungs- 101, 125,
  136, 231

Hertha Richter-Appelt (Hg.)
Verführung
Trauma
Missbrauch
1896-1996
PSYCHOSOZIAL-VERLAG

2002
261 Seiten · Broschur
EUR (D) 19,90 · SFr 33,90
ISBN 3-89806-192-2

Erfahrene Praktiker und Psychotherapeuten beleuchten die Bandbreite der Problematik des sexuellen Missbrauchs. Sie weisen auf offene Fragen hin und zeigen Diskussionsansätze. Neben der Auseinandersetzung mit den Begriffen Trauma und Grenzüberschreitungen finden sich empirische Untersuchungen zu Missbrauch und Misshandlungen sowie das heikle Thema Missbrauch in der Therapie.

P V
Psychosozial-Verlag

Estela V. Welldon
Perversionen der Frau

PSYCHOSOZIAL-VERLAG

2003
239 Seiten · Broschur
EUR (D) 29,90 · SFr 50,50
ISBN 3-89806-164-7

Welldon analysiert an Frauen die Ursachen für Kindesmissbrauch, Inzest und Prostitution entlang der Abwertung, die die Mutter in dieser Gesellschaft erfährt.

Welldons Argumentation beruht ausschließlich auf eigenen klinischen Erfahrungen. Hier erkennt sie den wesentlichen Unterschied zwischen männlichem und weiblichem perversen Verhalten im Ziel. Beim Versuch, das Wesen der Perversion zu beschreiben, legt die Autorin das Hauptaugenmerk auf das Verstehen der betroffenen Menschen. Das Buch ist ein Beitrag zur Psychopathologie der Frau.

P🧩V
Psychosozial-Verlag

2002
564 Seiten · Broschur
EUR (D) 25,90 · SFr 43,90
ISBN 3-89806-135-3

Eine Studie, die in verständlicher Sprache wesentliche, doch bisher unbeachtete Aspekte im Leben von Frau-zu-Mann-Transsexuellen ins Blickfeld rückt: Deren heterosexuelle Partnerschaften und ihr Verständnis von Mannsein. Gespräche mit elf Paaren eröffnen eine neue Sicht auf Fragen der geschlechtlichen Identität, des Geschlechts des Körpers und sozialen Mannseins.

P⊞V
Psychosozial-Verlag

2001 · 106 Seiten
Broschur
EUR (D) 14,90 · SFr 25,90
ISBN 3-89806-050-0

Grundlage dieser Untersuchung sind Berichte jugendlicher Mädchen (und Jungen) über ihre Erfahrungen mit sexueller Belästigung und Gewalt, wie sie im Rahmen einer repräsentativen Befragung der Hamburger Abteilung für Sexualforschung in Zusammenarbeit mit dem Leipziger Zentralinstitut für Jugendforschung erhoben wurden. Die Studie nennt Häufigkeit und Art sexueller Übergriffe, insbesondere im Vergleich zwischen Ost- und Westdeutschland sowie Jungen und Mädchen. Die Ergebnisse zeigen, dass Belästigungs- und Gewalterfahrungen für Mädchen kein Ausnahmephänomen sind, sondern Teil ihrer Alltagswelt.

P🔲V
Psychosozial-Verlag

Publik-Forum:
»Ein Meisterwerk politischer Psychoanalyse«

Besondere Empfehlung für die Sachbuch-Bestenliste der Süddeutschen Zeitung, des NDR und des BuchJournals

2002
439 Seiten · gebunden
EUR (D) 24,90 · SFr 42,30
ISBN 3-89806-044-6

»Die Fallstudien, die Wirth auf Grund genauer Recherchen zur Barschel-Affäre, zu Helmut Kohl (mit zurückhaltendem Einbezug des Freitods von Hannelore Kohl), zur 68er Generation und zu Joschka Fischers stupenden Metamorphosen sowie zu Slobodan Milosevics Paranoia vorlegt, sind sehr ergiebig, besonders eindrucksvoll im Falle Uwe Barschels.«

Ludger Lütkehaus, NZZ

»Harte Bandagen also, die – so Wirth – dennoch nicht zu Politikverdrossenheit verleiten sollten: Erst wenn Bürger und Wähler den ›Einfluss unbewusster psychischer Konflikte auf Entscheidungen höchster Tragweite‹ erkennen würden, könnten ihnen Politik und Politiker wieder ›ein Stückchen näher‹ rücken.«

Der Standard

**P V
Psychosozial-Verlag**

2001
267 Seiten · Broschur
EUR (D) 29,90 · SFr 50,50
ISBN 3-89806-212-0

Der Übergang von der Moderne in die Spätmoderne wird als Zeit profunden Umbruchs beschrieben, in der uns bekannte Formen der Arbeit, der Freizeit, der Kindheit und Jugend, der Information, des sozialen und privaten Lebens, der Politik und Kultur durch vielfältig andere ergänzt oder gar ersetzt werden. In diesem Band untersuchen Wissenschaftlerinnen und Wissenschaftler unterschiedlicher Disziplinen die Erscheinungsformen sexuellen Wandels in der Gegenwart und deren gesellschaftliche Hintergründe.

P🮻V
Psychosozial-Verlag